Das Buch

Schönheit und Gefahren der Wildnis faszinieren. Immer wieder. Seit jeher begeben sich Menschen auf waghalsige Entdeckungsreisen in die arabische Wüste, die Berge Nordamerikas oder in die Urwälder des Amazonas. Dieser Band versammelt authentische und fiktive Expeditionsberichte, in denen vom riskanten Überleben in den entlegensten Gebieten der Welt erzählt wird. Echte Abenteurer schildern ihre Erlebnisse im Kampf gegen die unberechenbaren Mächte und unerklärlichen Phänomene der Natur. Das Resultat ist ein schillerndes Spektrum spannender Reiseliteratur.

Der Herausgeber

Der Publizist und Outdoor-Spezialist Clint Willis ist seit seinem zehnten Lebensjahr Bergsteiger aus Leidenschaft. Heute firmiert Clint als Herausgeber der Serie *Adrenaline™ Books* und lebt mit seiner Frau und zwei Söhnen in Maine.

In unserem Hause sind von Clint Willis bereits erschienen: *Überleben auf dem Wasser* (3-548-35992-2), *Überleben in Höhen* (3-548-35993-0) und *Überleben im Eis* (3-548-35991-4).

Clint Willis (Hrsg.)

Überleben in der Wildnis

Geschichten von Jack London,
Barry Lopez, Evelyn Waugh u. a.

Ullstein

Ullstein Taschenbuchverlag 2000
Der Ullstein Taschenbuchverlag ist ein Unternehmen der
Econ Ullstein List Verlag GmbH & Co. KG, München
Copyright für diese Ausgabe © 2000 by
Econ Ullstein List Verlag GmbH & Co. KG, München
Titel der amerikanischen Originalausgabe:
Wild: Stories of Survival from the World's Most Dangerous Places
(Thunder's Mouth Press / Balliett & Fitzgerald Inc., New York)
Compilation copyright © 1999 by Clint Willis
Introduction copyright © 1999 by Clint Willis
Copyright der einzelnen Beiträge: s. Quellennachweis
Alle Rechte vorbehalten
Adrenaline™ and the Adrenaline™ logo are trademarks of
Balliett & Fitzgerald Inc., New York
Übersetzung: s. Quellennachweis
Redaktion: Gabi Banas
Umschlagkonzept:
Lohmüller Werbeagentur GmbH & Co. KG, Berlin
Umschlaggestaltung:
DYADEsign, Düsseldorf
Titelabbildung: Tony Stone Images
Satz: hanseatenSatz-bremen, Bremen
Gesetzt aus der Sabon
Druck und Bindearbeiten: Ebner Ulm
Printed in Germany
ISBN 3-548-35990-6

Für Harper Willis,
der weiß, wo es langgeht

Inhalt

Einleitung 9
Übersetzt von Jutta Cram

Redmond O'Hanlon
aus *Redmonds Dschungelbuch* 15
Übersetzt von Meinhard Büning

Joe Kane
aus *Krieger des Jaguars* 42
Übersetzt von Einar Schlereth

Edward Abbey
Den Fluß hinunter 73
Übersetzt von Susanne Naumann und Sieglinde Denzel

David Roberts
aus *Eine Erzählung aus der Wildnis* 133
Übersetzt von Jutta Deutmarg

Barry Lopez
Pearyland 149
Übersetzt von Hans Ulrich Möhring

Reinhold Messner
Allein in der Wüste des Todes 159

Norman MacLean
aus *Junge Männer im Feuer* 174
Übersetzt von Bernd Samland

Sir Wilfred Thesiger
aus *Die Brunnen der Wüste* 212
Übersetzt von Peter Stadelmayer

H. M. Tomlinson
aus *Im bedrohlichen Dunkel des Dschungels* 238
Übersetzt von Jutta Cram

Bill Bryson
aus *Picknick mit Bären* 261
Übersetzt von Thomas Stegers

James Dickey
aus *Flußfahrt* 285
Übersetzt von Jürgen Abel

Jack London
Feuermachen 293
Übersetzt von Walter Pache

Algernon Blackwood
Die Weiden 313
Übersetzt von Friedrich Polakovics

Evelyn Waugh
Der Mann, der Dickens liebte 386
Übersetzt von Jutta Deutmarg

Danksagung 407

Quellennachweis. 408

Bibliographie. 411

Einleitung

Wovor fürchten wir uns?

Vor 30 Jahren fuhr ich in ein Sommerlager. Zuvor hatte ich elf Jahre lang an einem entsetzlich heißen Ort in der Ebene gelebt. Ich hatte geglaubt, ein Sommerlager würde in den Bergen liegen und die Abende dort wären kühl. Keine Sümpfe, keine Autobahnen, sondern Seen und staubige Straßen, keine Autos und Motorboote, sondern Lastautos, Segelboote und Kanus. Gleich bei meiner Ankunft meldete ich mich zu einer Drei-Tage-Geländewanderung an. Meine Schwester hatte mir geraten, mich für alles mögliche anzumelden.

Es stellte sich heraus, daß die Gruppe aus älteren Jungen bestand und von zwei College-Schülern geleitet wurde. Für diese war ich vollkommen uninteressant. Ich war mit einem unförmigen und viel zu kleinen Pfadfinderrucksack ausgerüstet, einem Armee-Poncho (der Regenmantel und Schutzzelt zugleich war) und einer schweren Feldflasche: die Ausrüstung eines Soldaten im Zweiten Weltkrieg. Ich erinnere mich, wie ich mich in der ersten Nachmittagssonne über einen Hang und im Halbschatten einen Grat entlang kämpfte. Dann lagerte ich in einem Kiefernwald, schweißnaß und erschöpft.

Mir war klar, ich hatte einen schrecklichen Fehler gemacht. Diese Leute kannten mich nicht, und sie schienen sich für mich auch nicht verantwortlich zu fühlen. Plötzlich merkte ich, wie mir die Tränen hochstiegen – ein Gefühl, als müßte ich mich übergeben –, also rannte ich in den Wald. Dort blieb ich, bis es immer dunkler wurde. Ich schaute mich um und sah, wie sich die Schatten formten: nur Bäume und Schmutz. Ich war allein. Der Wald würde mich nicht schützen, ich glaubte auch nicht daran, daß er mir etwas antun würde.

* * *

Edward Abbey unternimmt eine Floßtour den Glen Canyon hinunter, der bald zerstört werden soll (Abbey weiß das). Er beobachtet in der Ferne einen Fremden, der ruft und winkt. Eine Warnung? Ein Lebewohl? Abbey ist es egal. Er ist erfüllt mit der »ekstatischen Heiterkeit der Unabhängigkeit ... der Freiheit ..., einen Mord zu begehen und ungestraft davonzukommen ...«

Mein *Gott*! Ich muß daran denken, mit was für einem unglaublichen *Scheiß* wir uns die meiste Zeit unseres Lebens abgeben ..., die stupiden, sinnlosen und entwürdigenden Jobs, die *widerliche* Arroganz *der Politiker*, die verschlagenen *Betrügereien* und *schleimigen* Anbiedereien der Geschäftsleute, die zermürbenden Kriege, in denen wir unsere Kameraden umbringen, statt unsere *wahren* Feinde daheim in der Hauptstadt, die verrotteten, krankmachenden, *scheußlichen* Großstädte und Städtchen, in denen wir leben, die dauernde *kleinliche* Tyrannei all unserer Waschmaschinen, Autos, Fernseher und Telefone! O *Jesus*! So denke ich, während ich dem brüllenden Idioten am Ufer zuwinke. Was für ein *unerträglicher* Ballast! Und in welch absolut *sinnlosem Müll* begraben wir uns Tag für Tag ...

In der Wildnis können wir allein sein.

Können wir das wirklich? Wir gehen in die Wildnis, um zu fliehen, um abgesondert, um für uns zu sein. Doch die Wildnis erinnert uns daran, daß wir nicht wirklich allein sind. Wir sind überhaupt nicht irgend jemand Bestimmtes. Unsere alltäglichen Persönlichkeiten sind nur Trug, geschaffen aus Furcht und dem anderen Rest. Ein Satz aus Algernon Blackwoods »The Willows« erinnert mich an einen Tag im Sommer vor zwei Jahren, als ich allein in einem Canyon spazierenging: »In meine Freude an der wilden Schönheit mischte sich, ungebeten und unerklärlich, ein merkwürdiges Gefühl der Unruhe, ja fast schon der Angst.«

Einleitung

Ich glaubte, Angst vor Bären zu haben. Denn es liegt schon etwas Beunruhigendes in der Vorstellung, gefressen zu werden. Menschen werden von der Wildnis wirklich gefressen. Es waren demnach nicht die Bären, vor denen ich Angst hatte. Ich hatte Angst vor dem Ort. Er brauchte mich nicht, er nahm keine Notiz von mir. Das verletzte mich.

Die Zivilisation hält für uns Werkzeuge bereit, die uns Macht verleihen: Wir drücken auf Knöpfe, und das Licht geht an. Wir treten auf Pedale und fahren mit hoher Geschwindigkeit. Wir betätigen eine Tastatur, und auf einem Bildschirm Tausende von Kilometern entfernt erscheinen Worte. Wir sprechen in Plastik hinein, und unsere Stimmen überqueren Ozeane.

Wo wären wir ohne unsere Werkzeuge? Würden wir unsere Telefone zu Hause lassen, könnte uns die Wildnis Antworten geben, aber diese werden nicht immer angenehm für uns sein.

Wir sind sehr verwirrt über die Wildnis: Da ist nichts als Wildnis. Wir sind darin verloren, wir kommen niemals heraus. Lesen Sie einige der Geschichten in dieser Anthologie, und sie werden vielleicht froh sein, daß Sie in Ihrem sicheren und bequemen Zuhause sind. Aber Sie sind keineswegs sicher: In der *New York Times* habe ich gelesen, daß Wissenschaftler inzwischen glauben, daß es unendlich viele Universen gibt.

Also ist alles Wildnis, und vielleicht ist das gar nicht so schlecht. Die Wildnis hat auf Menschen, die dort leben, eine unglaubliche Wirkung; sie kann sie bewundernswert machen, manchmal beneidenswert. Männer und Frauen aus den Städten und Dörfern besuchen Menschen in der Wildnis und bewundern oft ihre Unabhängigkeit, ihre Großzügigkeit, ihre Stärke und ihren Elan, sogar ihre Momente absoluter Verständnislosigkeit.

Wilfred Thesiger reiste mit Männern aus dem Bedu-Stamm vor über einem halben Jahrhundert durch deren rauhe Wüstenlandschaft. Er schätzte das Band zwischen ihm und seinen Gefährten;

es war, so schrieb er einmal, »so heilig wie das zwischen Gastgeber und Gast und stärker als alle Stammes- und Familienbande. Als ihren Weggefährten würden sie mich sogar gegen ihre eigenen Brüder mit der Waffe verteidigen, und das gleiche erwarteten sie auch von mir.«

Sicher, wenn man in der Wüste oder in irgendeiner Wildnis unterwegs ist, muß man sich auf seine Kameraden verlassen können. Aber das ist nicht immer der Fall. Joe Kane, der mit Angehörigen des Huaorani-Stammes durch den Dschungel am Amazonas reist, ist ihnen völlig ausgeliefert. Als er die Gruppe verliert, zieht Kane, der sehr hungrig ist, den Schluß, daß er wahrscheinlich sterben werde. Die Indianer haben seinen Vorrat längst aufgegessen:

»Sollten wir nicht etwas für später aufheben?« fragte ich ...
»Später?« fragte Quemperi. »Was ist später?«

Eine Weltanschauung, die keinen Begriff von »später« hat, erscheint uns unbrauchbar – und das vielleicht in höchstem Maße. Sie kann ihren Besitzer in den Tod führen. Aber sind wir überhaupt nicht eifersüchtig? Wünschen wir uns nicht wenigstens ein kleines bißchen, niemals etwas von »später« gehört zu haben? Oder daß wir unserem Gefährten auf einer beliebigen Reise selbstverständlich trauen können – oder wir der Gegenstand eines solch wahllosen Vertrauens sind?

Dies sind Gaben, die Menschen, die an zivilisierten Orten leben, oft versagt sind. Wir müssen, wenn wir können, andere Möglichkeiten finden, unsere Würde zu bewahren. Das erfordert Übung und ist schwierig. In dieser Welt zu leben ist vielleicht nicht einfacher als das Leben in der Wildnis – und manchmal versagen wir.

Da ist zum Beispiel Thesiger, als er die Bedu verläßt:

Ich werde mich immer erinnern, wie oft ich von diesen unkultivierten Hirten beschämt wurde, die in einem so viel größeren Maße als ich Großzügigkeit und Mut, Ausdauer, Geduld und

Einleitung

unbeschwerte Ritterlichkeit besaßen. Es gibt kein anderes Volk, bei dem ich jemals ein solches Gefühl persönlicher Unterlegenheit hatte.

Stellen Sie sich vor, was mit einem Bedu oder Huaorani geschieht, wenn seine Wildnis nicht mehr da ist.

Als Redmond O'Hanlon vier Jahre alt war, ließ ein Vogel eine leere Eischale neben ihn fallen. Er erinnert sich an diesen Augenblick:

> Da ich damals noch keine Kenntnis von der Leere des Kosmos hatte, von der Fühllosigkeit der kausalen Zusammenhänge, kam ich zu dem Schluß, diese Botschaft aus braunen und purpurnen Flecken auf einem Untergrund von bräunlichem Weiß müsse für mich bestimmt sein.

Wir glauben das alle: Die Welt, die ich sehe und bewohne, ist ein Geschenk für mich, nicht etwas, das ich teilen muß. Doch diese Illusion, wenn es denn eine ist, ist schwer aufrechtzuerhalten. In der Einsamkeit oder etwas Ähnlichem fällt es uns leichter zu glauben, daß das alles – Himmel, Laub, Vogelgezwitscher, Wasserrauschen, Sonnenschein, Schatten, Nacht – nur für uns ist, daß es uns gehört, daß wir es kennen. Mit dieser Täuschung können wir uns eine Zeitlang von der Wildnis absondern; wir können sie auf dieselbe Weise von uns fernhalten, wie wir uns gegenseitig voneinander fernhalten.

Oder wir bekommen Angst. Vielleicht ist die Wildnis nicht für uns gemacht, vielleicht sind wir für die Wildnis gemacht. Edward Abbey zitiert, als er nach Grizzlys sucht, einen Freund: »Es ist keine Wildnis, es sei denn, da ist eine Kreatur, die dich töten und fressen kann.«

Der Autor H. M. Tomlinson und ein Kamerad wandern einen einzigen Tag lang durch den Urwald am Amazonas. Er ist beeindruckt von der Stille, in der er etwas anderes erkennt:

Wäre die Zeit, wären die Bewegungen in diesem Phantomkrieg beschleunigt worden, hätten wir gesehen, was wirklich da war: die größeren Bäume, die nach oben streben, um den schwachen Licht und Nahrung zu nehmen. Wir hätten das ständige Zusammenfallen der Unterlegenen gehört, und wir hätten die Lianen gesehen, die sich wanden und zusammenzogen, wie Schlangen, und ihre Wirte drosselten und fraßen. Überall sahen wir Totes, Schalen, an denen Würmer klebten. Dennoch konnten wir nicht sicher sein, ob wir überhaupt etwas sahen, denn das waren keine Bäume, sondern Gestalten in einem Gebiet unter Tage, eine Welt, die von dem Land des Lebendigen in einen Abgrund gesunken war, in die das Licht nur spärlich auf zwei Reisende durchsickerte, die sich über den Boden bewegten und versuchten, an ihren eigentlichen Platz zurückzukehren.

Es ist, wie wenn man im Juni in Maine im Meer schwimmen geht: Wir wollen hinein, wir gehen hinein, und schon wollen wir wieder raus. Wir gehen raus, und wollen gleich wieder rein. Die Wildnis ist unser Zuhause. Das macht uns froh und jagt uns Angst ein.

Aber hält man sich für einige Zeit an einem ausgesprochen wilden Ort auf, verliert man vielleicht die Furcht. Man könnte lernen, was einige der dortigen Bewohner zu wissen scheinen: Es gibt kein »später«, wir leben jetzt oder gar nicht. Die Vogeleier gehören zu uns, wir gehören zu ihnen, jeder gehört sich. Was immer »wild« bedeutet, es steckt bereits in uns. Vielleicht ist alles, was in uns steckt, wild.

Clint Willis

Redmond O'Hanlon
aus **Redmonds Dschungelbuch**

Der Naturforscher und Entdecker Redmond O'Hanlon, gebo-
ren 1947, sucht die schwierigsten Gegenden der Welt auf und
schleppt die seltsamsten Gestalten mit dorthin. Er ist hoch-
empfänglich für die Schönheit der Wildnis (vor allem für Vögel)
und ihre mannigfaltigen Gefahren (praktisch alles, was sich be-
wegt). Hier bereitet er sich auf eine Reise in die sumpfige Wildnis
am Amazonas vor.

Nach zwei Monaten in den Urwäldern Borneos schien mir eine
viermonatige Reise durch das Gebiet zwischen dem Orinoko und
dem Amazonas keine besonderen Probleme zu bieten.

Ich las alle meine Helden des 19. Jahrhunderts noch einmal:
Alexander von Humboldts siebenbändige *Reisen in die Aequinoc-
tial-Gegenden des neuen Continents in den Jahren 1799 bis 1804*;
William H. Edwards' *A Voyage up the River Amazon*; Alfred Russel Wallaces *Reisen am Amazonasstrom und Rio Negro*; Henry
Walter Bates' *Der Naturforscher am Amazonasstrom* und Richard Spruces *Notes of a Botanist on the Amazon and Andes*.

Im Dschungel des Amazonas lauern keine Blutegel – ein Mangel,
der mir im Vergleich mit Borneo als großer Vorteil erschien. Aber
es gibt natürlich wie in Borneo alle Arten Durchfall und Amöben-
ruhr, Gelbfieber, Schwarzwasser- und Denguefieber, Malaria,
Cholera, Typhus, Tollwut, Hepatitis und Tuberkulose – und noch
ein paar ganz besondere Extras dazu.

Da ist zum Beispiel die Chagassche Krankheit, übertragen von
mehreren Arten von Mordwanzen, die einen in Gesicht oder Hals

beißen und dann, vollgesogen, am Einstich koten: wenn man sich kratzt, reibt man die Hinterlassenschaft und eine Ladung Protozoen in den Blutkreislauf; ein Jahr oder auch zwanzig Jahre später beginnt man an unheilbaren Schädigungen von Herz und Gehirn zu sterben. Dann gibt es die Onchozerkiasis, die Flußblindheit, übertragen von Schwarzen Fliegen und verursacht von Maden, die zu den Augäpfeln wandern; Leishmaniasis, die der Lepra ähnelt – hervorgerufen von einem Parasiten und übertragen von Sandfliegen (achtzig Prozent der brasilianischen Truppen, die in der Regenzeit Manöver im Dschungel abhalten, werden von ihr infiziert); wenn man sie nicht schnell behandelt, zerfrißt sie die Geschlechtsteile. Und es gibt exotische Erscheinungen wie ein Fieber, das in den sechziger Jahren im Staate Pará ausbrach und einundsiebzig Menschen tötete – darunter auch das Forschungsteam, das es untersuchen sollte.

Die großen Tiere sollen viel freundlicher sein, als man denkt. Der Jaguar tötet mit einem Biß in den Nacken, aber nur unter besonderen Umständen. Zwei Vipern – die Lanzenschlange (sie kann über zwei Meter lang werden) und die Buschmeister (bis zu vier Metern, die größte der Welt) – töten einen nur, wenn man auf sie tritt. Von der Anakonda ist bekannt, daß sie erst dann zudrückt, wenn man ausatmet; der Zitteraal kann seine 640 Volt nur vor dem Frühstück austeilen (*seinem* Frühstück, versteht sich); der Piranha zerreißt dich nur, wenn du ohnehin blutest, und der Riesenwels zeigt nur dann eine Neigung, dir die Füße an den Knöcheln abzubeißen, wenn du kraulst.

Die kleineren Tiere sind im großen und ganzen viel lästiger: Moskitos, Schwarze Fliegen, Tapirfliegen, Milbenlarven, Zecken, Krätze verursachende Tunga penetrans und Dermatobia hominis, dann die Dasselfliege, deren Larven sich in die Haut bohren, vierzig Tage lang bescheiden an dir knabbern und schließlich als zolllange Maden herauskommen.

Am beharrlichsten aber schwamm der Candiru durch die Träume meiner unruhigen Nächte, der Zahnstocherfisch – ein winziger

aus **Redmonds Dschungelbuch** 17

Wels, der sich dem parasitären Leben in den Kiemen und Verdauungskanälen größerer Fische angepaßt hat.

In Borneo, in den Langhäusern, hatte ich gelernt, daß es sich gehört, in den frühen Morgenstunden zum Fluß hinunterzugehen – daß du die richtige Stelle im lehmigen Wasser gefunden hast, weißt du, sobald die Fische an deiner Hose zupfen, damit du sie ausziehst und ihnen ihr Frühstück gibst. Solltest du jedoch am Amazonas einmal zuviel getrunken haben und beim Schwimmen unwillkürlich urinieren, so hält dich jeder heimatlose Candiru, angezogen vom Geruch, für einen großen Fisch und schwimmt aufgeregt deinen Urinstrom hinauf, hinein in deine Harnröhre wie ein Wurm in sein Loch, hebt seine Kiemendeckel und stellt eine Reihe rückwärtsgerichteter Stacheln auf. Dagegen ist dann nichts mehr zu machen. Der Schmerz, heißt es, sei von ganz besonderer Art. Man muß in ein Krankenhaus, bevor die Blase platzt, und dort einen Chirurgen bitten, den Penis abzunehmen.

Nachdem ich mich mit einem Freund vom Radcliffe Hospital in Oxford beraten hatte – mit Donald Hopkins, dem Erfinder der Hämorrhoiden-Bestrahlung –, entwarf ich einen Anti-Candiru-Schutz: Wir nahmen eine Krickethose, schnitten die Vorderseite heraus und ersetzten sie durch ein Teenetz.

Von dieser ganz speziellen Furcht war ich zwar auf glänzende Weise befreit, aber nun geriet ich erst richtig in Panik. Alfred Russel Wallace schien die einzig mögliche Entscheidung getroffen zu haben. Bei einem Fieberanfall in seiner Hütte am Rio Negro, 1851, so berichtet er uns,

»nahm ich Chinin ein und trank reichlich in Wasser aufgelösten Weinstein, obgleich ich so schwach und apathisch war, daß ich mich zuzeiten kaum überwinden konnte, mir das zuzubereiten. In solcher Zeit fühlt man recht den Mangel eines Freundes ..., denn wollte man einen Indianer dazu bringen, solche Kleinigkeiten zu besorgen, so würde es nötig sein, ihm so viel zu erklären und zu zeigen, daß es wirklich noch leichter ist, es selbst zu tun ... Zwei Tage und Nächte schwebte ich zwischen Leben und Tod. In diesem apathischen Zustand durchging ich halb in Gedanken, halb im Traum mein ganzes vergangenes Leben und meine Hoffnungen auf die Zukunft, die vielleicht alle hier am Rio Negro ihr Ende finden sollten ... Doch mit der Genesung schwanden diese düsteren Gedanken, und die Lust zu dieser meiner letzten Reise wurde wieder wach – ich schaute vorwärts mit der festen Hoffnung auf die Heimat. Indessen tat ich mir doch das Gelübde, nie wieder in so wilde, unbevölkerte Gegenden ohne einen zivilisierten Gesellschafter oder Diener zu reisen.«

Das war die Antwort: Ich würde den zivilisierten Gefährten meiner Borneo-Reise überreden, mit mir in die venezolanische Amazonas-Region zu fahren, den Dichter James Fenton. Die Bitte würde ihm gewiß schmeicheln. Mit Vergnügen würde er mitfahren.

Nach dem Abendessen am langen Tisch in James' Küche (an der Wand hing noch eine Karte von Borneo), bei einer halbgeleerten Flasche Glenmorangie, hielt ich den Zeitpunkt für günstig.

»James«, sagte ich, »du siehst nicht gut aus. Du machst dir viel zu viel Arbeit mit diesen Buchrezensionen. Du brauchst eine Abwechslung. Warum kommst du nicht mit mir zum Amazonas?«

»Hörst du mir gut zu?«

»Ja.«

»Und du sitzt bequem?«

»Ja.«

»Dann möchte ich dir mitteilen«, sagte James, schloß die Augen und bedeckte sein Gesicht und seinen kahlen Schädel mit den Händen, »daß ich mit dir nicht einmal in eine U-Bahn steigen würde.«

aus **Redmonds Dschungelbuch** 19

Ich fragte jeden, den ich kannte. Ich besuchte auch den Dichter Craig Raine. »Es wird deinen Metaphernvorrat bereichern«, sagte ich.

»Es wird meinen Vorrat an Parasiten bereichern«, sagte Craig.

Ich rief den Fotografen Don McCullin an.

»Um ganz offen zu sein«, sagte Don, »ich dachte mir schon, daß du früher oder später auch auf mich verfallen würdest. Du bist an den richtigen Mann geraten. Es hätte schon seinen Sinn. Ich möchte nicht grob werden, Redmond, aber ich habe im Laufe der Jahre eine ganze Menge Bilder gesehen und, ehrlich gesagt, deine sind mit Abstand die schlechtesten. Aber ich habe kein Interesse. Ich habe das alles schon mal gemacht. Ich bin für Norman Lewis den Xingu hinaufgefahren, das hat mir gereicht. Gerade jetzt, in diesem Moment, möchte ich mich in Ruhe besaufen. Und ich möchte mit Lorraine schlafen – da, wo du hinfährst, kann ich keins von beidem.«

Dann fiel mir Simon Stockton ein, ein Freund aus der Zeit, als ich Anfang zwanzig war. Geboren in Cambridge, hatte der Höhepunkt seiner Schulzeit darin bestanden, daß er mit dem späteren Romanautor Martin Amis in einer Klasse gewesen war – eine so demoralisierende Erfahrung, daß er auf jede weitere Ausbildung verzichtete und sich entschloß, eine Diskothek aufzumachen. In Hamburg betrieb er einen Nachtclub, bis die Polizei eines Tages seinen Partner auf einer Parkbank fand, mit einer Kugel im Kopf. Man stempelte ihm den Vermerk »Unerwünschter Ausländer« in den Paß und wies ihn aus.

Er fing als Croupier neu an und arbeitete sich hoch von Club zu Club; zur Zeit war er am »Kensington Sovereign« beteiligt. Er würde sicher mit Begeisterung zusagen. Ich wußte von seinem geheimen Ehrgeiz, das wilde professionelle Nachtleben aufzugeben und irgend etwas richtig Friedliches zu werden, zum Beispiel Kriegsfotograf. Ich rief ihn an. Es sollte mein erster Besuch in einem Kasino sein.

Simon, Mitte dreißig, höflich und in einem dunklen Anzug, nahm mich beim Pförtner in Empfang.

»Komm rein und versuch die Ruhe zu bewahren«, sagte er. »Wir haben große Tiere hier heute nacht. Die Lage ist ein bißchen gespannt.«

Wir saßen an der Bar. Simon schnippte mit den Fingern, und ein Malaie brachte eine Flasche Claret. Die gedämpften roten Tisch- und Wandlampen spiegelten sich in den Flaschenreihen, warfen warme, glänzende Flecken auf die Eichenpaneele, wurden in den Eckspiegeln reflektiert und hingen durchscheinend in der großen Glaswand, die den Raum teilte. Durch das Glas konnten wir den Spielern an den Roulette- und Blackjack-Tischen zusehen. Ein paar Frauen oder Geliebte saßen auf Hockern hinter ihren Ehemännern oder Liebhabern – aufgeregt, ketterauchend.

»Du kommst also mit?«

»Natürlich komme ich mit. Es ist die Chance meines Lebens. Ich habe ein 500-Millimeter-Spiegelobjektiv für die Vögel gekauft. Nicht für mein Leben möchte ich das verpassen. Und überhaupt, nach fünfzehn Jahren in diesem Schuppen brauche ich eine Pause. Für mich heißt es: Amazonas oder Klapsmühle.«

»Und außerdem«, fügte er ohne besonderen Anlaß hinzu, »ich bin gut bei Schlägereien. Sieh mal.« Er hob die Haare über der Stirn und enthüllte eine lange, kaum verheilte Narbe. »Acht Stiche. Der Idiot verlor alles, was er hatte, und dachte, ich hätte ihn verhext. Schlug mir einen Aschenbecher über den Schädel. Der Pförtner haute ihm eins in den Bauch, und wir ließen ihn einbuchten wegen Körperverletzung.« Simon nickte einem Kellner zu, und ein Tablett mit orientalischem Essen tauchte auf.

»Was tun sie denn sonst«, fragte ich, »wenn sie alles verlieren?«

»Sie gehen nach Hause und hängen sich auf«, sagte Simon, den Mund voller Seeteufel. »Das passiert ziemlich oft, aber wir können nichts dafür – wir sind halt das letzte Glied in der Kette.«

»Im Dschungel wirst du dich langweilen.«

»Damit kann ich fertig werden«, sagte Simon und wandte sich

aus **Redmonds Dschungelbuch**

kurz um, einen prüfenden Blick über die Tische zu werfen. »Ich kann so ziemlich mit allem fertig werden. Neulich waren drei Iraker da. Irgendein arabischer Gangster glaubte, daß wir hier betrügen, also schickte er die drei Jungens her. Ich versprach ihnen alles, um sie hinzuhalten – meine Tante Sally, die Katze, mein Sparschwein, einfach alles –, während der Parkplatzwächter die Polizei rief. Als sie durchsucht wurden, fanden wir, daß sie statt Taschen nur Schlitze hatten: Sie hatten sich ihren Klempnerladen direkt an den Oberschenkel geschnallt, achtzehn Zoll lang und an der Spitze gebogen. Riesendinger! Irgendwie abartig, wenn du mich fragst.«

Ich starrte durch die Glaswand und bewunderte die halbnackten Croupeusen, die in dem gedämpften Licht um den grünen Filz standen, als ein älterer, finster blickender Japaner einen Livrierten herbeirief, irgendwas murmelte und ihn zu Simon schickte.

»Mein Dicker«, sagte Simon, »du hast dir gerade deinen Rausschmiß eingehandelt.«

»Rausschmiß?«

»Du hast gelächelt.«

»Gelächelt?«

»Ja. Du hast die Mädchen angelächelt. Damit hast du Mr. Yamamoto gestört. Er meint, du bringst ihm Unglück. Du störst seine astralen Kräfte. Du wirst gehen müssen. Das sind Spieler, verstehst du. Sie kommen her, um zu spielen. Das hier nennt man ein Kasino. Wenn du Mädchen willst, mußt du in ein Haus gehen, das man Bordell nennt.«

Draußen auf der Straße standen wir im Regen und blickten auf das Meisterwerk von Waterhouse, die großartige viktorianische Fassade des Museums für Naturgeschichte, mit den sauberen blauen und cremefarbenen Ziegeln, den Fensterbögen und Mittelpfosten, Zinnen und Türmen im Flutlicht: eine weltliche Kathedrale, die ebenjene Sammlungen beherbergt, die Bates und Wallace und Spruce sich angesehen hatten (damals noch im Britischen Museum in Bloomsbury), bevor sie zum Amazonas aufgebrochen waren.

»Das ist schön, nicht?« sagte ich. »Für mich ist das das verlockendste Gebäude der Welt. Schaust du häufig rein, wenn du Tagschicht hast?«

»Ehrlich, Redmond«, sagte Simon und wandte sich ab, um wieder hineinzugehen, »ich habe da noch nie einen Fuß reingesetzt.«

Ich stand im Regen, konnte mich nicht rühren und blickte auf das himmlische Gebäude gegenüber, einen Palast verwirrter Sehnsüchte. Und ich erinnerte mich wieder, wie ich eines Frühlings auf dem Rasen vor dem väterlichen Pfarrhaus stand. Als ich knapp fünf Jahre alt war, flog eine Misteldrossel, die ihr Nest gereinigt hatte, über mir auf und ließ die Hälfte einer leeren Eierschale fallen, direkt vor meine Füße, neben der Sonnenuhr. Da ich damals noch keine Kenntnis von der Leere des Kosmos hatte, von der Fühllosigkeit der kausalen Zusammenhänge, kam ich zu dem Schluß, diese Botschaft aus braunen und purpurnen Flecken auf einem Untergrund von bräunlichem Weiß müsse für mich bestimmt sein.

Ich begann eine Eiersammlung anzulegen und bewahrte sie in einer Schachtel auf; sie lag in meinem kleinen Schlafzimmer auf der Kommode neben dem Fenster, von dem der Blick über den Küchengarten und die kleinen Felder ging, über die dichten Hekken und Wälder des Käselandes bis zu den entfernten Hängen der Hügel von Wiltshire. Ich nahm einer Amsel das Ei aus dem Nest, eines von fünfen, aus dieser rauhen, mit getrocknetem Gras ausgekleideten Mulde im Dickicht beim Goldregen. Ich fand ein Drosselei in seinem lehmverkleisterten Nest in einem Gebüsch am Teich. Ich plünderte das Gelege eines Fliegenschnäppers, der jedes Jahr wiederkam, um auf einem Sims an der Muschelkalkfassade des Hauses seine Jungen aufzuziehen – dort, wo das Nest durch Efeu vor der Sonne geschützt war. Mit einem Teelöffel fischte ich das weiße, braungesprenkelte Ei eines Zaunkönigs aus einem Gewölbe welker Blätter, hineingebaut in das tote Laub

aus **Redmonds Dschungelbuch**

hinter einem alten Reineclaudenbaum in einem Mauerwinkel. Und eines Tages, als ich vorn in dem zweisitzigen Faltboot meines Vaters auf dem Bowood-See saß (er gehörte zu seiner Gemeinde), hob ich die oberste Schicht eines treibenden Unkrauthaufens, der sich in einem Lilienbett verfangen hatte, und holte mir das kreidige Ei eines großen Haubentauchers. Es war der Stolz meiner Sammlung.

Als ich sieben war und in ein Internat in Dorset geschickt wurde, schenkte mir mein Vater die beiden Bände von T. A. Coward, *The Birds of the British Isles and Their Eggs*, meine ersten richtigen Bücher; er hatte sie ebenfalls von seinem Vater bekommen, der zusammen mit Coward um die Jahrhundertwende in ganz Cheshire Vögel beobachtet und geologische Studien getrieben hatte. Und er schenkte mir auch T. A. Cowards eigenes spezialgefertigtes Fernglas, das Coward meinem Großvater hinterlassen hatte: eigentlich nur zwei zusammenpassende Teleskope, schlanke, schwärzliche Messingröhren, durch die ich eines Tages alle die Vögel zu sehen hoffte, die Coward gesehen hatte – so geheimnisvoll in Marschen und Küstenland, in den Mooren und Bergen und Wäldern, wie Thorburn sie auf seinen Tempera-Bildern gemalt hat.

In der ersten Ferienwoche überredete ich meinen Vater, mit mir in das Museum für Naturgeschichte zu gehen. Damals war alles noch ganz anders: Man konnte tatsächlich zu den Mahagonischränken mit Eiern gehen und die Schubladen herausziehen. Da gab es alle Eier aller Vögel auf den Britischen Inseln, Tausende von Eiern; sie lagen in ganzen Haufen auf ihren Baumwollbettchen in den hölzernen Fächern unter Glas. Die Eier der Lumme überraschten mich besonders – sie hatten einen ganzen Schrank für sich: Sie waren weiß, gelb, blau, grün, purpur, rot oder braun; und sie waren in allen möglichen verschiedenen Farben getupft oder gefleckt oder gesprenkelt. Wenn das die Eier einer einzigen Spezies waren, wie konnte sich dann jemals einer damit auskennen? Nichts als Vielfalt und Staunen. Vielleicht, dachte ich jetzt im Regen auf der Cromwell Road, war es diese Empfindung, die ich im Urwald im Herzen Borneos wirklich gesucht – und auch gefunden hatte: jener plötzliche, kurze, leuchtende Augenblick, wenn du dir noch nicht mal sicher bist, ob das, was da eben über den Fluß flog, eine Fledermaus war, ein Vogel oder ein Schmetterling. Und ich schwor mir, wenn möglich, dieses Gefühl wieder zu erleben in den noch größeren Wäldern der nördlichen Amazonas-Region.

Eine Hand legte sich auf meine Schulter.

»Alles in Ordnung, Sir?« Es war der Pförtner. Er hatte einen mitleidigen Ausdruck in seinem zerfurchten Gesicht. Er kannte das alles schon.

»Sie wollen nicht nach Hause? Ist es das? Hören Sie auf mich, Sir: Es ist immer am besten, direkt nach Hause zu gehen, wenn man Pech gehabt hat. Morgen früh werden Sie sich wieder besser fühlen. Wenn Ihnen das Geld für ein Taxi fehlt, Sir – wenn Sie mir das nicht übelnehmen –, der Kensington Sovereign legt es Ihnen gerne vor. Das gehört zum Geschäft.«

In den folgenden zwei Monaten suchte ich mir aus verschiedenen Campingläden eine mangelhafte Ausrüstung zusammen. Nachdem ich lange erfolglos gesucht hatte, fand ich schließlich zwei Paar widerstandsfähiger »felderprobter« Wasserflaschen aus Plastik, die man an den Gürtel hängen konnte; ich ging damit nach Hause und füllte die eine mit Wasser: Als ich den Verschluß zudrehte, platzte sie an der Seite auf.

Verzweifelt brachte ich wieder einmal, wie einen Talisman, den Namen meines Onkels ins Spiel – Oberst Egerton-Mott, der während des Krieges in Borneo die Sondereinsätze gegen die Japaner geleitet hatte – und besuchte die Sponsoren unserer Borneoreise, 22 SAS, in ihrem Hauptquartier bei Hereford. Absurderweise freute ich mich, als ich bemerkte, daß ich befördert worden war: von der Lagerhalle der Ausbildungsabteilung zu der für die Regulären.

aus **Redmonds Dschungelbuch** 25

»Gut gemacht, mein Junge«, sagte der Quartiermeister, als wir von seinem Büro zum Lagerschuppen gingen. »Das Buch über Borneo hat mir gefallen. In Ihrer Beschreibung klangen wir fast menschlich.«

Dann war mir auch das danebengegangen, dachte ich, als wir auf dem Vorfeld an einem Zug junger Soldaten vorbeikamen, die noch einmal ihre Rucksäcke überprüften, bevor sie auf zwei Lastwagen stiegen. Sie waren fit und mager und zeigten eine wilde Energie. Sie sahen nicht im entferntesten menschlich aus.

In der Lagerhalle traf ich Ernie und Eddie wieder und quittierte für zwei komplette Sätze Dschungelausrüstung, wie ich sie nach Borneo mitgenommen hatte, plus einen Satz besonders leichte Dschungelmontur (groß) und einen Schlapphut in Tarnfarben (er hatte zwei große Luftlöcher über der Krempe und war mit feinem Maschendraht überzogen, um die Schwarzen Fliegen abzuhalten). Aufgeregt probierte ich alles an. Ich fühlte mich sofort prächtig, zu allem bereit.

»So können wir ihn nicht gehen lassen«, sagte Ernie, und er klang aufrichtig verdrossen.

»Warum nicht?« fragte ich. »Fehlt noch was?«

»Nein«, sagte Ernie, »du bist einfach eine Schande für das Regiment. Du siehst aus wie Benny Hill.«

Eine Woche später brachte ich Simons Ausrüstung zu seinem Haus in einem Vorort von West Drayton. Es war unter den vielen völlig gleichartigen Häusern leicht zu finden, weil Simon es von oben bis unten purpurn angestrichen hatte; und eine enorme Vergrößerung seines Porträtfotos füllte das ganze linke obere Fenster aus.

Es war drei Uhr nachmittags, und Simon kam in seinem Flanellbademantel an die Tür.

»Hallo, Dicker. Bringst du den Kram? Schmeiß ihn hier rein«, sagte er und half mir, den Sack mit der Ausrüstung in den Raum rechts zu bringen. An einer Wand erhob sich ein Turm mit Tuner, Verstärker, Recorder und Tapedecks, mit ganzen Regalen von

Platten. Ein riesiger Fernseher und mehrere Videogeräte standen am Fenster. In der Ecke hielt ein hölzernes Mädchen mit großen hölzernen Brüsten, cremefarben angemalt, einen Aschenbecher. Wir breiteten die olivgrüne Zeltbahn, die Leinwandhängematte, das Moskitonetz und das Gestänge auf dem Teppich aus, über einem Paar kleiner roter Tanzschuhe, einem Paar schwarzer Netzstrümpfe, einem schwarzen Hüftgürtel und der Andeutung eines schwarzen Schlüpfers, benäht mit einem winzigen scharlachroten Seidenherzen.

»Ist schon gut«, sagte Simon. »Sie schläft oben. Sie zieht sich so an, wie ich es möchte, kommt Donnerstagabend und geht am Freitag wieder. Sie macht mir niemals Ärger. Willst du dir mal das Haus ansehen? Stockys Traummaschine fürs maximale Vergnügen?«

Wir gingen über den Flur.

»Dies ist das Wohnzimmer. Hier trinken wir Tee, wenn ganz besondere Gäste kommen, wie zum Beispiel meine Mutter. Dann essen wir Gurkensandwiches und Gebäck.«

Den Raum füllte eine große Werkbank fast vollständig aus. Die Wände ringsum waren von einer umfassenden Werkzeugsammlung bedeckt. Neben dem Lichtschalter waren die einzelnen Kategorien in roter Leuchtfarbe aufgelistet: MEISSEL. HÄMMER. BOHRER. SÄGEN. FEILEN UND ANDERES.

Auf dem Weg nach oben kamen wir an einer großen Inschrift vorüber. REMEMBER REMEMBER THE FIFTH OF NOVEMBER.

»Wozu soll das gut sein?«

»An dem Tag hat mich meine Frau verlassen«, sagte Simon.

»Es überrascht mich nicht, daß sie ging«, sagte ich.

»Ich werde ihr nie verzeihen«, sagte Simon.

Ich schaute aus dem Treppenfenster. Ein alter Pflaumenbaum stand mitten auf dem Rasen. Von seinem untersten Ast hing ein mitgenommener, überdimensionaler Snoopy, mit einem Reithelm auf dem Kopf und einer zerfetzten Zielscheibe auf der Brust. Er schaukelte sanft im Wind.

aus **Redmonds Dschungelbuch**

»Was ist das?«

»Das«, sagte Simon, »ist ein Symbol. Es ist meine Exfrau. Das ist ihr Sturzhelm. Sie hatte ein Pferd. Wenn ich Depressionen kriege, nehme ich meine Armbrust, lehne mich raus und verpasse ihr einen Bolzen.«

»Und dies«, sagte er und riß eine Tür auf, über der stand: VORSICHT HOCHSPANNUNG, »ist das Schlafzimmer des Meisters. Hier bringt mir das Mädchen meine Croissants, hier lese ich jeden Morgen die *Financial Times*.«

Er knipste ein rotes Licht an. Es war eine Dunkelkammer, das Fenster war mit schwarzen Läden und einem lichtdichten Ventilator verschlossen. Tische zogen sich die Wände entlang, mit Aktenschränken darunter. Es gab zwei gewaltige Vergrößerer, eine Reihe von Entwickler- und Fixierschalen und drei eingebaute Waschbecken. Die Kameras und Objektive waren sauber auf einem Bord aufgereiht. Es gab Blitzlichter, Stative und einen Haufen Lampen und Reflektoren. Aber das Prunkstück des Raums waren die Mädchen. Sie schmollten auf Simons Sofa in weichgezeichnetem Schwarzweiß. Sie saßen nackt in üppigem Cibachrome in Simons Blumenbeet. Sie wanden sich in Sepia um den Pfosten seines Treppengeländers und kicherten. Sie rekelten sich lang und wollüstig auf seinem Teppich. Mit Selbstauslöser waren sie auf dem Bett eingefangen, während der Meister sie höchstpersönlich auszog.

»Gut, was?« sagte Simon.

»Sie sehen verblüffend glücklich aus«, sagte ich. »Sie müssen dich tatsächlich mögen.«

»Und wie sie das tun«, sagte Simon, »das ist doch nur natürlich. Sie lieben mich zu Tode. Aber leider heißt es bei mir nur rums, bums und tschüs, meine Liebe. Nicht wie bei dir. Wie lange bist du schon verheiratet? Fünfzig Jahre?«

»Achtzehn«, sagte ich.

»Achtzehn!« sagte Simon, ging über den Flur und öffnete eine weitere Tür. »Achtzehn! Na, wenn wir jemals aus dem Dschungel zurückkommen, dann schaffst du es vielleicht noch bis zur Silberhochzeit – wenn Belinda blöd genug ist, auf dich zu warten –, und ich könnte dir eine schöne dicke Teekanne schenken, mit einer ganz langen Tülle.«

Wir linsten in das Zimmer.

»Das ist die Spielwiese«, sagte Simon.

Ein sehr junges Mädchen schlief auf dem Doppelbett. Sie war halb mit einem Laken bedeckt und hatte sich wie ein Fötus zusammengerollt. Drei Siamkatzen drängten sich in der Höhlung zwischen Po und Fersen aneinander. Ihr gelbes Haar fiel über das Kissen.

»Sie ist hübsch«, sagte ich, als wir wieder hinuntergingen.

»Die Katzen, ja«, sagte Simon.

»Magst du sie denn nicht?«

»Paß mal auf«, sagte Simon. »Erzähl mir keinen Scheiß. Sie arbeitet im Kasino. Ich bin für das Personal zuständig. Ich mache keine Witze, Redmond. Ich habe die Nase voll von hübschen Mädchen. Sie machen mich fertig. Manchmal glaube ich, mein Pimmel gehört nicht mehr mir.«

Wir setzten uns an den Tisch des Zimmers, das Simon als die Küche bezeichnete. Es sah eher wie ein Raumschiff aus.

»Du bist ein glücklicher Mann, Simon.«

»Das gehört einfach zu meinen Problemen«, sagte er und langte eine Flasche Château-Neuf-du-Pape aus einem Regal. »Ich wollte jemand haben, der regelmäßig herkommt und sich um mich kümmert. Deshalb habe ich im örtlichen Anzeigenblatt inseriert. ›Unglaublich häßliche Putzfrau gesucht, hohe Bezahlung für eine richtige alte Hexe. Bewerbungen unter sechzig zwecklos.‹ Zwei Wochen lang sah ich mir die Kandidatinnen an und suchte mir eine echte Schreckschraube aus. Mrs. T. Sie ist das richtige für mich. Ein Schatz. Sie ist die Beste. Ich glaube, ich hab mich verliebt. Wirklich, ich glaube, demnächst muß ich ihr einen verpassen.«

»Was ist in den anderen Zimmern?« fragte ich, als Simon zwei überdimensionale Weingläser füllte.

aus **Redmonds Dschungelbuch** 29

»Nix. Die gehörten meiner Frau. Da geh ich fast nie rein; ich habe sie noch nicht zurückerobert. Im hinteren Zimmer zum Garten raus ist eine vollständige Ausgabe der *Großen Bücher der Welt* von der Encyclopedia Britannica. Die habe ich für sie gekauft. Die sind alle noch eingeschweißt. Verdammte Unzucht. Da fällt mir ein – wenn wir unterwegs sind, wenn wir in diesem ollen Dschungel stecken, dann mußt du mich erziehen.«

»Dich erziehen?«

»Ja. Ich will mein Leben ändern. Wirklich. Du sagst mir, welche Bücher ich lesen muß – und ganz nebenbei, warum gehen wir überhaupt auf diesen Trip? Warum bist du nicht mehr Professor in Oxford, du fetter Depp? Ein besseres Leben gibt's doch gar nicht. Portwein umsonst, soviel du willst, der vor Hunderten von Jahren eingekellert wurde. Alte Knacker beglücken dich den ganzen Tag mit ihrem geschraubten Akzent. Um dich herum lauter junge Studentinnen.«

»Das war nur auf Probe«, sagte ich. »Und ich brachte meinen Studenten das falsche Jahrhundert bei, direkt vor ihrem Examen. Es war scheußlich.«

»Scheiße«, sagte Simon, ernstlich in Sorge. »Ich dachte, mit dir könnte man fahren. Ich dachte, man könnte sich auf dich verlassen.«

»Den Fehler haben sie auch gemacht; es war nicht ihre Schuld.«

»Jesus«, sagte Simon und öffnete die nächste Flasche.

»Mach dir keine Sorgen«, sagte ich. »Wir nehmen eine Route aus dem 19. Jahrhundert. Und in dem Jahrhundert kenne ich mich aus. Ich denke, wir folgen Humboldt den Orinoko hinauf und durch die Casiquiare-Region. Dann schließen wir uns Spruce und Wallace auf dem Rio Negro an, fahren runter nach Manaus zu Bates, und dann vielleicht den Purus hinauf. Ich bin jeden Morgen in unserem Wäldchen herumgerannt. Ich bin besser in Form als je.«

»Den Teufel bist du«, sagte Simon und goß sich noch ein Glas ein. »Du trinkst zuviel.«

»Apropos Leben ändern«, sagte ich, »bei deinem Verbrauch mußt du doch früher oder später die richtige Frau finden. Der ideale Weg, dein Leben zu ändern.«

Simon lehnte sich entspannt in seinem Stuhl zurück.

»Na ja, wie es so spielt, vielleicht habe ich die richtige Frau gefunden, du Mistkerl. Und vielleicht hat es sogar etwas mit dir zu tun. Ich glaube, das gefällt ihr – Stockton der Forscher und Fotograf. Jawoll. Sie weiß nicht, daß ich bei meiner Arbeit nur selten das Tageslicht gesehen habe, ganz zu schweigen vom Dschungel. Sie ist eine richtige Schullehrerin. Ihr Mann ist tot. Sie hat drei niedliche Kinder. Ich mag Kinder. Vielleicht mache ich mit ihr Ernst. Tatsächlich, soweit es mich angeht, ist sie genau das richtige.«

»Aber du hast nur noch zwei Wochen.«

»Macht doch nichts«, sagte Simon, »sie kommt, um mich zu verabschieden. Und wenn es erst mal soweit ist – du bist ein Scheißkerl.«

»Was soll denn das nun wieder?«

»Wie machst du das bloß?« sagte Simon und sah plötzlich sehr wild aus. »Wie kannst du deine Frau und deine Tochter zurücklassen? Belinda ist kaum aus dem Krankenhaus raus. Die Kleine ist zwei Wochen alt. Dich sollte man erschießen. Auch nur daran zu denken.«

»Das ist schon seit einem Jahr geplant«, sagte ich und schaute weg, auf eine Fotografie in einem Rahmen auf dem Tisch. »Ich wußte nicht, daß es so laufen würde. Es geht entweder jetzt oder erst nächstes Jahr. Wir müssen die Regenzeit erwischen. Wir werden vielleicht ein paar sehr kleine Flüsse hinauffahren müssen.«

»So spricht ein Psychopath«, sagte Simon.

»Wer ist dieses Mädchen?« sagte ich und nahm die Fotografie auf. Simon schaute aus dem Bild, mit einem silbernen Spazierstock und einem Blazer, eine Kreissäge auf dem Kopf, hoher Kragen, Seidenhemd mit Rüschen und Seidenkrawatte. An seinem Arm hing ein dunkelhaariges Mädchen in einem Kleid aus den zwanziger

Jahren und einem breitkrempigen Hut mit Straußenfedern; sie trug einen zusammengefalteten Regenschirm.

»Der flotte Knabe mit der Kreissäge bin ich«, sagte Simon, »und das Häschen in dem Kleid bin ich auch. Das ist meine Weihnachtskarte vom letzten Jahr. Scharf, was? Hast du noch nie Damenschlüpfer anprobiert?«

Als ich später am Abend nach Oxford zurückfuhr, dämmerte mir, daß jetzt nichts mehr zu ändern war. Ich ging nicht einfach so in den Dschungel – ich ging mit Simon in den Dschungel.

Ich überließ Simon der Lektüre von *Stolz und Vorurteil* in dem Apartment, das ich im Zentrum von Caracas gemietet hatte, und nahm ein Taxi zum Country Club, um Charlie Brewer Carias zu treffen.

Charlie Brewer, der große Erforscher und Fotograf Venezuelas, läßt sich gern per Hubschrauber auf Dschungelbergen wie dem Autana oder dem Sarisarinama absetzen und seilt sich dann in die Höhlen und Kavernen ab. Das ist sein Hobby. Früher war er Zahnarzt, aber inzwischen hat er sechs illustrierte Bücher über die Berge und Pflanzen seines Landes geschrieben; er hat so viele wissenschaftliche Expeditionen ins Landesinnere geführt, daß inzwischen dreizehn Pflanzenarten, eine Pflanzengattung, eine Vogelart, eine Vogelunterart und ein Wasserinsekt (Tepuidessus breweri) seinen Namen tragen. Jeder Taxifahrer in Caracas kennt Charlie Brewer und wird dir von seiner Amtszeit als Jugendminister erzählen. Um Venezuelas Anspruch auf ein Stück Land geltend zu machen, das jetzt zu Guyana gehört, sammelte Charlie eine Bande junger Verehrer um sich und fiel in das Gebiet ein. Guyana mobilisierte seine Armee und Luftwaffe. Charlie schraubte an einem Grenzpfosten ein altes Kupferschild ab, auf dem *British Guiana* stand, und zog sich wieder zurück. Die kommunistische Regierung von Guyana fand das nicht komisch. Die kapitalistische Regierung von Venezuela fand es auch nicht komisch. Charlie verlor seinen Job.

Ich traf ihn an einem Tisch unter einer Arkade des Innenhofes, umgeben von Blumen; er nippte an einem Glas Wasser.

»Lust auf 'ne Stunde in der Turnhalle?« fragte Charlie und strich über seinen enormen herabhängenden Schnurrbart.

»Ganz bestimmt nicht«, sagte ich in Panik. »Könnten wir uns nicht bei einer oder zwei Flaschen Wein unterhalten?«

»Das wäre gar nicht gut für Sie. Eine ganz schlechte Idee. Sie müssen die Finger ganz vom Alkohol lassen. Die Indianer haben sich nie daran gewöhnt. Sie dürfen auch keinen mitnehmen. Die Amazonas-Region, Redmond, ist keine besonders freundliche Gegend.«

»Hören Sie – seit meiner Schulzeit war ich in keiner Turnhalle mehr.«

»Dann eben jetzt«, sagte Charlie und stand auf. »Sie müssen was gegen Ihre Wampe tun. Jeder sollte sich in der Turnhalle verausgaben.« Er nahm seine Sporttasche, warf sie sich über die muskulöse Schulter und wies auf einen Lederbeutel auf dem Tisch.

»Nehmen Sie das mit«, sagte Charlie, »und geben Sie es mir, wenn es Ärger gibt. Kommen Sie. Vor dem Essen haben wir noch eine volle Stunde Zeit.«

Der Beutel war sehr schwer; ich zog den Reißverschluß halb auf und schaute hinein. Eine große schwarze Browning Automatic.

»Jesus«, sagte ich.

»Da draußen wollen mich alle umbringen«, erklärte Charlie. »Von der Regierung von Guyana bis hin zum letzten Trottel. Erst letzten Monat kam irgendein bekiffter Wahnsinniger in einem Vorort an meinen Wagen, als ich vor einer Ampel hielt, und sagte, er hätte sich seit Jahren jeden Tag vorgenommen, mich zu erschießen, aber sein Arzt hätte es ihm ausgeredet. ›Toll. Danke. Prima Neuigkeiten‹, sagte ich. ›Sagen Sie mir Bescheid, wenn Sie Ihre Meinung ändern.‹«

Im Umkleideraum zog sich Charlie Shorts, Socken und Turn-

aus **Redmonds Dschungelbuch** 33

schuhe an. Ich zog Hemd und Schuhe aus und schnallte meinen Hosengürtel ein Loch enger. Wir nahmen uns zwei Handtücher und gingen in die Turnhalle.

Ein riesiger Mann lag auf einer kleinen Bank flach auf dem Rücken und stemmte über der Brust eine Hantel hoch, deren Gewichte auf der einen Seite etwa drei Bussen und auf der anderen einem kleinen Haus zu entsprechen schienen. Unter seinen Muskeln konnte man gerade noch seinen Kopf erkennen. Jeder Atemzug klang wie ein startendes Düsenflugzeug.

»Außer mir kann das hier niemand«, sagte Charlie und stemmte sich auf dem Barren auf und nieder, wobei er seine Knie küßte. Er wies mit dem Kopf auf junge Männer, die kopfüber von Wandleitern hingen und an Trapezen durch die Luft flogen. »Ich bin sechsundvierzig. Aber die haben einfach nicht die Kraft und die Gelenkigkeit zugleich.«

»Also, was halten Sie von meiner Route?« fragte ich. Meine Füße wurden taub unter einem Paar Beingewichte, die ich nicht bewegen konnte.

»Nicht jetzt«, sagte Charlie, »sprechen Sie nicht mit mir, wenn ich meine Übungen mache. Ich konzentriere mich jeden Tag auf verschiedene Muskelkomplexe. Wenn ich einem Mann, der in einer Stromschnelle ertrinkt, ein Seil zuwerfe, muß ich einfach stark genug sein, um ihn ans Ufer ziehen zu können.«

»Ich würde gar nicht mit ihm reden«, sagte ein ölglänzender Brocken neben mir mit einem überdeutlichen Augenzwinkern (wahrscheinlich trainieren sie hier sogar ihre Augenlider, dachte ich). Er pflegte seine Armmuskeln mit Gewichten wie Achsen von Eisenbahnwagen. »Sie müssen, äh, stark werden. Ich selbst bin Chirurg, aber im Krankenhaus habe ich eine ganze Menge Dschungelkrankheiten kennengelernt. Wenn Sie meinen Rat hören wollen, bleiben Sie in Caracas.«

»Der Plan ist lächerlich«, rief Charlie unter seiner kalten Dusche neben mir.

»Nächste Station«, sagte er und drängte mich in den Hitzeraum. Wir setzten uns zu einer Reihe von Männern, die unter Heizstrahlern schwitzten und Witze rissen. Ich bin an dieses Klima einfach nicht gewöhnt, sagte ich mir, und: Nur wegen dieser Reihe Pimmel auf der Bank brauchst du dich nicht minderwertig zu fühlen.

»Diese Flüsse«, sagte Charlie. »Ich habe darüber nachgedacht. Sie sind so groß wie das Meer. Es gibt nichts Langweiligeres. Da sind Leute sogar schon mit einem Hovercraft drübergefahren. Aber Sie gefallen mir. Sie sind verrückt. Sie sind hier hilflos. Sie geben mir Ihre alten Bände Spruce und Wallace – ich habe diese Bücher noch niemals gebunden gesehen –, und ich mache Ihnen Fotokopien davon und verrate Ihnen ein eigenes kleines Projekt von mir, eine Sache, die seit dem 17. Jahrhundert nicht mehr versucht worden ist.«

»Abgemacht«, sagte ich schwitzend.

»Dann wollen wir nach nebenan gehen«, sagte Charlie. »Das ist der Regenwald des Clubs.«

Im Dampfraum beschlugen meine Brillengläser. Charlie, der auf und ab schritt, verschwand und erschien im wirbelnden Dunst.

»Es hat keinen Sinn, wie Humboldt und Bonpland den Casiquiare hinunterzufahren«, sagte seine körperlose Stimme. »Sie würden Ihre Vögel und Tiere nicht finden. Aber es gibt einen anderen kleinen Strom, der ebenfalls den Orinoko und den Rio Negro verbindet – den Maturaca. Er ist auf den Karten verzeichnet, aber er entspringt einem verästelten Delta, einem Inlandsumpf südwestlich des Neblina. Wir wissen nicht genau, wo. Das müssen Sie selbst herausfinden; aber es ist eine wilde Gegend. Die Bäume halten den ganzen Weg über das Licht ab, und die Flüsse sind voller umgestürzter Stämme. Sie müssen sich Ihren eigenen Weg hindurchhauen. Zuletzt hat es die Grenzkommission versucht; sie sind 1972 zwei Monate lang darin herumgeirrt und gaben dann auf. Das Gebiet ist so abgelegen, daß selbst der Neblina, der größte Berg Südamerikas außerhalb der Anden, erst 1953 entdeckt wurde.«

aus **Redmonds Dschungelbuch** 35

Wir nahmen noch eine kalte Dusche.

»Kommen Sie mit in mein Apartment«, schrie Charlie aus seiner Kabine. »Ich habe Radar- und Infrarotsatellitenaufnahmen der NASA von dem Gebiet. Das ist so mein kleines Hobby.«

In seinem Acht-Zylinder-Chevrolet befahl Charlie dem Fahrer, uns in seine Wohnung zu fahren. Eine Wand hing voller Blasrohre, eine andere verschwand hinter einem Schrank mit flachen breiten Schubladen für Karten und Kästen für Fotografien. Bücher und Papiere lagen überall herum. Ein Nebenraum mit Metallregalen enthielt ein Maschinengewehr, eine Hasselblad, ein kombiniertes Kugel-Schrot-Gewehr, eine 7 x 8 Pentax mit hölzernem Tragegriff, eine Schrotflinte Kaliber 12, eine Linhof Panoramic, eine Schrotflinte Kaliber 16 und einen Kasten mit Objektiven. Auf dem Boden stand ein großer Radiosender. Auf einem freien Platz des Tisches lagen verschiedene Teile eines Messers nebst Gebrauchsanweisung.

»Das«, sagte Charlie und nahm ein vollständiges Messer aus einer Schublade, »ist das Brewersche Expeditions- und Überlebensmesser. Es hat eine sechzehn Zentimeter lange Klinge aus rostfreiem Stahl, mit einer Rockwell-Härte von 56 bis 58, und eine Sieben-Zentimeter-Säge vom Griff bis zur Spitze. Hier links ist ein 180-Grad-Klinometer, um die Höhe von Bergen zu berechnen; rechts Instruktionen für fünf Boden-Luft-Signale und ein Sechs-Zentimeter-Lineal. Dieses kleine Loch in der Klinge ist natürlich zum Zielen, wenn man die Klinge als Signalreflektor benutzt; das große rechteckige Loch wird zu einem Drahtschneider, wenn man es zusammen mit diesem T-Einsatz an der Scheidenspitze benutzt. Mit einem anderen Spezialinstrument von mir läßt es sich in eine Harpune verwandeln. Diese Kappe läßt sich abschrauben, und im hohlen Griff ist ein Kompaß und ein wasserdichter Behälter, auf dessen Wand die Morsezeichen gedruckt sind; in dem Behälter sind sechs Angelhaken, eine einfaserige Nylon-Angelschnur, zwei Senkbleie, ein Schwimmer, ein Messer zum Ausnehmen, zwei Nähnadeln, drei Streichhölzer, ein Feuerstein und eine Nadel zum Nähen von Wunden mit Material dazu. Es wird von Marto in Toledo hergestellt und von Gutmann für hundertfünfzig Dollar in die USA importiert. Aber Sie und Simon können eins haben. Es ist gut, um Alligatoren abzuhäuten. Und wenn die Yanomami hinter Ihnen her sind, können Sie sich gegenseitig die Pfeillöcher zunähen.«

»Die Yanomami?«

»Ja. Die wildesten Menschen der Welt. Manche Anthropologen denken, sie waren die ersten Menschen, die aus dem Norden nach Südamerika kamen. Sie haben sehr helle Haut und manchmal grüne Augen. Sie sind die größte unberührte Indianergruppe im Regenwald. Die anderen Indianer haben große Angst vor ihnen. Mein Freund Napoleon Chagnon hat sein Buch über sie *The Fierce People* genannt. Ich gebe Ihnen ein Exemplar, und Jacques Lizots Buch auch, *Tales of the Yanomami*. Es ist alles ganz einleuchtend – sie bauen ein paar Bananen an, aber in der Hauptsache sind sie Jäger und Sammler, und es gibt nicht viel Nahrung in diesen Wäldern. Wenn die Zeiten schwer sind, töten sie deshalb die neugeborenen Mädchen. Folglich gibt es nie genug Frauen, also kämpfen sie um sie. Sie haben formalisierte Duelle und schlagen sich gegenseitig mit drei Meter langen Keulen auf den Kopf. Sie überfallen auch andere Stämme, um Frauen zu rauben, und töten die Männer mit zwei Meter langen Pfeilen, deren Spitzen in Kurare getaucht sind. Und obendrein können sie sich einen natürlichen Tod gar nicht vorstellen; wenn also jemand am Fieber stirbt, dann war für sie ein feindlicher Schamane mit bösem Zauber am Werk, und der Tod muß unbedingt gerächt werden.«

Ich stand dumm da, in der Hand das riesige Brewersche Expeditionsmesser.

»Und das geht immer noch so?« fragte ich.

»Gerade eben bringen sie sich gegenseitig um«, sagte Charlie. Er zog eine der Kartenschubladen auf, nahm eine große Fotogra-

aus **Redmonds Dschungelbuch** 37

fie heraus und breitete sie auf dem Teppich aus. Auf einem tiefroten Untergrund erschienen weiße Flecken und lange schwarze Schnörkel.

»Dies ist die Infrarot-Aufnahme an einem schönen Tag mit minimaler Bewölkung. Sie werden in Puerto Ayacucho am Orinoko ein kleines Flugzeug chartern und nach Süden fliegen – hierhin« – ein winziges weißes Kreuz und ein Fleck, das einzige Anzeichen einer Siedlung im ganzen Gebiet außer dem größten Schnörkel – »nach San Carlos am Rio Negro.«

Charlies schwieliger, muskulöser Finger tippte energisch auf den Punkt. Er wurde ganz aufgeregt.

»Dort werden Sie meine Männer anwerben. Das wird ihr einziger Job sein in diesem Jahr. Sie werden den Indianern acht Dollar am Tag zahlen und Galvis, dem Funker und Koch, zehn. Die Hälfte im voraus. Sie fahren los, wenn sie wieder nüchtern sind. Dafür können Sie eine Woche rechnen. Chimo ist ein alter Mechaniker mit ungeheuer viel Erfahrung, und er behauptet, daß er diese Route kennt. Valentine ist ein alter Bootsmann; Pablo ist sehr stark und gut mit der Axt. Ich besorge Ihnen die beste Mannschaft in Venezuela. Sie werden meine beiden Außenbordmotoren mieten und zwei von Chimos Einbäumen. Heute abend rufe ich San Carlos über Funk an, wenn es keine atmosphärischen Störungen gibt.«

»Zwei Einbäume?«

»Redmond, Sie gehen an einen der einsamsten Orte der Welt. Wenn Sie mit einem Boot an einem Baumstamm havarieren, kommen Sie niemals zu Fuß aus dem Sumpf.«

»Meinen Sie, wir können das schaffen?«

»Das ist Ihr Problem«, sagte Charlie mit einem verärgerten Kopfschütteln. »Sie werden nach Norden den Rio Negro hinaufreisen und dann nach Osten in den Casiquiare einbiegen; dann nach Süden schwenken, den Pasimoni hinauf, der kurz hinter der Einmündung des Yatua zum schmaleren Baria wird.« (Der Schnörkel wurde blasser.) »Fast sofort werden Sie alle Arten von

Affen sehen, zwei Arten Otter, Faultiere, Anakondas, Tapire, Nabelschweine, Jaguare, Hirsche, Ozelots, alles. Und hier« (Charlie spreizte die Finger und ließ sie nach Südosten wandern) »teilt sich der Baria in tausend Arme und verschwindet völlig unter dem Rot – im Wald. Dem Sonnenlicht können Sie dann adieu sagen. Glauben Sie mir, ich bin über Teile davon im Hubschrauber geflogen, und man kann die Flüsse aus der Luft nicht sehen. Aber Sie werden in der Regenzeit reisen. Es wird genug Wasser geben. Sie sollten bis nach Brasilien durchkommen können.«

»Warum wollen Sie das dann nicht selbst machen?« fragte ich argwöhnisch.

»Ich habe hiermit alle Hände voll zu tun«, sagte Charlie und zeigte auf eine Masse umwölkter Felsen und Gipfel in der südöstlichen Ecke des Fotos. »Ich führe Expeditionen zum Neblina, für das Amerikanische Museum für Naturgeschichte und die Venezolanische Stiftung für Wissenschaftsförderung. Wir fliegen mit dem Hubschrauber in mein Basislager und dann zum Gipfel. Dort oben sind 250 Quadratkilometer unerforschte Welt – 98 Prozent der Pflanzen sind neue Arten: Neblinaria, zum Beispiel, wie eine Artischocke; neue Orchideen; Bromeliazeen; Moose. Die Tepuis sind Inseln des Lebens, die voneinander durch den Dschungel abgeschnitten sind und vom Dschungel durch 3000 Meter hohe Felsen. Es sind Überreste des Guayana-Schildes, 100 Millionen Jahre alte Sandsteinblöcke, aus der Zeit, bevor Afrika und Südamerika auseinanderdrifteten. Wir haben so viele Ergebnisse, müssen so viele neue Arten beschreiben, daß ich allein dafür beim Smithsonian eine neue Zeitschrift herausgebe. Ich habe sehr viel zu tun.«

Charlie packte die Fotografie wieder fort. In der Küche machten wir uns eine Käse-Tomaten-Pizza warm. Charlies Verlobte Fanny kam kurz nach Hause, um ein paar Bücher, einen leidenschaftlichen Kuß und ein Stück Pizza einzusammeln. Klein, dunkel und schön, noch an der Universität; sie trainierte rhythmische Gymnastik für einen Platz in Venezuelas Team bei den Olympischen Spielen.

aus **Redmonds Dschungelbuch** 39

»Außerdem arbeitet sie für ihr Examen«, sagte Charlie, »und daher vergönnt sie mir ihre Anwesenheit zur Zeit nur nachts.«

Er bereitete einen Guavensaft.

»Übrigens können Sie versuchen, auch den Neblina über den Baria zu erreichen. Folgen Sie einfach der stärksten Strömung, dann kommen Sie hin. Sie können in meinem Basislager rasten und dann den Canyon hinauffahren. Sie wären die ersten, die es über den Baria schaffen. 1953 nahmen Bassett Maguire, William und Kathy Phelps die Route über den Siapa-Fluß.«

»Und wo sind die Yanomami?«

»Ach, die«, sagte Charlie grinsend. »Denen begegnen Sie nicht am Neblina. Das Gebiet ist völlig unbewohnt und war es wahrscheinlich immer – die Yanomami bringen Sie erst um, wenn Sie ein Stück vom Maturaca hinter sich haben.«

»Also, was machen wir nun?« fragte ich und versuchte gelassen zu wirken.

»Machen Sie sich keine Sorgen«, sagte Charlie, bewegte seine gewaltigen Schultern und massierte sich mit der rechten Hand den Nacken. »In Brasilien, im Süden ihres Gebiets, bringen sie ab und zu den einen oder anderen Pelzjäger oder Goldgräber um, aber es steckt kein System dahinter. Ich habe mich 1975 übrigens selbst da unten herumgetrieben, zusammen mit meinem Freund Julian Steyermark. Wir wollten rauskriegen, aus welchen Pflanzen Yoppo hergestellt wird.«

»Was ist denn das nun wieder?«

»Es ist eine Droge, die sie sich mit einem meterlangen Rohr gegenseitig in die Nase blasen. Es löst periphere Sehstörungen aus und ermöglicht den Schamanen, ihre Hekura, ihre Schutzgeister, heraufzubeschwören. Außerdem verursacht es schwere Schocks im Hals-Nasen-Ohren-Bereich, und der Schmerz reißt einem fast den Kopf ab. Julian und ich haben es niemals ausprobiert. Die anderen Indianer schwören, daß es das Gehirn angreift. Aber wahrscheinlich ist es harmlos. Sie müssen es mal ausprobieren, wenn Sie die Chance kriegen.«

Charlie ging hinüber zu einem anderen Aktenschrank.

»Hier, Sie können einen Sonderdruck unseres gemeinsamen Artikels für *Economic Botany* haben. Unsere speziellen Yanomami benutzten Justicia pectoralis, Virola elongata und die Rinde des Baumes Elizabetha princeps.«

Ich sammelte die Messer ein und griff nach meinem zweiten Geschenk aus Venezuela, einer kleinen grünen Broschüre mit dem Titel *Halluzinogene Schnupfdrogen der Yanomamo Caburiwe-teri am Cauaburi-Fluß, Brasilien.*

»Jetzt muß ich Sie leider rausschmeißen«, sagte Charlie und brachte mich zur Tür. »Ich muß noch arbeiten. Morgen früh hole ich Sie Punkt zehn Uhr in Ihrem Apartment ab. Wir müssen drei verschiedene Minister besuchen. Sie werden ein ganzes Bündel offizieller Briefe an den regionalen Militärgouverneur brauchen. Mit mir wird es eine Woche dauern, vielleicht auch zwei. Ohne mich kämen Sie niemals hin. Nicht den Hauch einer Chance. Das ganze Gebiet ist gesperrt. Die Guardia wird Sie für einen Spion oder einen Goldsucher halten. Zufällig bin ich aber Sonderberater der venezolanischen Armee für ihr gesamtes Dschungeltraining. Ich kann jeden Soldaten zusammenscheißen, der Ihnen Ärger macht. Aber denken Sie dran, Redmond, die Grenzposten sind nicht zum Spaß da. Auf Sie kommt es dabei überhaupt nicht an. Aber es ist schlecht für die Indianer, wenn die Sie umbringen. Es ist schlecht für die öffentliche Meinung. Da kann nicht einfach jeder rein, damit er sich mit Pfeilen spicken läßt wie ein Stachelschwein.«

Im Apartment lag Simon auf dem Sofa und sah sich ein Fußballspiel im Fernsehen an, *Men Only* ausgebreitet über den Knien. Auf dem Tisch neben ihm standen ein Glas und eine halbleere Flasche chilenischer Wein, eine weitere leere Flasche lag auf dem Fußboden neben drei leeren Marlboro-Päckchen, *Playboy, Penthouse, Fiesta* und *Stolz und Vorurteil.*

»GoooooAAA!«brüllte Simon. »Wenn ein Tor fällt, schreien sie GoooooAAA!«

aus **Redmonds Dschungelbuch**

»Ich dachte, du wolltest dich bilden.«

»Tu ich ja«, sagte Simon und ließ kein Auge vom Fernseher. »Ich habe hier viel Neues über erogene Zonen mitgekriegt. Finde die richtige Stelle. Mach sie wild.«

»Und was ist mit Jane Austen?«

»Die ist großartig. Gefällt mir gut. Ich spare sie mir auf. Gerade wenn man denkt, man blickt durch, dann ist es in Wirklichkeit doch der entfernte Vetter von jemand anders, der mal ins Heu will.«

»Der Plan ist ein bißchen abgeändert«, sagte ich.

»Jaja«, sagte Simon und sah weiter fern. »Ich habe darüber nachgedacht. Wenn dein alter Freund dich in die Karibik einlädt, laß deinen Bikini zu Haus, sage ich.«

Ich nahm eins von Charlies Messern aus seiner schwarzen Metallscheide und legte es aufs Sofa. Die dicke, glänzend polierte Klinge mit der gezackten Sägespitze und den eingravierten Helikoptersignalen (V = Hilfe + Medikamente) blitzte im Lampenlicht.

»O Gott«, sagte Simon, »das ist ja schrecklich. Da bekäme ja sogar Hitler Gänsehaut.«

»Es ist ein Geschenk von Charlie«, sagte ich und setzte mich. »Diese Planänderung – wir werden versuchen, als erste den Neblina, den höchsten Berg Südamerikas außerhalb der Anden, über den großen Baria-Sumpf zu erreichen. Dann fahren wir einen Fluß hinab, den seit dem 17. Jahrhundert niemand mehr befahren hat, um ein wildes Volk zu finden, die Yanomami. Angeblich hauen sie sich im Duell drei Meter lange Keulen über den Kopf und jagen einander mit zwei Meter langen Pfeilen.«

»Herzlichen Dank«, sagte Simon und hörte endlich zu. »Geh mir aus den Augen. Besten Dank, daß du mir das alles schon in London erzählt hast. Ich wollte schon immer einen Pfeil im Arsch haben und dann eins mit 'nem Prügel auf die Birne kriegen.«

Joe Kane
aus **Krieger des Jaguars**

Anfang der neunziger Jahre reiste Joe Kane an den ekuadorianischen Amazonas, um über die Auseinandersetzungen zwischen Rohstoffkonzernen und den Huoarani-Indianern zu berichten, »... einem kleinen, aber furchterregenden Volk von Jägern und Sammlern, die so lange so abgeschieden lebten, daß ihre Sprache mit keiner anderen Sprache der Welt verwandt ist.« Kane fürchtet sich mit gutem Grund vor den Indianern: »Sie sind bekannt fürs Töten.«

Daß wir Quemperis Siedlung erreicht hatten, erkannte ich einzig und allein an dem plötzlichen Auftauchen einer langen, schweigenden Reihe von Huaorani, die auf einer Lichtung in einer weiten Biegung des Cononaco-Flusses standen. Es mochten dreißig gewesen sein. Einige hielten Speere in der Hand, andere waren nackt. Weder winkten sie, noch sprachen sie; sie starrten einfach. Sie standen auf einer fünf Meter hohen Böschung, aber man hatte das Gefühl, als würden sie uns aus viel größerer Höhe beobachten.

Nachdem Enqueri und ich durch den Schlamm an Land gewatet waren, kam ein kleiner, rundbäuchiger, alter Mann mit einem einzigen Zahn in der Mitte des Oberkiefers auf mich zu, bedeutete mir, daß ich den Mund öffnen solle, und beklopfte meine Zähne einen nach dem anderen. Er sagte etwas auf Huaorani, und ein gewaltiges Gelächter brach los.

»Quemperi sagt willkommen«, erklärte Enqueri, »er möchte wissen, ob du ihm deine Zähne gibst.«

Auf ein Kopfnicken von Quemperi hin rutschte eine schnat-

aus **Krieger des Jaguars** 43

ternde Schar kleiner Jungen die Böschung hinunter und entlud
unsere Sachen, die sie im Schatten am Rand eines unbewachse-
nen, von der Sonne verdorrten Landstückes, wenige Meter vom
Fluß entfernt, niederlegten. Es war eine Landebahn oder *pista,*
wie man sie nannte. Jahrelang streiften Quemperi und sein Clan
weiträumig zwischen dem Cononaco und dem Yasuni im Norden umher. Alle paar Monate wechselten sie ihren Standort, wobei sie zwischen einem halben Dutzend Maniok-Gärten wählten.
Ungefähr 1991 ließen sie sich an der *pista* nieder, um dort mehr
oder weniger dauerhaft zu bleiben. Die Company hatte während
ihrer seismischen Untersuchungen diese Landebahn als Proviso-
rium gebaut und dann aufgegeben. Die Huaorani jedoch hielten
sie auch weiterhin frei von Gestrüpp. Es war das einzige offene
Landstück in weitem Umkreis. Ihrer Ansicht nach handelte es
sich um eine Art Falle, in der sich von Zeit zu Zeit Missionare,
Touristen oder die Company verfingen. Die *cowode* kamen nicht
oft, aber wenn sie kamen, brachten sie immer Geschenke mit.
Die meisten Huaorani hatten niemals ein Auto, ein Pferd oder
ein Fahrrad gesehen, aber das Flugzeug ist ein ebenso integraler
Bestandteil ihrer Welt geworden wie das Blasrohr, die Banane
oder die Boa. Sie konnten die Marke einer ankommenden Maschine identifizieren, lange bevor ein Fremder überhaupt etwas
hörte. »Cessna!« schrien sie und rannten zur Landebahn. Und
wenn das Flugzeug aufdrehte, um abzuheben, stellten sich die
jungen Männer am Schwanzende auf und entblößten ihre Brust,
um sie dem Hagel von Steinen und Dreck auszusetzen, der von
den Propellern aufgewirbelt wurde.

Enqueri und ich hielten uns elf Tage bei Quemperi auf. Die meiste Zeit verbrachten wir damit, in eines der zehn Häuser, die sich
rund um die Landebahn aufreihten, hinein- und wieder herauszu-
kriechen. Viele der Behausungen zeigten die traditionelle, halmge-
deckte A-Form, bei der das Dach bis zum Boden reichte. Im Inneren war es kühl und angenehm. Wenn die Huaorani nicht gerade
jagten oder auf den Feldern arbeiteten, verbrachten sie viele Stun-

den in ihren Hängematten. Auch wenn es regnete, was häufig der Fall war (der erste Satz auf Huaorani, den ich lernte, hieß: »Es ist naß hier herum.«), zogen sie sich dorthin zurück. Manchmal ruhten sie sich aus, aber in der Regel arbeiteten sie – schärften einen Speer, flochten Palmblätter zu Schnüren oder kauten Maniok, der dann zu einem Getränk, *chicha* genannt, vergoren wurde. Sie redeten dabei ununterbrochen. Materielle Güter besaßen sie wenige: In einem typischen Haushalt fanden sich nur ein paar Macheten, ein Gewehr, ein paar Speere und Blasrohre, zwei oder drei Kochtöpfe und mehrere Hängematten.

In den Hütten brannte fast den ganzen Tag über ein kleines Feuer, und es stand immer etwas Eßbares für Besucher bereit: *chicha*, Bananensaft, ein Stück gekochter Maniok oder ein geräucherter Affenarm. Manche der Männer, viele der Frauen und alle Kinder liefen nackt herum oder trugen ein dünnes Band um die Hüfte. Früher hatte der gesamte Clan gemeinsam in einem großen Haus geschlafen, aber jetzt schliefen die Mitglieder eines jeden Haushaltes rund um das eigene Feuer. Nachts wachten manchmal einige der Erwachsenen auf und sangen. Die Lieder mit eindringlicher Dreinotenskala endeten mit einem kurzen, kräftigen Jodler und handelten von Jagd, Reisen, der Geschichte des Clans, von Krieg und Liebe. Ein Kannibale mit haarigen Beinen wurde aufgefordert, auch seine Lieder zu singen.

Quemperi und sein Clan schienen, trotz der *pista*, so zu leben, wie die Huaorani seit Jahrhunderten lebten. Sie mochten nun den Bananensaft aus Aluminiumtöpfen trinken, aber sie tranken immer noch Bananensaft. Sie erlegten die wolligen Affen jetzt vielleicht mit Gewehren, aber sie jagten immer noch die wolligen Affen. Truthahn, Affen und Kaiman gab es reichlich, ebenso das Material für Speere, Blasrohre, Hängematten und Bastbeutel. Seit langem kannten sie Behandlungsmethoden für die dort vorkommenden Krankheiten. Zwar traten Krätze und Hautkrankheiten häufig auf, und schleimiger, tuberkulöser Husten störte oft die Nachtruhe. Da der Clan aber nur sporadischen Kontakt mit der

aus **Krieger des Jaguars**

Company hatte, blieben sie von vielen der Virusinfektionen verschont, die in den vergangenen 20 Jahren die Hauptursache für viele Todesfälle bei den Huaorani gewesen waren.

Dennoch war das Leben oft grausam. Mit 25 Jahren haben die Huaorani bereits ihr mittleres Lebensalter erreicht. Der Körper eines erwachsenen Huao wies in der Regel ein halbes Dutzend größerer Narben auf, verursacht durch Staph-Infektionen[1], Schüsse, Außenbordmotore, Stürze, Schlangen- oder andere Tierbisse. Vielen Huaorani fehlten Finger- und Zehenglieder sowie am Körper große Fleischstücke, und in der gesamten erwachsenen Bevölkerung gab es bestimmt kein einziges vollständiges Gebiß. Gleichwohl, wie Quemperi eifrig beteuerte, war das Leben am Cononaco besser als das Leben im Protektorat, in dem man beengt und seßhaft leben mußte. Und es war unendlich viel besser als das Leben mit Thunfischbüchsen und Coca-Cola an der Vía Auca – im besten Fall.

Quemperi besaß ein sanftes Gemüt und ein großzügiges Wesen. Auf die Jagd nahm er oft ein paar seiner Enkelkinder mit, um sie zu unterrichten. Er lachte immer stillvergnügt in sich hinein, wenn er so alltägliche Dinge verrichtete, wie Pfeile für das Blasrohr zu schnitzen, frische Blätter in sein Dach zu flechten oder Brennholz zu holen. Aber es wäre ein Fehler, Quemperi nicht für einen Krieger zu halten. Am Feuer erzählte er vom Töten: Man tötete ecuadorianische Soldaten wegen ihrer Macheten, peruanische Soldaten wegen ihrer Stiefel, Arbeiter wegen ihrer Nahrungsmittel und T-Shirts und Quichua, weil sie es wagten, den Napo zu überqueren und in das Huaorani-Land einzudringen. Lächelnd erzählte er auch die Geschichte von Toña, einem der ersten Huaorani, der von Rachel Saint bekehrt worden war. Toña reiste zum Cononaco, um Quemperi das Heil zu predigen, und brachte ein so starkes Unheil mit sich, daß ein Kind starb. Quemperi bat Toña, ihm beim Spee-

---

[1] Abkürzung für Staphylokokken, Bakterien, die eitrige Abszesse und Allgemeininfektionen hervorrufen können. (Anmerk. d. Übers.)

remachen zu helfen. Als die Speere fertig waren, erzählte Quemperi, stießen er und sieben andere Huaorani einer nach dem anderen den Speer in Toña. Quemperi war der letzte, und er benutzte einen Speer, den Toña selbst gemacht hatte.

Quemperi saß meist am Feuer, wenn er erzählte, aber als ich ihn nach seiner Meinung zur Conoco-Straße fragte, stand er auf und deklamierte laut und kraftvoll, wobei er manchmal zur Bekräftigung mit dem Fuß aufstampfte. Es war das einzige Mal, daß ich ihn böse werden sah – es war sogar das einzige Mal, daß ich überhaupt einen Huao böse werden sah. Die 150 Kilometer lange Straße, die Conoco bauen wollte und an der entlang sie alle ihre 120 Bohrlöcher in Betrieb nehmen wollte, würde im Herzen von Quemperis traditionellen Jagdgründen enden. Bis dorthin würde sie aber die Gebiete der fünf oder sechs Clans durchquert haben, die das Land nördlich von Quemperi bewohnten, und sie würde die Heimat der Tagaeri, der Taromenga und, falls sie existierten, der Oñamenane und der Huiñatare der Erdölförderung geöffnet haben. Und dies nicht nur für die Conoco selbst, sondern auch für die wachsende Anzahl der Gesellschaften, die bereits mit der von Conoco errichteten Infrastruktur rechneten. Die Gefahren, die von der Straße für die Huaorani ausgingen, waren natürlich komplex und ungeheuer – der Kontakt mit einem einfachen Schnupfen konnte zum Beispiel abgeschiedene Volksgruppen auslöschen. Quemperis Analyse jedoch umriß das Wesentliche sehr direkt. Eine Straße würde schlechte Jagd bedeuten. Das Wild würde sie nicht überqueren. Kolonisten würden kommen und den Wald abholzen und die Tiere töten. Eine Straße würde also Hunger mit sich bringen. Sie brächte das Ende des Überflusses und das Ende des Selbstvertrauens und der Unabhängigkeit, die von den Huaorani über alles geschätzt werden.

Enqueri ging mit Sorgfalt an seine Arbeit in Cononaco. Er hielt seine »Volkszählung« in einem kleinen Notizblock fest, mit einer sauberen Schuljungenschrift. Er besuchte jeden Haushalt und schrieb langsam und sorgfältig den Namen eines jeden Mitglieds auf sowie das genaue oder annähernde Geburtsdatum. »Zur Zeit der Palmfrüchte« war der Februar. Viele der jüngeren Leute, aber nur wenige der älteren wußten ihr Geburtsjahr, so daß Enqueri dann schätzen mußte. Quemperi fand diese Aufgabe erheiternd. »Ich bin achtzig!« meinte er zwischendurch, dann; »Ich bin vierzig!«, und noch später: »Ich bin sechs!« Was diese Zahlen eigentlich für Quemperi bedeuteten, konnte man nur erraten. Die einzige Zahl, die wirklich etwas bedeutete, hieß »genug«, was man entweder hatte oder nicht hatte. Die Welt, in der er groß geworden war, war so begrenzt, daß ein typischer Huao ein ganzes Leben leben konnte, ohne mehr als 70 oder 80 Menschen zu Gesicht bekommen zu haben, die er fast alle auch namentlich kannte.

Quemperis Clan zählte ungefähr 35 Leute. Das wußte ich nicht von Enqueris Zählung, sondern aus eigener Erfahrung. Wann immer Quemperi oder seine Tochter für mich das Essen zubereiteten, kamen nämlich fast alle Mitglieder des Clans zu seiner Hütte. Ich konnte sie über die *pista* rennen sehen, wobei sie sich stets etwas zuriefen. An der Tür der Hütte gab es dann Gedränge. Sie bahnten sich mit den Ellbogen den Weg hinein, stellten sich dann entlang der Wand auf, legten sich in die Hängematten oder kauerten auf dem Erdboden. Befanden sie sich erst einmal drinnen, verhielten sie sich mucksmäuschenstill. Die Kinder schmiegten sich an mich, und weil Geruch und Berührung für die Huaorani immer noch das wichtigste Mittel sind, um Informationen zu sammeln, fühlte ich ständig Finger über mein Hemd kriechen oder unter meine Arme und entlang meines Halses oder ab und zu auch unter das Gummiband meiner Shorts.

Mir wurde erlaubt, als erster zu essen, und ich benutzte die Finger, um das Essen aus einem kleinen Plastikgefäß zu schöpfen, das ich mitgebracht hatte. 35 Augenpaare folgten jeder meiner Bewegungen, denn es wurde erwartet, daß ich die Essensreste weiterreichte. Man erwartete auch, daß ich für jeden genug hatte. Ich lernte schnell, daß, wenn es etwas gibt, das ein Huao gut kann, es das Essen ist. Die Nahrungsaufnahme der Huaorani ging über die Erfordernisse des Hungers, ja sogar über einfache Gier hinaus. Sie erreichte eine Dimension des Überessens, wie ich sie noch nie erlebt hatte. Diese Menschen aßen einfach alles, was sich in Reichweite befand. Nach dem Essen konnten sie dann nur in ihre Hütten watscheln und in aufgeblähtem Zustand zusammensacken.

Enqueri und ich hatten Vorräte mitgebracht, von denen wir glaubten, sie würden drei Wochen halten. Sie waren nach vier Tagen weg.

»Sollten wir nicht etwas für später aufheben?« fragte ich Enqueri, und er gab die Frage an Quemperi weiter.

»Später?« fragte Quemperi. »Was ist später?«

Glücklicherweise hatten wir einen Sack mit Notproviant vorbereitet – Reis, Schokoladenriegel, Thunfisch in Büchsen –, den Enqueri aufbewahrte, damit wir etwas für unsere lange Reise hätten. Aber als die Vorräte sich dem Ende zuneigten, wurde ich auf Huaorani-Diät gesetzt. Das bedeutete, daß ich drei Tage lang hungrig herumlief, bis ich lernte, daß ich um Essen bitten mußte. Dann gab es das Problem, das Essen hinunterzubekommen. Das Abstoßende an Affen zum Beispiel ist nicht der Geschmack, sondern der Geruch. Ein guter Speiseaffe wiegt 20 bis 30 Pfund und hat die Größe eines dreijährigen Kindes. Das Tier wird ganz auf das Feuer geworfen. Zuerst brennt das Haar ab, das genauso wie verbranntes Menschenhaar riecht. Dann verkohlt die Haut, und wenn sie auf dem Kopf schrumpft, zieht sie sich über die Zähne zurück. Wenn man müde und hungrig ist und sich nicht richtig in seinem Element fühlt, fällt es einem gar nicht so leicht zuzuschauen, wie ein häßlich grinsender Zwerg lebendig geröstet wird. Später wird ein Arm abgeschnitten, und man ißt ihn, indem man ihn am Gelenk hält und dabei die zarten, verschrumpelten Finger umfaßt.

Natürlich gibt es bei den Huaorani immer *chicha*, die von den Frauen gemacht wird. Sie kauen rohen Maniok, spucken ihn in einen Topf und lassen ihn gären. Später – einen Tag, zwei Tage oder, wenn die Zeit für eine Fiesta bevorsteht und ein stärkeres Getränk erforderlich ist, eine Woche und länger – wird es mit Wasser verdünnt und in langen Zügen aus einer Schüssel getrunken. Gleichgültig, wie sehr die *chicha* mit Wasser verdünnt wird, sie behält eine gewisse schleimige Konsistenz bei. Man stelle sich Maiskörner in rohen Eiern getränkt vor. *Chicha* soll sehr nahrhaft sein und ist auf Reisen von einer Woche oder länger oft die einzige Nahrung; sie wird feucht, aber unverdünnt mitgenommen und nur bei Bedarf mit Wasser vermischt. Zu Hause ist sie immer zur Hand. Man trinkt sie zu allen Mahlzeiten und bietet sie jedem Besucher an. Der Huaorani-Ausdruck für Fröhlichkeit heißt »beim zweiten Umgang von *chicha* lachen wir fröhlich«.

Selbst vollständig durchgegoren wirkt *chicha* niemals viel stärker als schwaches Bier. Den Huaorani, wie allen amerikanischen Indianern, fehlt jedoch ein entscheidendes Enzym zum Umwandeln von Alkohol, so daß eine typische hausgemachte *chicha* selbst einen starken, jungen Stutzer wie Enqueri in rosige gute Laune versetzen kann. Zurückgelehnt in eine Hängematte, ständig *chicha* aus einer tiefen Schale schlürfend und Geschichten erzählend von all seinen Erlebnissen jenseits des Napo, wo der Himmel die Erde berührt und die Welt zu Ende scheint, so hielt er die anderen Huaorani einen ganzen Abend lang in Stimmung. Spät in der Nacht konnte ich seine Stimme über die *pista* schweben hören, manchmal heftig, dann im Singsang, unterbrochen von schallendem Gelächter.

Eines Nachts, als Enqueri und ich am Feuer saßen und mit Quemperi sprachen, sagte ich: »Enqueri, frage bitte Quemperi, ob die Huaorani immer noch Menschen töten.«

Enqueri führte einen langen Dialog mit Quemperi, der seine Antwort mit Schreien und Fingerzeigen und tiefem Grunzen unterstrich. Dann wandte sich Enqueri zu mir: »Er sagt nein.«

»Wann hörten sie damit auf?«

Wieder ein langer Wortwechsel mit Schreien, Heulen und Füße-
stampfen.

»Er sagt, im September.«

»September welchen Jahres?«

»In diesem Jahr.«

Die Unterhaltung fand im Juli statt.

Ich lernte allmählich, daß die Huaorani große Verfechter der
Gleichheit sind. Obwohl die Arbeit nach Geschlechtern aufgeteilt
ist – Männer jagen, Frauen machen die Feldarbeit –, wird keine
von beiden als wichtiger angesehen. Ich lernte auch, daß sie in ihrem Selbstvertrauen einen klarsichtigen Pragmatismus anwenden
und daß sie familiäre Harmonie anstreben. Aber die Huaorani
sind nicht um dieser Tugenden willen bekannt. Sie sind bekannt
für ihr Töten.

Die Huaorani töten Fremde aus offensichtlichen Gründen: um
sie fernzuhalten oder ihre Güter zu stehlen. Wenn es zum Töten ihrer eigenen Leute kommt, die sie – zumindest bis vor kurzem –
ebenso häufig wie andere töten, folgen sie ziemlich strengen Regeln. Fast immer ist das Töten ein Akt der Rache, in der Regel für
den Tod eines Kindes. Die Huaorani betrachten den Tod jedes
Menschen als von anderen Menschen verursacht und verlangen,
daß er gerächt wird. Ein Huao tötet nicht allein, er muß andere
Männer seines Clans überreden, ihm beizustehen. Jeder Mann
stellt ein halbes Dutzend oder mehr Speere her und macht sie
durch Schnitzereien oder Federn zu Personen. Das Aufspießen geschieht in mondlosen Nächten; Regen betrachtet man als gutes
Vorzeichen. Das Töten muß von Angesicht zu Angesicht geschehen, und hinterher dürfen die Tötenden mehrere Wochen lang
nicht jagen, Fleisch essen oder im Haus schlafen.

Das Töten von Neugeborenen oder Alten aus Mitleid war in der
Vergangenheit weit verbreitet und wird wahrscheinlich heute
noch bei jenen Gruppen angewandt, die kaum mit den Missiona-
ren in Berührung kommen. Weil wirtschaftliche Autarkie für die

aus **Krieger des Jaguars** 51

Huaorani eine so hohe Bedeutung besitzt, ist für sie die mit dem hohen Alter verbundene Abhängigkeit unerträglich. Die Alten baten oft selbst darum, getötet zu werden, um nicht ihren Nachkommen zur Last zu fallen. Die ganz jungen Kinder sterbenskranker oder bei einem Überfall tödlich verwundeter Eltern wurden manchmal lebendig mit ihren Eltern begraben. Unerwünschte Kinder tötete man bei der Geburt, meist durch Ersticken. Der Clan konnte den Kindstod vorschlagen, aber die Entscheidung lag bei der Mutter. Ein anderes Clan-Mitglied konnte jedoch zur Rettung des Kindes eingreifen, indem er oder sie die Verantwortung für die Erziehung übernahm.

Obwohl selten heutzutage, wird das Töten mit Speeren immer noch praktiziert. Im Mai 1994 töteten die Huaorani einen Quichua und zwei Shuar mit Speeren, und sie verwundeten zwei weitere schwer bei einem Racheüberfall, der aufgrund des Todes eines Huaorani-Kindes erfolgte. Auf alle Fälle bleibt das Töten mit Speeren von zentraler Bedeutung für das Selbstverständnis der Huaorani. Viele Erwachsene tragen ihre Speernarben aus den Schlachten ihrer Jugend mit Stolz, und die Alten singen immer noch Lieder, in denen es um das Töten geht.

Du bist nicht von hier.
Du bist anders.
Ich werde dich jagen wie ein wildes Schwein.
Ich werde meinen Speer vielfach in deinen Körper senken.
Er wird nicht brechen.
Du wirst zu Boden gehen.
Du wirst nicht entkommen.
Du bist schnell wie ein Affe, der durch Baumwipfel springt,
aber jetzt wirst du sterben ...
Ich habe keine Angst.
Meine Feinde jagen mich.
Ihre Speere kommen vielleicht heute oder morgen nacht.
Sie werden meinen Körper immer wieder durchbohren.

Wenn ich sterbe, werde ich keinen Laut von mir geben.
Ich bin wie der Jaguar.
Ich habe keine Angst.

Erfahrungen aus erster Hand im Töten mit Speeren besitzen junge Huaorani nur selten, aber es bleibt eine Quelle von Stolz und Angst. Enqueri fühlte sich deshalb nicht richtig wohl in Cononaco. Eines Tages sagte er mir, daß die Huaorani, die dort lebten, »unzivilisiert« seien.

»Was meinst du damit?« fragte ich.

»Sie haben kein Radio«, erwiderte er, »und sie spielen nicht Volleyball.«

Aber in Wirklichkeit meinte er, daß er Angst hatte. Condorito, der mit Radio und Volleyball und El Señor (dem christlichen Gott) aufgewachsen war, fand sich jetzt inmitten dessen, was die Missionare ihn als die dunkle und dämonische Seite der Huaorani-Kultur gelehrt hatten. So traditionsverbunden er auch zu sein schien, so gehörte Quemperis Clan noch zu dem am stärksten fremder Kultur ausgesetzten Flügel der »Bergrücken-Gruppe«, wie sie in der Missionarsliteratur genannt wird. Mit dieser Gruppe sind jene Huaorani gemeint, die nicht zahlreich, aber mit einem schrecklichen Ruf, weit unten am Fluß und fern vom evangelikalen Protektorat leben und die sich seinem Einfluß größtenteils entzogen hatten. »Bergrücken« bezieht sich auf eine Wasserscheide zwischen den Bassins des Conocaco und des Yasuni, die Enqueri und ich zu Fuß zu überqueren gedachten. Sie soll von drei Clans bewohnt sein. Es mochte wohl stimmen, daß kein Huaorani nicht wenigstens irgendeinem Einfluß durch die Missionare ausgesetzt gewesen ist – selbst bei sehr weit entfernt lebenden Clans kann man gelegentlich einen Büstenhalter entdekken. Doch mit der »Bergrücken-Gruppe« hatten die Missionare ganz gewiß nur minimalen Kontakt. Unsere geplante Reiseroute verursachte Enqueri daher keine geringe Angst (was auf Huaorani dasselbe Wort wie Töten ist). Besucherrechte werden bei den

aus **Krieger des Jaguars**

Huaorani durch ein komplexes System von Familienbanden bestimmt, und jeder, auch ein Huao, der keine hat, wird als Feind betrachtet.

Der erste Clan, dem wir wahrscheinlich begegnen würden, war der von Quemperis Cousin Menga. Es gab keine Möglichkeit einzuschätzen, wie Menga uns empfangen würde, und als Vorsichtsmaßnahme hatte Enqueri dafür gesorgt, daß Quemperis Schwiegersohn Miñiwa uns begleitete. Unter den jüngeren Cononaco-Männern hatte Miñiwa den wenigsten Kontakt mit der Außenwelt erfahren, weshalb er in Aussehen und Betragen den Älteren glich. Er besaß hängende, durchbohrte Ohrläppchen, lange, schwarze Haare, einen Meter breite Schultern. Weil er mindestens ebensoviel Zeit damit verbrachte, in den Baumwipfeln wie auf dem Boden herumzuturnen, hatte er zu Sicheln geformte Füße. Er lebte, um zu jagen. Selten erlebte ich Tage, an denen ich ihn nicht mit einem erlegten Affen auf dem Rücken über die *pista* gehen sah. Quemperi sagte, daß sie, als Miñiwa noch jung war, ein Militärcamp überfallen und fünf Soldaten wegen ihrer Äxte umgebracht hätten.

Miñiwa sprach nicht Spanisch, aber soweit ich das beurteilen konnte, fürchtete er sich vor nichts und niemandem. Sein Blick war so durchdringend, so intensiv, daß jedes Mal, wenn er auf mir ruhte, ich ein Gefühl hatte, als ob er beabsichtige, »dich zu jagen wie ein wildes Schwein«. Er durchwühlte mein Gepäck nach Belieben. Er nahm zwar nie etwas weg, experimentierte aber mit allem, indem er mich nachahmte. Selbst meine Zahnseide begutachtete er, fand dafür jedoch keinerlei Verwendung. Wenn ich in Quemperis Hütte saß und Aufzeichnungen machte, kniete Miñiwa oft rechts hinter mir und legte das Kinn auf meine Schulter. Eines Tages riß er mir den Stift aus der Hand, packte ihn wie einen Eispickel und zeichnete etwas auf das Papier. Er machte eine Reihe von Halbkreisen, jeweils einen mit der Öffnung nach der einen Seite, dann einen nach der entgegengesetzten Seite. Als er fertig war, zeigte er auf einen der Halbkreise und redete eine ganze Menge, wovon ich nur ein Wort verstand: Menga. Es vergingen Wochen, bevor ich verstand, daß Miñiwa eine Karte gezeichnet hatte. Die Halbkreise bedeuteten Wasserscheiden, mit Bächen und Flüssen in eine Richtung fließend, dann in eine andere. In der Mitte, auf der größten Wasserscheide, würden wir Menga treffen, noch auf dem Bergrücken und noch ohne jeden Außenkontakt.

Eines Tages, kurz nach Morgengrauen, tauchte Enqueri in Quemperis Hütte auf und erklärte, daß er nun bereit wäre loszumarschieren. Seine Bekleidung bestand lediglich aus einer Baseballkappe, einem unechten Yves-Saint-Laurent-Gürtel, Männerunterhosen und einem Paar Gummistiefel. Stolz trug er auch einen Rucksack, den ich ihm auf seine Bitte hin gekauft hatte. Aber er diente eher zur Zierde, denn wir besaßen fast nichts mehr zum Tragen. Der größte Teil unserer Notration war geplündert worden, zusammen mit meinem Schweizer Militärmesser, meinen langen Hosen, einer Rolle Streckbinde und meinen Extrasokken. Als ich das Enqueri erzählte, brach er in Gelächter aus. »Die Huaorani«, lachte er, »das sind die Schlimmsten.«

Immerhin würden wir mit Miñiwa reisen, was bedeutete, daß wir unterwegs Nahrung haben würden. So dachte ich zumindest. Wie er da in seinen Unterhosen stand, sagte Enqueri jedoch plötzlich, Miñiwa habe beschlossen, zu Hause zu bleiben. Statt dessen würden uns drei Jungen begleiten. Zwei waren Teenager, und einer war zwölf. Wir verfügten weder über ein Funkgerät, mit dem wir ein Flugzeug herbeirufen könnten, noch besaßen wir Benzin, um mit dem Boot flußaufwärts zur Vía Auca zu fahren. Der einzige Weg hinaus führte nordwärts zum Yasuni – zu Fuß –, 120 Kilometer quer durch eine dampfende, unerforschte Wildnis. Die Aussicht, diese Reise mit unerfahrenen Führern und Jägern zu machen, erschien mir mehr, als ich ertragen konnte, um es milde auszudrücken. »Wir brauchen Männer, keine Kinder!« schrie ich

aus **Krieger des Jaguars** 55

Enqueri an. »Was sollen wir essen? Wie werden wir den Weg finden?«

»Die Jungen kennen den Weg«, sagte er, aber er schaute mir nicht in die Augen. Dann fügte er entschieden hinzu: »Meine Leute können zehn Tage ohne Essen reisen.«

»Sie können es vielleicht«, sagte ich, »aber ich kann es nicht und du auch nicht.« Verglichen mit den muskulösen jungen Jägern in Quemperis Clan war Enqueri ein Stadtmensch, der ebensowenig einen Affen erlegen konnte wie ich.

Als ich jedoch in meinem Gepäck wühlte, fand ich fünf Schrotpatronen, und dieses Geschenk bewegte Miñiwa, uns zu begleiten. Mein Wutanfall hatte nicht lange gedauert, aber es reichte, um fast den gesamten Clan um uns zu versammeln. Niemand sprach. Ich hatte in der Öffentlichkeit bei den Huaorani selten Wut erlebt. Sicher schockierte sie mein Ausbruch, und das verwirrte mich.

Ich drehte mich um und lief so gelassen, wie ich konnte, zum Fluß und versuchte, keine Furcht zu zeigen. Als ich jedoch das hohe, matschige Ufer erreichte, stolperte ich und rutschte mit dem Gesicht voran hinunter ins Wasser, wo ich unter dem Kanu zu einem glitschigen Halt kam. Dreck spuckend, schaute ich hoch und sah fast den ganzen Clan entlang des Steilufers stehen. Manche zeigten auf mich, einige machten meinen Sturz nach. Andere bogen sich derart vor Lachen, daß sie sich auf andere stützen mußten. Kichernd kniete eine von Quemperis Enkelinnen vorn im Kanu nieder und paddelte uns über den Cononaco. Einer nach dem anderen bestiegen wir das Nordufer und tauchten in den dunklen Urwald.

Wir schlugen einen kaum erkennbaren Jagdpfad ein und liefen den ganzen Tag im Gänsemarsch, wie es die Huaorani immer tun. Zum Mittagessen, das wir ja ohnehin nicht dabeihatten, hielten wir nicht an. Während wir zu ebener Erde nur durch dünnes Gestrüpp marschierten, befand sich über uns ein dichtes Blätterdach, das weder einen Sonnenstrahl hindurchließ, noch einen Blick in den Himmel gestattete. Im Urwald herrschte eine überraschende Stille, und wir liefen schweigend. Der zwölfjährige Yohue ging vorneweg, gefolgt von Enqueri, hinter dem ich ging. Die beiden Teenager Quimonca und Awa liefen wie Hirtenhunde hinter mir her. Miñiwa bildete mit seinem fünfjährigen Sohn, der mühelos Schritt hielt, die Nachhut.

Als wir so dahinliefen, fragte ich mich, ob in der plötzlichen Änderung der Pläne böser Wille der Huaorani steckte. Wollten sie, nachdem sie sich alles, was ich an Wertvollem dabeihatte, angeeignet hatten, mich jetzt einfach dem Urwald überlassen? Andererseits, dachte ich, konnte die Sache genauso einfach sein, wie sie schien: Niemand im Clan, außer den drei Jungen, hatte Lust auf einen Marsch gehabt. Für sie handelte es sich um ein Abenteuer, denn sie beabsichtigten, Enqueri bis zu seinem Haus am anderen Ende des Territoriums zu begleiten, eine Reise, die keiner von ihnen jemals zuvor gemacht hatte. Sie würden mindestens zwei Wochen brauchen, um dorthin zu gelangen, dennoch trugen sie nichts weiter am Leib als jeweils ein Hemd, eine kurze Hose und billige Gummistiefel. Der kleine Yohue besaß noch nicht einmal Stiefel. Sein linker Fuß war barfuß, und an seinem rechten hatte er nur eine Baumwollsocke, die auf dem matschigen Pfad eine biberschwanzähnliche Spur hinterließ.

Plötzlich blieb Yohue abrupt stehen; vor ihm lag quer auf dem Weg eine braunorangefarbene, knapp zwei Meter lange Schlange, so dick wie ein Männerarm.

»Boa«, flüsterte Enqueri. Ich konnte nicht mit Bestimmtheit sagen, was es war. Boa schien das einzige spanische Wort zu sein, das die Huaorani für Schlange kannten. Aus Angst blieb jeder von uns ganz still stehen. Die Todesrate durch Schlangenbisse liegt bei den Huaorani außerordentlich hoch. Die meisten Erwachsenen sind zumindest einmal gebissen worden, und viele haben mehrere Bisse erlitten. Tatsächlich stellen die Schlangen die bösartigste Kraft in der Huaorani-Kosmologie dar; vor der Magie eines *Boa-curandero* oder Zauberers, wie die Missionare sagen, fürchtet man sich

aus **Krieger des Jaguars** 57

besonders. Irgendeine Schlange zu töten, ob giftig oder nicht, unterliegt einem mächtigen Tabu.

Enqueri machte einen weiten Bogen um die Schlange, und wir schlichen so leise wie wir nur konnten an ihr vorbei. Ein paar Minuten später verkündete Miñiwa, sein Sohn hätte Malaria, er müßte ihn sofort zurück zur *pista* bringen, und er würde uns dann auf dem Weg einholen. Naiverweise glaubte ich ihm. Er verschwand – ich habe ihn nie wieder gesehen. Es dauerte eine ganze Weile, bis ich begriff, daß die Schlange für Miñiwa ein böses Omen bedeutete, das ihn von unserer Reise abschreckte.

Ab und zu war das Gekrächze von Papageien zu hören, die sich aber unseren Blicken entzogen. Zweimal scheuchten wir Truthähne auf, eine leichte Beute, die wir aber nicht erlegen konnten, weil uns die Waffen fehlten. Das sagte ich Enqueri.

Er blieb jäh stehen, drehte sich um und schaute mich mit einem eiskalten Blick an.

»Gib mir deinen Rucksack«, forderte er.

Er warf ihn sich schnell über die Schulter, zusammen mit seinem, und übernahm die Führung. Mit seiner Machete hackte er wütend auf den Busch ein, aus Ärger und verwundetem Stolz, wie mir schien.

Mittlerweile hatte sich der Pfad in glitschigen Schlamm aus verrotteten Baumstümpfen, klumpigem Unterholz und dornigen Ranken aufgelöst. Trotz der Hindernisse lief Enqueri so schnell, daß ich joggen mußte, um mit ihm Schritt zu halten. Oft wiesen uns nur ein paar stumpfe Zweige, die vor langer Zeit abgehackt worden waren, den Weg. Mein ungeschultes Auge entdeckte diese Wegweiser nicht, sondern sah lediglich eine grüne Wand. Enqueri dagegen erspähte sie meist, ohne fehlzugehen.

Falls Enqueri einmal den Pfad verlor, fand ihn Yohue immer wieder, ohne zu zögern. »Dort«, sagte er, und dort ging der Weg auch tatsächlich weiter. Bald begriff ich, daß ich ihn schwer unterschätzt hatte. Und die beiden anderen Jungen ebenfalls. Awa –

hübsch, dunkel und ungnädig – war der jüngere und impulsivere der beiden. Ihm gefiel es, einfach davonzusprinten und für eine Stunde im Urwald zu verschwinden. Quimonca war kräftiger und ruhiger. Obwohl er ebensowenig Spanisch wie Awa sprach, außer *sí*, rief ein an ihn gerichtetes Wort doch ein breites, scheues Lächeln hervor. Er weigerte sich, mich zu überholen, und einmal, als ich kopfüber von einer Knüppelbrücke aus jungen Bäumen – die Art Brücke, wie sie die Huaorani ohne einen Blick nach unten passieren – in einen Bach stürzte, kam er mir zu Hilfe gerannt. Er brach dabei in ein derart unkontrolliertes Lachen aus, daß wir uns beide eine Minute am Ufer hinsetzen mußten, um wieder normal zu werden.

Mitten am Nachmittag wurde es klar, daß ich unseren Marsch stärker behinderte, als Enqueri im vorhinein vermutet hatte. Und es stellte sich heraus, daß die Nacht hereinbrechen würde, lange bevor wir den Bergrücken erreicht haben würden, wo wir Menga mit seinem Clan in seinem Lager zu finden hofften. Enqueri sagte jedoch, daß in der Nähe eine andere Hütte stünde. Quemperis Clan hatte sie sechs Monate zuvor aufgegeben, als dort ein Mann und eine Frau an Malaria gestorben waren.

»Wer waren sie?« fragte ich.

»Es waren die Eltern von Quimonca und Awa.«

Falls Quimonca und Awa überhaupt unter dem Tod ihrer Eltern litten, so zeigten sie es nicht. Und tatsächlich stürmten beide gegen Abend los. Als wir anderen die Hütte erreichten, genossen sie schon das Zuckerrohr, das sie von den aufgegebenen Feldern geholt hatten. Die Hütte unterschied sich auffallend von denen an der *pista*. Sie war zehnmal größer; der ganze Clan hatte darin gelebt. Während die *pista* eben und offen und die Hütten ungeschützt waren, reichte hier der Urwald dicht heran, und die Hütte war beinahe unsichtbar. Ich sah sie erst, als ich einen Meter vor ihr stand. Es gab überhaupt kein freies Gelände, sondern die Pflanzen wuchsen bis dicht an die Rohrwände.

Die Hütte stand auf dem Rücken eines hohen, schmalen Berges.

aus **Krieger des Jaguars**

Die Huaorani hatten immer so gelebt – versteckt, isoliert, ge-schützt –, bis vor wenigen Jahrzehnten, als die Company kam, und Huaorani Siedlungen an den Flüssen bauten, in Kanus reisten und die Ölcamps überfielen. Ich konnte in keine Richtung mehr als zwei Meter weit schauen, außer direkt am Eingang der Hütte, der sich genau über dem steilsten Hang des Berges befand. Von dort konnte ich meilenweit sehen, hinunter und über ein wogendes Meer aus Grün. Zweifellos war es der spektakulärste Blick in Amazonien, den ich je erlebt hatte.

In der Hütte sackte ich auf dem gestampften Erdboden einfach zusammen. Meiner Schätzung nach waren wir zwischen zwölf und vierzehn Stunden gelaufen. Wir sind vielleicht 8 Kilometer weit gekommen oder auch 30. Meine Kleider hingen in Fetzen her-unter; Blut, Dreck, Schweiß und Schleim bedeckte mich von oben bis unten. Die Huaorani sahen so frisch aus wie in dem Moment, als wir den Fluß verließen. Selbst ihre Füße waren sauber.

Wir lutschten an Zuckerrohr, und Enqueri kochte die letzte Handvoll Reis, die wir noch besaßen. Jeder von uns bekam etwa eine Tasse voll. In der Nacht regnete es in Sturzbächen. Da das Dach leckte, weckte mich das Regenwasser hin und wieder. Ein-mal wurde ich von Awas tiefem, konstantem, trockenem Husten geweckt, sicherlich ein tuberkulöser Husten. Er war so heftig und unkontrolliert, daß es sich anhörte, als würde er seinen Verstand dort heraushusten, wo seine Eltern gestorben waren.

Am Morgen machten wir uns auf die Suche nach Menga und sei-nem Clan. Wir rechneten mit einer Mahlzeit, sobald wir sie gefun-den haben würden. Nach einigen Stunden entdeckten wir ihre Hütte, aber sie war verlassen. Die wenigen zurückgelassenen Hab-seligkeiten hingen sorgfältig verpackt an den Dachsparren und waren mit jeder Menge elektrischer Kabel gesichert, die sie der Company stibitzt hatten. Mehrere Speere waren an den Wänden festgebunden zusammen mit Hemden und Decken. Ein Dutzend Alumiumtöpfe hing an Pfählen, die senkrecht in den Boden gerammt waren. In einem der Töpfe fand Yohue eine Plastiktube mit Palmölfett, das er gierig aufaß.

Menga war weitergezogen, wie Enqueri sagte. Wohin oder wann er wiederkäme, könnte niemand mit Sicherheit sagen. Das könnte Tage dauern oder auch Monate. Menga und sein Clan hatten sich so sorgfältig versteckt, daß nicht einmal ihre Huaorani-Genossen sie finden konnten. Vielleicht beobachteten sie uns einen Steinwurf weit entfernt von den Bäumen aus; sie könnten aber auch in Peru sein. Sie waren einfach weg von hier, ausgeflogen, unabhängig, selbstgenügsam, unerklärlich, und unerklärt ist es geblieben.

Wir plünderten ein Maniokfeld hinter dem Haus. Anschließend verkündete Enqueri, daß wir bis »fünf Minuten nach fünf« wandern würden. Darüber wunderte ich mich – er trug zwar eine Uhr, aber sie ging nicht. Jedenfalls liefen wir etwa zehn Stunden lang, wobei ich fiel, ausrutschte, stolperte und gestochen, gebissen und von Zweigen gepeitscht wurde. Als Enqueri endlich »jetzt ist fünf Minuten nach fünf« sagte, hatte ich keine Vorstellung von der Richtung oder Entfernung unserer Marschroute. Ich wußte nicht, wo wir uns befanden, geschweige denn, wohin wir eigentlich gegangen waren. Ich spürte nur meine Schmerzen, meine Müdigkeit und sackte direkt auf dem schlammigen Urwaldboden zusammen. Sofort marschierte eine Reihe von bissigen Ameisen mein linkes Bein hinauf, aber ich war zu erschöpft, um sie wegzuwischen. Als ich meine ledernen Wanderschuhe auszog, besser gesagt, das, was davon übrig war, blickte ich richtig erstaunt auf die abgebrochenen Nägel meiner großen Zehen.

Unterdessen baute Enqueri eine Hütte aus jungen Bäumen und Ranken. Yohue, Awa und Quimonca holten breite Palmblätter und woben sie zu einem Dach. Weitere Palmblätter legten sie auf den Boden, wo sie einen weichen, wasserdichten Untergrund bildeten. Die ganze Aktion dauerte vielleicht eine Viertelstunde.

Inzwischen hatte es begonnen zu regnen, und wir brauchten trockenes Brennholz – was machte das schon in der Lage? Enqueri

aus **Krieger des Jaguars**

fand dann aber noch eine Palme, deren Holz so hart ist, daß das Wasser nicht bis zum Kern dringen kann. Es gelang ihm, ein paar Zweige abzuhauen und zu spalten. Dann hielt er eine Kerze daran und machte Feuer. Die Jungs legten sich daneben, rollten sich zu einem Bündel zusammen und schliefen sofort ein. Mir gelang es, ein Moskitonetz aufzuhängen und mich in eine Decke zu wickeln. Enqueri schaute mir zu, ohne ein Wort zu sagen.

In der Nacht ging ein rasender Regen nieder. Ich war sicher, daß die Hütte einstürzen würde, aber es tropfte nicht einmal hinein. Einmal erwachte ich durch ein Rascheln am Feuer, und ich sah, wie Quimonca unser Küchenmesser nahm und an seiner linken Schulter eine Beule von der Größe eines Golfballes aufschnitt. Eiter und Blut schossen heraus, der Schmerz muß enorm gewesen sein, aber er verzog keine Miene.

Später wurde es sehr kalt. Trotz der Decke verbrachte ich den Rest der Nacht vor Kälte zitternd und zähneklappernd.

Wir erwachten in Stille und Dunkelheit. In jenem dichten Busch gibt es keine Morgendämmerung. Wir verspeisten unsere letzten Lebensmittel, eine dünne Reissuppe, Schokolade und Thunfisch. Die Huaorani froren genauso wie ich.

Als wir weitermarschierten, verkündete Enqueri allen Ernstes, daß wir in »einer Stunde und 42 Minuten« einen oberen Nebenfluß des Yasuni erreichen würden. Sechs, sieben oder acht Stunden später korrigierte er die Behauptung auf »eineinhalb Stunden«. Aber da schaute er schon so verwirrt, daß Yohue an ihm vorbeilief und wieder die Führung übernahm. Als einziges Geräusch im Urwald hörten wir dann nur noch das regelmäßige Klatschen seines Baumwollsockens. Noch später – da hatte ich schon jedes Zeitgefühl verloren – stießen wir tatsächlich auf das Ufer eines kleinen Flusses. Aber als ich Enqueri fragte, ob das der Nebenfluß des Yasuni sei, murmelte er nur ein »Na klar« – ohne jede Überzeugung. Aber es gab genug Licht, um ein erfrischendes Bad zu nehmen, in den Untiefen zu planschen und ein Seifenstück zu teilen. Elfenbein, um genau zu sein. »Es schwimmt«, stellte Enqueri fest. Immer wieder schwankte die kleine Stange flußabwärts wie ein wackliges Kanu, was die Huaorani zum Totlachen fanden.

Awa hatte auf dem Weg eine kleine Taube gefunden. Enqueri kochte sie. Die drei Jungen verputzten ihre mageren Portionen in einem rasanten Tempo, rollten sich dann wie die Hamster beim Winterschlaf ein und fielen in Sekundenschnelle in einen tiefen Schlaf.

Später, als ich Enqueri nochmals fragte, ob wir den richtigen Fluß erreicht hätten, stürzte er sich in einen langen, verwickelten Monolog, der damit begann, wie er in einer Bar in Coca mit drei Soldaten eine Schlägerei hatte, eine Schlacht, die er zu verlieren drohte, als er »Auszeit!« rief und eine Coca-Cola trank, woraufhin er gewann. Irgendwie ging dann die Geschichte in eine Story über, wie ein Jaguar und ein Adler sich paarten, um die Huaorani auszubrüten. Dann sagte Enqueri: »Vergangene Nacht hatte ich einen Traum. Wir saßen in einem Flugzeug, und es stürzte in den Urwald. Ich packte dich, bevor du hinausfielst.«

»Wirklich?«

»Ja, aber wir starben auf jeden Fall.«

»Das ist ein schrecklicher Traum!«

»Nein, das ist ein sehr guter Traum. Wenn du aus einem Flugzeug fällst, bedeutet das Glück.«

Es gab keinen anderen Weg aus dem Urwald hinaus als mit den Huaorani. Es gab keine Möglichkeit, um Hilfe zu rufen. Mein Leben lag in Enqueris Händen. Ich schlief ein und dachte, daß ich ihn sehr mochte, ihm aber nicht im geringsten traute.

Am Morgen wateten wir durch den Fluß, versanken splitternackt bis zur Brust in der kühlen, langsam fließenden Strömung, zogen uns an und tauchten in den Urwald ein. Wir begaben uns auf die Suche nach einem aufgegebenen Bohrloch namens Amo Dos, es war eine der vielen Versuchsbohrungen, die Conoco im Block 16 durchgeführt hatte. Enqueri sagte, daß Amo Dos in der Nähe des

aus **Krieger des Jaguars**

Nebenflusses läge, den wir suchten. Fänden wir das Bohrloch, wären wir in der Lage, Kurs auf den Yasuni zu nehmen. Obwohl wir mehrere Stunden suchten, fanden wir keinerlei Anzeichen von Erdölarbeiten. Selbst Yohue schien verwirrt. Bedrückt gingen wir über den Fluß zurück. Diesmal, durchnäßt, hungrig, erschöpft und nicht in der Lage, den Himmel zu sehen, verzichtete ich darauf, meine Kleider auszuziehen, die so bald sowieso nicht trocknen würden, wenn überhaupt jemals. Enqueri wollte nicht zugeben, daß wir uns verirrt hatten. »Wo sind wir?« fragte ich. Worauf er mit absolut aufrichtiger Miene antwortete: »Wir sind im Dschungel.«

Ein paar Stunden später hielt Enqueri vor einem Kapokbaum, an dem ein rotes Blechschild befestigt war. CONOCO stand darauf, und Enqueri verkündete: »Block 16«.

»Grüne Mauer« ist ein Wort, das oft zur Beschreibung des Amazonas-Dschungels verwendet wird, aber auf all meinen Wanderungen in Amazonien hatte ich nie etwas annähernd so mauerähnliches gesehen wie das, was jetzt vor uns lag. Zwei oder drei Jahre zuvor waren große Stücke Urwald für seismische Untersuchungen und Helikopterlandebahnen abgeholzt worden. Das Unterholz war so dicht nachgewachsen, daß man es selbst mit Hilfe einer Machete nicht durchdringen konnte. Ich blickte auf die fatalen, weithin ignorierten Auswirkungen, die seismische Untersuchungen auf den Urwald haben können. Für diese Untersuchungen werden in Intervallen von etwa zwei Kilometern drei Meter breite Schneisen durch ein Gebiet gehauen. In jeder Schneise wird alle 275 Meter Dynamit zur Explosion gebracht, was seismische Wellen hervorruft, die analysiert werden, um das geologische Profil unter dem Urwald festzustellen. In einer typischen Konzession werden 1200 Kilometer Schneisen gehauen sowie 1500 Helikopterlandeplätze angelegt. Dafür muß man etwa 800 Quadratkilometer Wald fällen. Der Lärm der Motorsägen, der fallenden Bäume und der Explosionen verjagt die meisten wilden Tiere, und das nachwuchernde Unterholz verhindert ihre Rückkehr. Fruchtfresser – Tukane, Affen, Truthähne – kommen nicht in abgeholzte Gebiete, und ihre Abwesenheit bedeutet nicht nur einen Verlust an Jagdwild, sondern auch eine reduzierte Regeneration des Urwalds, weil diese Spezies die Samen der großen Fruchtbäume verbreiten.

Enqueri und ich saßen vor dem Kapokbaum und tranken Wasser. Wenn wir auch nicht gerade gerettet waren – nichts deutete darauf hin, wo an der Grenze von Block 16 wir uns befanden –, so waren wir doch nicht so verloren, wie wir geglaubt hatten. Ich erwartete irgendeine Reaktion von Enqueri – Freude, Rechtfertigung, was auch immer –, aber er schien vollständig leer zu sein. Dann, nach einer Weile, begann er zu sprechen.

Wie viele Huaorani-Männer hatte er einmal mit einer seismischen Gruppe gearbeitet, sogar in einer Mannschaft, die Block 16 erforschte. Die seismischen Schneisen zu schlagen ist der härteste, dreckigste und am schlechtesten bezahlte Job im Erschließungsprozeß. Die Company heuert dafür in der Regel Indianer an. »Ich brauchte Geld«, sagte Enqueri. »Wenn wir krank sind, nehmen uns die *evangelistas* in ihr Krankenhaus auf. Sie lassen uns dafür bezahlen, und einmal, als ich auf Reisen war, mußte meine Schwester ins Hospital.« Als Enqueri nach Hause kam, erfuhr er, daß er dem Krankenhaus 180 Dollar schuldete, das entsprach etwa einem sechsmonatigen Arbeitslohn zum damaligen staatlich festgesetzten Mindestsatz. Er ging zur Company, um zu arbeiten. »Ich hatte einen Vertrag über 90 Tage«, erzählte er. »Ich arbeitete von sechs Uhr morgens bis sechs Uhr abends. Ich fällte sieben Tage in der Woche Bäume. Die Company gab uns eine Machete und Stiefel, und der Helikopter warf Reis und Bohnen ab. Nach der Arbeit machten wir uns einen Platz frei und errichteten eine Art Stoffzelt. Ich arbeitete mit anderen Huaorani, und wir schliefen alle zusammen. Malaria kam häufig vor, und irgend jemand war immer verletzt – schnitt sich einen Finger ab oder verletzte sich mit der Machete oder der Axt. Aber wer nicht arbeitete, wurde auch nicht bezahlt. Wenn wir bessere Behand-

aus **Krieger des Jaguars** 65

lung verlangten, sagte die Company, daß wir die nicht verdienten, weil wir unzivilisiert wären.«

Schaute ich um mich, konnte ich die massiven, abgesägten Stämme von Mahagoni- und Kapokbäumen sowie Palmen sehen, die im Urwald herumlagen. Awa, Quimonca und Yohue saßen auf einem Baumstamm, der mindestens fünf Meter Durchmesser hatte. Sie unterhielten sich mit ungewöhnlichem Eifer, erbost, wie ich mir vorstellte, über die rücksichtslose Zerstörung ihres Landes.

»Was sagen sie?« fragte ich Enqueri.

»Sie sagen, wenn die Company noch hier wäre, würde sie uns etwas zu essen geben.«

Wir stapften bis mittags durch den Urwald, als Yohue schrie: »Amo Dos!« und davonschoß. Zehn Minuten später betrat ich das glatte Ufer eines breiten, braunen Flusses. Nach dreieinhalb Tagen unter dem Urwalddach verursachte die plötzliche Öffnung des Flusses – der weite Blick hinauf und hinunter, der weite graue Himmel darüber – eine Art Taumel. Ich fühlte mich schwindlig und weich in den Knien. Sekunden später öffnete der Himmel seine Schleusen mit einer Wut, wie ich sie im Oriente noch nicht erlebt hatte. Trotzdem wateten Enqueri und die Jungen durch den Fluß, um zu sehen, ob sie das Bohrloch fänden. Ich stand am Ufer. Der Regen trommelte auf mich ein.

Nach einigen Minuten durchzuckte es mich: »Wir sind noch nicht verloren!« In einem Anfall von Hoffnung aß ich die letzte Schokostange, die ich tief in meinem Rucksack versteckt hatte. Es ist unmöglich zu beschreiben, wie herrlich sie schmeckte. In den elf Tagen bei Quemperi hatte ich sehr wenig gegessen, und auf unserem schätzungsweise 110 Kilometer langen Marsch mußten gerade mal zwei volle Mahlzeiten ausreichen. Ich erinnere mich nicht, jemals hungriger gewesen zu sein. Es dämmerte mir, daß ich durchaus Hungers sterben könnte.

Ich saß etwa eine Stunde lang im Regen und starrte auf meine Füße, bis ich ein ominöses Dröhnen hörte. Ich schaute hoch und sah einen knapp 20 Meter hohen Balsabaum vom anderen Ufer her in den Fluß stürzen. Ein paar Minuten später erschien Yohue am Ufer und zog lange Lianenstränge hinter sich her. Ein zweiter Baum fiel um. Dann kletterten Awa und Quimonca aus dem Gestrüpp und zogen und zerrten die beiden Stämme ins Wasser. Enqueri kam nach ihnen aus dem Urwald gerannt und watete bis zu den Hüften in den Fluß. Er schlug wie wild die Äste ab, hackte die Stämme in etwa drei Meter lange Stücke, band sie mit den Ranken zu zwei Flößen zusammen, während ihm der Regen über den Körper floß. Dann hieb er ein paar junge Bäume zu Paddeln zurecht, setzte eine ernste Miene auf und manövrierte über den Fluß, um mich zu holen.

»Ich sah, wo das Bohrloch liegt«, erklärte er murmelnd. »Es ist sehr weit weg, deshalb versuchten wir nicht, es zu erreichen.« Dabei schaute er den Fluß hinauf und hinunter und überall hin, nur nicht zu mir, so daß ich ihm kein Wort glaubte.

Auf jeden Fall war unser nächster Schritt klar: Wir würden den Fluß hinuntertreiben. Wenn wir nicht den Yasuni erreichten, dann würden wir nach Peru kommen, und wir hätten keine Hoffnung, in den nächsten Wochen Hilfe zu bekommen. Ich glaubte nicht, daß ich so lange leben würde. Nachdem ich das Floß betreten hatte, überkam mich eine derartige Panik, daß der simple Akt des Hinsetzens allen Willen erforderte, den ich noch aufbringen konnte.

Ich teilte das Floß mit Quimonca. Ich saß in der Mitte, ihm gegenüber, und er saß achtern und lenkte es mit seinem Paddel. Das wirklich einzig Gute an unserer schlimmen Lage war, daß wir nicht mehr zu Fuß gehen mußten. Im übrigen erwies es sich in jeder Hinsicht schwierig, das Floß als eine Verbesserung anzusehen. Es war langsam, trieb mit dem Fluß, ständig überschwemmt und unsagbar unbequem. Der schlecht befestigte mittlere Stamm schwang hin und her wie eine Schaukel und schlug mir bei jeder Schwingung gegen das Steißbein. Quimonca schaute immer wie-

aus **Krieger des Jaguars**

der zu mir, um zu sehen, ob ich noch da wäre; dabei betrachtete er mich nicht mit größerem Interesse als, sagen wir, einen Truthahn.

Bis zu den Hüften im Wasser trieben Enqueri, Awa und Yohue vor uns her. Unter anderen Umständen hätte ich wahrscheinlich die Umgebung faszinierend gefunden. Wie die meisten der Amazonasnebenflüsse in Ecuador – mit Ausnahme des Napo und des Aguarico weiter nördlich – war dieser nicht breiter als zehn Meter. Moos und Lianen hingen wie eine Dekoration von den hohen Bäumen, die den Fluß umgaben. Die feuchte Luft schmeckte nach Moder und Schlamm. Abgesehen von dem gelegentlichen Pfeifen eines Vogels und dem sanften Plätschern der Strömung, herrschte Stille. Es war eine Welt der Dunkelheit und des Schattens, mehr verborgen als offen sichtbar. Kein Wunder, daß die Huaorani so lange verborgen geblieben waren.

Der Regen hörte für ein paar Stunden auf, bis wir auf ein Hindernis unter Wasser stießen. Wir mußten ins Wasser steigen und die Flöße von Hand darüber hinweg heben. Dann fiel die Temperatur mindestens um fünf Grad, und Sekunden später ging ein Wolkenbruch nieder. Ganz plötzlich klapperte ich derartig vor Kälte, daß ich nicht mehr aufhören konnte – mitten im Amazonasgebiet, ein Breitengrad vom Äquator entfernt. Meine Zähne schlugen heftig aufeinander. Falls ich nicht bereits unterkühlt war, würde ich es jetzt schnell sein.

Enqueri, Quimonca, Awa und Yohue schienen nicht besser dran zu sein. Sie zitterten so vor Kälte, daß ihre Muskeln unter der Haut hüpften. Ich grub aus meinem Rucksack eine kleine Plastikplane, in die wir uns einhüllten. Während der nächsten halben Stunde standen wir am Ufer, bis endlich der Regen nachließ. Wir schlugen dort gleich unser Lager auf. Die Anstrengung, unsere Sachen von den Flößen zu holen und eine Schutzhütte zu bauen, beruhigte meine Nerven, aber nicht sehr. Die Huaorani sahen auch verloren und gequält aus. Enqueri gelang es immerhin, ein Feuer zu machen.

»Welcher Fluß ist das, Enqueri?« fragte ich.

»Ich weiß nicht.«

»Was heißt das?«

»Das heißt, daß wir uns verirrt haben.«

»Und was bedeutet das?«

»Das bedeutet, daß wir sterben können.«

Es war die einfache Feststellung einer Tatsache. In jener Nacht, obwohl ich zu ruhen versuchte, fuhr ich jedesmal, wenn ich eindöste, erschrocken aus dem Schlaf. Mein Hunger quälte mich wie ein physischer Schmerz, mein Magen brannte, und Krämpfe setzten ein. Das Ganze schien sich zu vertiefen, in etwas ganz anderes zu verwandeln, in ein bitteres Gemenge aus Frustration, Verzweiflung und Wut über meine eigene Blödheit. Mit glasklarer Sicherheit glaubte ich zu wissen, daß ich unweigerlich sterben würde. Ich würde eine schwangere Frau hinterlassen und – niemals mein Kind kennenlernen! Und es gab nicht das geringste, was ich daran ändern konnte.

Wir besaßen eine Machete. Wir könnten damit theoretisch Jagdspeere schnitzen. Sicher gab es im Urwalddach eine Menge eßbarer Nüsse und Früchte. Aber das Jagen und Sammeln ist nicht so einfach, wie es klingt. Zwischen Siedlungen zu reisen war eine Sache, sich auf das Sammeln von Nahrung zu konzentrieren eine ganz andere. Wir müßten dafür ein Basislager errichten, Material für Waffen finden, die Waffen herstellen und dann den mühsamen Prozeß beginnen, das Wild in dem nicht vertrauten Gelände anzuschleichen. Ein Speer zum Töten von Pekaris kann an einem Nachmittag gemacht werden, aber diese Wildschweine sind schnell und listig. Das Aufspüren und Töten kann mehrere Tage in Anspruch nehmen. Einen Affen kann man an einem Tag töten, aber dazu braucht man ein Blasrohr. Ein gutes Rohr herzustellen, gerade und luftdicht, dauert eine Woche. Dann muß man Pfeile herstellen sowie Gift für die Spitzen finden und präparieren. Affen leben meist hoch oben im Blätterdach, und man muß den Pfeil 35 Meter und mehr mit genügend Kraft hochschießen, damit er Haare und Haut

aus **Krieger des Jaguars**

durchdringt. Um diese Kraft zu erzielen, wickeln die Huaorani ihre Pfeile in eine Art Baumwolldichtung, durch die in dem Blasrohr mehr Druck erzeugt wird. Aber nur eine bestimmte Baumart enthält diese Faser, und sie ist nicht immer leicht zu finden. Genau wie die Palmenart – eine unter den etwa 150 Arten, die im Urwald wachsen –, die das richtige Holz für die Pfeile liefert.

Sind die Waffen dann endlich fertig, muß man natürlich los und jagen. Man braucht drei oder vier Pfeile, um einen Affen zu töten; selbst ein guter Jäger trifft bei fünf Schüssen nur einmal. Ist ein Affe verwundet, flieht er im Blätterdach um sein Leben, man muß ihn im Auge behalten und das drei Meter lange und fünf Pfund schwere Blasrohr irgendwie durch den mehr oder weniger undurchdringlichen Urwald schleifen. Gelingt es einem schließlich, den Affen zu töten, bleibt es einem meist nicht erspart hinaufzuklettern, um ihn zu bergen.

Kurz gesagt: Die Jagd ist eine äußerst harte Arbeit, die zudem Langzeitplanung erfordert, und das ist etwas, was den Huaorani nicht besonders liegt, wenn überhaupt. Ich könnte vorschlagen, was ich wollte, sie würden gar nicht daran denken zu jagen, wenn der Hungertod nicht unmittelbar bevorstünde – dies schien in unserer Situation aber noch lange nicht der Fall zu sein. Was sie über mein Problem dachten? Nun ja, es gibt ja genug *cowode* dort, wo ich hergekommen bin.

Weit besser als selbst zu jagen wäre, ein paar Freunde zu finden, die bereits gejagt hätten und die man um etwas zu essen angehen könnte. Diesen Gedanken bewegte wenigstens Enqueri in seinem Kopf.

Unterdessen nagte ich sterbenselend weiter am Hungertuch. Aber zumindest begann ich zu verstehen, daß Hunger für die Huaorani das Leben definiert. Entweder bist du hungrig oder nicht, alles andere geht davon aus. Unter diesem Gesichtspunkt konnte ich begreifen, warum die Huaorani das Auf-eigenen-Füßen-Stehen so schätzen und warum ihre Kultur sich um Nahrung dreht, um das rituelle Teilen, um Feste und Hunger. Wie illusorisch es zuweilen zu sein scheint, so ist der Begriff *abundancia* – der Urwald, der für einen sorgt und immer voller Früchte ist – absolut entscheidend für ihre Fähigkeit zu überleben. Ohne diesen Glauben würde man angesichts des Urwalds in Schrecken verfallen, in lähmenden Schrecken. Es war auch leicht zu begreifen, weshalb alles Geld der Welt sie nicht für die Zerstörung ihres Landes entschädigen konnte.

Die Helligkeit fiel sehr früh und hart auf das ungeschützte Ufer, über dem nun eine gierige Insektenbrut aufstieg. Die Luft summte, und die Moskitos attackierten in dichten Scharen. Der Fluß war einen Meter gestiegen und floß schneller – ein gutes Zeichen. Wenn wir in Richtung Yasuní fuhren, würden wir wahrscheinlich innerhalb weniger Tage ein Huaorani-Lager finden. Und wenn nicht? Ich versuchte, nicht daran zu denken.

Kurz nach unserer Abfahrt verwandelte sich der Himmel in ein wolliges Grau, und die Luft kühlte ganz plötzlich ab – ein Zeichen für bevorstehenden Regen. Das erschreckte mich, da ich glaubte, daß ein starker Regen mich gewiß umbringen würde. Ich war mir nicht sicher, ob meine verbliebenen Kräfte noch ausreichten, um einer gewöhnlichen Erkältung zu widerstehen.

Meine einzige Überlebensstrategie bestand darin, ein Loch in meine kleine Plastikplane zu reißen und sie als Poncho zu tragen. Ich saß quer zu dem stoischen Quimonca und sah wie ein lebendiges Zelt aus. Ab und zu begegneten sich unsere Augen – er lächelte, wandte seine Aufmerksamkeit aber sogleich wieder dem Fluß zu. Er war 19 Jahre alt. Seine Eltern waren tot. Er befand sich auf dem Weg in das Land der Kannibalen, bewaffnet allein mit einem T-Shirt, Shorts und Gummistiefeln. Was erwartete er, wenn er überhaupt etwas erwartete?

Der Morgen ging vorüber – immer noch kein Anzeichen dafür, auf welchem Fluß wir trieben. Der Himmel verdunkelte sich, aber der Regen blieb aus. Es war wohl mitten am Nachmittag, als ich ein Geräusch hörte, es klang, als ob ein Zweig knackte. Es kam

aus **Krieger des Jaguars**

zwar aus der Ferne, war aber dennoch deutlich. Erst als ich es ein zweites Mal vernahm, stieg langsam in mir das Gefühl auf, daß es vielleicht von Menschen verursacht worden war. Vielleicht ein Gewehrschuß? Yohue hörte es auch und sprang auf. Wenige Augenblicke später hörte man das dünne, leise Summen eines Außenbordmotors, dann schob sich um eine Biegung des Flusses der Bug eines Kanus.

Unser Retter stellte sich als ein grinsender junger Freund von Enqueri heraus. Er hieß Araba. Zwei Leute seines Clans, Bainca und Anaento, begleiteten ihn. Sie waren seit drei Tagen auf dem Fluß, und die Jagd war erfolgreich gewesen. Im Kanu lagen Bananen und Maniok hoch aufgeschichtet, unter einer Plane im Heck stapelten sich mehrere tote Truthähne, zwei Affen und ein großer Haufen gedörrtes Fleisch – Schinken, Haxen, Schnauzen und Hirn. Sie hatten vier Pekaris erlegt, soviel war klar, aber darüber hinaus erzählte jeder seine eigene Geschichte. Jede Version wurde in einer Weise dargestellt, die für meine Ohren absolut verrückt, nervös, manisch klang. Obwohl alle Zuhörer enthusiastisch jeder Version zustimmten, glich keine auch nur im Detail der anderen. Auf jeden Fall handelte es sich um eine große Beute, und bei jedem Bericht schrien alle Huaorani vor Freude.

Was mich anging, so bestieg ich Arabas Kanu vorsichtig, nicht so sehr aus Müdigkeit, obwohl das sicher auch ein Grund war, als vielmehr aus Ehrfurcht und Unglauben. Ich hatte mich selbst so fest davon überzeugt, daß ich sterben würde, daß es mir einen langen Augenblick mehr als schwer fiel, zweifelsfrei zu akzeptieren, daß Araba, seine Freunde, ihr Kanu und ihre Mengen an Essen tatsächlich existierten.

Jemand gab mir ein Stück gekochten Maniok. Ich knabberte daran, es schmeckte mild und äußerst erlesen. Das brach den Zauber, und dann ging es los. Wir fraßen Schweine wie die Schweine, bis wir das Jagdlager erreichten, wo Bainca Maniok kochte und Bananen und Truthahn und Affen und wir noch mehr aßen. Als es dämmerte, leerten wir das Kanu, wuschen das Blut heraus und legten es zurück ins Wasser. Der Abend war ungewöhnlich klar, und im Licht der untergehenden Sonne fuhr uns Bainca langsam flußabwärts. Enqueri lehnte sich gegen den Essensberg und erzählte, nicht zum ersten Mal, die Geschichte unserer Reise. In der einen Hand schwang er eine Schale mit *chicha,* in der anderen ein Fleischstück, damit deutete er auf mich und tat, als würde er aus dem Boot fallen, wobei es gewaltig schwankte. So demonstrierte er, wie ich von der Holzbrücke gefallen war. Die anderen Huaorani gerieten völlig aus dem Häuschen. Ich ärgerte mich nicht. Mein Bauch war voll, und ich war dankbar, am Leben zu sein. Ich lehnte mich gegen meinen Rucksack, streckte meine Beine aus und starrte einen Moment in den Himmel, was mir wie eine Ewigkeit vorkam, bis mein Träumen vom Lärm meines eigenen Gelächters unterbrochen wurde.

Edward Abbey
Den Fluß hinunter

*Die Wildnis gibt Brummbären wie Edward Abbey (1927-
1982) Raum, sich von der ermüdenden Gesellschaft ihrer Mit-
menschen zu erholen: den Törichten, den Blinden, den Zerstö-
rerischen. Abbey bewies der Natur seine Dankbarkeit, indem
er ihr Fürsprecher wurde. Leider konnte er den Glen Canyon
nicht retten. Ein paar Monate vor dessen Zerstörung fuhr er den
Canyon hinunter und schrieb die folgende Elegie für ihn. Dennoch ist Abbey kein Menschenfeind: Er mag uns aufrichtig. Wenn
wir nur nicht solche entsetzlichen Dummköpfe wären.*

Die menschlichen Biber wußten nichts Besseres, als einen weiteren gottverdammten Damm am Colorado zu bauen. Statt sich
mit dem riesigen Schlammloch oder Verdunstungsgefäß namens
Lake Mead (hinter dem Boulder-Damm) zufriedenzugeben, haben sie im Glen Canyon noch zerstörerischer gehaust. Das auf
diese Weise entstandene Wasserreservoir wird keinen einzigen
Quadratmeter Land bewässern oder irgendein Dörfchen mit
Wasser versorgen. Seine einzige Daseinsberechtigung besteht in
der Erzeugung von Strom, sprich Bargeld, zur Subvention ohnehin schon reicher Grundstücksspekulanten, Baumwollpflanzer
und Zuckerrübenmagnaten in Arizona, Utah und Colorado; und
natürlich darin, die Ingenieure und Manager des Reclamation
Bureau vor der Straße und damit vor allen möglichen Gefahren
zu bewahren.

Die aufgespeicherten Wassermassen bilden einen künstlichen
See, den Powell-See, vermutlich zu Ehren, in Wirklichkeit jedoch

zur Schande des Andenkens, Geistes und Vermächtnisses von Major John Wesley Powell, des ersten Amerikaners, der den Colorado und seine Umgebung ausgiebig erforschte. Wo er und seine tapferen Männer einst Stromschnellen überwanden und lautlos durch sechshundert Meter tiefe, stille Canyons glitten, qualmen und knattern heute Motorboote, das Wasser ist mit Zigarettenkippen, Bierdosen und Öl verunziert, und Wasserskiläufer ziehen im Uhrzeigersinn ihre endlosen Runden.

ACHTEN SIE AUF SICHERHEIT! heißt es auf Warntafeln. FAHREN SIE NUR IM UHRZEIGERSINN, DAMIT WIR ALLE SPASS HABEN! – Vorschriften, die von Wasserpolizisten in Regierungsuniform überwacht werden. Ausverkauf der Natur. Die Wildnis ist längst den Bach hinunter.

Früher einmal war es hier anders. Ich weiß das, weil ich zu den wenigen Glücklichen gehörte (es hätten viel mehr sein können), die den Glen Canyon kannten, bevor er unterging. Das heißt, in Wirklichkeit lernte ich nur einen Teil von ihm kennen, doch genügend, um zu erahnen, daß hier ein Paradies lag, ein Teil vom ursprünglichen irdischen Garten Eden. Um das Verbrechen, das an diesem Paradies begangen wurde, in seiner ganzen Scheußlichkeit zu begreifen, stelle man sich vor, daß das Taj Mahal oder die Kathedrale von Chartres absichtlich mit Schlamm zugeschüttet würden, bis nur noch die äußersten Turmspitzen sichtbar wären. Mit einem Unterschied: Diese von Menschenhand geschaffenen Verkörperungen menschlicher Ingeniosität und menschlichen Strebens könnten durchaus an anderer Stelle nachgebaut werden, während der Glen Canyon etwas Lebendiges war, etwas Unverrückbares, das keine menschliche Anstrengung jemals wieder zum Leben erwecken kann.

(Während ich diese Worte schreibe, ist übrigens genau dieselbe Allianz von menschlicher Profitgier, die den Glen Canyon zerstört hat, dabei, Teilen des Grand Canyon ein ähnliches Schicksal zu bereiten.)

Das Folgende ist der Bericht von einer letzten Reise durch eine

Den Fluß hinunter

Landschaft, die, wie wir damals bereits wußten, dem Untergang geweiht war.

An einem Tag Ende Juni kommen Ralph Newcomb und ich am Ufer des Colorado an, an einer Stelle, die unter den Bezeichnungen Hite, White Canyon oder Dandy Crossing bekannt ist, etwa 240 Kilometer flußaufwärts des bereits in Bau befindlichen neuen Damms. In einem von der langen Fahrt auf einer der schlechtesten Straßen in ganz Utah heftig durchgerüttelten Pickup transportieren wir Campingausrüstung, Vorräte für zwei Wochen und zwei kleine, zusammengefaltete Schlauchboote in Kartons von der Größe eines Koffers.

Wir verbringen einen halben Tag am Flußufer mit dem Aufbauen der Boote und den Vorbereitungen für die Fahrt. Der Fluß wirkt gewaltig und reißend. Er ist von der Schneeschmelze an den westlichen Ausläufern der Rockies und der Wind River Range in Wyoming angeschwollen. Ein echter Mississippi von Fluß, der sich zwischen roten Felswänden hindurchwälzt. Unsere Schlauchboote wirken darauf, nachdem wir sie aufgeblasen haben, bunt, unzulänglich und viel zu klein. Natürlich haben wir ein paar Sachen vergessen, unter anderem Rettungswesten, und ich werde den Gedanken nicht los, daß wir die Fahrt vielleicht ein andermal machen sollten. Eines der Dinge, die mich, abgesehen von den fehlenden Rettungswesten und der offensichtlichen Zerbrechlichkeit unserer Made-in-Japan-Boote, beunruhigt, ist die Tatsache, daß Ralph nur ein gesundes Bein hat. Er kann spazierengehen, aber nicht wandern; er kann schwimmen, aber nicht besonders weit.

Ich behalte jedoch meine kleinmütigen Zweifel für mich und warte darauf, daß Ralph sie zuerst ausspricht. Doch er tut es nicht.

Unerschütterlich wie der Fluß, ruhig wie der Himmel über uns, nuckelt er an seiner Maiskolbenpfeife und humpelt mit Konservendosen und Schlafsäcken zwischen dem Pickup und der Ablegestelle hin und her.

Wir teilen unsere Vorräte, hauptsächlich Schweinespeck und Bohnen, in gleiche Teile, verschnüren sie in Segeltuchplanen und verstauen sie unter den Sitzen. Sollten wir ein Boot verlieren, so haben wir immer noch genügend Überlebensrationen im anderen. Ralph war außerdem so umsichtig, Angelschnur und ein paar Haken mitzubringen – der Fluß ist voll von Welsen, wie wir bald entdecken sollten. Wir haben vor, etwa zehn Tage auf dem Fluß zu verbringen, ohne irgendeine menschliche Ansiedlung anzulaufen, bis wir den bewußten verabscheuungswürdigen Ort 240 Kilometer flußabwärts erreicht haben.

Schließlich sind wir fertig. Ich schiebe mein Boot ins Wasser einer kleinen Bucht und klettere an Bord. Der Boden des Bootes besteht nur aus einer einzigen Schicht gummierter Baumwolle und wabbelt wie Gelee unter meinem Gewicht. Darin kauernd, kann ich die Kühle des Wassers durch den Stoff und meine Jeans hindurch spüren; aber immerhin, es schwimmt, dieses Spielzeugboot, und mir fallen keine weiteren Vorwände für eine Verzögerung ein. Da Ralph eine Kamera dabei hat und Bilder vom Ablegen machen möchte, komme ich nicht drum herum, als erster loszufahren. Also paddle ich aus der ruhigen Bucht hinein in die braunen, erdreichen Fluten des Colorado.

Dies ist meine erste Erfahrung mit einem Schlauchboot, und ich stelle sofort fest, daß ein einziges Paddel, wie man sie für Kanus verwendet, für diese Art Wasserfahrzeug nicht geeignet ist. Das flache, fast gewichtslose Boot neigt dazu, im Kreis zu fahren, und dreht sich unter meinem Sitz. Um überhaupt vorwärtszukommen, muß ich das Paddel in rascher Folge von der einen Seite zur anderen wechseln – eine äußerst umständliche und ermüdende Prozedur. Mich von der Hauptströmung fernhaltend und langsam am Ufer entlangtreibend, paddle ich in Kreisen und warte darauf, daß Ralph aufschließt.

Er kommt längsseits. Wir vertäuen die Boote nebeneinander, was nicht nur gesellschafts- und gesprächsfördernd ist, sondern darüber hinaus die Manövrierfähigkeit verbessert: Ralph paddelt

Den Fluß hinunter 77

auf der einen Seite, ich auf der anderen, so daß wir eine gewisse Kontrolle über unsere Richtung haben.

Wir paddeln unser Doppelboot in die Strömung, ziehen die Paddel ein, lehnen uns in den harten Sitzen zurück, die eine gute Stütze für den Rücken sind, sonst aber wenig taugen, rauchen und reden. Meine Ängste sind verschwunden, und ich empfinde statt dessen eine Art wiegender Sicherheit, ein Gefühl des Am-Ziel-Seins und des Glücks, eine Wollust, fast vergleichbar der des ersten Eindringens in den weiblichen Körper.

Wir genießen tatsächlich eine sehr intime Beziehung zum Fluß: Nur eine dünne Stoffschicht trennt uns und das Wasser. Ich lasse meinen Arm heraushängen und halte meine Hand in die Strömung. Etwas Traumartiges und zugleich Erinnertes steigt in mir auf, jene Empfindung, die man als Déjà-vu bezeichnet – wann war ich schon einmal hier? Ein Augenblick des Zurückwanderns durch das Labyrinth der Gedanken, das Zurückverfolgen des Fadens eines einmaligen Gefühls, dann weiß ich plötzlich, wie es angefangen hat: Ich verwirkliche endlich einen Kindheitstraum, genauso stark wie die erotischen Träume der Jugend – *den Fluß hinunterfahren*. Mark Twain, Major Powell – jeder Mann, der sich jemals auf fließendes Wasser begeben hat, weiß, was ich meine.

Ein menschlicher Ruf erreicht uns vom Westufer. Ein Mann winkt uns von der Anlegestelle der alten Fähre von Hite zu. Eine Warnung? Ein Lebewohl? Er ruft noch einmal, aber seine Worte sind nicht zu verstehen. Freundlich zurückwinkend, fahren wir ohne den leisesten Hauch des Bedauerns an ihm und dem, was er uns sagen will, vorbei. Wir werden lange Zeit keinen mehr von der »werkzeugmachenden« Brut zu sehen bekommen, und nichts könnte uns willkommener sein.

Ist das Misanthropie? Shakespeare würde sagen:

»Freude hab ich nicht am Manne
und auch nicht am Weibe.«

Und Raleigh:

> »Ich wollt, ich liebte den Menschen schlicht,
> ich wollte, ich liebte sein dummes Gesicht.«

Und Jeffers:

> »In nichts sei so maßvoll
> wie in der Menschenliebe.«

Aber nein, das trifft es nicht, was ich in diesem Augenblick fühle, nicht das, was ich meine. Wir hoffen, in diesen Stunden und Tagen zweisamer Einsamkeit auf dem Fluß etwas ganz anderes zu erfahren: eine Erneuerung unserer Liebe zu uns selbst und zur Menschheit im allgemeinen durch eine vorübergehende, legale Trennung von der Masse. Wie sonst ist dies für Menschen möglich, die keine Heiligen sind? Und wer möchte schon ein Heiliger sein? Sind Heilige überhaupt Menschen?

Das verdammte Seil endlich einmal kappen, das ist es, was wir jetzt empfinden. Die ekstatische Heiterkeit der Unabhängigkeit. Eine Wiedergeburt in die Vergangenheit, in eine ursprüngliche Freiheit, Freiheit in der einfachsten, wörtlichsten, primitivsten Bedeutung des Wortes, der einzigen Bedeutung, die wirklich zählt. Die Freiheit zum Beispiel, einen Mord zu begehen und ungestraft davonzukommen. Ohne etwas anderes einzubüßen als das gute Gewissen. Ich betrachte meinen alten Kameraden Newcomb mit ganz anderen Augen und verspüre eine Woge der Zuneigung. Ich habe nicht vor, ihn umzubringen, und er, darauf vertraue ich, wird mich auch nicht umbringen.

(Mein *Gott*! Ich muß daran denken, mit was für einem unglaublichen *Scheiß* wir uns die meiste Zeit unseres Lebens abgeben – die tägliche *häusliche Routine* (*jede* Nacht dieselbe Frau), die stupiden, sinnlosen und entwürdigenden *Jobs*, die *widerliche* Arroganz der Politiker, die verschlagenen *Betrügereien* und *schleimigen* Anbiedereien der Geschäftsleute, die zermürbenden Kriege, in denen wir unsere Kameraden umbringen, statt unsere *wahren* Feinde daheim in der Hauptstadt, die verrotteten, krankmachenden, *scheußlichen* Großstädte und Städtchen, in denen wir leben, die dauernde *kleinliche* Tyrannei all unserer Waschmaschinen, Autos, Fernseher und Telefone! O *Jesus!*, so denke ich, während ich dem brüllenden Idioten am Ufer zuwinke. Was für ein *unerträglicher* Ballast! Und in welch absolut *sinnlosem Müll* begraben wir uns Tag für Tag und ertragen geduldig die Strangulation unserer sauberen weißen *Krägen* und dezent gemusterten seidenen Halseisen!)

Das sind so ungefähr meine – Gedanken kann man es wohl kaum nennen – Empfindungen, ein Gemisch aus Widerwillen und Freude, während wir auf dem Fluß dahintreiben und für eine Weile hinter uns lassen, was wir aus tiefstem Herzen und mit Inbrunst verabscheuen. Genau dieses Gefühl löst der erste Geschmack der Wildnis in einem Menschen aus, der zu lange in der Stadt eingesperrt war. Kein Wunder, daß die Obrigkeit so sehr darauf bedacht ist, die Wildnis unter Asphalt zu ersticken und in Reservoirs einzusperren. Sie wissen sehr wohl, was sie tun. Ihr Leben hängt davon ab. Und ihre ganzen verfluchten Institutionen. Achten Sie auf Sicherheit! Fahren Sie nur im Uhrzeigersinn, damit wir alle Spaß haben!

Wir gleiten weiter. Die Strömung scheint ein wenig schneller zu werden, als sich der mächtige Fluß zwischen mächtigen roten Sandsteinmauern hindurchquetscht, die zu beiden Seiten über dreihundert Meter hoch aufragen, Felswände, so glatt und fein geschmirgelt, daß nicht einmal ein Vogel einen Sitzplatz darin finden würde. Eine kleine weiße Wolke unklaren Ursprungs schwebt über dem blauen Streifen zwischen den Canyonwänden. Während ich zu ihr hinschaue, höre ich wie im Traum ein merkwürdiges Rumpeln und Grollen. Das Geräusch eines Güterzugs, der mit hoher Geschwindigkeit einen Berghang hinunterfährt. Stromschnellen.

Angeblich soll es im Glen Canyon keine echten Stromschnellen geben, nur »Untiefen«. Doch es war ein trockener Winter, der Wasserstand ist niedrig, die Felsen ragen aus dem Wasser. Für uns sehen diese Schaumkronen zumindest wie Stromschnellen aus. »Wildwasser voraus«, sagt Ralph ruhig, mit einer Art von selbstgefälliger Zufriedenheit, als habe er das Phänomen höchstpersönlich erfunden. Und statt irgend etwas zu unternehmen, stopft er seine ausgegangene Pfeife.

Wir umrunden die Biegung des Canyons. Von vorn kommt das Geräusch der Stromschnellen – klanglose Vibrationen, die immer stärker werden. Akustiker sprechen von weißem Rauschen. Dem Geräusch eines Wasserfalls ähnlich. Vermutlich ein segensreicher, schlaffördernder akustischer Reiz für angespannte Nerven.

»Ich hätte nicht gedacht, daß wir so schnell auf Stromschnellen treffen«, sage ich zu Ralph. Ich entfalte meine Karte, die einzige, die wir dabei haben, eine Texaco-Straßenkarte des Staates Utah, und studiere die Nebenarme des Colorado. »Das muß die Stelle sein, an der der Trachyte Creek mündet«, erkläre ich. »Hätten wir Schwimmwesten dabei, dann würden wir sie jetzt wohl besser anlegen.«

In Wirklichkeit ist unsere Unwissenheit und Sorglosigkeit eher bewußt als zufällig. Wir dringen in den Glen Canyon ein, ohne uns vorher intensiv über ihn informiert zu haben, weil wir ihn so erleben möchten, wie einst Powell und seine Mannschaft. Ohne zu wissen, was uns erwartet, wollen wir die Entdeckungen anderer noch einmal nachvollziehen. Wenn uns die ersten Stromschnellen also überraschen, so liegt das ganz einfach daran, daß wir vorab nicht geklärt haben, ob es auf dieser Strecke des Flusses überhaupt welche gibt.

Wie dem auch sei, eine Umkehr ist jetzt nicht mehr möglich. Nach dem ersten Eindringen erfolgt der unausweichliche Ansauge-Rhythmus. Zwischen den immer enger zusammenrückenden Felswänden strömt der Fluß mit zunehmender Geschwindigkeit.

Den Fluß hinunter 81

Unsere kleine Boote hüpfen über die unruhigen Wellen auf die weißen Schaumkronen zu, die jetzt sichtbar sind und sich an naßglän-
zenden Felsen brechen, die über unsere Fahrrinne verstreut liegen,
Felsen, die aufzusteigen und zu fallen scheinen, als wir auf der wilden Strömung auf sie zuschießen.

Es ist keine Zeit mehr, Angst zu kriegen. Ich erhasche einen raschen Blick auf die vorbeihuschenden Weiden am Ufer, das einzige
Maß für unsere Geschwindigkeit, bevor wir unsere Paddel pak-
ken, uns fest in die Boote stemmen und uns mühen, den Bug unserer Boote in den Wellen oben zu halten.

Die Gischt spritzt uns ins Gesicht und engt unsere Sicht ein. Wasser schlägt ins Boot, und in einem einzigen Augenblick sind wir
völlig durchnäßt und drehen uns wild inmitten des ganzen Aufruhrs, indem wir von einem Felsen zum anderen geschleudert werden. Ein großer, schimmernder Felsbrocken ragt drohend, unaus-
weichbar vor uns auf. Ralphs Boot rammt ihn und hängt für eine
Sekunde oder zwei fest, bis mein Boot, das noch immer mit dem
seinen verbunden ist, in der Rinne nach vorn schwingt und es frei-
schleppt. Wie verrückt paddelnd, richten wir die Boote aus und sehen uns dem nächsten Hindernis gegenüber, schrammen gerade
noch heil daran vorbei, sacken noch in ein paar Wellentäler und
finden uns plötzlich in ruhigem Wasser wieder.

Die Wellen werden sanfter, der Fluß erweitert sich zu einer brei-
teren Rinne und nimmt seinen heiteren, stetigen Lauf wieder auf.
Wir haben unsere ersten Stromschnellen durchfahren und sind
noch am Leben. Die Boote stehen halb voll Wasser, und wir sind
durchweicht, doch die Pfeife zwischen Ralphs Zähnen glimmt
noch, so schnell ging alles.

Stolz und glücklich ruhen wir uns eine Weile in den nassen Booten aus, bevor wir sie ausschöpfen. Wenn dies das Schlimmste ist,
was der Glen Canyon uns aufgibt, dann hätten wir gern mehr davon, stellen wir übereinstimmend fest.

Schon ein paar Minuten später tut uns der Fluß den Gefallen.
Eine zweite Gruppe von Stromschnellen taucht auf, nicht weniger

heftig als die ersten. Diesmal vorgewarnt und übervorsichtig, paddeln wir, ohne es eigentlich zu wollen, zu weit aus der Hauptströmung heraus und laufen im flachen Wasser auf Grund. Wir müssen aus den Booten klettern und sie über eine kieselbedeckte Bank schleppen, bis wir wieder tiefes Wasser erreichen. Schwerstarbeit für den humpelnden Newcomb, aber er beklagt sich nicht.

Wieder in den Booten, bequem auf unserem Gepäck lehnend, ohne etwas verloren zu haben, außer der Straßenkarte – Tankstellen gibt's im Glen Canyon eh keine –, gleiten wir ohne weitere Anstrengung weiter, die Paddel an Bord, und ruhen uns aus. Die Wasserfläche erstreckt sich weit und schimmernd, glatt wie Glas. Eine unberührte Stille liegt über dem Canyon, dann und wann unterbrochen von einem Wasserstrudel am Ufer oder einem Vogelruf. Friedlich rauchend, beobachten wir, wie das goldene Nachmittagslicht die Ostseite des Canyons erklimmt, während die Sonne im Westen hinter dem Grat untergeht. Eine abendliche Brise raschelt durch die Weiden am Ufer, und wir hören wieder die trillernde Musik der Canyon-Zaunkönige – wie kleine Silberglöckchen in einem Glockenspiel, nein, wie die Lorelei der Wildnis –, die vom Grat zu uns herunterdringt. Die süßeste aller Vogelweisen im Canyon-Gebiet.

Auch andere Stimmen sind zu hören. Seltsames Quaken und Krächzen aus dem Dickicht, Klänge, die wir nicht identifizieren können, bis wir ein wenig später einen großen blauen Reiher seine Schwingen unter den lavendelfarbenen Rispen eines Tamariskenbaumes ausbreiten sehen.

»Ralph Newcomb«, frage ich, »glaubst du an Gott?«

»Wer?« sagt er.

»Der?«

»Der.«

»Du sagst es«, meine ich.

Eine Eule. Raben. Noch mehr Zaunkönige. Das Platschen von Fischen, die durch die Wasseroberfläche brechen. Eidechsen, die über die Felsen huschen. Und einmal sehen wir zwischen uns und dem jenseitigen Ufer etwas Schlankes, Dunkles, das mit der Nase stromaufwärts schwimmt – einen Biber. Derselbe, der die Trapper – Robidoux, Jim Bridger, Jedediah Smith – vor mehr als hundert Jahren hierher lockte.

Der Fluß trägt uns still voran. Der Canyon füllt sich mit Schatten und Kühle. Der Himmel über uns wandelt sich in ein tieferes, dunkleres Blau, als das letzte Sonnenlicht an den Kuppen und Spitzen und den Elefantenrücken des Navajo-Sandsteins über den Wingate Cliffs verglüht. Wir beginnen, an Essen und ein Lager für die Nacht zu denken.

Als ein Uferstreifen mit weißem Sand in Sicht kommt, in dessen Hintergrund eine Gruppe junger, grüner Weiden steht, machen wir die Paddel startklar und arbeiten uns darauf zu, kräftig gegen die Strömung ankämpfend. Wie es uns immer wieder passieren wird, sind wir natürlich gerade an der falschen, gegenüberliegenden Uferseite, und zu dieser Jahreszeit ist es ein äußerst breiter Fluß. Während Ralph an der stromaufwärts gerichteten Seite unseres Doppelbootes es noch relativ leicht hat, muß ich doppelt so stark paddeln wie er, nur um auf gleicher Höhe zu bleiben.

Als wir am Ufer sind, springe ich aus dem Boot und ziehe die beiden Boote auf dem Sand an Land. Wir vertäuen sie an einem Weidenstumpf, laden aus und richten unser Lager ein. Mein Schlafsack ist ein bißchen naß geworden, aber alles andere ist trocken, und unser Hochgefühl und unsere Zufriedenheit sind mindestens so groß wie unser Appetit aufs Abendessen.

Es ist ein wunderschöner Abend, ruhig und frei. Wir entfachen ein kleines Feuer aus dürren Weidenzweigen und versöhnen die Götter des Flusses und des Canyons mit dem Duft von Holzrauch – eine Opfergabe, mit der sie sich als Geisterwesen zufriedengeben. Wir, die ihnen huldigen, braten und verspeisen die typischen Bohnen mit Corned Beef und Eiern – ein bescheidenes Mahl, aber Hunger ist nun einmal der beste Koch. Uns erscheint unser Essen jedenfalls immer noch eine Idee leckerer als sämtliche Delikatessen, die man bei Sardi's oder Delmonico's bekom-

men kann. Und was noch besser ist, wir haben genügend Bein-
freiheit.

Wir kochen Kaffee mit Flußwasser, das wir zwischen den Felsen schöpfen und eine Weile stehenlassen, bis sich der Schlamm
gesetzt hat. Zu unserer Unterhaltung haben wir das Murmeln
des Flusses, das Zirpen der Zikaden und Quaken der Frösche,
dazu den Anblick von Eulen, die auf der Jagd nach Insekten
durch die Nacht flattern. Später sitzen wir am Feuer, bis es heruntergebrannt ist, lauschen, rauchen und wälzen sozio-ökono-
mische Probleme:

»Was meinst du, Newcomb«, frage ich, »findest du es eigentlich
in Ordnung, daß du und ich hier in der Wildnis hocken und unser
Leben unbekannten Gefahren aussetzen, während unsere Ehe-
frauen und Familien es sich in Albuquerque gemütlich machen
und die vielfältigen Annehmlichkeiten und den Luxus der modernen, amerikanischen urbanen Zivilisation des zwanzigsten Jahrhunderts genießen?«

»Ja«, antwortet er.

Ich bringe das Feuer wieder zum Brennen und hänge meinen
Schlafsack über einen Weidenast darüber, so daß er gut durchge-
räuchert wird. Als er trocken ist, buddle ich zwei Kuhlen in den
Sand, eine für die Hüften und eine für die Schulter, lege den Schlafsack darüber und schlüpfe hinein. Ralph, friedlich wie ein Scharf-
richter, schläft bereits den Schlaf des Gerechten. Ich dagegen lausche erst noch ein bißchen dem Fluß und hänge Flußgedanken
nach, bevor ich mich der Nacht und den Sternen ergebe.

Morgen am Fluß: Aufstehen mit der Dämmerung, noch bevor die
Sonne aufgeht. Während Ralph immer noch fest schläft und fremde, unsichtbare Vögel aus dem Gebüsch rufen und krächzen, wasche ich die Teller vom Abend zuvor im schlammigen Flußwasser.
Warum auch nicht? Die gleiche Kraft, die eine fünfzehnhundert
Meter tiefe Schlucht durch das Kaibab-Plateau fraß, gibt sich ohne
weiteres dazu her, auch das Fett von den Aluminiumtellern der

Abbey-Newcomb-Expedition zu lösen. Der Colorado kennt keinen falschen Stolz.

Danach Frühstück: Eier mit Speck, Bratkartoffeln, Kaffee. Die unbekannten Vögel lärmen weiter. Einige kann ich allmählich sogar ausmachen. Eine Spottdrossel, Regenpfeifer, mexikanische Finken. Dazu der typische und meist unüberhörbare Canyon-Zaunkönig und ein paar Elstern und Raben.

Ralph erwacht, ins Leben zurück gerufen vom Duft des Specks. Er nimmt ein Bad im Fluß, kämmt und pomadisiert sein Haar und seinen langen, schwarzen Hirtenbart. Wir schmausen.

Dann packen wir alles zusammen und beladen die Boote. Die Sonne wird über dem Grat sichtbar, und wir fangen an, den bald vertrauten, schrecklichen Wüstendurst zu spürten. Wir trinken das letzte Quellwasser aus unseren Feldflaschen und starren, immer noch durstig, auf den Fluß. Die dunkle Strömung in der Farbe von gebranntem Ton, ungeschliffenem Bernstein. *Muy Colorado.* Zu flüssig zum Pflügen, wie die Mormonen sagen, und zu dick zum Trinken. Doch wir trinken es. Wir werden noch eine Menge davon trinken, bevor dieses Reise vorüber ist.

Die Sonne steigt höher und brennt auf unsere Gesichter. Die westliche Canyonwand glüht wie heißes Eisen. Wir stoßen ab, halten uns auf der schattigen Seite des Canyons und beginnen den zweiten Tag unserer Fahrt.

Warum, so fragen wir uns, während wir mühelos und friedlich tiefer ins Paradies hineingleiten, warum nicht ewig so weiterfahren? Natürlich gibt es hier keine Frauen (womöglich ein verkappter Segen?), keine Konzertsäle, keine Bücher, keine Bars, keine Bildergalerien, Theater oder Sportplätze, keine Kathedralen der Wissenschaft und keine Festungen der Hochfinanz, keine Kriege, Wahlen, Verkehrsprobleme oder andere Amüsements, keine der vielfältigen, ruchlosen Vergnügungen der von Ralph so bezeichneten »Syphilisation«. Andererseits ist sonst fast alles da, was ein Mann sich wünschen könnte, und zwar im Überfluß: Welse in der Strömung und Wildbret in den Seitencanyons, Pappeln als Schatten und Schutz, Lärchenholz als Brennstoff, bemooste Quellen (die allerdings nicht immer zugänglich sind) für den Durst und die ständig wechselnden Farben des Himmels, der Felsen, der Mesas und des Flusses für die Bedürfnisse des Geistes.

Wenn es notwendig wäre, da sind wir uns einig, könnte ein Mann sein Leben an diesem Ort verbringen, wenn er sein Nervensystem erst einmal an die ehrfurchtgebietende Stille, die fast beängstigende Ruhe angepaßt hätte. Nicht die Stille – die hier nicht mit der völligen Abwesenheit von Geräuschen gleichzusetzen ist, denn der Fluß und seine Canyons sind mit einer angeborenen Musik erfüllt –, eher das völlige Fehlen von Durcheinander und Krach würde vermutlich zum Problem werden. Was Churchill als »den verdammten Frieden« bezeichnete – könnten wir das überhaupt lange aushalten? Und doch, nachdem wir es nun kennengelernt haben, wie können wir je in das andere zurückkehren?

»Newcomb«, sage ich, »du bist verflucht. Du bist dem Untergang geweiht.«

»Du auch«, sagt er.

»Darauf laß uns trinken. Wo ist eigentlich der Rum?«

»Gut bei den Rettungswesten aufgehoben.«

»Und der Bierkasten, den wir statt eines Dingis ins Schlepptau nehmen wollten?«

»Den haben wir schon in Albuquerque ausgetrunken.«

Der Durst. Ich tauche eine Büchse in den Fluß und stelle sie auf das Dollbord meines kleines Schlauchboots (wenn diese hochtrabende Bezeichnung erlaubt ist), um dem im Wasser gelösten Schlamm Zeit zum Setzen zu geben. Der Fluß fließt an dieser Stelle so gleichmäßig und ruhig, daß das Gefäß kaum wackelt, obwohl es auf einer abgerundeten Oberfläche steht.

Die Strömung trägt uns sacht auf ihrem Rücken nach Süd und West, zum Golf von Kalifornien, der See von Cortez. Allerdings mit zahlreichen wunderbaren Windungen. Gelegentlich halten wir ein Paddel über die Bootseite, tauchen das Blatt ins Wasser und

Den Fluß hinunter 87

drehen unser Doppelboot mit minimaler Anstrengung in eine andere Richtung, um einen bestimmten Ausblick zu genießen und uns die größere Mühe zu sparen, den Kopf drehen oder unsere Hälse verrenken zu müssen.

Auf dieser träumerischen Reise erscheint jede unnötige Anstrengung idiotisch, ja geradezu vulgär. Der Fluß selbst gibt den Rhythmus vor: Völlig gelassen, ruhig, erfüllt er seinen mächtigen Zweck ohne Ziel oder Mühe. Nur das langsame Vorüberziehen der Canyonwände über uns und die scheinbare Stromaufwärtsbewegung der Weiden, Tamarisken und Felsbrocken am Ufer zeigen unsere Vorwärtsbewegung zum Meer an.

Wir passieren eine Öffnung in der östlichen Canyonwand, die Mündung eines Nebenflusses. Ist es der Red Canyon Creek? Keiner von uns weiß es, und es spielt sicherlich auch keinerlei Rolle. Keine Stromschnellen hier, nur ein sachtes Kräuseln des Wassers, kleine Wellen, die den Sandwellen auf dem Grunde des Flußbetts entsprechen. Jenseits des Seitencanyons ragen die Canyonwände wieder hoch auf, glatt und monolithisch, in Schattierungen von pink, lederfarben, gelb, orange, zum Teil überzogen mit einem Schimmer von »Wüstenfirnis« (Eisenoxyd) oder an manchen Stellen »gestreift« mit vertikalen Mustern aus schwarzen, organischen Flecken, den Überbleibseln pflanzlichen Lebens jenseits des Grats und der hängenden Gärten, die in den tiefen Grotten oben an den Canyonwänden blühen. Manche dieser Nischen sind tief wie Amphitheater, geräumig wie das Hollywood Bowl, groß genug für Gottes hauseigenes Symphonieorchester.

Als die Mittagssonne zwischen den Canyonwänden steht, nehmen wir an Bord unser Mittagessen ein, bestehend aus Rosinen, Orangen und Dörrfleisch sowie kühlem, wolkigem Flußwasser mit seinem reichen Gehalt an Eisen und Mineralstoffen Radium, Uranium, Vanadium, und wer weiß was noch. Wir haben keine Angst vor den Spuren menschlicher Wasserverschmutzung, da die nächste flußaufwärts gelegene Stadt Moab, mit fünftausend Einwohnern, 160 Kilometer entfernt liegt (Gesegnetes Utah!).

Wenn ein Mann nicht mehr unbesorgt aus den Flüssen und Strömen seines Landes trinken kann, dann eignet sich dieses Land sowieso nicht mehr zum Darinleben. Höchste Zeit weiterzuziehen, ein anderes Land zu finden oder – mit den Worten Jeffersons – ein anderes Land zu *schaffen*. »Der Baum der Freiheit wird vom Blut der Tyrannen genährt.«

(Oder Bakunin: »Es gibt Zeiten, wo Schöpfung nur durch Zerstörung erreicht werden kann. Der Drang zu zerstören ist dann ein kreativer Drang.«) Nach dem Mittagessen paddeln wir wieder quer durch die Strömung ans Westufer des Flusses auf der Suche nach Schatten. Schatten ist so kostbar wie Wasser. Ohne Schatten in der Mitte des Flusses sind wir unter unseren Hüten der gnadenlosen Einwirkung der Sonne und der reflektierten Hitze und Helligkeit der spiegelnden Flußoberfläche und der heißen roten Canyonwände ausgesetzt. Sobald wir aber im Schatten sind, können wir ausruhen, uns entspannen, die zusammengekniffenen Augen öffnen und schauen.

Den ganzen Nachmittag treiben wir dahin, passieren ein paar leichte Stromschnellen (leicht im Vergleich mit denen im Cataract Canyon und Grand Canyon), schmauchen unseren Tabak, trinken Flußwasser, reden über dies und das, was uns durch den Kopf geht und genießen das Delirium der Seligkeit.

»Newcomb, woher um Gottes willen kommen wir?«

»Wer weiß das schon?«

»Und wo gehen wir hin?«

»Wen kümmert's?«

»Wen?«

»Wen schon.«

Es fehlen die Worte. Ich ziehe die rostige Mundharmonika aus meiner Hemdtasche und spiele alte Volkslieder und kleine Melodieabschnitte aus den großen Symphonien – eine zarte, süße Musik, die eine Weile wie Rauch um uns schwebt, bevor sie sich in Schweigen auflöst und für immer ein Teil der Wildnis wird. Ich ergebe mich der Nostalgie und spiele die Sonntagmorgen-Lieder meiner Knabenzeit. *What a friend we have in Jesus ... Leaning, leaning leaning on the everlasting arms ...* (Diatonisches für die Seele). Und schließlich:

We shall gather by the River
the beautiful, the beautiful-ah River
we shall gather by the River
that flows (from?) the throne of the Lord ...

Unser zweites Flußlager schlagen wir an diesem Abend an einem sandigen Uferstreifen in der Nähe der Einmündung eines Flüßchens auf, das von Nordwesten her in den Hauptcanyon mündet. Der Hall's Creek? Der Bullfrog Creek? Manchmal tut's mir leid, keine anständige Karte dabeizuhaben. Nicht weit vor uns tosen allem Anschein und dem Geräuschpegel nach die wildesten Stromschnellen, sehr viel schlimmer als die vom ersten Tag. Aber das soll erst morgen unsere Sorge sein.

Wir verspeisen ein gutes, schlichtes, sandiges Mahl aus Zwiebelsuppe, Fleisch und Bohnen, Dosenobst und Kaffee. Zum Kaffee genießen wir beide eine Pfeife mit Newcombs Tabakmischung – halb Bull Durham und halb Prince Albert, ersteres für den Geschmack und das zweite für die Masse. Guter, billiger Arbeitertabak.

Nach dem Essen, Ralph spült die Teller ab, nehme ich die Feldflaschen und wandere das Flüßchen hinauf, um irgendeine Wasserquelle zu entdecken. Im Sand sehe ich die Spuren von Wild, Kojoten und Rotluchsen, auch ein paar Hufabdrücke von Vieh, vielleicht verirrt, noch ziemlich frisch. Ich finde keine Quelle in einer halbwegs vernünftigen Entfernung und kehre mit leeren Feldflaschen ins Lager zurück. Natürlich führt auch das kleine Nebenflüßchen Wasser, doch wir trinken lieber aus dem großen Strom als unterhalb der Tränke einer Hereford-Kuh.

Bei meiner Rückkehr ist es dunkel. Die einzige Orientierung ist Ralphs Feuer. Als ich Zweige und Steinchen auf dem Boden zur

Seite fege, um Platz für meinen Schlafsack zu machen, sehe ich einen Skorpion, der sich hastig zurückzieht, den Schwanz erhoben und den Stachel bereit. Newcomb und ich meditieren noch ein Weilchen über den rotglühenden Feuerresten, bevor wir uns schlafen legen. Zum Himmel aufblickend, sehe ich Sternschuppen blaugrün und blitzschnell über das schmale Himmelsband zwischen den Canyonwänden flitzen. Von weiter flußabwärts dringt in meinen beginnenden Schlaf das tiefe, dumpfe Dröhnen der Stromschnellen, ein Geräusch, das die ganze Nacht den Hintergrund für meine Träume bildet.

Wir stehen am Morgen zu spät auf und müssen unser Frühstück in der brütenden Sonnenhitze zubereiten. Ich lasse den Schinken anbrennen, und der Wind bläst Sand in den Pfannkuchenteig. Doch wir gewöhnen uns allmählich an Sand – Sand im Essen und Trinken, zwischen unseren Zähnen, in unseren Augen und im Bart, in unseren Schlafsäcken und in der Unterwäsche. Sand wird zu einem Teil unseres Daseins, den wir ebenso selbstverständlich hinnehmen wie das Atmen.

Als die Boote beladen sind, ziehen wir sie in den Fluß, immer noch miteinander vertäut, der Bequemlichkeit, der Gesprächsmöglichkeit und der Sicherheit wegen. Die Stromschnellen, die meine Träume beunruhigten, erweisen sich bei Tageslicht als wenig mehr als ein Streifen etwas aufgewühlter Wellen und ein paar erodierter Felsen, an denen unsere Boote ohne Schwierigkeit vorbeigleiten. Wenn es nicht so spät im Juni und der vorausgegangene Winter nicht so trocken gewesen wäre, so daß der Fluß weniger Wasser führt als üblich, hätten wir diese minimalen Strudel wahrscheinlich überhaupt nicht gespürt.

Wir treiben den Fluß hinunter in einer Art Wachtraum, gleiten zwischen den hohen, geschwungenen Klippen mit ihren Gobelins aus Wasserflecken hindurch, den goldenen Alkoven, den hängenden Gärten, den Sickerstellen, den Quellen, aus denen nie ein Mensch trinken wird, den mächtigen, in den Fels geprägten Bögen in Hochrelief und den wie Muscheln gebildeten Amphitheatern.

Den Fluß hinunter 91

Es ist eine durchgeformte Landschaft, größtenteils ohne jede Vegetation – die Erde in ihrer Nacktheit.

Wir probieren die Echoqualität der Canyonwände –

HALLO ...

Hallo ...

hallo ...

Die Töne, die zu uns zurückkommen, von weither und wie verschwimmend, sind so fremdartig und lieblich verwandelt, daß wir verzaubert in Schweigen verfallen.

Wir passieren Sandbänke, wo Büschel von weißbeblättertem Schilfrohr und die duftigen Blüten junger Tamarisken zwischen Treibholzstücken, die von Sonne, Wind und Wasser eine silberne Patina angenommen haben, sich bewegen. In den Seitencanyons sehen wir manchmal Dickichte aus Gambel-Eiche und gelegentlich Pappeln mit elefantengrauen Stämmen und zarthellgrünen Blättern, leicht in der Luft zitternd.

Wir kommen an allzuvielen dieser herrlichen Seitencanyons vorbei, zu meinem ewigen Bedauern, denn die meisten von ihnen werden menschlichen Augen oder Füßen nie mehr zugänglich sein. Ihre lebendigen Wunder werden für immer unbekannt bleiben, versunken im toten Wasser des künftigen Reservoirs, auf Jahrhunderte hinaus unter Schlick begraben.

In dieser Situation wird uns der Hauptnachteil unserer billigen kleinen Schlauchboote bewußt: Oft, wenn wir irgendeine Stelle entdecken, die wir gern in aller Ruhe näher betrachten und erkunden würden, trägt uns die starke Strömung vorbei, bevor wir in unserem unzulänglichen Gefährt ans Ufer paddeln können. Man sollte meinen, wir hätten trotzdem irgendwo anlegen und zu Fuß am Ufer entlang zurückgehen können, doch im Glen Canyon, dessen Sandsteinwände vielfach senkrecht aus dem Wasser aufragen, ist das meist gar nicht möglich.

Außerdem sind wir, Newcomb und ich, träge, gleichgültig Lebewesen halb hypnotisiert von der verführerischen Leichtigkeit unserer Reise. Keiner von uns kann ernsthaft glauben, daß die Schönheit, die an uns vorbeizieht, schon bald untergehen wird. Instinktiv warten wir auf ein Wunder: Der Damm wird niemals fertiggestellt werden, der Zement oder die Rechenschieber werden ihnen ausgehen, die Ingenieure werden samt und sonders nach Obervolta verschifft. Oder, wenn das nichts hilft, wird irgendein unbekannter Held mit einem Rucksack voller Dynamit in die Tiefen des Dammes hinabsteigen. Dort wird er seinen Sprengstoff an den Stellen verstecken, an denen er am meisten Wirkung zeitigt. Er wird Zündschnüre anbringen und sie mit überirdischer Genialität so mit dem Leitungsnetz des Dammes verbinden, daß der Knopf, den der Präsident drückt, wenn der große Augenblick der Eröffnung da ist und der Präsident und der Innenminister und die Gouverneure der vier Anrainerstaaten in vollem Ornat versammelt sind, die allerniedlichste kleine Explosion, die je erschaut wurde, auslöst – eine Explosion, die den großen Damm in einen mittleren Schutthaufen auf dem Weg des Flusses verwandeln wird. Die grandiosen neuen Stromschnellen, die auf diese Weise entstehen, werden wir Floyd E. Dominy-Falls nennen zu Ehren des Chefs vom Reclamation Bureau. Ein passenderes Denkmal ließe sich für einen so geschätzten und loyalen Beamten kaum denken.

Eitle, närrische, vergebliche Tagträume. Während wir träumen und auf dem magischen Fluß dahintreiben, sind die geschäftigen kleinen Menschen mit ihren riesigen Gerätschaften bereits emsig an der Arbeit, Tag und Nacht, im Wettlauf gegen die Zeit, in der das Volk von Amerika möglicherweise erwachen und entdecken könnte, daß da gerade etwas Kostbares und Unersetzliches unwiderbringlich zerstört wird.

... die Natur ist beschmutzt und besudelt,
selbst in ihren geheimsten Winkeln ist der Mensch dabei,
verfluchte, schändliche Taten zu tun.

Die Raben verspotten uns, als wir vorübergleiten. Unidentifizierbare Vögel rufen uns aus den dunklen Tiefen der Weidendickichte

– einsame Rufe aus der Wildnis. Wir sehen einen zweiten Biber, der wie der erste stromaufwärts schwimmt. Alle unsere Verwandten im Pelz- und Federkleid, deren Leben mit dem Fluß und den tiefer-gelegenen Canyons verwoben ist – das Rotwild, der Biber, die Ko-joten, die Wildkatzen und Pumas, die meisten Vögel und kleineren Tiere –, werden in Kürze gezwungen sein, sich eine neue Heimat zu suchen, wenn sie können, denn es gibt im Grunde keine biologi-sche Nische in der Canyonumgebung, die nicht bereits dicht mit ihren Artgenossen besiedelt ist. Die Natur kennt keine Leerstellen.

Mit sieben oder acht Kilometer die Stunde – viel zu schnell – trei-ben wir durch das goldene Licht, die Wärme, die kristallene Stille. Manchmal wird der Fluß unter uns plötzlich unruhig und zeigt ei-nen merkwürdigen Aufruhr, wenn sein schlammiges, sandiges Bett seine Gestalt wechselt. Danach, wenn alles wieder seine Ordnung hat, fließt er ruhig weiter, und die einzigen Laute neben den ver-trauten Vogelrufen sind das Plätschern des Wassers, das Gurgeln kleiner Strudel an den sandigen Landzungen und das Geräusch von Newcomb, der seine alte Pfeife pafft.

Wir befinden uns nun tief in der Wildnis, tief in einer einsamen, süßen, fernen, ursprünglichen Welt, weit weg von allem, was Menschen vertraut ist. Die nächste Stadt für uns wäre Blanding im Südosten Utahs, in der Nähe der Colorado-Linie, oder vielleicht auch Hanksville im mittleren Süden Utahs, nördlich der Henry Mountains. Beide Orte sind etwa 160 Kilometer von uns entfernt, beide liegen jenseits einer unbewohnten Wüste aus Canyons, Me-sas, Lehmhügeln, Felsformationen, Sandflächen, Pinyon-Kiefern und Lärchenwäldern.

Wildnis. Allein das Wort ist Musik.

Wildnis, Wildnis ... Wir wissen kaum, was wir mit diesem Begriff meinen, und trotzdem berührt schon der Klang denjenigen wie ein elektrischer Schlag, dessen Nerven und Gefühle noch nicht irrepara-bel betäubt, abgetötet, abgestumpft wurden vom gierigen Konsum-wahn, vom schweißtreibenden Ringen um Profit und Macht.

Warum liegt ein solcher Zauber in diesem Wort? Was bedeutet es wirklich? Läßt sich Wildnis einfach in der Behördensprache als »eine zusammenhängende Fläche von mindestens 40 000 Ar Naturgebiet ohne Straßen« definieren? Das mag ein Ansatz für eine Definition sein, aber es reicht bei weitem nicht aus. Es geht um viel mehr.

Man könnte sagen, daß das Wort Wildnis Nostalgie weckt – ein berechtigtes, nicht nur sentimentales Heimweh nach dem verlorenen Amerika, das unsere Vorfahren noch kannten. Das Wort suggeriert die Vergangenheit und das Unbekannte, den Leib der Erde, aus dem wir alle hervorgingen. Es meint etwas unwiderbringlich Verlorenes und doch noch Gegenwärtiges, etwas Fernes und zugleich sehr Nahes, etwas, was tief in unserem Blut und unserem Kopf sitzt, und etwas jenseits von uns, das keine Grenzen kennt. Romantik – in diesem Fall jedoch eine Romantik, die man nicht preisgeben sollte. Die romantische Auffassung ist, auch wenn sie nicht die ganze Wahrheit enthält, ein notwendiger Teil der ganzen Wahrheit.

Doch die Liebe zur Wildnis ist mehr als der Hunger nach dem ewig Unerreichbaren. Sie ist auch ein Ausdruck der Treue zur Erde, der Erde, die uns trägt und erhält, der einzigen Heimat, die wir je haben werden, zum einzigen Paradies, das wir bräuchten – wenn wir nur Augen hätten zu sehen. Die Erbsünde, die wahre Erbsünde, ist die blinde Zerstörung dieses natürlichen Paradieses um uns herum, aus nackter Gier. Wenn wir seiner doch nur wert wären!

Wenn ich hier das Wort Paradies in den Mund nehme, dann meine ich das *Paradies*, nicht den banalen Himmel der Heiligen. Wenn ich Paradies schreibe, meine ich nicht bloß Apfelbäume und goldhaarige Frauen, sondern auch Skorpione, Taranteln und Fliegen, Klapperschlangen und Eidechsen, Sandstürme, Vulkane und Erdbeben, Bakterien und Bären, Kakteen, Yucca, Brennesseln, Ocutillos, Mesquitebäume, Springfluten und Treibsand und, ja – ebenso Krankheit und Tod und die Verwesung des Fleisches.

Den Fluß hinunter

Das Paradies ist kein Garten der Seligkeit und Vollkommenheit, wo die Löwen herumliegen wie Lämmer (was würden sie fressen?) und die Engel und Cherubim und Seraphim wie ein Uhrwerk in endlosen, idiotischen Kreisen um eine nicht weniger geistlose und lächerliche – wenn auch rosafarbene – »Unruh« rotieren. (Achten Sie auf Sicherheit! Anbetung nur im Uhrzeigersinn, damit wir alle Spaß haben!) Dieses besonders blumige Phantasiegebilde eines Bereichs jenseits von Raum und Zeit, das Aristoteles und die Kirchenväter an uns weiterzureichen versucht haben, ist in der Moderne zum Glück nur auf Nichtachtung und Gleichgültigkeit gestoßen, um endlich in der Vergessenheit zu versinken, die es reichlich verdient. Das Paradies, von dem ich schreibe und das ich preisen möchte, ist dagegen noch unter uns. Es ist das Hier und Jetzt, die wirkliche, berührbare, dogmatisch-reale Erde, auf der wir stehen.

Manche Leute, die sich selbst für nüchterne Realisten halten, würden sagen, daß der Kult mit der Wildnis nur in einer Atmosphäre der Bequemlichkeit und Sicherheit entstehen konnte und den Pionieren, die einen halben Kontinent mit ihren Gewehren, Pflügen und Stacheldraht unterwarfen, deshalb fremd war. Stimmt das wirklich? Man denke an die Empfindungen von Charles Marion Russell, dem Cowboy-Künstler, der in John Hutchens' *One Man's Montana* zitiert wird:

Man hat mich einen Pionier genannt. In meinen Augen ist ein Pionier ein Mann, der in jungfräuliches Land kommt, die Pelztiere mit seinen Fallen wegfängt, sämtliche wildlebenden Tiere als Fleischlieferanten tötet, die Wälder rodet, die Prärien abweiden läßt, den Boden mit seinem Pflug aufreißt und zehn Millionen Meilen Stacheldraht spannt. Ein Pionier zerstört Dinge und bezeichnet das als Zivilisation.

Andere, die nicht weniger harte Mühen und Entbehrungen auf sich nahmen als die Pioniere, waren John Muir, H. D. Thoreau, John James Audubon und der Maler George Catlin, die unser

Land zu Fuß durchwanderten und etwas darin fanden, was über bloßes Rohmaterial für die pekuniäre Ausbeutung hinausging.

Ein sechstes Beispiel, mein Lieblingsbeispiel natürlich, ist Major J. Wesley Powell, einarmiger Veteran des Bürgerkriegs, der, in einem an Deck festgebundenen Stuhl sitzend, seine tapfere Mannschaft in einem kleinen, hölzernen Boot in die unbekannten Canyons des Green, Grand und Colorado River führte. Powells erste Reise von dem Eisenbahnstädtchen Green River in Wyoming bis zur Mündung des Grand Canyon, wo heute der Lake Mead liegt, dauerte drei Monate. In dieser Zeit machten er und seine Männer eine Vielzahl unangenehmer Erfahrungen. So verloren sie unter anderem ein Boot und mußten ihre Boote mühsam mit Seilen über die schlimmsten Stromschnellen schleppen. Sie mußten von muffigem Mehl leben und auf Fleisch verzichten, extreme Hitze und Kälte aushalten, Krankheiten und Angst vor dem Unbekannten ertragen. Dazu kamen die Ungewißheit des Erfolgs ihres Unternehmens und die ständige Angst, daß hinter der nächsten Biegung des Canyons Gefahren lauern könnten, die schlimmer waren als die, die sie bisher überstanden hatten. Dieser psychologische Druck erwies sich am Ende für drei von Powells Männern als zu belastend. Kurz vor dem Ende der Reise verließen sie die Expedition und versuchten, auf dem Landweg in die Zivilisation zurückzukehren – um letztendlich alle drei von Indianern getötet zu werden. Powell lernte die Schlucht des Grand Canyon als schreckliche, unheildräuende Unterwelt, als einen Ort schwerster körperlicher und geistiger Leiden für sich und seine Leute kennen. Trotzdem und trotz allem, was ihm auf seinen Erkundungen widerfuhr, fand er in seiner Beschreibung des Canyon geradezu lyrische Worte:

Die Herrlichkeit und Schönheit von Form, Farbe und Klang vereinigen sich im Grand Canyon – Formen, die nicht einmal in den Bergen ihresgleichen haben, Farben, die mit Sonnenuntergängen wetteifern, und Klänge, die die ganze Oktave vom Sturm bis zum leise fallenden Regentropfen, vom Katarakt bis

Den Fluß hinunter

zur murmelnden Quelle umfassen ... Man kann den Grand Canyon nicht auf einen Blick erfassen, als ob er ein wandlungsloses Schauspiel wäre, von dem sich gleichsam ein Vorhang hebt. Um ihn wirklich zu sehen, muß man sich monatelang durch seine Labyrinthe mühen. Es ist ein Gebiet, das schwieriger zu durchqueren ist als die Alpen oder der Himalaja, doch wenn Kraft und Mut für die Aufgabe ausreichen, kann man erleben, daß die Mühe eines Jahres mit einer Erhabenheit gelohnt wird, der nichts diesseits des Paradieses gleichkommt.

Nein, die Wildnis ist kein Luxus, sondern eine Notwendigkeit für den menschlichen Geist, so lebenswichtig für uns wie Wasser und Brot. Eine Zivilisation, die das wenige zerstört, das an Wildem, Ursprünglichem, an letzten Schätzen der Natur übriggeblieben ist, durchtrennt ihre Wurzeln und verrät das Prinzip der Zivilisation selbst.

Wenn der Mensch der Industriegesellschaft fortfährt, sich zu vermehren und seinen Operationsradius immer mehr auszudehnen, wird er schließlich seine offenbare Absicht erreichen, sich von allem Natürlichen abzuschotten und in einem künstlichen, selbstgemachten Gefängnis einzusperren. Er wird sich ein Exil von der Erde schaffen. Vielleicht wird er dann endlich wissen, ob er noch imstande ist, irgend etwas zu fühlen: den Schmerz und die Qual unabänderlichen Verlusts. Er wird begreifen, was die gefangenen Zia-Indianer meinten, als sie ihr Heimweh in ein Lied kleideten:

Meine Heimat dort drüben,
jetzt denke ich wieder an sie;
und wenn ich jene Berge in der Ferne sehe,
warum weine ich dann,
warum weine ich dann,
wenn ich an meine Heimat denke.

Weiter den Fluß hinunter. Unsere Boote drehen sich träge in der Drift. Durch eine Öffnung in den Canyonwänden sehen wir einen Teil der Henry Mountains, die sich nach Nordwesten erstrecken. Eine letzte Region in den Vereinigten Staaten, die noch der Erkundung und Kartographierung harrt. Der Mount Ellsworth, einer der niedrigeren Gipfel, ragt scharf und schroff in den Himmel. Ein Laccolith aus vielfarbigem Sediment und Vulkangestein (ein Teil des Tiefengesteins ist durch die Erosion an die Oberfläche getreten), auf seinen höchsten Erhebungen bewachsen mit Pinyon-Kiefern, Lärchen und Strauchkiefern. Die Blumen, die wir nicht sehen, uns aber leicht vorstellen können, werden auch da droben in der Kühle blühen – Rittersporn, Lupinen, vielleicht ein paar Akeleien.

Die Boote schwingen wieder herum, und flußabwärts blickend, erahnen wir nun im Südwesten, in der Ferne, eine Art Buckel in der steinernen Erdkruste. Es ist das Südende der Water Pocket Fold, einer 80 Kilometer langen, monoklinen Falte, ein Kamm verworfenen Sandsteins, der zu dreieckigen Formationen aus nacktem Fels erodiert ist, die von hier aus an die Schneidmesser einer Mähmaschine erinnern. Dies wird unser einziger Ausblick auf ein Stück Natur sein, das eines Tages auf jeden Fall zum Nationalpark erklärt wird, komplett mit Polizei, Beamtenapparat, asphaltierten Straßen, geführten Trekkingtouren, ausgewiesenen Aussichtspunkten und Campingplätzen, Waschautomaten, Cafeterias, Coca-Cola-Automaten, Toiletten mit Wasserspülung und Eintrittsgebühren. Wer dieses Gebiet also noch so sehen möchte, wie man es sehen sollte, der zögere nicht. Die Zeit drängt. Wie man hinkommt? Keine Ahnung!

Kurz nach Mittag, als die Flußoberfläche unter der Sonne wie flüssiger Bernstein leuchtet, entdecken wir am Ostufer ein verlassenes Bergarbeitercamp. Wir paddeln kräftig, um an einer steilen, schlüpfrigen Schlammbank anzulegen, wo wir unser Boot an einem dicken Weidenstamm vertäuen.

Während Ralph es sich im Schatten bequem macht und sich auf

eine Siesta freut – er gehört zu den Glücklichen, die schlafen können, wo sie wollen, oder aber aufbleiben und reden und trinken bis in den Morgen wie Sokrates –, steige ich über das grasbewachsene Ufer hinauf zu dem Vorsprung aus nacktem, rotem Fels, auf dem das Camp liegt.

Hier finde ich die vertrauten, faszinierenden, ein wenig melancholisch stimmenden Überreste freien Unternehmertums: verrostete Dosen, eine Hütte ohne Dach, Fetzen von Zeltbahnen und kaputte Feldbetten, rostige Schaufeln, verrottete, mäusezerfressene Stiefel mit Stahlkappen, Dynamitkisten, zerbeulte Helme, zwei Stangen Schießpulver (aber keine Zündhütchen), Bündel mit Dokumenten, in denen es um Schürfrechte und Fördererlaubnis geht (höchst interessant zu lesen), ein paar verwitterte, von der Sonne gebleichte topographische Karten und einen erstaunlichen Haufen zerfledderter Magazine von der Super-Macho-Sorte mit Titeln wie *True* (eindeutig gelogen), *Male* (leicht homosexuell angehaucht), *Stag* (voller zerrupfter Bildergeschichten, in denen Japaner mit Maschinengewehren in die Luft gejagt werden), *Saga* (Fiktion), *Real* (ziemlich weit neben der Realität) und andere desselben Genres, alles mächtig von Nagetieren zerkaut, kaum noch lesbar, die besten Bilder hat sowieso irgendein Typ herausgerissen. Die Kerle müssen eine Menge Zeit mit Lesen verbracht haben. Kein Wunder, daß sie nicht gefunden haben, wonach sie suchten – Gold? Gott? Uran? –, und das Camp wieder verlassen mußten.

Ich klettere den Hügel hinter dem Geistercamp hinauf, riesige Dünen aus kupferfarbenem Sand, und stoße auf die Spur einer Jeeppiste, die sich nach Osten hinaufwindet ins Niemandsland aus schwarzen Spitzkuppen, Salzkuppeln und prähistorischen Hochplateaus, dessen einzige Bewohner Berglöwen und Maultierhirsche sind. Vielleicht führt diese Wagenspur zur Mine. In der Nähe des Lagers finden sich jedenfalls keinerlei Grabungsstellen. Die Goldsucher oder Minenarbeiter hatten ihr Lager zweifellos in der Nähe des Flusses errichtet, um immer genügend Wasser zu haben. Alles, was sie sonst brauchten, von Stiefeln bis zu Stielkasserollen, ja vielleicht sogar der Jeep, mußte über den Fluß herangeschafft werden, da das Lager weitab von jeder auf irgendeiner Karte verzeichneten Straße lag.

Die Kletterpartie vermittelt mir eine Vorstellung davon, daß wir uns auf unserer Fahrt unten in der Erdhülle befinden, denn obwohl ich auf einer ganz ansehnlichen Erhebung stehe, mindestens dreihundert Meter über dem Flußbett, reicht mein Blick in keine Richtung weiter als 16 Kilometer. Nach allen Seiten wird er von den unüberwindlichen Mauern der Gipfel, Mesas und Plateaus eingeschränkt, die sehr viel höher sind als der Punkt, auf dem ich stehe. Sie sind wie Terrassen angeordnet, die vom Fluß aufsteigen, und bilden um mich herum eine nahezu horizontale Skyline, die den Blick auf die Berge verstellt, von denen ich weiß, daß sie da drüben liegen – die Henry Mountains im Nordwesten, die La Sal Mountains im Nordosten, die Blue Mountains im Osten, der Navajo Mountain irgendwo im Süden und das Kaiparowits-Plateau im Westen oder Südwesten.

In dieser ganzen gigantischen Weite, eingeschlossen von Mesas und Plateaus, einer großen, unregelmäßig geformten Arena aus rechten Winkeln und nacktem Fels, in der sich die gesamte Bevölkerung und die gesamte Bausubstanz von, sagen wir Manhattan, problemlos unterbringen ließen, gibt es nirgendwo ein Zeichen menschlichen oder tierischen Lebens. Nichts, nicht einmal ein Bussard, der sich in die Lüfte schraubt. In der Hitze und Stille bewegt sich nichts. Nichts rührt sich. Die Stille ist vollkommen.

Es gehört zu den Merkwürdigkeiten der Canyonlandschaft, daß das Land immer trockener, unfruchtbarer und lebensfeindlicher wird, je näher man dem Fluß, der Lebensader des ganzen Gebietes, kommt. In dieser Hinsicht unterscheidet sich die Wüste des Colorado diametral von der des Nils in Ägypten oder des Rio Grande in New Mexico, wo sich das Leben, die Menschen und die Städte jeweils an den Ufern der Flüsse drängen. Am Colorado gibt es keine Stadt, von Moab in Utah bis Needles in Kalifornien, in einer Entfernung von über 1600 Kilometern (wenn man die beiden kleinen,

Den Fluß hinunter

aus dem Boden gestampften Bergstädtchen ausnimmt, die im Rahmen des Baus und der Wartung des Glen Canyon-Damms und des Boulder-Damms errichtet wurden).

Was für das menschliche Leben gilt, gilt auch für das Pflanzenleben: Abgesehen von dem vergleichsweise üppigen Wachstum unmittelbar an den Uferstreifen des Flusses und in den vielen schmalen Seitencanyons, geht das pflanzliche Leben quantitativ immer mehr zurück, je näher man dem Colorado kommt. Die Berge sind bewaldet, auch die Hochplateaus, in den höheren Lagen mit Espen und Gelbkiefern und weiter unten mit Pinyon-Kiefern und Lärchen. Steigt man jedoch durch die Seitencanyons zum großen Fluß hinunter, so machen die Pinyon-Kiefern und Lärchen Beifußbüscheln und anderem Gesträuch Platz. Danach kommen Yucca, Feigenkaktus und Ephedren, bis in der Nähe des Flusses fast nichts mehr wächst, außer Salzbusch und zarte einjährige Pflanzen – Schlammgras, Maultierohrsonnenblumen und andere weit versprengt wachsende, vom Regen abhängige Pflanzen, zwischen denen sich jeweils weite, kahle Sand- und Felsflächen erstrecken.

Der Grund für diese scheinbare Anomalie ist zweifacher Natur. Zum einen erhält das höhere Tafelland, obwohl die gesamte Plateau- und Canyonlandschaft als trockene oder halbtrockene Region zu klassifizieren ist, natürlicherweise durchschnittlich etwas mehr Regen als die tiefer gelegenen Bereiche. Zum zweiten führt der Colorado seine große Wassermenge rasch meerwärts, und zwar sehr weit *unterhalb* des umliegenden Landes, durch tiefe, weitgehend unpassierbare Schluchten wie den Grand Canyon, und kann daher die Wüste, durch die er fließt, nicht bewässern. Erst da, wo der Fluß das offene Land jenseits der Canyons erreicht, wird sein Wasser für die Landwirtschaft nutzbar, und dort haben denn auch, wie wir wissen, Kalifornien, Arizona und Mexiko ein halbes Jahrhundert lang um die Aufteilung des kostbaren Nasses gekämpft (jeder weitere Damm, der am Colorado gebaut wird, reduziert übrigens die Menge nutzbaren Wassers aufgrund unvermeidlicher Verluste durch Verdampfung und Versickerung im porösen Sandstein der Auffangbecken).

Die Sonne fängt an, mir Kopfschmerzen zu bereiten. Ich schliddere die Sandhänge hinunter, kupfergold und korallenrosa, an einzelstehenden Grüppchen von Sonnenblumen und purpurnen Astern vorbei und kehre zum Schatten der Weiden und zum Leben des Flusses zurück. Schwimmend und trinkend zugleich nehme ich meinen Anteil an kühlem Schlammwasser zu mir.

Wir verzehren unser Mittagessen und dösen noch ein oder zwei Stunden auf der Weidenlichtung, bis das leuchtende Inferno am Himmel sich weit genug westwärts verzogen hat, so daß ein Teil des Flusses im Schatten liegt. Nun legen wir ab – es ist Nachmittag – und paddeln durch die Strömung auf die schattige andere Seite, wo wir uns wieder der geräuschlosen, anstrengungslosen und starken Schubkraft des Colorado überlassen, die uns durch sein blank poliertes, steinernes Bett trägt.

Obwohl wir ahnungslos ins Blaue fahren, ohne Karte, Kompaß oder Guide, weiß ich (aus Powells Buch und vom Hörensagen), daß wir irgendwann die Mündung des Escalante River erreichen werden, eines weiteren schmalen Seitenarms. Diesen Seitencanyon möchte ich gern genauer erkunden, denn ich habe gehört, daß weiter hinten in seinen mäandernden Tiefen natürliche Brücken und Bögen, Felswohnungen und hängende Gärten und andere unverhoffte Wunder zu entdecken sind.

Als die Sonne sinkt und wir durch das rauchblaue Dämmerlicht mit seinen Vogelrufen treiben, denke ich an den Escalante und spähe mit einem Auge nach seiner möglichen Einmündung aus. Nur widerstrebend lasse ich zu, daß wir an all den rätselhaften Spalten und tiefen, dunklen Engen vorbeitreiben, die verheißungsvoll aussehen, aber allzu unzugänglich wirken. Endlich gewahren wir nicht weit vor uns, auf der richtigen, der Steuerbordseite, die Öffnung eines großen Canyons voller Schatten und Pappeln. Ich spüre sofort mit einem Schauder der Gewißheit, daß das ein Canyon ist, an dem wir nicht vorbeifahren dürfen. Wir nehmen Kurs aufs Ufer.

Den Fluß hinunter

Doch schon zieht uns die Strömung in die Mitte des Flusses, und alles ist viel weiter weg, als es aussieht. Wir mühen uns verzweifelt auf das Ufer und die Mündung des breiten Seitencanyons zu, doch wir haben zu spät unsere Richtung geändert. Der Fluß spült uns vorbei, und es hat ganz den Anschein, daß wir sie verfehlen.

Das ist uns schon mehrmals passiert, und jedesmal haben wir uns, verwöhnt und verlockt von all den Wundern, die noch vor uns lagen, dem Fluß gefügt, haben aufgegeben und uns weitertreiben lassen. Doch diesmal sind wir entschlossen, nicht locker zu lassen. Wir paddeln weiter, bis wir das gegenüberliegende Ufer erreichen, und hangeln uns dann mit Hilfe der Weiden am Wasser stromaufwärts zurück. Wir erreichen eine kleine Bucht, umrunden einen riesigen Felsen und befinden uns endlich in der Sicherheit der ruhigen, warmen, grünen Strömung der Canyonmündung. Fast am Ende unserer Kräfte, ruhen wir uns eine Weile in den Booten aus, bevor wir langsam in den dunklen Canyon hineinpaddeln.

Die Sonne ist schon seit einer Stunde untergegangen, und das Mondlicht wird erst in einer Stunde über den Canyonrand scheinen. Der Seitenarm, in den wir eingedrungen sind, ist dunkel wie eine Höhle. Wir gleiten tiefer hinein, bis wir im Dämmerlicht etwas ahnen, was wie ein weißer Uferstreifen am Fuße einer steilen Felswand aussieht. Wir halten darauf zu, legen an, sichern die Boote, finden etwas dürres Holz und entzünden ein Feuer.

Die Hitze in diesem tiefen, engen Canyon ist erstickend, fast beengend nach dem Tag auf der luftigen Breite des Flusses. Wir kochen Tee, haben aber sonst keinen Appetit auf Abendessen und begnügen uns mit Obst aus der Dose. Nach dem obligatorischen Rauchritual vor dem Einschlafen und einer träge dahinplätschernden Unterhaltung entrollen wir unsere Schlafsäcke und begeben uns zur Ruhe.

Mein Schlaf ist unruhig, mit dem immer wiederkehrenden Traum steigenden Wassers, auf dem unsere Boote davongetrieben werden. Gegen Mitternacht, der zunehmende Mond steht direkt über mir, erwache ich vom Geräusch des Windes und klatschenden Wassers. Das Wasser leckt kaum dreißig Zentimeter von meinem Schlafsack über den Sand. Ich krieche aus dem Schlafsack, versichere mich, daß die Boote immer noch fest an den Weiden vertäut sind, und bin kurz davor, Ralph zu wecken. Doch ich zögere noch, als mir klar wird, daß die Ursache für den Wasserhochstand nicht, wie ich halb unbewußt die ganze Zeit gefürchtet habe, von einer Überflutung des Canyons selbst herrührt, sondern daß nur ein starker Wind das Wasser vom Fluß her in den Canyon drückt.

Der Wind hat die Luft erfrischt und abgekühlt. Nackt im Mondlicht stehend, genieße ich den Temperaturwechsel und lausche eine Zeitlang den Rufen einer großen Ohreule irgendwo oben am Canyonrand. Schließlich lege ich mich wieder hin und schlafe diesmal gut, sanft eingewiegt von Wind und Wasser.

Am Morgen verstauen wir noch vor dem Frühstück unsere Ausrüstung ohne besondere Sorgfalt in den Booten und paddeln den Canyon hinauf, bis wir flaches Wasser erreichen. Wir haben einen Vorsprung umfahren und können den Fluß nun nicht mehr sehen. Ich klettere aus dem Boot und ziehe die Boote, durch das stille Seitenwasser watend, weiter hinauf, bis wir an eine Stelle kommen, an der ein breiter, flacher und klarer Bach in den Canyon mündet und sich mit dem stehenden Wasser der Bucht mischt. Der Zustrom ist etwa fünfzehn Zentimeter tief und zwei Meter breit. Er fließt rasch und gleichmäßig. Ohne Zweifel, das ist der Escalante »River«. Das Wasser ist sauber und frisch, fast kühl. Ohne uns diesmal lange mit der Suche nach Tierspuren aufzuhalten, genehmigen wir uns beide einen großen, genußvollen Schluck.

Danach fühlen wir uns wesentlich besser, unser Appetit kehrt zurück, wir machen Frühstück und verspeisen den Rest unseres Schinkens, die letzten Eier und das letzte Dosenobst. Von nun an müssen wir uns von unseren gefriergetrockneten Vorräten ernähren – Überlebensrationen – oder von dem, was wir in der Natur an Nahrung finden.

Während ich mich für eine Tageswanderung den Escalante hin-

Den Fluß hinunter 105

auf rüste, höre ich Ralph etwas von Welsen murmeln. Ich achte
nicht so genau darauf. Bouillonwürfel und Rosinen reichen mir,
solange sie mit viel Sonne, Wind und Abenteuer serviert werden.
Doch Newcomb, der Westentaschengourmet, hat andere Vorstellungen. Als ich meine Stiefel schnüre, sehe ich aus den Augenwin-
keln, wie er den Rest einer muffigen Salami an einen Angelhaken
pinnt und ihn, natürlich mit einer Angelschnur versehen, in dem
tiefen, schlammigen Wasser unterhalb des Zustromes versenkt.

»Hast du einen Angelschein, Junge?« frage ich.

Als Antwort ballt er die rechte Hand zur Faust, den Mittelfinger
steil nach oben gerichtet, und hebt sie gen Himmel – Beschwörung
der Gottheit? Ich mache mich auf den Weg, doch noch bevor ich
außer Hörweite bin, vernehme ich einen merkwürdigen Laut. Ich
schaue über die Schulter zurück und sehe, wie Newcomb einem gigantischen Wels mit seinem Kanupaddel den Kopf einschlägt und
ihn rasch von seinen Qualen erlöst. Gott sorgt für die Seinen.

Das Wenige, was ich zwischen den hohen, einander fast berüh-
renden Canyonwänden vom Himmel erahnen kann, sieht wolkig
und regenverheißend aus. Ob Regen oder Sonne, ist mir egal. Ausgerüstet mit Feldflasche, Stock und Proviant, bestehend aus Rosinen und getrocknetem Fleisch, marschiere ich über den festen,
nassen Sand des Canyonbodens und lese dabei das »Gästebuch«:
viel Rotwild, ein Kojote, die Spur eines großen Vogels, viele Regenpfeifer oder Sandpfeifer, viele Eidechsen, die Spur einer Schlange. Kein Vieh, keine Pferde, keine Menschen.

Sämtliche Spuren sehen frisch aus, keine älter als ein paar Tage.
Mit gutem Grund. Der feuchte Sand, die nassen, in Flußrichtung
umgebogenen Binsen unter einer Schlammschicht, die glattpolier-
ten Kiesel und Steine, der allgemeine Eindruck von Sauberkeit und
Ordnung deuten darauf hin, daß der Canyon vor ganz kurzer Zeit
von einem heftigen Sturzbach durchspült worden sein muß.

Ich schaue auf die senkrechten Wände, die sich glatt und ohne
jede Unterbrechung auf beiden Seiten erheben. Wenn jetzt eine
Flut kommen würde, was könnte ich tun? Nichts! Ich würde mit

der Strömung zu Newcomb und den Booten zurückgespült werden und Wels zum Mittagessen speisen.

Der Weg wird immer nasser. Das Bachbett schlängelt sich von einer Canyonseite zur anderen, und ich muß es schon auf dem ersten Kilometer dutzendmal durchwaten. Nicht besonders günstig für die Stiefel. Es ist jedoch unmöglich, den Windungen einfach zu folgen, da sie sich ganz dicht an die Canyonwände annähern und das Gestein erst auf der einen, dann auf der anderen Seite unterhöhlen. Ich hätte Turnschuhe anziehen sollen. Da ich jedoch keine habe, ziehe ich die Stiefel aus, hänge sie mir an den Schnürsenkeln über die Schulter und marschierte barfuß weiter. Nun wandere ich leichtfüßig über Bänke von Treibsand und durchwate den Bach, wo es nötig ist, doch über die felsigen Geröllstrecken ist das Gehen mühsam, und ich komme nur langsam voran.

Nach einem weiteren Kilometer entdecke ich eine »Sickerquelle«, eine Stelle an der Canyonwand, etwa fünfzig Meter über mir, an der Grundwasser zwischen den Sandsteinschichten austritt, den Felsen befeuchtet und das typische zarte Grün von Moos, Farn, Akelei und Gauklerblumen hervorbringt. Unterhalb dieses kleinen Gartens weist der Fels einen tiefen Einschnitt auf, der einen Überhang bildet, unter den ein Haus passen würde. Hier fällt das Wasser, frei von der Oberflächenspannung, als zarter Sprühnebel auf den Canyonboden, wo ich stehe. Es füllt meine Feldflasche, durchtränkt mich und gibt mir gleichzeitig zu trinken.

Ich gehe weiter. Die Wolken sind verschwunden. Die Sonne steht immer noch über dem Canyonrand. Unter dem weinroten Himmel wandere ich durch Licht, das von den Wänden und vom Boden des Canyons reflektiert wird, ein strahlend goldenes Licht, das auf dem Fels, dem Wasser, dem Sand und den Blättern in verschiedenen Schattierungen von Bernstein, Honig und Whiskey glüht – niedagewesenes Licht ist hier, in der windzerklüfteten Schlucht des Escalante.

Das kristallene Wasser fließt in schimmernden S-Kurven auf mich zu und umspült glänzende Kiesel, braunen Stein und die lan-

gen, schlanken Bänke und Riffs aus rotem Sand, in dem Glimmer-
und Pyritkörner glitzern – Narrengold. Der Canyon windet sich
serpentinenartig wie sein Fluß, und hinter jeder Biegung warten
neue, dramatische Anblicke – wie mit Wandteppichen überzogene
Felswände von hundertfünfzig – oder dreihundert? – Meter Höhe,
silbriges Treibholz, eingeklemmt zwischen Felsen, geheimnisvolle
und lockende Seitencanyons, in denen ich Grasflecke leuchten
sehe, Schilf, Salzzeder und manchmal das zarte Grün einer jungen
Pappel mit ihren Tausenden schön geschnittenen Blättern, die wie
Pailletten in der Luft vibrieren und glänzen. Die einzigen Geräusche sind das Flüstern des fließenden Wassers, die Berührung meiner bloßen Füße auf dem Sand und ein- oder zweimal inmitten der
Stille das Lied des Canyon-Zaunkönigs.

Ist dies endlich der *locus Dei?* Es gibt hier genügend Kathedralen, Tempel und Altäre für ein ganzes hinduistisches Pantheon. Jedesmal, wenn ich in einen der versteckten kleinen Seitencanyons
hineinschaue, erwarte ich nicht nur die Pappel zu sehen, die sich
über seiner winzigen Quelle erhebt – den belaubten Gott, das über-
fließende Auge der Wüste –, sondern einen in allen Regenbogen-
farben leuchtenden Strahlenkranz reinen Geist, reines Sein, reine,
entkörperlichte Intelligenz, *die mich beim Namen nennt.*

Wenn die Vorstellungskraft des Menschen nicht so schwach
wäre, so schnell abgestumpft, wenn seine Empfänglichkeit für das
Wunder nicht so beschränkt wäre, würde er solche übernatürlichen Phantasien für immer hinter sich lassen. Er würde lernen, im
Wasser, in den Blättern und in der Stille mehr als genug vom Abso-
luten und Wunderbaren wahrzunehmen. Mehr als genug, um ihn
über den Verlust uralter Träume hinwegzutrösten.

Den Escalante hinaufzuwandern ist, als ob man einen surreali-
stischen Korridor in einem Tamayo-Traum durchschreitet: Alles
ist gewunden, geschwungen und abgerundet, der Wasserlauf und
der Canyon, der sich um sich selbst windet wie die Eingeweide eines Riesen. Der Boden des Canyons ist etwa fünfzehn Meter breit,
die geschwungenen Wände sind mindestens fünfmal so hoch,

ohne Vorsprünge, glatt und monolithisch, wie in Butter geschnitten. Sie verlaufen genau parallel, jeder konkaven entspricht eine konvexe Fläche an der gegenüberliegenden Wand. Und all das geschaffen von dem Flüßchen, das sich durch die Felsen und die Jahrhunderte schlängelt – ein perfektes Beispiel für einen tief eingegrabenen Mäander.

Es waren schon andere vor mir hier. An einer Wand finde ich Felsmalereien. Zeichnungen von Dickhornschafen, Schlangen, Maultierhirschen, Sonnen- und Wolkensymbole, Männer mit Lanzen. Das alte Volk der Anasazi.

Ich komme zu einer zweiten Felsenquelle. Das Wasser rinnt aus einer Spalte weit oben und fällt als Sprühregen auf einen massiven Felsblock am Fuße der Canyonwand. Auf der flachen Oberfläche des schräg geneigten Steins hat irgend jemand, vielleicht ein Mormonencowboy vor fünfzig Jahren oder ein Indianer vor achthundert Jahren, zwei zusammenlaufende Rinnen eingemeißelt, die etwas von dem fallenden Wasser auffangen und in eine behauene Abflußrinne am unteren Ende des Felsens leiten. Die Rinnen sind gut in Schuß, glatt wie Kiesel bei der Berührung.

Während ich so dasitze und Wasser aus der hohlen Hand schlürfe, schaue ich zufällig nach oben und entdecke an der gegenüberliegenden Wand, dreißig Meter über dem Grund des Canyons, die Ruinen dreier winziger Steinhäuser in einer flachen Nische. Wie bei vielen Felswohnungen hat die Erosion in acht Jahrhunderten auch hier ganze Felsblöcke abgetragen, die einst Leitern und Stufen stützten, so daß das Geisterdorf jetzt völlig unzugänglich ist.

Ich bin jedoch durchaus zufrieden, die Überreste aus der Ferne zu betrachten. Da ich weder Souvenirjäger noch Archäologe bin, habe ich nicht das Bedürfnis, in altem Staub herumzustochern, um ein paar Tonscherben, die Reste von ein paar Maiskolben, die Strohsandale eines Kindes, eine Pfeilspitze, vielleicht einen zerbrochenen Schädel aufzustöbern.

Mich interessiert die Qualität jenes vorkolumbianischen Le-

Den Fluß hinunter 109

bens, das Lebensgefühl, die Atmosphäre. Wir kennen genügend nüchterne Details aus ihrer Geschichte: da war der Anbau von Mais, Bohnen und Melonen, die Jagd auf Hasen und Rotwild, die Herstellung von Keramik, Körben und Korallen- und Knochenornamenten, der Bau festungsähnlicher Ansiedlungen – denn offenbar lebten die Anasazi, ebenso wie viele Amerikaner des zwanzigsten Jahrhunderts, unter einer Wolke der Angst.

Ist diese Angst der Schlüssel zu ihrer Lebensart? Was für hartnäckige, teuflische Feinde müssen sie gehabt haben oder geglaubt haben zu haben, wenn sie sich selbst hier, im verzweigten Herzen eines Wüstenlabyrinths, 160 Kilometer Fußmarsch von den nächsten Gras-, Wald- und Bergregionen entfernt, genötigt sahen, ihre Häuser wie Schwalben hoch oben in der Felswand zu errichten?

Ihre Lebensweise war von Zwängen eingeengt, konservativ, bedächtig. Vielleicht konnte nur die alles überwuchernde Angst eine solche Gemeinschaft zusammenhalten. Wo alle gleich denken, besteht wenig Gefahr einer Neuerung. Jedes Kind an diesem stillen Ort muß mit der Sprache und den Spielen seines Volkes auch die Legenden längst vergangener Schlachten und Massaker, Fluchten und Wanderung gelernt haben. Man muß ihm eingeschärft haben, daß die Gefahr eines Angriffs nie gebannt war, daß der Feind zu jeder Tages- oder Nachtstunde von oben oder von unten, aus dem Canyon, oder über dem Canyongrat auftauchen könnte – grausam, hinterhältig, blutrünstig, schrecklich –, vielleicht in Gestalt jener rotgehörnten, hohläugigen, breitschultrigen Monster, wie sie auf die Wände des Sego Canyon nördlich von Moab gemalt sind.

Die Felswohnungen wurden vor langer Zeit verlassen. Fielen die Einwohner am Ende tatsächlich den Feinden zum Opfer, die sie immer gefürchtet hatten? Oder wurden sie von Krankheiten dezimiert, von etwas so Undramatischem vertrieben wie unzureichender Hygiene, Wasser- und Luftverschmutzung? Oder könnten es ganz einfach ihre eigenen Ängste gewesen sein, die ihr Leben vergifteten, ihnen jede Hoffnung auf Erlösung nahmen und sie schließlich ins Exil und in die Vernichtung trieben? Während ich weitergehe, Ralph und den Fluß immer weiter hinter mir lassend, verändert der Canyon ein wenig seinen Charakter. Er wird stellenweise breiter, weniger tief, die Wände weisen Lücken auf. Steile Spalten und Schluchten scheinen die Möglichkeit eines Ausgangs in die Oberwelt zu verheißen. Zweimal mache ich den Versuch, aus dem Canyon herauszuklettern, doch die erste Route endet in einer Sackgasse am Fuße einer weiteren senkrecht aufragenden Felswand und die zweite an einem tiefen Wasserbecken mit Schwärmen von Kaulquappen und Libellen. Über dem Teich ragt ein überhängender Felsvorsprung. Tausend Jahre zeitweilig abfließenden Wassers haben eine Höhle herausgewaschen und ihn schließlich durchbohrt. Auf diese Weise entstanden eine lange, ausgewaschene Rutschbahn und eine Fensteröffnung im Felsen. Es gibt zahllose dieser an Henry Moore erinnernde Gebilde im Canyonland.

Am Abend, die Sonne ist schon untergegangen, stoße ich auf eine Art Wildpfad, der über einen angeschwemmten Hügel zum südwestlichen Canyonrand führt. Es reizt mich schon, ihm nachzugehen und festzustellen, wohin er führt, aber ich bin auch hungrig, müde und ein bißchen fußlahm. Meine Rosinen sind sämtlich verspeist, und der Canyon wird dunkel. So gebe ich den Wunsch schweren Herzens auf und mache mich schließlich auf den langen Rückweg.

Lange bevor ich wieder zur zweiten Sickerstelle komme, hat die Nacht von der Wüstenwelt um mich herum Besitz ergriffen. Ich setze mich auf einen Treibholzstamm, entzünde ein kleines Feuer aus Rindenstücken und warte auf den Aufgang des Mondes. Entschlossen ziehe ich die Stiefel wieder an. Wasser hin oder her, meine Füße haben heute genug mitgemacht.

Endlich blitzt der Neumond über den Canyonrand, leuchtend wie ein silberner Schild. Im Wechsel von Mondlicht und Dunkelheit, da der Mond durch die Windungen der Canyonwände immer wieder verdeckt wird, setze ich meine Wanderung fort. Zur Gesell-

Den Fluß hinunter

schaft habe ich meine Gedanken, den Flügelschlag und die Schreie einer riesigen Ohreule, die aus Gründen, die nur ihr bekannt sind, beschließt, mir eine lange Wegstrecke zu folgen.

Der Rückweg gestaltet sich schwieriger, als ich erwartet habe. Wenn ich nicht den Fluß als Ariadnefaden hätte, dem ich folgen kann, wäre es bei dem täuschenden Licht- und Schattenspiel ein leichtes, an irgendeinem Punkt falsch abzubiegen und in einen der vielen Seitencanyons zu geraten. Das hieße, den Rest der Nacht mit Herumirren zu verbringen oder mit leerem Magen und ohne Decke schlafen zu müssen. Das ständige Durchwaten des Wasserlaufs ist nun doppelt ermüdend, besonders weil meine Stiefel sich rasch voll Wasser saugen und mit Sand füllen. Mühsam stapfe ich dahin, sehne den Anblick von Ralphs Lagerfeuer herbei und hoffe bei jeder neuen Biegung, daß es die letzte sein möge. Der Escalante ist nicht mehr der freie, friedliche Ort, der er während des Tages war, sondern völlig anders: fremd, unbekannt und unerforschlich, ja beinahe feindselig.

Und obendrein endlos. So will es mir jedenfalls scheinen, bis ich endlich in der Ferne das Glimmen eines Feuers vor mir sehe und die Umrisse der Schlauchboote – ein zutiefst tröstlicher Anblick. Ralph schläft, als ich ins Lager stolpere, wacht aber sofort auf und zeigt mir die Welse, die er gefangen, gesäubert und für mich aufgehoben hat, eingewickelt in feuchte Blätter, immer noch kühl und frisch.

Es ist sicher schon nach Mitternacht, aber wer will in einer solchen Nacht schon schlafen? Wir fachen das Feuer wieder an und braten den Fisch in einem Rest Schinkenfett, den Ralph klugerweise die ganze Zeit aufgespart hat. Ich ziehe meine schlammüberkrusteten Stiefel aus, die nun das Doppelte ihres ursprünglichen Gewichts haben, hocke mich nah ans Feuer und verspeise ein herrliches Mahl, während Newcomb die Luft mit dicken Wolken duftenden philosophischen Pfeifenrauchs erfüllt. Wir besprechen angeregt die Abenteuer des Tages.

Hoch über unseren Köpfen schreit die Eule unter dem verschwundenen Mond. Ein früher Morgenwind durchrieselt und durchseufzt die Pappeln. Das Geräusch der trockenen, papiernen Blätter gleicht dem Murmeln weit entfernten Wassers oder dem Wispern von Geistern in einer uralten, sakrosankten, abbruchreifen Kathedrale.

Spät am Morgen, schon fast gegen Mittag, erscheint die Sonne glühend über der Canyonwand in einer feurigen Explosion und scheucht uns aus unseren Schlafsäcken. Ab in die grüne Lagune für ein Bad und eine Runde Schwimmen! Dann präpariert Ralph einen Angelhaken mit der angegammelten Salami, ich mache ein Lagerfeuer im Schatten, gebe Fett in die Pfanne, und wieder speisen wir Canyon-Wels – ein köstlicher Fisch!

Nach diesem kombinierten Frühstück und Mittagessen kehren wir wieder zum Wasser und zum tieferen Schatten zurück, um der schlimmsten Mittagshitze auszuweichen. Nackt wie die Wilden dümpeln wir auf dem Rücken im ruhigen Wasser, hocken auf dem kühlen Sand unter der schützenden Pappel und paffen wie die Indianerhäuptlinge. Wir mögen nicht genug Essen mitgenommen haben, aber dafür jede Menge Bull Durham-Tabak.

»Newcomb«, erkläre ich mit Pathos, »wir *müssen* zurück.«

»Aber wieso?« fragt er. »Warum?«

»Warum läßt du dir diesen Bart stehen?«

»Warum nicht?«

»Also, warum?«

»Also, warum nicht?«

»Also, warum, verdammt noch mal?«

»Also, warum, verdammt noch mal nicht?«

»Weil«, erläutere ich. Die Rolle des Erläuterers hat in neuerer Zeit einen festen Platz in der Medienlandschaft bekommen. »Weil sie uns brauchen. Weil die Zivilisation uns braucht.«

»Welche Zivilisation?« fragt er.

»Du sagst es. Genau deswegen brauchen sie uns.«

»Aber brauchen wir sie?«

»Na ja«, sage ich, »wie lange, glaubst du, wird dieser Topf mit Schinkenfett noch reichen?«

Das bringt ihn zum Nachdenken. »Okay, laß uns aufbrechen«, sagt er schließlich.

Irgendwann am Nachmittag schieben wir unsere kippeligen Boote wieder einmal ins Wasser, klettern an Bord und paddeln langsam aus der Geborgenheit des Escalante heraus, zurück in die weitere Welt des Glen Canyon und des gleichmäßigen, starken, gelassenen Colorado. Es ist fast wie eine Heimkehr.

Den Rest des Nachmittags gleiten wir, uns auf der Schattenseite haltend, den glitzernden Fluß hinunter, immer tiefer in den Zauber. Die Sandsteinwände ragen höher auf als je zuvor, hundertfünfzig, dreihundert Meter, und runden sich an der Spitze zu Halbkugeln und Kapitolen, golden schimmernd im Sonnenlicht, tiefleuchtendes Rot im Schatten.

Jenseits dieser gewaltigen Formationen erhaschen wir gelegentlich einen Blick auf ausgewaschene Gebilde – spitz zulaufende Felsnadeln, Felsblöcke auf Felssäulen balancierend, Felsen in Pilzform, Felsen, geformt wie Hamburger, wie zerlaufene Kuchenstücke, Bögen, Brücken, Rinnen, Grotten, die ganze phantastische Vielfalt der Formen, die Sandstein annehmen kann, wenn die entsprechenden Bedingungen gegeben sind und, wie Thoreau sagt, ein freigebiges Zugeständnis an Zeit gemacht wird – etwa fünftausend Jahre? Fünfzigtausend? Fünfhunderttausend? Jeder kann sich die Zahl aussuchen, die ihm am ehesten zusagt.

Wir fahren unter hängenden Canyons hindurch – den Mündungen seitlicher Zuflüsse, die oberhalb des Coloradobeckens in den Canyon fließen. Bei Sturm werden aus ihnen tosende Wasserfälle, deren trübes, schlammiges Wasser Baumstämme, ertrunkenes Vieh und donnernde Felsen mit sich führt und in den dreißig Meter tiefer dahinströmenden Fluß entlädt. Ein gigantisches Schauspiel, das wir leider nicht miterleben können.

Ab und an tun sich uns verlockende Blicke auf die in weiter Ferne liegende blaue Kuppel des Navajo Mountain auf, ein weiterer

Laccolith – heiliger Ort, Heimstatt der Götter, Nabel der Welt in den Augen der Indianer. Und auch das einem Schiffsrumpf ähnelnde Kaiparowits-Plateau ist zu erkennen.

Doch nicht alles ist aus Fels: Wir sehen den rotschwänzigen Falken an den Felswänden entlanggleiten, einmal einen goldenen Adler und in der Ferne Geier. In unserer Nähe hören wir, wenn wir sie auch selten zu Gesicht bekommen, Zaunkönige, Finken und gelbe Rohrsänger und beobachten ein paar langbeinige Wasservögel.

Doch das Herz des Ganzen, der Mittelpunkt der Szenerie, ist der Fluß mit seinem schmalen Fransenrand von Vegetation. *Das* Lebenselement in einem Stück Natur, das sonst eine großartige, aber tote Mondlandschaft wäre. Der lebendige Fluß allein verleiht der Canyonwelt Zusammenhang und Bedeutung und damit Schönheit. »Ich liebe alles, was fließt«, sagte der tiefsinnigste aller Iren.

Gegen Abend langen wir am historischen Hole-in-the-Rock an. Hier paddeln wir ans Ufer und schlagen unser Lager auf.

Welche Bewandtnis hat es mit diesem Ort? Im Jahr 1880, elf Jahre, nachdem Powell diese Wasserstraße durchschifft hatte, beauftragte die Kirche Jesu Christi der Heiligen der Letzten Tage eine Gruppe Gläubiger, die damals im Süden Utahs lebten, eine neue Siedlung in der südöstlichen Ecke des Staates in der Nähe des heutigen Dörfchens Bluff zu errichten.

Ebenso gehorsam wie mutig brachen etwa zweihundertfünfzig Mormonen, Männer, Frauen und Kinder, mit Vieh und sechsundzwanzig Wagen, östlich von Panguitch zu dem bezeichneten Ort auf. Sie folgten keiner Straße oder Wagenspur, sondern hielten sich einfach an die kürzeste Linie zwischen den beiden Punkten.

Nachdem sie mehr als hundert Kilometer in der Wüste zurückgelegt hatten, standen sie an einem Abgrund. Fünfhundert Meter unter ihnen wälzte sich der Colorado über ihren gewählten Reiseweg. Doch statt aufzugeben und umzukehren, schlugen und sprengten sie eine Rinne (das »Loch im Felsen«) hinunter zum nächstgelegenen Seitencanyon. Von dort aus bauten sie einen be-

Den Fluß hinunter

helfsmäßigen Wagenweg bis ans Wasser und machten sich an den Abstieg. An manchen Stellen mußten die Wagen an Seilen hinuntergelassen werden. Nachdem sie den Fluß überquert hatten, erklommen diese unverzagten Menschen die andere Seite des Canyons über ein Terrain, das kaum weniger Schwierigkeiten bot, und setzten ihre Fahrt noch viele Wochen fort, durch eine unwirklich anmutende Sandsteinwüste, durch Lärchen- und Kiefernwälder, bis sie schließlich ihr Ziel erreichten. Die gesamte Expedition dauerte etwa vier Monate. Die Route, die sie gebahnt hatten, wurde danach nie wieder benutzt.

Am Morgen beschließe ich, den alten Trail hinaufzuklettern und über die Fahrrinne auf das Plateau zu steigen, nachdem ich die Außenwelt nun schon lange nicht mehr gesehen habe. Während Ralph angeln geht, breche ich durch den Weidendschungel auf und klettere über ein Gewirr von Giftsumach und enorme Sanddünen zum Hole. Ein Rinnsal tröpfelt die Schlucht unter dem Pfad entlang, kaum mehr als ein dünner Wasserfaden, der sich von Tümpel zu Tümpel zieht. Bei der letzten Gelegenheit – Last Chance Puddle – genehmige ich mir einen herzhaften Schluck. Meine Feldflasche habe ich bei den Booten gelassen. Das vom Fluß aus deutlich sichtbare Hole-in-the-Rock erschien von dort aus zum Greifen nah.

Der alte Saumpfad entfernt sich vom Wasser und zieht sich in Serpentinen über den Abhang an der Nordseite des Canyons. Der Aufstieg ist steil, die Morgensonne brennt auf meinen Rücken, und die Hitze wird bald unangenehm. Mein Schweiß trocknet so schnell, wie er austritt – die sengende Luft saugt meine Poren aus. Mein Bauch ist voll Wasser, und es gurgelt wie in einem Weinschlauch. Ich kann förmlich spüren, wie mir die Feuchtigkeit entzogen wird. Das Wissen, daß ich keine Feldflasche dabei habe, macht mich noch durstiger. Ich nehme einen Kiesel in den Mund, lutsche daran und klettere weiter.

Oberhalb des Gerölls stoße ich auf die Wegrinne, breite, flache Stufen von den ersten und einzigen Straßenbauern an dieser Stelle, aus der Canyonwand herausgehauen. Auch die Überreste von Füllmaterial sind zu erkennen – Sandsteinblöcke und Felsstücke, die vor über achtzig Jahren hier aufgeschichtet wurden. Der Canyon beginnt sich nach oben hin zu verengen und ist zum Teil von Felsblöcken von der Größe eines Güterwaggons verkeilt. Ich quetsche mich zwischen ihnen hindurch und folge den Spuren des einstigen Trecks. Hier gibt es wenigstens Schatten, wenn auch kein Wasser. Ich setze mich, um etwas auszuruhen und Tagträumen von eiskalter Zitronenlimonade, gekühltem Tomatensaft und maurischen Springbrunnen nachzuhängen. Die Temperatur in der Sonne muß mehr als fünfzig Grad betragen.

Noch weiter hinauf. Unter einem Felsvorsprung finde ich die Andeutung einer Sickerquelle, Feuchtigkeitstropfen, die aus dem Felsen lecken und den Sand darunter befeuchten. Ich bin jetzt so durstig, daß ich versuche, ein Wasserloch zu graben, doch je tiefer ich komme, desto trockener ist der Sand. Ich brauche Wasser. Ich nehme etwas von dem feuchten Sand in den Mund und versuche, soviel Erfrischung daraus zu filtern, wie ich kann, und gehe weiter.

Der letzte Aufstieg durch die Rinne. Ich befinde mich in einer welligen Ebene aus kreuz und quer liegendem Sandstein – die steingewordenen Dünen der Navajo-Formation – und habe genau den Fernblick, auf den ich gehofft hatte. In der Ferne liegen unter sich scharf abzeichnenden, schneeigen Cumuluswolken die blauen Berge: die Henrys, Elkridge und die Bear's Ears jenseits des White Canyon, und auf der anderen Seite des Flusses der dreitausend Meter hohe Navajo Mountain. Im Westen, nicht ganz so weit, vielleicht in sechzehn Kilometer Entfernung, erhebt sich das Kaiparowits-Plateau, auch Fifty-Mile-Mesa genannt, eine weitere Insel im Himmel, kaum bekannt und unbewohnt, an allen Seiten, außer im Norden, in steilen, senkrechten Wänden abfallend.

Ich suche mir eine Stelle, von der ich auf den Fluß hinunterschauen kann, der fast direkt unter mir fließt. Ich kann die Serpentinen des Saumpfads erkennen, den Fächer aus grüner Vegetation an der Mündung des Seitencanyons. Doch kein Zeichen von Newcomb oder den Booten tief unten im Schatten der Weiden. Hier oben ist das Rauschen des Flusses, bisher ein fester Bestandteil der Geräuschkulisse, nicht mehr wahrnehmbar. Die Stille der Wüste gewinnt dadurch noch mehr an Tiefe. Der Klang des Nichts? »In der Wüste«, schrieb Balzac irgendwo, »ist alles und nichts. Gott ist dort und der Mensch nicht.«

Gott? Nichts regt sich außer den Hitzewellen, die vom nackten Fels aufsteigen. Es ist irgendwie tröstlich, in der Nähe Yuccas aus dem Sand und aus den Spalten im Fels wachsen zu sehen. Sie stehen gerade in voller Blüte, Büschel wächserner, cremefarbener Blüten an hohen Stengeln, getragen und genährt von den Rosetten dolchartiger Blätter, die das Fundament der Pflanze bilden. Gott? denke ich und treibe Haarspalterei mit Balzac. Um mit Newcomb zu sprechen: »Wer zur Hölle ist *ER*?« Hier ist im Augenblick nichts außer mir und der Wüste. Und das ist die reine Wahrheit. Warum die Sache durch Hinzuziehung einer überflüssigen Wesenheit komplizieren? Occams Rasiermesser. Jenseits des Atheismus der Nontheismus. Ich bin kein Atheist, sondern ein Erdeist, der Erde treu.

Weit entfernt die gedämpften Kesselpauken des Donners, *pianissimo* ... T. S. Elliot und *The Waste Land*. Bestimmte Passagen jenes professoralen Poems sprechen mich heute noch an, weil sie mich an Moab in Utah erinnern. Anders gesagt: Ich mag das Gedicht aus den falschen Gründen und verabscheue es aus den richtigen.

Da stehe ich nun und verliere mich in Erinnerungen an alte Bücher – ein todsicheres Zeichen für spirituelle Überhitzung. Dieser Schild aus Worten, dieser Schleier von Gedanken, die aus dem Hirn aufsteigen wie eine Art geistiger Smog, der sich zwischen den Menschen und die Welt schiebt und ihm den Blick vernebelt – Maya. Höchste Zeit, zum Fluß und in die Wirklichkeit zurückzukehren, zurück zu Newcomb und den Booten, zum Geruch gebratenen Welses – dort ist Gott für dich! Ich mache mich an den Abstieg.

Abend am Fluß. Eine Nacht voller Mondlicht, sanftem Wind,
Schlaf und Erwachen. In einer blauen Dämmerung unter den ver-
blassenden Sternen frühstücken wir, packen unsere Ausrüstung
zusammen und bringen die Boote wieder zu Wasser. Noch weiter
hinein in die visionäre Welt des Glen Canyon, ein bißchen weniger
redend als bisher, denn was gibt es jetzt noch zu sagen? Ich denke,
wir haben alles gesagt. Wir kommunizieren weniger mit Worten
und mehr durch unmittelbare Bedeutung, den Blick, die Hände,
die fein abgestuften Nuancen des Pfeifenrauchs, den Neigungs-
winkel einer schlaffen Hutkrempe. Die Gestalten beginnen zu ver-
schwimmen, Unterscheidungen verschmelzen zu einem Gemisch
von Mensch und Mensch, Menschen und Wasser, Wasser und Fels.

»Wer ist Ralph Newcomb?« frage ich. »Wer ist er?«

»Mhm«, antwortet er. »Überhaupt, wer ist wer? Was ist was?«

»Genau«, stimme ich zu.

Wir lösen uns auf. Unsere Moleküle beginnen sich zu vermen-
gen. Wir reden über Intersubjektivität – wir beide haben die Fär-
bung des Flusses und des Canyons angenommen. Unsere Haut ist
so mahagonifarben wie das Wasser im Schatten, unsere Kleidung
schlammverkrustet, unsere bloßen Füße überzogen mit Schlick
und schuppig wie Eidechsenhaut, unser Haar gebleicht wie der
Sand. Selbst unsere Augäpfel, soweit man sie überhaupt zwischen
den zusammengekniffenen Lidern erkennen kann, haben ein ko-
rallenes Rosa angenommen, die Farbe der Dünen. Und vermutlich
stinken wir wie die Welse.

Wir haben vergessen, uns an einen Zeitplan zu halten, haben
keine Uhr, keinen Kalender, und wissen nicht mehr genau, wie viele Tage und Nächte wir auf dem Fluß verbracht haben.

»Sechs, glaube ich«, sagt er, mein Doppelgänger.

»Nein, bloß fünf.«

»Fünf? Laß mal überlegen ... Nein. Ja. Kann sein.«

»Ich glaube es jedenfalls.«

»Sieben?«

»Vier?«

Den Fluß hinunter

Die Zeit vergeht sehr langsam, aber nicht langsam genug. Die Canyonwelt wird mit jeder Stunde schöner, je näher wir ihrem Ende kommen. Wir meinen, wir hätten vergessen, daß der Glen Canyon dem Untergang geweiht ist, aber wir können es nicht vergessen. Das Wissen ist wie Strontium im Mark unserer Knochen eingelagert. Wir weigern uns, daran zu denken. Wir wagen nicht, daran zu denken, denn wenn wir es täten, würden wir unsere Herzen fressen, unsere Eingeweide kauen, uns selbst verzehren in der Raserei hilflosen Zorns.

Wir passieren die Mündung eines breiten Flusses, der von Osten her in den Colorado fließt, den San Juan. Irgendwo, nicht weit von diesem Zustrom, befindet sich, wenn ich meinen Powell noch recht im Kopf habe, der Eingang zu dem von ihm so benannten »Musiktempel«. Wir halten nach ihm Ausschau, doch wir sehen ein Dutzend lieblicher und geheimnisvoller Grotten, alle gleich verlockend, fahren auf einige zu, lassen uns von der Strömung an anderen vorbeitragen und entscheiden uns am Ende für die falsche. Wir werden keine zweite Gelegenheit dazu haben.

»Als ›Old Shady‹ uns des Nachts ein Lied singt«, schrieb Powell 1869, »entdecken wir erfreut, daß diese Höhlung im Felsen von süßen Klängen erfüllt ist. Sie wurde zweifellos von ihrem Sturmbaumeister für ein Orchester geschaffen. Wir nennen sie deshalb ›Musiktempel‹.«

Kaum ein Jahrhundert später wird seine Entdeckung unter dem Schlamm des Wasserreservoirs begraben, unzugänglich gemacht von den Leuten, die behaupten, das Canyonland zu »erschließen« und zu »entwickeln«. Was wir dadurch verloren haben? Hier Powells Beschreibung des Ortes: »Beim Eintritt finden wir ein kleines Wäldchen von Holunder und Pappeln, und als wir uns nach rechts wenden, befinden wir uns in einem weiten Raum, der aus dem Felsen herausgehauen ist. Am oberen Ende ist ein klarer, tiefer Wasserteich, seine Ränder grün gesäumt. Neben ihm stehend, können wir das Wäldchen am Eingang erkennen. Die Kammer ist über fünfzig Meter hoch, hundertfünfzig Meter tief und fünfzig

Meter breit. In der Decke befindet sich ein schmales Oberlicht, das in Windungen weiterführt durch den dreihundert Meter darüber aufragenden Fels. Das alles ist von einem kleinen Flüßchen ausgehöhlt worden, das nur während der wenigen Regenschauer, die selten genug in diesem trockenen Land fallen, Wasser führt.«

Spät am Abend, nach Sonnenuntergang, legen Ralph und ich an und schlagen unser Lager auf einer Sandbank in der Nähe der Mündung eines tiefen, engen, labyrinthischen Nebencanyons auf, dessen Name uns unbekannt ist, falls er überhaupt einen hat. Ich erkunde einen Teil davon in der Dämmerung und finde einen weiteren, wunderhübschen Bach mit Teichen von auffallender Schönheit. Kristallenes Wasser in Becken aus Fels und Sand, völlig frei von Schilf oder Schlamm, in denen Elritzenschwärme leben. Die Dunkelheit setzt ein, bevor ich sehr weit gehen kann. Ich kehre zum Lagerfeuer zurück.

Nach einer herrlichen Nacht – Wolken, die wie Schnellsegler über den sternübersäten Himmel glitten, das Mondlicht, das über den Rand der Klippe flutete, der Wind in den Tamarisken – verzehren wir ein schnelles Frühstück, und ich kehre zur Erkundung des versteckten Durchgangs zurück. Die Feldflaschen nehme ich mit, um sie mit frischem Wasser zu füllen.

Ich komme an die Stelle, an der ich den Abend zuvor umgekehrt bin, einen tiefen Teich, der den Canyonboden ganz bedeckt. Ich fülle die Feldflaschen, verstaue sie in der Nähe, ziehe mich aus und wate ins Wasser. Der Teich ist tief, meine Füße reichen nicht bis zum Grund. Ich durchschwimme ihn, folge einer Biegung des engen Canyons, der hier nicht breiter als drei Meter ist, und finde mich auf der anderen Seite in einer Art gewundenem Felsentunnel wieder, über dessen Boden Wasser rinnt.

Der Tunnel besteht aus reinem Fels, ohne Sand, Erde oder irgendwelche Spuren von Vegetation. Die Wände, die sich über mir auftürmen, nähern sich einander an, hängen über und berühren sich beinahe, so daß ich den Himmel nicht sehen kann. Durch das

Den Fluß hinunter 121

goldene Glühen des indirekten, reflektierten Sonnenlichts dringe
ich weiter vor, bis ich auf eine große Grotte oder Kammer stoße,
ein wenig wie die, die Powell beschrieben hat. Hier machen ein
weiterer Teich und ein Wasserfall das Weitergehen unmöglich.

Die Canyonwände stehen ein wenig weiter auseinander und erlauben es der Sonne, an Sommertagen vielleicht für ein paar Stunden direkt in diese Sackgasse hineinzuscheinen. Ein klares Bäch-
lein ergießt sich in den Teich. Lichtflecke und Funken von Licht,
die von seiner bewegten Oberfläche reflektiert werden, tanzen
über die dunkelgoldenen Wände. Hier wachsen Flechten, grüne,
rote, orangefarbene, und entlang der Feuchtigkeitslinie leuchten
Tuffs von Giftsumach, scharlachrote Gauklerblumen, Sumpf-
wurzorchideen und kleine, blaßgelbe Akeleien. Bäume oder
Strauchwerk fehlen, dafür ist die Sonneneinstrahlung zu kurz.

Die Sonne schimmert auf dem Teich, auf der Gischt, auf dem
durchsichtigen Wasserfall. Ich tauche hinein, schwimme unter den
Fall und nehme eine seifenlose Dusche, liege in einem Flecken Sonnenlicht auf dem Felsen und blicke hinauf zu dem kleinen, unregelmäßigen Fragment von Blau, das an dieser Stelle den Himmel bildet. Dann kehre ich durch den Tunnel zum Lager und zu meinem
Gefährten zurück.

Ist dieser Canyon von früheren Flußfahrern entdeckt und be-
nannt worden? Ohne Zweifel, aber ich kann die Illusion nicht loswerden, daß ich vielleicht der erste bin, der hier eingedrungen ist.
Und wahrscheinlich der letzte.

Nach einem Mittagessen aus aufgewärmten Feuerbohnen und
getrockneten Aprikosen – eine pikante Kombination – klettern
wir in unser Doppelboot und lassen uns weitertreiben. Da wir den
»Musiktempel« verpaßt haben, bin ich mehr denn je entschlossen,
auf keinen Fall am Forbidden Canyon und dem Weg zur Rainbow
Bridge, Höhepunkt jeder Fahrt durch den Glen Canyon, vorbeizu-
fahren.

Wir halten uns trotz der unerbittlichen Nachmittagssonne eng
an das südliche und östliche Ufer des Flusses und schauen uns je-

den Seitencanyon, an dem wir vorbeigleiten, genau an. In einem
dieser Canyons entfache ich unabsichtlich ein Buschfeuer und
werde beinahe lebendig geröstet. Es ist bloße Unachtsamkeit – ein
Windstoß trägt ein brennendes Stück Papier in das ausgetrocknete
Gestrüpp eines Weidendickichts. Die Flammen breiten sich explo-
sionsartig aus. In einer Minute ist die Mündung des Canyons voller Rauch und Feuer, und ich kann nur noch machen, daß ich wegkomme, und zwar so schnell wie möglich, während die Flammen
durch das Dickicht auf Ralph zurasen, der in den vertäuten Booten
auf mich wartet.

Er ist bereit zum Ablegen, als ich in gestrecktem Galopp auftau-
che, dem heranbrausenden Flammenschild etwa drei Meter voraus. Ich stoße die Boote ab und rolle mich mit letzter Kraft hinein.
Wir paddeln, so schnell wir können, weg von dem in Flammen stehenden Ufer, dem letzten wilden Auflodern der Hitze. Ralph verlangt taktvollerweise keine Erklärung. Eine Aufnahme der Verhee-
rung, die ich angerichtet habe, ist in Elliot Porters schönem Buch
über den Glen Canyon, *The Place That Noone Knew*, zu sehen.

»Heiß hier drin«, krächze ich, obwohl Ralph keine Fragen gestellt hat.

»Hab's gemerkt.«

»Ich hatte einen Unfall.«

»Tatsächlich?«

Zittrig stopfe ich meine Pfeife und taste meine Hemdtaschen ab.
Alles futsch.

»Da«, sagt er. »Hier hast du ein Streichholz.«

Der Fluß trägt uns an noch mehr Seitencanyons vorbei, die ich
nach Spuren eines Pfads, nach irgendeinem Hinweis auf die Rainbow Bridge, absuche. Doch bis jetzt nichts, auch wenn wir wissen,
daß wir nahe davor sind. Nicht weit vor uns können wir bereits die
Südspitze des Kaiparowits-Plateaus erkennen, den wichtigsten
Orientierungspunkt für die Suche nach dem Zugang zur Rainbow
Bridge.

Wir hüpfen über eine Reihe kleinerer Stromschnellen, und der

Den Fluß hinunter

Fluß gewinnt an Fahrt. Dem entspricht ein gewisser Aufruhr am Himmel: Der Sturm, der sich seit Tagen anzukündigen schien, braut sich nun endgültig zusammen – wilde graue Wolkenfetzen, amboßförmige Kumulinimbi, näherkommendes Donnergrollen.

Von vorne kommt das vertraute Güterzuggeräusch von Stromschnellen. Ein neuer, großer Canyon öffnet sich linker Hand, mit einem breiten Delta aus angeschwemmtem Geröll, Schlammbänken, Felsblöcken und Treibholz, das wie ein Fächer aus seiner Mündung ragt. Die Ursache der Stromschnellen, die vor uns liegen, sind Felsblöcke, die von den Flanken des Navajo Mountain heruntergeschwemmt wurden.

Aus Erfahrung klug geworden, kämpfen wir diesmal nicht gegen die Strömung an, sondern ruhen uns aus, bis wir ganz nah bei den Stromschnellen sind, und paddeln dann mit aller Kraft in das ruhige Wasser am Ufer, wo wir problemlos im flachen Wasser anlegen können.

Ralph geht an die Zubereitung des Abendessens. Ich schlüpfe in die Stiefel und gehe auf Erkundung. Ich entdecke einen Pfad, jedoch einen ziemlich jämmerlichen, kaum mehr als eine Tierspur, der sich einen Kilometer später völlig verliert. Auf dem Grund des Canyons sind Tümpel mit frischem Wasser. Ich fülle die Feldflaschen und kehre zu den Booten zurück.

Der Wind hat sich inzwischen zu einem veritablen Heulen gesteigert, der Himmel ist purpurfarben, und Blitze zucken zum Navajo Point, der entfernten Felsspitze fünfhundert Meter über dem Fluß an der Nordseite. Kalter Regen prasselt auf den heißen Ufersand und löst kleine Staub- und Dampfwolken aus. Der Fels, das Treibholz und die schimmernde Unterseite der Blätter leuchten in einem fremden, wilden, wechselnden Licht unter dem sturmdurchwühlten Himmel.

Wir improvisieren aus den Planen ein Zelt, rüsten uns für den Regen und verzehren unser Abendessen aus Pfannkuchen, auf die wir eine Soße aus gekochten Rosinen anstelle des Sirups gießen. Richtig gut. Auf jeden Fall sättigend. Danach Tee und Tabak.

Vor unserem Zelt sitzend, genießen wir das Wetter. Nach einer Woche wolkenlosem Himmel, der Hitze und dem Stechen der erbarmungslosen Sonne fühlen sich der kühle Wind und die harten, kalten Regentropfen auf unseren bloßen Körpern und Köpfen herrlich an.

Doch der schwere Regen, den wir vorhergesehen haben, kommt nicht. Wir türmen unser Gepäck unter den Planen auf und entrollen unsere Schlafsäcke in einer Kuhle bei den weichen Dünen unter freiem Himmel. Beim Einschlafen sehe ich eine Handvoll Sterne durch einen Riß in den dahinjagenden Wolken leuchten.

Eine rote Morgendämmerung im Osten, von der aufgehenden Sonne rotgefärbte Wolkenbänke. Ich bade im kalten Fluß, wasche meine Wäsche und mache Feuer fürs Frühstück. Erbsensuppe und Teebeutel. Die letzte Tüte Rosinen habe ich fürs Mittagessen beiseite gelegt. Unsere Vorräte gehen endgültig zur Neige. Von nun an wird es Wels oder gar nichts geben.

Wieder auf dem Fluß, gleiten wir ohne Pannen durch die Whirlpools der Stromschnellen in ruhiges Wasser. Unsere kleinen Boote halten sich wacker. Trotz der vielen Felsen, gegen und über die wir sie gesteuert haben, trotz des Sands und der Baumstümpfe, über die wir sie gezogen haben, weisen sie bis jetzt noch keinen Riß und kein einziges Leck auf. Aber unsere Reise ist noch nicht zu Ende, ich sollte also lieber den Tag nicht vor dem Abend loben.

Nach kurzer Zeit stoßen wir auf einen weiteren großen Seitenarm am südlichen Flußufer. Navajo Point, die letzte Erhebung des Kaiparowits-Plateaus, befindet sich direkt über unseren Köpfen. Auch dieser Canyon hat Felsblöcke in den Fluß geschwemmt, die eine weitere Strecke Wildwasser bilden. Wie zuvor benutzen wir die Wirbel bei den Stromschnellen, schwingen kurze Zeit stromaufwärts und dann in die Mündung des Seitencanyons hinein. Wir legen an einer Schlammbank an und steigen aus, um die Gegend zu erkunden.

Sofort entdecke ich die unmißverständlichen Zeugnisse touristi-

Den Fluß hinunter

scher Kultur – Blechdosen und Stanniolpapier, die auf einer Feuerstelle abgeladen wurden, eine dreckige Socke, die an einem Busch baumelt, ein alter Turnschuh auf dem Grund einer klaren Quelle, Kaugummipackungen, Zigarettenkippen und Flaschenverschlüsse überall. Das muß er sein. Der Weg zur Rainbow Bridge. Es scheint, daß wir zu spät gekommen sind. *Slobivius amerikanus* ist zuerst hier gewesen.

Na gut, macht nichts. Wir haben damit gerechnet. Jetzt wissen wir mit Sicherheit, daß wir nur noch ein paar Stunden – mit dem Motorboot – vom Glen Canyon-Damm entfernt sind. Ich weiß zufällig auch, daß noch gute neun Kilometer Fußmarsch durch den Canyon bis zur Rainbow Bridge zu bewältigen sind, eine Strecke, die von der Standardausführung des motorisierten Touristen als geradezu astronomisch empfunden wird. Seine Fährte wird sich also wohl nicht weit über den Lagerplatz hinaus verfolgen lassen.

Wir bauen ein Lager ein gutes Stück vom Abfallhaufen der Motorbootfahrer entfernt auf, in der Nähe des kleinen Flusses, der über den felsigen Canyongrund plätschert und aus der großen Sandsteinwüste dahinter kommt. Der Pfad zur Rainbow Bridge läuft an ihm entlang. Er ist holprig, felsig, primitiv. Newcomb, der keine Stiefel dabei hat, beschließt, angeln zu gehen. Wir teilen die Rosinen und die letzten getrockneten Aprikosen unter uns auf. Ich verstaue meinen Anteil in meinen Hemdtaschen, schnüre meine Stiefel, hänge mir eine Feldflasche über die Schulter und mache mich auf den Weg.

Der Pfad führt an dem klaren Bach und einer Reihe smaragdfarbener Tümpel entlang, manche von ihnen so groß, daß man darin schwimmen könnte, und mit so durchsichtigem Wasser, daß ich die Schatten der Elritzenschwärme, die über die Sandkörner am Grund des Beckens flitzen, erkennen kann. Überall an den Canyonwänden finden sich die Sickerstellen und Quellen, die den Fluß speisen, alle mit dem charakteristischen, am Fels klebenden Garten aus Moosen, Farnen und wilden Blumen. Ober- und unterhalb des Canyongrats erheben sich, blau im Schatten und bernsteingold im Licht, Alkoven, Kuppeln und Rundbögen, Teil der sandsteinernen Flanken des Navajo Mountain.

Es ist ein heißer Tag. Zarte, windgepeitschte Wolken huschen über das leuchtende Blau, sich in perfekter Harmonie bewegend wie die Fische in den Tümpeln da unten. An einem der größten Tümpel mache ich halt, ziehe mich aus und springe hinein. Selig plansche ich herum, erschrecke die Elritzen, lasse mich auf dem Rücken treiben und pruste ab und zu einen Mundvoll Wasser in die Sonne.

Danach geht's weiter zur Brücke: Ich komme zu einer Gabelung im Canyon. Der Hauptarm führt zur Rechten weiter, während sich eine tiefe, dunkle, enge Abzweigung nach links öffnet. Es gibt hier keine Wegzeichen, aber selbst auf dem nackten Sandstein kann ich die Spuren gestiefelter menschlicher Füße erkennen, die in den unwahrscheinlich erscheinenden Durchgang zur Linken führen. Ich folge ihnen.

Auch hier fließt ein Bach, sehr viel schmaler als der andere, durch weich geformte Rinnen, Furchen und Kuhlen im Felsen. Ich gehe an den tröpfelnden kleinen Quellen entlang, die das Flüßchen speisen, es wird zu einem schmalen Rinnsal, zu einem Sickerband, zu einer Reihe stehender Wasserlöcher, die unter der Sonne zusammenschrumpfen. Frösche und Kröten werden hier quaken und Glühwürmchen glimmen, wenn ich zurückkomme.

Erhitzt und ermüdet, bleibe ich im Schatten eines Felsüberhangs stehen und nehme einen Schluck aus meiner Feldflasche. Ich lausche auf die tiefe, tote Stille des Canyons. Kein Wind oder Lufthauch, keine Vögel, kein Plätschern von Wasser, kein einziges anderes Geräusch als das meines eigenen Atems.

Allein in dieser Stille, verstehe ich für einen Augenblick die Furcht, die viele in der Wüste empfinden, die unbewußte Angst, die sie dazu zwingt, das, was sie nicht verstehen können, zu zähmen, zu verändern oder zu zerstören, das Wilde und Vormenschliche auf menschliche Dimensionen zurechtzustutzen. All das lieber, als dem Vormenschlichen unmittelbar ins Auge zu blicken, dieser *anderen* Welt, die nicht durch Gefahr oder Feindseligkeit erschreckt, sondern durch etwas viel Schlimmeres – ihre gnadenlose Gleichgültigkeit.

Heraus aus dem Schatten in die Hitze. Ich stapfe weiter durch die sich windende Schlucht, durch das rauhe, spröde Schweigen. In dieser trockenen Atmosphäre verklingen Töne nicht, rufen ein Echo hervor oder ersterben sanft, sondern werden plötzlich, unmittelbar ausgelöscht, ohne den geringsten Widerhall. Der Aufprall von Fels gegen Fels ist wie ein Schuß, abrupt, übertrieben, tonlos.

Ich umrunde den nächsten Vorsprung im Canyon, und da ist sie auf einmal, ganz unerwartet: die Brücke aus Stein.

Ganz unerwartet, schreibe ich. Wieso eigentlich? Natürlich habe ich geglaubt, daß sie hier sein mußte, ich wußte, daß die Brücke hier sein würde, entgegen allen Vorzeichen. Und ich wußte genau, wie sie aussehen würde – wir alle haben sie hundertmal auf Bildern gesehen. Ich verspüre auch nichts von der vagen Enttäuschung, die sich oft einstellt, wenn wir etwas endlich mit eigenen Augen sehen, mit dem wir uns lange gedanklich beschäftigt haben. Die Rainbow Bridge ist weder kleiner noch größer, als meine Vorstellung sie mir ausgemalt hat.

Meine zweite Empfindung ist das Gefühl von Schuld. Newcomb. Warum habe ich nicht einfach darauf *bestanden*, daß er mitkam? Warum habe ich ihn nicht an seinem langen wilden Bart gepackt und ihn den Pfad heraufgeschleift, ihn, wenn nötig, wie Christophorus über das Wasser getragen, von Stein zu Stein stolpernd, und ihn schließlich unter der Brücke abgesetzt, um hier zu verrotten oder zurückzukrabbeln zum Fluß, wenn er es noch konnte? Ein schönerer Fenstersturz läßt sich nicht denken.

Durch Gottes Fenster in die Ewigkeit.

Na ja, nicht zu ändern. Ich klettere zum Fuß des östlichen Brückenpfeilers hinauf und trage Ralph und mich in das Besucherbuch ein. Er ist der Vierzehntausendvierhundertsiebenundsechzigste und ich der nächste, die ihre Namen in dieses Buch schreiben, seit die ersten weißen Männer 1909 zur Rainbow Bridge kamen. Nicht besonders viele für einen Zeitraum von über einem halben Jahrhundert, zumal im Zeitalter der Werbebranche. Aber der Weg hierher war eben nie einfach, ist es bis heute nicht.

Der neue Damm wird da natürlich wesentliche Erleichterungen bringen. Wenn das Staubecken je gefüllt sein wird, wird man die Brücke vom Wasser aus sehen können, und was einst ein Abenteuer war, wird sich mit einem simplen Motorbootausflug erledigen lassen. All die, die sie dann sehen werden, werden nicht begreifen, daß die Hälfte der Schönheit der Rainbow Bridge in ihrer Abgelegenheit bestand, in der Unzugänglichkeit ihres Standorts und in der Wildnis, die sie umgab und deren fester Bestandteil sie war. Wenn diese Aspekte wegfallen, wird die Brücke nicht mehr sein als eine isolierte geologische Merkwürdigkeit, ein Bildchen in dem museumsartigen Diorama, auf das der industrialisierte Tourismus die natürliche Umwelt zu reduzieren versucht.

Alle wirklich besonderen Dinge sind ebenso schwer zugänglich, wie sie selten sind, sagte ein weiser Mann. Wenn das stimmt, was wird dann aus der Besonderheit, wenn wir die schwere Zugänglichkeit und die Seltenheit abstreichen? Worte, Worte – das Problem macht mich durstig. Auf der anderen Seite des Canyons ist eine Quelle, ein weiteres Rinnsal unter einem Felsvorsprung an dem westlichen Brückenpfeiler. Ich klettere hinüber, nehme mir eine der Dosen, die jemand dort liegengelassen hat, und sammle Wasser aus dem tropfenden Moos. Die Hitze ist lähmend. Ich ruhe eine Weile im Schatten, träume vor mich hin und verschlafe die schlimmste Mittagsglut. Als die Sonne über dem Canyonrand verschwindet, stehe ich auf und mache mich auf den Rückweg zu Newcomb und unserem Lager.

Doch dann lockt ein kaum erkennbarer Pfad, der so aussieht, als ob er oberhalb der Rainbow Bridge aus dem Canyon herausführen könnte. Es ist später Nachmittag, der Canyon füllt sich bereits mit Schatten, ich sollte mich lieber nicht auf ein weiteres Abenteuer einlassen. Ich nehme den Pfad trotzdem, klettere einen Hang hin-

Den Fluß hinunter

auf und überquere eine lange, abschüssige Felsbank, die am Fuß einer höheren Felsenklippe hervorragt. Hier ist es unmöglich weiterzukommen. Doch da baumelt ein Seil, das von irgendeinem Befestigungspunkt, den ich von unten nicht sehen kann, herunterhängt. Ich prüfe das Seil, es scheint gut verankert, und hieve mich mit seiner Hilfe und ein paar Haltepunkten für Zehen und Finger auf die Klippe hinauf. Von hier aus ist es eine nochmals ziemlich ausgedehnte, aber ansonsten problemlose Kletterpartie zum Rand des Canyons.

Wieder stehe ich im Freien, jenseits der Unterwelt. Von hier oben ist die Rainbow Bridge, dreihundert Meter unter mir, nur eine geschwungene Sandsteinformation ohne besondere Bedeutung, ein winziges Objekt, verloren in der Weite und Unübersichtlichkeit der Canyonsysteme, die vom Fuß des Navajo Mountain ausstrahlen. Viel interessanter ist der Blick nach Norden, Osten und Westen, der die Lage des Gebietes, durch das wir mit unseren kleinen Booten gefahren sind, zeigt.

Die Sonne, die sich nun dem Horizont nähert, durchdringt die klare Luft unterhalb der Wolkenschichten und illuminiert in pastellfarbenen Variationen von Rosé, Zinnoberrot, Umbra und Schieferblau die komplexen Formen und Details der Landschaft des Glen Canyon, denen der Schatten scharfe Konturen verleiht. Ich kann die kantigen Mesas jenseits der Vereinigung von San Juan und Colorado erkennen, die Plateauberge des mittleren Südens von Utah und, am weitesten entfernt, 160 Kilometer oder mehr, die fünf Gipfel der Henry Mountains mit dem Mount Ellsworth bei Hite, wo unsere Reise begann.

Fern im Osten kocht isoliert ein Sturm über der Wüste. Eine Masse lavendelfarbener Wolken bombardieren die Erde mit Blitzen und Regen. Die Entfernung ist so groß, daß ich den Donner nicht höre. Zwischen hier und dort, mir und den Bergen, liegt die Canyonwildnis, das Niemandsland der Felsspitzen, -säulen und -nadeln, in dem kein Mensch lebt und in dem der Fluß ungesehen durch blauschwarze Rinnen im Fels fließt.

Licht. Raum. Licht und Raum ohne Zeit, denke ich, denn dies ist ein Land, in dem es kaum Spuren menschlicher Geschichte gibt. Nach der Lehre der Geologen mit ihrer Einteilung in Zeitalter, Äonen und Epochen ist alles im Fluß, wie schon Heraklit lehrte. Doch vom Standpunkt sterblicher Menschen ist die Landschaft des Colorado wie ein Abschnitt der Ewigkeit – zeitlos. In all meinen Jahren im Canyonland habe ich, abgesehen von Hochwasserzeiten, noch keinen natürlichen, echten oder »freiwilligen« Felssturz miterlebt. Um mich selbst von der Realität der Veränderung und damit der Zeit zu überzeugen, stoße ich manchmal einen Stein über die Kante einer Klippe und sehe ihn hinunterfallen und warte, während ich meine Pfeife anzünde, bis der Nachhall seines Aufpralls und seiner Auflösung zu mir heraufdringt. Natürlich tue ich damit das Meine, unterstütze natürliche Prozesse und verifiziere die Hypothesen der geologischen Morphologie, bin aber immer noch nicht *vollständig* überzeugt.

Menschen kommen und gehen, Städte erleben ihren Aufstieg und Niedergang, ganze Zivilisationen erscheinen meteorartig und verschwinden wieder – die Erde bleibt, kaum verändert. Die Erde und ihre herzzerbrechende Schönheit, wo keine Herzen sind, die brechen könnten. Plato und Hegel auf den Kopf stellend, will es mir manchmal, zweifellos aus einer Perversion heraus, so vorkommen, als ob der Mensch ein Traum, das Denken eine Illusion und nur der Fels real wäre. Fels und Sonne.

Unter der Wüstensonne, in dieser dogmatischen Klarheit, lösen sich die Fabeln der Theologie und die Mythen der klassischen Philosophie auf wie Dunst. Die Luft ist rein, der Fels schneidet grausam ins Fleisch. Schlage an den Felsen, und der Geruch von Feuerstein steigt dir in die Nase, scharf und bitter. Wirbelwinde tanzen über die Salzebenen, eine Staubwolke am Tag, der Dornbusch wird in der Nacht zur Flamme. Was bedeutet das? Es bedeutet nichts. Es ist, wie es ist, es braucht keine Bedeutung. Die Wüste ragt über alle möglichen menschlichen Festlegungen hinaus. Sie ist erhaben.

Die Sonne berührt die zerklüfteten Tafellande im Westen. Sie scheint plötzlich ein wenig voller zu werden, sich einen Augenblick auszudehnen, dann rutscht sie abrupt über die Kante. Ich lausche lange Zeit.

Durch Dämmerung und Mondlicht klettere ich das Seil hinunter, über den Vorsprung, den Canyon unterhalb der Rainbow Bridge hinab. Fledermäuse huschen durch die Luft, Glühwürmchen flimmern bei den Wasserstellen, und winzige Kröten mit enormem Stimmvermögen quaken, grunzen und singen mich an, als ich an ihren Tümpeln vorbei den langen Weg zurück zum Fluß marschiere, zurück zum Lagerfeuer, zu meinem Begleiter und zu einem mitternächtlichen Mahl.

Wir stehen kurz vor dem Ende unserer Fahrt. Am Morgen packen Ralph und ich unsere Ausrüstung zusammen, beladen die Boote und lassen einen letzten, langen Blick über die Szenerie schweifen, die wir nie mehr so sehen werden, wie wir sie jetzt, in diesem Augenblick, sehen: den mächtigen Colorado, wild und frei, der am Grunde turmhoch aufragender Klippen dahinbraust, der durch die Felsen an der Mündung des Forbidden Canyon rauscht; Navajo Point und die Erhebung des Kaiparowits-Plateaus dreihundert Meter oberhalb, jenseits der Canyonwände; und im Osten die Reihen sturmgejagter Kumuluswolken, hoch übereinander getürmt, goldumrandet und leuchtend in der Dämmerung.

Ralph macht ein Foto, steckt die Kamera wieder in ihre wasserdichte Hülle, hängt sie sich um und klettert in sein Boot. Wir legen ab.

Dies ist der siebte Tag – oder ist es der neunte? – unserer traumhaften Reise. Spät am Nachmittag, aus tiefen Träumen erwachend, beobachte ich ein paar Raben, die auf einem toten Baum nahe am Ufer sitzen und uns lautlos vorbeigleiten sehen. Ich bin mir nicht klar, wo wir sind. Ich frage Ralph. Er hat keine Ahnung, und es kümmert ihn auch nicht. Wenn nur die Reise noch nicht zu Ende ist.

Ich zünde meinen letzten Tabak an und schaue dem blauen Rauch nach, wie er sich über dem gekräuselten braunen Wasser kringelt und dann verschwindet. Wir umrunden einen Vorsprung im Fluß, und ich sehe weit vor uns am linken Ufer etwas Weißes, Starres, Rechteckiges, das nicht hierher paßt. Unsere Boote gleiten allmählich näher heran, und wir sehen das erste Schild, das je im Glen Canyon aufgestellt wurde. In die Felsen nahe am Wasser gerammt, trägt dieses Fanal eine Botschaft, die uns meint.

ACHTUNG!
SIE NÄHERN SICH DEM GLEN CANYON-DAMM!
SÄMTLICHE BOOTE MÜSSEN DEN FLUSS AN DER
CANE CREEK-LANDESTELLE ANDERTHALB
KILOMETER UNTEN AN DER RECHTEN UFERSEITE
VERLASSEN. IN DER BAUZONE DÜRFEN SICH
KEINE BOOTE AUFHALTEN.
VERSTÖSSE GEGEN DIESE VORSCHRIFT
WERDEN GEAHNDET.
US-BUREAU OF RECLAMATION.

David Roberts
aus **Eine Erzählung aus der Wildnis**

Als Studenten der Harvard-Universität versuchten David Roberts und Don Jensen 1964, einen bis dahin unbezwungenen Bergkamm auf dem Mount Deborah zu erklimmen, einem abgelegenen und äußerst schwer zugänglichen Berg in Alaska. Alles war komplizierter, als sie gedacht hatten, das Klettern war extrem schwierig und gefährlich, das Wetter schrecklich, die Vorräte gingen zur Neige, ihre Freundschaft wurde arg strapaziert. Da ihre Pläne auf dem Deborah durchkreuzt wurden, versuchten sie, den Trip zu retten, indem sie den Gletscher überquerten, um leichtere Gipfel zu ersteigen. Weitere Schwierigkeiten folgten.

Wir wachten am nächsten Morgen angenehm spät auf und frühstückten gemütlich. Als wir hinausschauten, entdeckten wir, daß ein wunderschöner Tag über dem Gillam-Gletscher angebrochen war; es war praktisch windstill, die Sonne wärmte uns und trocknete Zelt und Schlafsäcke. Gegen 12.30 Uhr waren wir startbereit. Sobald wir unsere Schneeschuhe an den Füßen und unser Gepäck auf dem Rücken hatten, blickten wir über den ganzen Gletscher, der blendend weiß im Sonnenlicht dalag. Der Schnee sah vollkommen weich aus, aber hier und da konnten wir blasse, schräg verlaufende Vertiefungen erkennen, vermutlich Gletscherspalten. Don ging voraus. Nur viereinhalb Kilometer vom Lager entfernt blieb sein Fuß in einer Spalte stecken. Er rief mir zu: »Sichere mich ab!« Ich schlug meinen Eispickel in den Schnee und kniete mich, während er behutsam darüber ging. Dann setzten wir beide uns wieder in Bewegung.

Vielleicht fünfeinhalb Kilometer weiter stürzte Don plötzlich in eine Gletscherspalte und blieb bis zu den Schultern darin stecken. Sofort stieß ich meinen Eispickel in den Schnee und holte das Seil ein. Dann wartete ich darauf, daß Don herauskletterte. Ich war nicht besonders beunruhigt, ich hatte schon bei einigen Abstürzen in Gletscherspalten Hilfestellung geleistet, zum Beispiel auf dem McKinley. Und Don hatte mich in der Nähe unseres 3590 Meter hohen Gipfels abgesichert. Ich wurde sogar etwas ungeduldig, als Don anscheinend hilflos herumzappelte.

Aber dann schrie er: »Ich ersticke!« Ich erschrak; ich stellte mir vor, daß der Rucksackgurt oder die scharfe Kante der Spalte Don die Luft abschnitt.

Ich wartete noch einige Sekunden, aber dann war mir klar, daß Don nicht heraus konnte. Vielleicht etwas überstürzt nahm ich meinen Rucksack ab, band mich vom Seil los, befestigte es an meinem Eispickel, den ich dann wieder als Anker in den Schnee stieß. Er schien nicht stabil genug zu sein, deshalb nahm ich schnell unseren Ersatz-Eispickel aus dem Rucksack und machte das Seil zusätzlich an diesem fest. Dann ging ich rasch hinüber zu Don. Ich konnte die Spalte selbst überhaupt nicht sehen, aber ich konnte erkennen, daß Don ziemlich tief darin eingeklemmt war. Seine Hände griffen nach dem Schnee, aber er sagte, daß seine Füße keinen Halt haben würden. Er war nicht am Ersticken, sondern total eingeengt. Der schwere Rucksack schien das eigentliche Problem zu sein: Die Gurte schnürten seine Arme und den Oberkörper ein. Ich streckte die Hand aus und versuchte vorsichtig, den Rucksack hoch- und zurückzuziehen. Don schrie: »Stop! Das ist das einzige, was mich noch oben hält!« Seine Stimme war voller Panik. Durch mein Ziehen war er noch ein bißchen tiefer in die Spalte gerutscht, so daß jetzt nur noch sein Kopf herausguckte. Don ahnte, da seine Füße im freien Raum schwebten, daß die Spalte riesig war. Er wies mich warnend darauf hin, daß ich zu nah an der Kante sei. Ich ging etwa anderthalb Meter zurück. Einen Moment lang stand ich da, unfähig, etwas zu unternehmen.

aus **Eine Erzählung aus der Wildnis** 135

Plötzlich rutschte Don in das Loch. Die verankerten Eispickel lösten sich und wurden über den Schnee gezogen, als Don in der Spalte verschwand. Ich griff nach dem Seil, aber es war naß und zurrte heftig durch meine Hände. Ich hörte Dons Schrei, scharf und laut zuerst, dann immer schwächer werden und schließlich in beängstigender Tiefe verstummen. Auf einmal stoppte das Seil. Etwa 18 Meter davon waren in dem Loch.

Quälende Stille umgab mich. Angstvoll rief ich Dons Namen. Keine Antwort! Ich schrie noch zweimal, während ich in der Stille wartete, und dann hörte ich einen schwachen, kaum vernehmbaren Ruf: »Ich ... ich lebe noch!« Die Worte lösten große Erleichterung aus, aber auch Schrecken: Wie schwer war er verletzt? Ich rief: »Bist du okay?« Nach einer weiteren Pause ertönte wieder seine Stimme: »Ich glaube, mein rechter Daumen ist gebrochen! Mein Kopf ist verletzt und blutet, außerdem ist mein rechtes Bein verwundet!«

Ich lief zurück, um das Seil wieder zu befestigen. Aus meinem Rucksack holte ich unsere Schneeschaufel, grub ein Loch in den nassen Schnee, band einen der Eispickel wieder an das Seil, grub den Eispickel in das Loch ein und stampfte den Schnee darauf fest. Nach kurzer Zeit würde der Schnee festgefroren und die Halterung sicher sein. Alle möglichen Gedanken schossen mir durch den Kopf, Erinnerungen an Warnungen vor der Expedition, wie gefährlich es sei, nur zu zweit zu gehen, Angst, Don niemals herauszubekommen, die Vorstellung, wie er blutete, ein Fluch auf das wertlose Funkgerät.

Als der Schnee um ihn herum abgebrochen war, hatte Don zunächst das Gefühl, gegen Eis zu prallen und durch Eis zu stürzen: Er merkte nicht, daß er schrie. Er erwartete, jeden Augenblick das Rucken des Seiles zu spüren, aber es kam nicht. Dann war er plötzlich schnell gefallen, frei; er nahm irgendwie an, daß ich mit ihm hinabstürzte und rechnete instinktiv mit dem Tod. Don war schon einmal 240 Meter tief abgestürzt, durch eine Eislawine in einer Schlucht in New Hampshire, aber da war er ohnmächtig geworden und konnte sich nur an den Anfang erinnern. Diesmal erlebte er bewußt den ganzen schrecklichen Sturz mit.

Schließlich kam es zu einem deutlichen Aufprall, dann prasselten Eisstücke und Schnee in der Dunkelheit auf ihn nieder. Danach war es still. Vorherrschend war die Angst, lebendig begraben zu werden. Er bahnte sich einen Weg durch das Eis; einige der Eisblöcke waren schwer, aber er konnte sie bewegen und herausklettern. Er stellte fest, daß er seltsamerweise auf dem Rücken gelandet war, eingekeilt zwischen zwei Eiswänden. Der schwere Rucksack auf seinem Rücken hatte den Fall unterbrochen. Seine Hände waren verletzt, in seinem Bein spürte er einen brennenden Schmerz, und in seinem Kopf dröhnte es. Ihm wurde bewußt, daß ich nach ihm rief, der Klang war schwach und kam aus weiter Ferne. Er schrie eine Antwort nach oben. Als seine Augen sich an die Dunkelheit gewöhnt hatten, konnte er erkennen, wo er war.

Das Innere der Gletscherspalte glich einer riesigen Höhle. Das einzige Licht kam durch das kleine Loch, das beängstigend weit entfernt war, und von einem trüben Flöz an der Decke, das durch das Loch führte: die Fortsetzung der dünn beschichteten Spalte. Der Boden war eng, und die Wände quetschten ihn ein, aber etwa neun Meter über ihm wurde der Raum unglaublich groß. Darüber verengten sich die Wände wieder und bildeten praktisch ein gotisches Dach über ihm. Don sah riesige Eisstücke, ähnlich denen, die mit ihm in die Tiefe gestürzt waren, an der Decke kleben wie Wespennester.

Als ich den Anker befestigt hatte, kehrte ich an die Kante zurück und rief Don wieder zu. Mit großer Geistesgegenwart erkannte er, wie nahe ich daran war, ebenfalls hinabzustürzen und schrie: »Dave, sei vorsichtig! Komm nicht zu nahe!«

Seine Stimme war so eindringlich, daß ich sofort bis auf sechs Meter von der schmalen Höhle zurückwich. Nun war es viel schwieriger, sich zu verständigen. Wir schrien uns die Lungen aus dem Halse; wäre es windig gewesen, hätten wir uns gegenseitig niemals hören können.

aus **Eine Erzählung aus der Wildnis**

Zum Glück hatte Don aufgehört zu bluten. Nachdem er sich von den Trümmern aus Eisstücken befreit hatte, stellte er beruhigt fest, daß er nicht ernsthaft verletzt war; tatsächlich schien der Daumen nur stark verstaucht, aber nicht gebrochen zu sein. Emsig löste er die Steigeisen von seinem Rucksack und legte sie statt der Schneeschuhe an. Er hatte noch seinen Eispickel; indem er Stufen ins Eis schlug und sich zwischen den Wänden der Spalte nach oben zwängte, gelangte er an eine Stelle, von der aus er besser sehen konnte. Sofort erkannte er, wie dieser unterirdische Gletscher wirklich beschaffen war: Gänge und Räume in allen Tiefen und Richtungen. Das Ganze war entsetzlich hohl. Zunächst hatte Don gedacht, daß er herausklettern könnte; aber jetzt wurde ihm klar, daß das unmöglich war. Er hatte jedoch einen ungeheuren Drang hinauszukommen. Er hatte seine Fausthandschuhe an, fror aber trotzdem. Um ihn herum tröpfelte und rann überall Wasser: Es war unmöglich, trocken zu bleiben.

Don war wie besessen davon, mich davor zu warnen, zu nahe an die Kante zu kommen. Wenn ich auch hineinfiel, würde keiner von uns wieder herauskommen. Ich blieb draußen stehen; ich konnte nur das schmale Loch sehen und hatte keine Ahnung, in welche Richtung die Spalte verlief. Don seinerseits konnte sagen, wie sie verlief, wußte aber nicht, wo ich war. Durch zahllose Rufe gelang es uns, uns zu orientieren.

Uns war klar, daß Dons Rucksack zuerst nach draußen mußte. Wir konnten es uns nicht leisten, ihn dort zurückzulassen. Er konnte ihn nicht tragen, wenn er hoch kam; ich würde ihn herausziehen müssen. Es wäre zu unsicher für Don, sich vom Seil loszumachen; vielleicht würde ich es ihm nicht mehr zuführen können. Aber wir hatten nur dieses Seil. Ich zerbrach mir den Kopf über eine Alternative. In der Reparatur-Ausrüstung in meinem Rucksack befand sich etwas Nylonkordel. Ich lief zurück, um sie zu holen – sie war bei weitem nicht lang genug. Dann fielen mir unsere Tragriemen und Haltetaue ein, die Nylonschlaufen und Strickleitern, die wir für den Aufstieg auf den Deborah mitgenommen hatten. Ich holte sie heraus, löste alle Knoten, fand einige Schnürsenkel und knotete schließlich alles zu einem langen Seil zusammen. Danach warf ich das Ende in das Loch und ließ das Seil hinab. Don rief mir zu, daß es angekommen war.

Er hatte seinen Rucksack abgenommen. Nun befestigte er seinen Schlafsack am Ende des Seils, und ich zog ihn hoch. Als die Ladung fast oben war, blieb das Seil im Altschnee stecken. Sie hing unterhalb der Kante fest! Ich zog immer wieder ruckartig am Seil. Vergeblich! Don sah das Problem, wußte aber auch keine Lösung.

Es war klar, daß ich irgendwie den alten Schnee von der Kante lösen mußte. Aber ich wagte nicht, an das Loch heranzugehen. Außerdem würde Don die ganzen Stücke abbekommen, die ich oben abschlug. Ich sah nur eine Möglichkeit.

Ich überprüfte nochmals, ob der Anker sicher befestigt war: Es sah so aus, als sei er gut festgefroren. Ich zog und ruckte am Seil, aber es rührte sich nicht von der Stelle. Mit einer Nylonschlinge, die ich übrig hatte, band ich eine Schlaufe um meine Taille und machte sie dann mit einem gleitenden Knoten am Seil fest. Wenn ich zog, würde der Knoten halten; aber wenn ich nachließ, würde er auch nachgeben. Don hatte mittlerweile einen relativ geschützten Platz gefunden, um sich zu verstecken. Mit Axt und Schaufel bewegte ich mich ganz langsam auf das Loch zu. Sollte die Kante abbrechen, dürfte ich nur einige Meter tief fallen: Dann müßte ich in der Lage sein, wieder herauszukrabbeln. Ich ging nicht näher heran als unbedingt nötig, aber schließlich war ich doch nur noch einen halben Meter von der gefährlichen Kante entfernt. Das Seil hinter mir war straff angezogen. Ich hockte mich hin und streckte den Arm mit meinem Eispickel nach vorn aus. Der Schnee löste sich leicht und stürzte geräuschvoll in die Spalte. Als das Loch größer wurde, zog ich den Knoten fester an und bewegte mich etwa einen Viertel Meter weit zurück. Ein Teil des Schnees mußte mit der Schaufel gelöst werden; ein anderer Teil löste sich nach einem Hieb mit der Axt. Es war schwere Arbeit, aber sie lohnte sich.

Schließlich stieß ich auf bloßes, hartes Eis. Hier würde das Seil sich nicht einschneiden. Ich lehnte mich über die Kante und spähte in die schreckliche Höhle. Zuerst nahm ich nur Dunkelheit war; Augenblicke später erkannte ich unten Dons schwache Silhouette, sehr viel weiter weg, als ich mir vorgestellt hatte.

Ich trat von der Öffnung zurück und zog wieder an Dons Schlafsack; diesmal ging es ganz leicht. Nach und nach holte ich so die einzelnen Stücke von Dons Gepäck herauf. Mit jedem Teil wurden wir optimistischer. Das Gestell des Rucksacks stellte das größte Problem dar – seine scharfen Kanten schnitten ins Eis; aber schließlich zog ich ihn ruckartig heraus.

Nun mußte nur noch Don herauskommen. Es gab keine Möglichkeit, ihn herauszuziehen. Er würde die gleitenden Knoten am Seil als Steigbügel benutzen müssen, um Halt zu finden und das Seil selbst hinaufzuklettern. Ich ließ einige Steigbügel für ihn ins Loch hinab. Er rief mir zu, als sie bei ihm ankamen. Dann zog ich mich bis zum Anker zurück, unterstützte mit meinem Gewicht die Festigkeit des gefrorenen Schnees und wartete.

Langsam, mit großer Mühe kam Don am Seil nach oben. Alles war naß, deshalb mußte er eine zusätzliche, engere Schlaufe an den Knoten anbringen. Dadurch bestand immer die Gefahr, daß sie ihn einklemmten, und er mußte sie mehrmals lösen. Er zitterte, war völlig durchnäßt und erschöpft; hinzukam, daß er mit seinen verstauchten Fingern nur schwer und unter Schmerzen die Knoten binden konnte. Aber ab und zu rief er mir zu, wie gut er vorankam, und jedes Mal klang seine Stimme lauter und näher.

Das Wetter war immer noch ideal, aber die Sonne war weit in Richtung Westen gereist. Vier Stunden waren vergangen, seit Don abgestürzt war. Die Gipfel, faszinierend wie immer, erhoben sich aus der sanften, anscheinend harmlosen Oberfläche des Gletschers.

Endlich tauchte Dons Kopf aus dem Loch auf. Ich feuerte ihn an, war aber überrascht von der entsetzlichen Müdigkeit, die ich von seinem Gesicht ablas. Er krabbelte aus dem Loch und saß keuchend auf der Kante. Ich ging zu ihm, einem starken Impuls von Loyalität folgend, legte meine Arme um seine Schultern und sagte ihm, daß er ganze Arbeit geleistet hätte. Wir aßen etwas – anscheinend kehrte jetzt, da die Not vorüber war, unser Appetit zurück.

Wir beschlossen, einfach die neun Kilometer bis zum Lager zurückzugehen und das Zelt wieder aufzuschlagen. Ich sammelte Dons Gepäckstücke ein und lud sie auf meinen Rücken. Wir stapften zurück zur Ebene, wobei wir sehr vorsichtig waren, als wir die erste Gletscherspalte erneut überquerten. Als wir nach Osten hin auf die Berge zurückschauten, die wir versucht hatten zu erreichen, konnten wir im sanften Nachmittagslicht eine schwache blaue Linie nach der anderen erkennen, die den Weg, den wir hatten nehmen wollen, unterteilte. Parallel dazu sah man Einschnitte, die ein Dutzend weiterer Spalten wie die, in die Don gefallen war, markierten.

Ich stellte das Zelt wieder auf, während Don sich ausruhte. Im Zelt schauten wir uns dann seine Verletzungen an. Er hatte starke Blutergüsse, besonders am rechten Oberschenkel; an seinem Kopf war ein blauer Fleck mit einer schmalen Schnittwunde, die unter dem blutverschmierten Haar sichtbar wurde; die Hälfte seiner Finger war verstaucht, der Daumen besonders stark. Aber Gott sei Dank gab es keine schlimmeren Verletzungen. Don wurde langsam wieder warm, während seine Kleidung trocknete. Wir kochten eine Abendmahlzeit und aßen und genossen den Frieden und die Atempause. Später, als es dunkel wurde, nahm jeder von uns eine Schlaftablette; innerhalb weniger Minuten waren wir eingeschlafen.

Als wir am Morgen aufwachten, bemerkten wir, daß die Uhr stehengeblieben war. Wir stellten sie nach Gutdünken und begannen zu frühstücken. Don war steif und wund von seinen Verletzungen, aber der Schlaf hatte ihm gutgetan. Nach meiner Vorstellung war

aus **Eine Erzählung aus der Wildnis**

es gar keine Frage, daß wir jetzt in Richtung Zivilisation marschieren mußten. Ich war ziemlich sicher, daß Don mir zustimmen würde; trotzdem zögerte ich, das Thema anzusprechen. Schließlich tat ich es doch. Zu meiner Überraschung drängte Don darauf, weiterzugehen.

Wir diskutierten mehr als eine Stunde darüber. Ich führte alle Gründe für meine Entscheidung an. Erstens hatten wir nur noch für fünf Tage Lebensmittel (vielleicht für sieben, wenn wir sparsam damit umgingen), und für die Wanderung kalkulierten wir etwa fünf Tage ein. Wenn wir zwei Tage weiter in Richtung Fallschirm-Becken gingen, wären wir möglicherweise gezwungen, eine 7-Tage-Wanderung mit Nahrungsmitteln für nur drei Tage durchzustehen. Und wir waren erst auf eine der Spalten gestoßen, von denen auf diesem Gletscher offensichtlich zahllose verborgen waren. Ich gab zu bedenken, daß wir großes Glück gehabt hatten, daß Don lebendig herausgekommen war und daß wir ohne weiteres in eine andere Spalte fallen könnten. Die Schneebedingungen, die wir vorgefunden hatten, waren nachts nicht besser. Außerdem war ein Teil der Route, im Süden hinunter zum Susitna-Gletscher und Fluß, gar nicht auf unseren Karten verzeichnet, da wir sie nicht geplant hatten: Wer konnte sagen, auf welche Hindernisse wir stoßen würden? Das Funkgerät war nutzlos, wir hatten ständig Hunger, und Don war übersät mit Blutergüssen.

Trotzdem war Don entschlossen weiterzumarschieren. Er wollte nicht, daß wir wegen seines Unfalls und seiner Verletzungen zurückgehen mußten. Wir könnten, argumentierte er, auf der südlichen Kante den Gletscher hinaufwandern, wo die Spalten schmal genug wären, um sicher zu sein. Er war wild darauf wie eh und je, die vor uns liegenden Bergspitzen zu erklimmen. Und er war bereit, einige Tage ohne Nahrung zu wandern, falls dies notwendig sein sollte, bis wir definitiv wußten, ob unser Fallschirm vergraben war.

Dons Standpunkt brachte mich in eine merkwürdige Lage. Ich war hin- und hergerissen zwischen einem Gefühl der Bewunderung für ihn einerseits und Angst vor ihm andererseits: Er erschien mir schrecklich mutig und schrecklich verrückt zugleich. Mir fiel ein, wie er am Anfang der Expedition darauf bestanden hatte, in jener Nacht weiterzugehen, als er sich schwindelig gefühlt und sein Gleichgewicht verloren hatte. Ich fragte mich, ob er jetzt nicht die gleiche Art der Überreaktion zeigte: falls ja, war es eine Art Geistesgestörtheit. Meine innere Stimme schien mit ihrer Einschätzung von Risiken und Komplikationen dem gesunden Menschenverstand zu folgen, während Don fanatisch war. Gleichzeitig konnte ich nicht umhin, mich zu fragen, ob ich ihn nicht im Stich ließ, wenn ich vor der Zeit die schlimmsten Befürchtungen hegte. Schließlich war ich schon vor dem Unfall derjenige gewesen, der das Ende des Trips herbeigesehnt hatte. Ich dachte daran, wie sehr es mich in jener trübseligen Nacht vor einer Woche in Richtung sicherer Süden gedrängt hatte, als wir unser Gepäck quer über den West Fork-Gletscher geschleppt hatten. Vielleicht war ich ein Schlappschwanz, vielleicht war ich nicht gut genug für Don.

Unsere Auseinandersetzung war ungewohnt beherrscht, und ausnahmsweise schienen wir einmal objektiv und offen zu sein. Es war, als hätte der gerade überstandene Unfall einen Rest an gegenseitigem Respekt zum Vorschein gebracht. Ich gab zu, daß ich vor dem Gletscher Angst hatte; Don räumte ein, daß er nicht gern nach Kalifornien zurückkehren wollte. Aber mich ließ das Gefühl nicht los, daß Don leicht verrückt geworden war oder daß der Sturz in die Spalte ihn irgendwie beeinträchtigt hatte. Ich stellte mir sogar vor, daß der Schlag auf den Kopf seinen Verstand durcheinandergebracht hatte. Als wir über Lebensmittel sprachen, sagte er: »Ich würde lieber hier verhungern, als jetzt aufzugeben.« Jedes Anzeichen von Fanatismus, wie dieses, führte dazu, daß ich Don in einem immer seltsameren Licht sah. Dennoch konnte ich es nicht ertragen, seine Motive anzugreifen, wie ich das zuvor, kurz nach seiner Tortur in der Gletscherspalte, getan hatte. Don deutete mein Zögern, eine Entscheidung zu treffen, als Angst vor der Verantwortung. Vielleicht hatte er da nicht ganz unrecht; dennoch wollte ich eine Entscheidung, die beide

aus **Eine Erzählung aus der Wildnis**

tragen konnten, so daß es später nicht zu gegenseitigen Schuldzu-
weisungen kommen würde.

Ganz allmählich sah Don schweren Herzens ein, daß ich fest
entschlossen war umzukehren. Er konnte nicht stur darauf be-
harren weiterzugehen – er schreckte natürlich bei dem Gedanken
zurück, daß er in eine andere Gletscherspalte fallen könnte.
Letztendlich gab er nach und stimmte mir zu. Ich versuchte, mir
die Freude über die Erleichterung, die ich empfand, nicht anmer-
ken zu lassen, und Don verbarg seine Bitterkeit. In einer wunderbaren Versöhnungsstimmung zogen wir uns an und packten das
Lager zusammen. Ein Zauber der Gnade lag über unserer Zeit
der Auseinandersetzungen. Als wir startbereit waren, war es
nach unserer Rechnung 14.00 Uhr. Mit wehmütigen Blicken zurück auf die Berge, die wir niemals erreichen würden, die uns
aber noch immer ihre reinen Arme unter der warmen Sonne ent-
gegenstreckten, stapften wir wieder den Paß zum Susitna-Gletscher hinauf.

In mir breiteten sich überschwengliche Gefühle aus, wie immer,
wenn Zweifel und Ängste, die an meinem Inneren genagt hatten,
ausgeräumt waren. Zuerst konnte Don mein Gefühl nicht teilen,
aber dann nahm seine Enttäuschung ab. Auf dem Weg zum Paß
dachten wir uns vier oder fünf Verse über den Unfall in der Gletscherspalte zur Melodie von »The Cowboy's Lament« (»As I wal-
ked out in the streets of Laredo«) aus. Anstelle der Rosen für das
Begräbnis malten wir uns unsere Lieblingsgerichte als Opfergaben
über den ganzen Gletscher verteilt aus. Eine Strophe schien uns
ganz besonders ergreifend:

Einst zog ich mit meinem Eispickel los, den ich immer benutzte.
Einmal trug ich meine Steigeisen, mit denen ich immer glücklich
die Berge bestieg.
Zuerst ging's hinüber zum Deborah, dann hinunter zum Gillam,
aber ich habe meinen Daumen gebrochen und sterbe heute.

Oben auf dem Paß legten wir eine Rast ein und warfen einen letzten Blick gen Norden. Unsere Spuren im Schnee erzählten eindeutig unsere Geschichte. Unter uns war ein flacher, rechteckiger Fleck, wo das Zelt gestanden hatte. Von dort aus führte eine kurze Fährte geradewegs nach Osten, bis sie abrupt an einem kleinen Loch endete. Es gab verstreute Spuren rundum das Loch, aber dahinter war der Schnee unberührt.

Wir wendeten uns ab und gingen hinunter in Richtung Susitna-Gletscher. Eine Meile weit führte ich. Hier und da wählte ich unsere Fährte von vor zwei Tagen, wo sie noch unter einer Schicht Neuschnee zu erkennen war. An einer Biegung führten die Spuren nach Westen in Richtung Paß, den wir vom West Fork-Gletscher aus überquert hatten. Wir gingen geradeaus weiter zum Susitna hinunter. Nur etwa 304 Meter Höhe mußten wir noch hinter uns bringen, dann würden wir die Schneegrenze erreichen. Unterhalb dieser Grenze war der Schnee geschmolzen, es gab nur Eis und Gletscherspalten, die deutlich sichtbar und somit sicher waren. Aber noch mußten wir einige Spalten überqueren. Ich führte einen weiteren Kilometer, anscheinend den schlimmsten Teil der Strecke. Ich hatte Angst vor den verborgenen Spalten und stieß meinen Fuß durch eine Reihe von Schneebrücken. Die Spalten sahen jedoch nicht so groß aus wie die auf dem Gillam. Trotzdem sicherte mich Don an jeder Teilstrecke ab, die zweifelhaft aussah, und wir umgingen vorsichtig die deutlich erkennbaren Spalten. Wir kamen nur langsam voran. Als wir eine Hochebene erreichten, die vergleichsweise sicher aussah, übernahm Don die Führung. Der Schnee war weich und naß, verziert mit verwirrenden Sonnenflecken. Gegen 16.00 Uhr hielt er an, um zwei Gletscherspalten zu betrachten, die fast ineinander übergingen. Am anderen Ende hielt ich das Seil zwischen uns ganz straff. Don trat auf etwas, das er für eine kleine Schneeinsel zwischen den Spalten gehalten hatte. Plötzlich brach diese Insel ein. Ich sah Don verschwinden und schlug sofort den Eispickel ein. Vor Schreck ging ich in die Hocke. Ein kleiner Ruck am Seil folgte, aber ich wurde nicht von der Stelle ge-

aus **Eine Erzählung aus der Wildnis**

zogen. Ich nahm an, daß Don etwa anderthalb Meter tief abgestürzt war und wartete darauf, daß er herausgekrabbelt kam. Aber es gab keine Spur von ihm. Ohne aufzustehen, rief ich: »Ist alles in Ordnung mit dir?« Nach einer Weile hörte ich seine schwache, entfernte Stimme, leicht hysterisch: »Ich glaube, ich habe aufgehört zu bluten!«

In einem Anflug von Überdruß und Furcht dachte ich: Nicht schon wieder! Ich rief: »Wie weit unten bist du?« Dons Stimme kam zurück: »Neun Meter ... alles ist voller Blut. Ich muß schnellstens hier raus!« Er klang wie erschlagen, als ob ein Lebensfaden in ihm gerissen wäre.

Als die Insel eingebrochen war, war er leicht nach hinten in die Spalte gefallen. Das Nylonseil hatte sich gedehnt und sich in die nahe Wand eingeschnitten, so daß Don neun Meter tief fiel. Aber diesmal waren die Wände nur knapp einen Meter voneinander entfernt. Auf halbem Wege hatte er sein Gesicht heftig an einem Eissims aufgeschürft.

Draußen stellte ich mir vor, daß ich nun die ganze Rettungsprozedur noch einmal durchmachen mußte und holte schnell unser Zugseil heraus. Aber Don, der begriff, daß er aus eigener Kraft herausklettern konnte, nahm Rucksack und Schneeschuhe ab und legte seine Steigeisen an. Das war schwierig, eingeklemmt wie er zwischen den beiden Wänden war. In der Gletscherspalte, die tiefer lag als die auf dem Gillam, tropfte und floß das Wasser. Mit der Energie, welche die panische Angst in ihm freisetzte, erzwang sich Don seinen Weg nach oben und aus der Gletscherspalte heraus, indem er sich zwischen den beiden Eiswänden wie in einem Schornstein bewegte. Als ich merkte, was er vorhatte, zog ich das Seil ein und versuchte, ihm zu helfen. Innerhalb weniger Minuten war er oben.

Ich eilte hinüber, ihm zu helfen. Er sah ängstlich und erschöpft aus, den Tränen nahe. Der untere Teil seines Gesichtes war voller Blut; ich zuckte zurück bei dem bloßen Anblick. Er hatte entsetzliche Schmerzen. Ich brachte ihn dazu, sich hinzusetzen und holte etwas Kodein aus dem Verbandskasten, das er schlucken konnte. Es gelang uns, die Blutung fast zum Stillstand zu bringen. Es war ziemlich warm, aber Don zitterte unbändig in seiner durchnäßten Kleidung. Ich half ihm, sein Hemd auszuziehen und hängte ihm meine Jacke über. Don entschuldigte sich dafür, daß er sie mit Blut beschmierte; ich sagte ihm, er solle kein dummes Zeug reden, aber ich fühlte mich plötzlich hilflos angesichts seiner pathetischen Rücksichtnahme.

Ich legte Steigeisen an; während Don mich mit einer Hand, so gut es ging, absicherte, glitt ich in die Spalte hinunter, um seinen Rucksack zu holen. Das Eis, an dem Don sein Gesicht aufgeschürft hatte, fühlte sich wirklich sehr scharf an. Die Feuchtigkeit war bedrückend, und als ich tiefer in die Spalte kam, verstärkte die Dunkelheit mein Gefühl der Klaustrophobie. Ich fand Dons Rucksack an einer Stelle, die nicht breiter war als mein Körper und befestigte das Seil daran. Beide Wände der Gletscherspalte waren voll mit Dons Blut; ich verspürte eine irrationale Angst davor, damit in Berührung zu kommen. Es roch unangenehm nach abgestandener Luft und Blut in der düsteren, nassen Höhle. Ich empfand denselben panischen Drang hinauszukommen, den Don sicherlich auch gefühlt hatte. Schnell zwängte ich mich zurück zum oberen Teil der Spalte; dann saß ich, Füße und Rücken eingekeilt, zwischen den Eiswänden und versuchte, den Rucksack unversehrt hochzuziehen. Es kostete große Anstrengung, aber schließlich hatte ich das Ding oben und schob es über die Kante auf den Schnee. Dann kroch ich selbst aus dem Loch heraus.

Don stand offensichtlich unter einer Art Schock. Die Blutung hatte im wesentlichen aufgehört, aber sein Kinn war rohes, zerfetztes Fleisch, und er konnte kaum sprechen. Trotz der Daunenjacke zitterte er erbärmlich. Wir beschlossen, an Ort und Stelle ein Lager aufzuschlagen. Ich baute das Zelt auf und holte Ofen und Lebensmittel aus dem Rucksack. Dennoch war es schon 19.30 Uhr, als wir uns endlich drinnen niederlassen konnten. Das Kodein hatte den Schmerz betäubt, aber Don litt noch sehr. Er hatte sämt-

aus **Eine Erzählung aus der Wildnis**

liche Finger seiner linken Hand verstaucht, so daß er sie kaum benutzen konnte. Die Knöchel waren wund. Schließlich lag er in seinem Schlafsack und wurde langsam wieder warm. Ich zündete den Ofen an, wodurch es im Zelt wärmer wurde, und schmolz Schnee, um Dons Wunden auszuwaschen. Die Schnittwunden in seinem Gesicht tupfte ich mit nasser Watte ab, aber das brachte die Wunden nur wieder zum Bluten.

Unter Schmerzen klagte Don darüber, daß er auch im Mund Wunden habe. Ich versuchte hineinzuschauen und sah Aushöhlungen an der Innenseite seiner unteren Wange. Das ganze Zelt war bald voller Blut.

Als wir die Wunden anscheinend sauber hatten, schloß Don seinen Mund, und wir hörten ein leises, pfeifendes Geräusch, wenn er atmete. »Was ist das?« fragte er. Erschrocken sah ich Luftblasen in dem Blut an seinem Kinn. Als ich seinen Mund untersuchte, stellte ich fest, daß der Schnitt die ganze Wange entlang bis unterhalb der Lippe reichte. Uns beiden war übel, aber ich versuchte, ihm Mut zu machen, indem ich ihm erzählte, daß so etwas immer wieder mal passierte. Schließlich legte sich Don in seinem Schlafsack so zurecht, daß er ein Stück Watte vor seinen Mund halten konnte, um das Blut aufzufangen. Ich bereitete ein warmes Abendessen zu. Als es fertig war, versuchte Don auf mein Drängen hin zu essen. Er stellte fest, daß er die Nahrung aufnehmen konnte, wenn er alles in kleine Stücke schnitt. Wenn er sorgfältig kaute, konnte er sie runterschlucken. Das war entscheidend, selbst wenn er eineinhalb Stunden brauchte, um seine Mahlzeit zu beenden.

Don nahm noch eine Schmerztablette. Er wirkte betäubt und schwerfällig, aber er nahm die Verletzung tapfer hin. Wir teilten uns eine Schlaftablette, er nahm drei Viertel, ich ein Viertel. Wir hätten mehr genommen, aber wir dachten, daß wir am nächsten Tag früh aufstehen sollten, in der Hoffnung, daß es dann kälter und sicherer sein würde. Ideal wäre es gewesen, einen Tag dort zu bleiben. Aber wir hatten nicht genug Lebensmittel und mußten weiter. Wir hatten an diesem Tag nur etwa drei Kilometer geschafft, sehr viel weniger, als wir geplant hatten. Die Nahrung reichte nur für vier weitere Tage, und wir mußten noch anderthalb Kilometer auf diesem heimtückischen Gletscher und 72 Kilometer in der Wildnis darunter hinter uns bringen.

Während ich in der zunehmenden Dunkelheit wach lag, hörte ich, wie Don tief und gleichmäßig atmete. Es war ein Glück, daß er schlafen konnte. Seit dem Augenblick, als er sich dafür entschuldigt hatte, daß er meine Jacke mit Blut beschmutzte, empfand ich ein undeutliches Gefühl der Liebe für ihn. Er war so mutig gewesen; und es sah bereits so aus, als verkrafte er auch diesen Unfall. Aber ich konnte nicht schlafen. Ich dachte an die Wanderung über die restlichen Gletscherspalten am nächsten Morgen. Sie waren teuflisch; es gab keine Möglichkeit, sie zu finden oder ihr Ausmaß einzuschätzen: Die Strecke, die wir mit dem Eispickel austesten konnten, war nicht weit genug. Und es gab keine Möglichkeit, sich bei der Überquerung genügend abzusichern. Selbst jetzt, da wir zwischen zweien von ihnen lagerten, spürte ich, wie die anderen um unser Zelt herum lauerten, auf uns warteten, gleich Wölfen in der Nacht.

Barry Lopez
Pearyland

In dieser Kurzgeschichte von Barry Lopez, er wurde 1945 geboren und gewann 1986 mit seinem Sachbuch Arktische Träume *einen National Book Award, erscheint die arktische Wildnis als eine ausgesprochen gespenstische Gegend. Lopez weiß genau, was er beim Erzählen vermeidet: mehr Wissen vorzutäuschen, als er tatsächlich besitzt. Diese Ehrlichkeit eröffnet ihm tiefe Einsichten.*

Ich bitte um Entschuldigung, aber leider kann ich dir diese Geschichte nicht ganz erzählen. Sie fängt am Flughafen von Söndre Strömfjord auf Grönland an, und widerfahren ist sie einem Mann namens Edward Bowman. Er war gerade aus Pearyland gekommen, über Qânâq und Upernavik, dann Nûk. Wir waren ungefähr hundert Leute, die auf ihre Maschinen warteten, er auf die nach Kopenhagen, denn Söndre Strömfjord lag völlig im Nebel. Er hatte schon sechs Tage auf dem Flughafen hinter sich; ich, mit meinen vier Inuitfreunden vom Clyde Inlet auf Baffin Island, erst ein paar. Zu der Zeit – 1972, eben fertig mit dem Jurastudium – arbeitete ich mit kanadischen Eskimos, denen ich half, eine politische Allianz mit Eskimos in Grönland juristisch abzusichern.

Wir hielten uns alle abflugbereit, lange Stunden auf dem Flughafen. Einige fuhren in die Stadt; doch der Gedanke, es könnte plötzlich für ein paar Minuten aufklaren und ein Flugzeug starten, sorgte dafür, daß die meisten von uns dablieben, in den Wartesälen schliefen, im Restaurant aßen, telefonierten.

Bowman war im Begriff, seinen Magister in Wildbiologie an der

Iowa State University zu machen, doch es ist möglich, daß er das Vorhaben zu dem Zeitpunkt bereits aufgegeben hatte. In seiner Arbeit, daran erinnere ich mich noch gut, ging es um etwas, das damals noch ganz neu war – Taphonomie. Er untersuchte konkret die Art, wie Weißwedelhirsche nach ihrem Tod von anderen Tieren zerlegt werden, ihre Rückführung in die ökologische Gemeinschaft – wie zum Beispiel Knochenmineralien zurück in die Erde gelangen. Wie große Tiere verschwinden. Die Idee, die Untersuchung ein wenig auszudehnen, hatte ihn nach Pearyland geführt. Er wollte in Nordgrönland etwas genauer verfolgen, was passiert, wenn große Tiere sterben.

Ich sollte hier erwähnen, daß Bowman nicht gesprächig war, daß er keinen Drang verspürte, seine Geschichte zu erzählen. Er wich meinen Fragen nicht aus, aber außer seinen einfachen Antworten gab er nicht viel von sich. In seiner mangelnden Auskunftsbereitschaft war er stets höflich, nicht viel anders als meine Inuitfreunde, deren Geduld ich damals, vor vielen Jahren, mit meinen wohlformulierten Fragen und meinem jugendlichen Selbstvertrauen ziemlich strapaziert haben muß.

Ob er dort oben einfach tote Tiere anschauen wollte? fragte ich ihn. An einem kalten Ort, wo Kadaver sehr langsam verwesen? Zum Teil, sagte er. Aber als er das Wenige, was es an Schriftlichem über diesen Ort gab, gelesen hatte, sagte er, seien seine Interessen komplexer geworden. Pearyland ist eine arktische Oase, ein Ort, wo trotz der hohen Breite viele Tiere leben – Karibus, Wölfe, Schneehasen, Hermeline, kleine Tiere wie Wühlmäuse und Lemminge, auch viele Vögel, Schnee-Eulen zum Beispiel. Bowman sagte, er habe sich um Fördergelder bemüht, um einen Sommer lang forschen zu können. Natürlich habe ihn das saprophytische Ernährungsgeflecht sehr interessiert, die winzigen Tierchen, die organische Stoffe zerlegen; aber hinzukam, daß niemand über Pearyland so recht Bescheid wußte. Es war entlegen, klimatisch rauh und sehr schwer und kostenaufwendig erreichen.

Kein Geldgeber war von Bowmans Forschungen oder seiner

Pearyland *151*

Neugier zu begeistern. (Er erzählte mir irgendwann, seine Schwierigkeit bei der Beantragung von Fördermitteln habe zum Teil daran gelegen, daß er nach der Arbeit mit den Hirschkadavern in Iowa einfach den instinktiven Drang hatte hinzufahren, jedoch kein klares, wissenschaftliches Ziel, kein eindeutiges Projekt gehabt habe, was für die größeren Institutionen letztlich eine unüberwindliche Hürde gewesen sei.) Schließlich gelang es ihm, mehrere kleine Beträge zusammenzukriegen und die Unterstützung einer Stiftung in Dänemark zu gewinnen, was es ihm ermöglichte, Lebensmittel und ein gutes Zelt zu kaufen. Um nach Qânâq im Norden zu gelangen, wollte er sich Mitfluggelegenheiten suchen. Mit seinem letzten Geld wollte er Anfang Juli ein Flugzeug von Qânâq zum Brönlund-Fjord chartern und sich Mitte September dort wieder abholen lassen. Und genauso machte er es auch.

Als wir uns begegneten, war seine einzige Barschaft sein Rückflugticket nach Kopenhagen, aber das bekümmerte ihn nicht. Irgendwie, meinte er, würde sich alles finden.

Von hier an wird die Sache für mich schwierig. Wie gesagt, Bowman schien, anders als die meisten Weißen, keinen starken Drang zu haben, seine Geschichte loszuwerden. Und ich konnte mich nicht überwinden, sehr tief zu bohren – aus Gründen, die du gleich sehen wirst. Es könnte also entscheidende Elemente geben, es gibt sie wahrscheinlich auch, von denen ich nichts erfahren habe. Man weiß bei einer solchen Geschichte nicht so recht, was man davon halten soll, aber damit geht es dir nicht anders als mir damals. Du mußt dir selbst einen Reim darauf machen. Ich kann es nicht ändern.

Was Bowman am Brönlund-Fjord in Pearyland fand, war das Land der Toten. Das Land der toten Tiere.

Nachdem Bowman angekommen war, schlug er ein Lager auf und unternahm lange Wanderungen, 9 und 10 Kilometer lange Rundgänge, östlich und westlich am Fjord entlang, und nördlich in die flachen Hügel hinein, in die Weidentäler. Der Fjord ging nach Süden – offenes Wasser bei 82° Nord im Juli, was ihn überraschte; aber das zeichnet arktische Oasen aus. Der Sommer kommt dort früher als weiter im Süden, und er bleibt etwas länger. Im Winter ist es vergleichsweise wärmer. An manchen Tagen, sagte Bowman, trug er nur ein T-Shirt.

Bowmans Wanderungen brachten ihn in den ersten paar Tagen in Sichtweite vieler Tiere, aber er kam nicht nah an sie heran. Und ein wenig zu seiner Verwunderung stieß er auf diesen langen Rundgängen auf keinen einzigen Tierkadaver, nicht einmal auf ein verwittertes Stück Knochen.

Das einzige, was ihm Sorgen machte, erzählte er mir, waren Eisbären. Er sah regelmäßig Robben im Fjord und rechnete deshalb damit, daß Bären auftauchen würden; aber er sah weder Spuren noch Kotreste, nicht einmal alte. Er fürchtete weniger, angegriffen zu werden, als daß ein Bär in seine Vorräte einbrechen könnte. Er hatte kein Funkgerät und lief somit Gefahr zu verhungern, bevor das Flugzeug zurückkam. Allein aus diesem Grund, sagte er, habe er sich bereit erklärt, ein Gewehr mitzunehmen, was die dänische Regierung ihm zur Auflage gemacht hatte. Wo er eigentlich war und daß er sein Lager im Land der Toten aufgeschlagen hatte, erfuhr er erst, als er eines Morgens das Gewehr suchte und es nicht da war.

Natürlich war niemand in der Nähe, und so war ihm der Verlust unbegreiflich. Er sah unter jedem Gegenstand in seinem Lager nach, sinnierte gedankenverloren, ob er es vielleicht an der Klogrube liegengelassen oder mit hinunter ans Ufer des Fjords genommen hatte. Oder ob er im Schlaf aufgestanden war und das Gewehr irgendwo hingebracht und weggeworfen hatte. Er meinte, auf diese letzte Möglichkeit sei er gekommen, weil ihm bei dem Gedanken an das Gewehr nie wohl gewesen sei; und wer wisse schon, sagte er zu mir, was die träumende Seele wirklich will?

Am Tag, nachdem ihm das Gewehr abhanden gekommen war, sah er ein paar Karibus ziemlich nahe, gut einen Kilometer weit weg.

Er saß gerade beim Frühstück auf einer Materialkiste, sah zu, wie der Wind die Oberfläche des Fjords kräuselte, und erfand mit den Augen ein Muster in den rötlichen Blüten eines Büschels Steinbrech. Das hartnäckige Starren der Tiere veranlaßte ihn, sich umzudrehen. Er starrte zurück. Vier Tiere, alle regungslos. Da fiel ihm auf, daß er in dieser ersten Woche keine Karibus oder Moschusochsen hatte weiden oder äsen sehen.

Er griff nach seinem Fernglas, doch im selben Moment entschwanden die Karibus hinter einem Hügel. Er sah an diesem Tag keine andern Tiere mehr, aber am folgenden Morgen waren die Karibus wieder am selben Platz. Diesmal saß er lange ganz still. Schließlich kamen die Karibus zu ihm bis auf etwa zwanzig Meter heran.

»Wo gehörst du hin?«

Bowman sagte, als er diese Worte hörte, habe er gedacht, sie kämen von den Tieren, aber als er sich umdrehte, erblickte weit entfernt am Rand des Wassers einen Mann, einen Inuk.

»Wo kommst du her?«

Es fiel Bowman schwer zu begreifen, daß die Stimme dieses Mannes ihn deutlich erreichte, obwohl er weit weg stand. Er wußte nicht, was er antworten sollte. Er dachte nicht, daß der Mann den Namen Indiana kennen würde, deshalb sagte er, er komme von sehr, sehr weit her, in westlicher und südlicher Richtung.

»Was willst du hier?«

Bowman wollte, erklärte er mir, diese Frage so beantworten, daß er den Mann nicht verletzte, weil er das starke Gefühl hatte, er könnte in seiner Forschung dort (die, wie er noch einmal betonte, nahezu ziellos war) behindert werden. Oder möglicherweise Schaden nehmen.

»Ich will horchen«, sagte er schließlich.

»Hörst du den Wind? Das Schmelzwasser, wie es zum Fjord hinuntertröpfelt? Den Islandmohn, wie er sich in der Sommersonne auf seinen Stengeln dreht?«

»Ja. Auf all das horche ich.«

»Hörst du die Lieder meiner Brüder und Schwestern?« fragte der Mann am Fjord.

»Ich bin nicht sicher«, antwortete Bowman. »Ich habe, glaube ich, noch keinen Gesang gehört. Vielleicht, wenn ich genauer hinhöre.«

In dem Moment blickte Bowman sich rasch nach den Karibus um. Sie waren viel näher gekommen. Als er sich noch weiter drehte, fiel sein Blick auf zwei Järve, die mit ihrem merkwürdigen Sprunglauf von Westen auf ihn zukamen. Dann saß der Inuk dicht neben ihm auf einer anderen Kiste und schaute über das Wasser des Fjords. Bowman konnte sein Gesicht von der Seite aus nicht erkennen.

»Ich bin hier der Wärter«, sagte der Mann. Bowman sah jetzt, daß er ungefähr vierzig, fünfzig war. »Was willst du? Was ist Indiana?« fragte er.

Verblüfft beschrieb Bowman, wo Indiana lag. Dann versuchte er zu erklären, was er als Biologe tat, und daß er sich besonders dafür interessierte, was mit Tieren nach ihrem Tod geschah. Danach, erzählte er mir, hätte er nichts mehr sagen sollen, aber er redete weiter, bis er nichts mehr zu sagen wußte.

»Die Toten kommen hierher«, sagte der Mann, als Bowman mit dem Reden fertig war. Er stand auf. Bowman sah, daß er klein war, nur ungefähr einen Meter sechzig, die kurzfingrigen Hände klobig, die Adern vorstehend, die fliehende Stirn von einer Linie kurzgeschorener, rabenschwarzer Haare begrenzt. »Du bist an den richtigen Ort gekommen«, meinte er. Dann ging er fort. Obwohl er langsam ging, war er schon bald sehr weit weg.

Die Karibus waren fort. Die Järve waren noch da und beobachteten ihn, doch nach einer Weile verschwanden auch sie.

Bowman sah den Mann vier oder fünf Tage nicht wieder, und dann sah er ihn bloß in großer Entfernung, wie er am tiefer liegenden Rand des Himmels entlanglief.

Eines Morgens kroch Bowman aus seinem Zelt und erblickte einen Polarfuchs, auf den Hinterbeinen sitzend, Robben im Fjord betrachten. Als er ein Geräusch machte – mit seinem Strumpf auf dem Tundrakies –, drehte der Fuchs sich schnell um, überrascht, und lief weg. Während er davoneilte, sah Bowman, daß er keinen Schatten warf.

Bowman versuchte, jeden Tag den gleichen Ablauf einzuhalten. Wenn er aufwachte, suchte er mit seinem Fernglas die Tundra nach allen Richtungen ab und schrieb alles auf, was er sah – Schneehasen, Moschusochsen, Schneegänse. Er frühstückte, packte ein Lunchpaket in seinen Rucksack und unternahm eine lange Wanderung. Er machte Listen von allen Blumen, den Spuren, auf die er stieß, den Tieren, denen er begegnete; und er kämpfte gegen das Gefühl an, daß er damit nichts zuwege brachte. Jeden Tag schrieb er die Temperatur auf, und er schätzte die Geschwindigkeit und die Richtung des Windes, und er machte sich Notizen über die Wolkenformen, die er am Himmel sah. Altostratus. Kumulonimbus.

Eines Tages kam der Mann zurück. »Warum jagst du nicht?« fragte er. »Warum versuchst du es nicht einmal?«

»Als ich jünger war, ging ich mit meinem Vater in Indiana jagen. Jetzt mache ich das nicht mehr.« Bowman erzählte mir, er habe sehr genau darauf achten wollen, was er sagte. »Ich jage hier an diesem Ort nicht, weil ich mir Sachen zum Essen mitgebracht habe. Außerdem kenne ich diese Tiere nicht. Ich habe keine Beziehung zu ihnen. Ich wüßte nicht, wie ich sie jagen sollte.«

»Jagen ist hier sowieso verboten.«

»Ich weiß, daß dies dein Land ist«, sagte Bowman vorsichtig, »aber warum bist du hier?«

»Wärter. Bis diese Tiergeister Körper bekommen und soweit sind, daß sie zurückkehren können, muß ein Mensch hier sein, damit sie nicht Hunger leiden. Wenn die Tiere etwas wollen – wenn sie ein Lied hören wollen, lerne ich es. Ich singe es. Alles was sie wollen, das mache ich. Das ist meine Arbeit.«

»Bist du schon lange hier?«

»Ja. Lange. Bald wird jemand anders kommen. Vor langer Zeit, vor Indiana, gab es mehr zu tun. Viele Wärter. Jetzt weniger.«

»Was essen diese Tiere?«

»Essen – nicht nötig.« Nach einer Pause sagte er: »Sie ernähren sich vom Sonnenlicht.«

»Wenn sie soweit sind, wohin gehen sie dann?«

»Überall hin. Sie gehen heim. Sie gehen wieder dorthin, wo sie her sind. Aber zu viele heute, sie kommen nicht hierher. Sie werden einfach so getötet. Ohne Gebet.« Er machte mit seiner Faust eine Bewegung, als würde er einen Hammer schwingen. »Sie können dann nicht dorthin zurück. So nicht.«

»Welche kommen zurück?«

Der Mann betrachtete Bowman lange. »Nur wenn diese Gabe vollendet wird. Nur wenn der Jäger betet. Nur so kann der Geist des Tiers hierher zurückkehren.«

»Kommen sie her, um sich auszuruhen?«

Der Mann blickte Bowman befremdet an, als ob Bowman sich mit ahnungslosen Fragen über ihn lustig machte. »Sie bekommen hier ihre Körper.«

»Aber nur, wenn sie ihr Leben auf eine ganz bestimmte Art hingeben können und der Jäger dann ein Gebet spricht?«

»Ja.«

Nach einer Weile sagte der Mann: »Viele Religionen haben keine Tiere. Schwerer für Tiere heute. Sie versuchen es dennoch.«

Bowman wußte nicht, was er meinte.

»Sehr schwierig heute«, sagte der Mann.

»Was hörst du an diesem Ort?« fragte der Inuk abrupt. »Hörst du ihre Lieder? Hörst du sie rufen?«

»Im Schlaf«, wagte Bowman zu antworten. »Oder vielleicht wenn ich wach bin, aber zu schlafen meine. Ich höre einen Ton, wie wenn ein Fluß über eine Mauer fließt oder der Wind heftig in den Kronen eines Waldes weht. Manchmal höre ich Herzschläge, viele Herzschläge übereinander, wie Karibuhufe.«

»Die Seelen der Tiere rufen nach Körpern, die Körper rufen nach ihren Seelen.«

»Die Körper und die Seelen, sie suchen sich?«

»Ja. Sie kommen zusammn, verlieben sich wieder. Sie gehen zurück, kriegen Kinder. Dann hat eines Tages jemand Hunger, einer, der seine Familie liebt, der sich so verhält. Wolf, Mensch – egal. So läuft alles ab.«

»Gibt es einen andern Ort«, fragte Bowman, »wo die Tierseelen hingehen, wenn sie einfach so getötet werden?«

Der Inuk schaute Bowman an, als wäre er nicht da, stand auf und ging weg.

Er kam nicht zurück, und Bowman sah ihn nicht wieder.

Die Tiere um Bowmans Lager wurden weniger scheu. Sie begannen, an ihm vorbeizuziehen, als wurzelte er im Boden oder wäre ein Teil des Himmels. Die Karibus gingen alle auf die gleiche, schwebende Art, blickten, manche mit leuchtenden Augenpaaren, manche mit stumpfen, auf die Pflanzen und Flechten, auf die Wolken, und starrten auf Rinnsale, die über die Tundra flossen.

Eines Morgens sah Bowman sein Gewehr; es lehnte an einer Kiste.

Während der letzten Tage, sagte er, habe er versucht, das Land zu zeichnen. Ich bekam die Zeichnungen zu sehen – alles Pastellbilder, Aquarelle, mit kleinen, leuchtenden Flecken Rot, Violett und Gelb: Blumen, Zwergweiden, Bärentrauben. Das Land war endlos weit. Es schien gegen den Horizont zu laufen wie eine Welle. Und doch wirkte es gewichtslos, als könnte ein Luftstoß weich wie Vogelatem es auf die Seite kippen.

Der Pilot kam und flog ihn nach Qânâq, nahezu 800 Kilometer. Zwei Tage später trat er die Fahrt nach Süden an. Jetzt wartete er mit uns anderen darauf, daß es aufklarte.

Bowman erzählte mir seine Geschichte im Laufe von drei Tagen. Er teilte jedesmal nur ein bißchen mit, als wäre er sich ihrer oder meiner nicht sicher. Ich versuchte immer wieder, ihn darauf zurückzubringen, aber ich war nicht aufdringlich. Ich hatte viele Fragen. Machte es ein Geräusch, wenn die Füße der Tiere den Boden berührten? Sah er Flugzeuge am Himmel? Hatte er jemals Angst? Was hatte der Inuk an?

Die schwerste Frage – denn ich hatte keinen anderen Grund, mich um ihn zu bemühen, als meine Wißbegier – war, ob er eine Adresse habe, unter der ich ihn erreichen könne. Er gab mir eine Adresse in Ames, wo die Universität ist, aber als ich ihm schließlich schrieb, war er schon weggezogen; und wie so viele junge Leute – er war dreiundzwanzig, vierundzwanzig – hinterließ er keine Nachsendeadresse.

Manchmal, wenn ich in eine Bibliothek komme, schaue ich unter seinem Namen nach. Aber soweit ich weiß, hat er nie etwas darüber, oder sonst etwas, geschrieben.

Am letzten Septembertag zog der Nebel plötzlich ab, als müßte er dringend woanders hin. Bowmans Flugzeug, das acht Tage dort am Flughafen gestanden hatte, startete nach Kopenhagen, und eine Stunde später flog ich mit meinen Freunden zurück zur Frobisher Bay auf Baffin Island.

Reinhold Messner
Allein in der Wüste des Todes

Schon Marco Polo nannte den Versuch, die Wüste Takla Makan der Länge nach zu durchqueren, sinnlos: Man bräuchte fast ein Jahr und könnte den nötigen Proviant nicht tragen. Aber Reinhold Messner, geboren 1944, war dennoch von dieser Idee besessen und machte sich auf den Weg in die lebensfeindliche Einöde. Dabei kam er vor allem sich selbst ein ganzes Stück näher.

Erstaunt und zugleich erleichtert, eine vertraute Stimme gehört zu haben, wandte ich mich um und blieb erschrocken stehen. War da nicht eine Gestalt, die über die Sanddünen huschte, gebückt, sandgrau, immer weiter in die Wüste hinein? Ein Tier? Kein Mensch konnte so schnell durch die Wüste laufen, wo kein Weg war, kein Steig, keine Spur. Hinter jedem Dünenkamm ein neues Tal, eine nächste Düne, die Erhebungen von Mal zu Mal höher und dahinter schließlich nach allen Himmelsrichtungen eine gleichmäßige Tiefe: undurchdringbar wie Milchglas in ihrer fernen Helligkeit. Dahinter kein Himmel mehr und keine Wüste.

Alle, die in dieser Wüste allein gelassen worden waren, sollen Stimmen gehört haben, und schon Marco Polo erzählte von bösen Geistern, die sich in der »Wüste des Todes« aufhielten und die Reisenden mit allerlei Blendwerk ins Verderben lockten.

Eine graugelbe Sandsäule stand plötzlich vor mir über der flimmernden Ebene. Wie ein Derwisch wirbelte die Windhose über die Wüste, kreiselte herum, verharrte einmal da, einmal dort.

Die Sonne schimmerte hinter einem Sehleier, und blauer Dunst lag über dem Horizont. Links von mir, im Süden, ahnte ich immer noch die Berge hinter einem bleifarbenen Vorhang aus Staub und Hitze. Oder waren da keine Berge mehr?

Ich blieb stehen, als es knisterte. Der Wind schleuderte mir Sand in die Augen. Staub wirbelte um mich herum und in einer Spirale in den Himmel. Immer mehr Staub und Sand flogen vom Boden auf, drangen mir in Mund, Augen, Nase. Einen Augenblick lang geriet ich in Panik. Plötzlich aber war alles vorbei. Ich stand gebückt in der endlosen Ebene, und der Wirbelwind fegte weiter nach Nordosten, Richtung Lop Nur.

So begann ein Sandsturm, von Einheimischen als Buran bezeichnet, der drei Tage lang dauern sollte. Es war nicht der Wind, der mich hoffnungslos machte, auch nicht die schlechter werdende Sicht, es waren meine Selbstzweifel.

Als ich im Herbst 1992 aus derselben Wüste herausfuhr – wir hatten den Zentralteil in einer Gruppe von Trekkern mit Kamelen und zu Fuß durchquert –, war mir ein Projekt in den Kopf gekommen, das mich übermütig machte. Ich wollte diese Wüste allein durchqueren, und zwar nicht der Breite nach, von Süden nach Norden, sondern von Osten nach Westen und ohne Kamele.

Die Takla Makan hat die Form einer schmalen Ellipse. Sie ist in der Mitte etwa 500 Kilometer breit und von Lou-lan bis Kashghar 1300 Kilometer lang. Ich kannte nach meiner ersten Reise einige Wasserstellen im Zentralteil der Wüste und war sicher, weitere Brunnen zu finden. Auch hatte ich das Leben der Einheimischen, die den Sommer über an ausgetrockneten Flußläufen und Rand-Oasen ihre Tiere hüten, beobachtet. Ich glaube nicht nur, ich wußte, die Wüste war der Länge nach zu durchqueren. Wenigstens theoretisch. Auch wenn praktisch alles dagegen sprach.

»Ein sinnloses Unterfangen wäre es, wollte man die Wüste ihrer Länge nach durchqueren; denn man würde dazu fast ein Jahr brauchen und könnte für eine so lange Zeit keine Lebensmittel mit

Allein in der Wüste des Todes

sich führen«, hatte schon Marco Polo festgestellt, der am Südrand der Takla Makan vorbeigezogen war.

Von Urumqi reiste ich zwischen Gobi und Takla Makan nach Osten, um unbeobachtet in die Berglandschaft südlich des Lop Nur zu gelangen. Die Durchquerung der Takla Makan war nicht verboten, den lokalen Behörden erschien ein Überleben ohne logistische Unterstützung vor Ort so undenkbar, daß nie auch nur ein Vorschlag zur Reglementierung von Reisen in die Wüste gemacht worden war. Anders das Gebiet um den wandernden See Lop Nur, das seit Jahren Atomversuchsgebiet war und folglich für alle Reisenden tabu. So wie in der Wüste Nevada wurden auch hier immer wieder unterirdisch Atombomben gezündet.

Im Oktober 1993 kam ich nach Milan, einer alten Siedlung im Süden der Wüste, die völlig verlassen war. Nach Ruojang durfte ich nicht, weil die Straßen dort kontrolliert wurden und diese Region für Touristen gesperrt war. Also schlug ich mich weiter im Norden durch, über Lößboden, durch verstaubte Pappelwälder und Schotterwege.

Bald ging die Wüstensteppe in Steinscherbenwüste über, der Vegetationscharakler wurde einförmiger. In den ehemaligen Flußläufen wuchs Kamisch, jenes Schilfrohr, das die Nähe des Wassers verriet. In den Bodeneinsenkungen zwischen den Dünen, Bajire genannt, standen Tamariskensträucher.

Die Landschaft wurde immer eintöniger, und nach ein paar Tagen erschienen nur noch Sandmassen vor mir, in unendlich vielen, verschieden hohen Hügeln um mich hingestreut. Ein betäubendes Bild.

Mein Unterwegssein folgte dem Rhythmus von Tag und Nacht. Ich schlief ohne Zelt, im Schlafsack, aß am Morgen und späten Abend. Tagsüber ging ich. Nur am frühen Nachmittag machte ich eine längere Pause, rastete im Schatten einer Düne oder eines Baumstrunks, wenn Schatten zu finden war.

Die Jahreszeit war ideal: erträglich die Hitze am Tag und die Kälte der Nacht, so daß ich im Schlafsack nicht fror.

Noch kam ich häufig zu Nomaden und leeren Weilern, die nur zeitweise von Menschen bewohnt wurden. Im Norden von Shorkol sah ich Bohrtürme aufragen und ging nachts weiter, um nicht gesehen zu werden.

Um schneller voranzukommen, trug ich immer nur soviel Wasser mit mir, daß es bis zum nächsten Brunnen reichte. Dort wurde wieder Wasser geschöpft. Von den Einheimischen konnte ich meist auch Essen kaufen, Auskünfte einholen, lernen. Mit neuen Nahrungsmittel- und Wasserreserven ging ich in das nächste Stück Wüste hinein wie in die nächste Etappe eines langen Laufs. Sorgen machte mir nur das vorletzte Stück, die Strecke von einem Brunnen hinter Mazar-tagh bis vor Markit: mehr als 200 Kilometer ohne Brunnen, ohne Einheimische, ohne Fluchtweg. Irgendwie hoffte ich, bis dahin genügend Erfahrung, Ausdauer und Durchhaltewillen zu haben, um nicht verrückt zu werden.

Schon Marco Polo hatte in den Gefahren eines Wüstenmarsches all jene Selbsttäuschungen erkannt, an die wir unser Leben hängen. Die Plätze, an denen es Wasser gab, waren gezählt, und es gab nirgendwo Wasser für eine große Zahl von Menschen und Kamelen, »aber doch genug für fünfzig bis hundert Personen samt ihren Lasttieren«. Vierbeiner und Vögel traf er in der Takla Makan nicht an, weil dort kein Futter zu finden war.

Wenn aber einer zurückblieb und die Karawane weiterzog, hörte er sich bei seinem Namen rufen, sah vertraute Gestalten und zuletzt sich selbst als einen Gefährten. Allein kam der Zurückgebliebene immer weiter vom Weg ab. Nachts trieben ihn die Ängste und Geräusche, die er selbst machte, wie einer, der vortäuscht, keine Angst zu haben, dem Zug der Untergegangenen zu. Am Ende wurde er irre.

Als Geist unter Geistern nistete sich der Verschollene nun in anderer Leute Köpfe ein, verwirrte sie mit dem Lärm von Kamelglocken, die es nicht gab, mit Irrlichtern, die der Sternenhimmel auf den Rand der Wüste spiegelte oder mit Ungeheuern, die ihnen aus

Allein in der Wüste des Todes

ihren eigenen Spuren nachkrochen. Jeder sah, hörte, roch seine ihm eigenen Ungeheuer, und er floh sie.

Die andern, all jene, die weiter dem Führer folgten, rückten näher zusammen, sie marschierten in strenger Formation, schworen auf Recht und Ordnung wie die Menschen in den Städten, denen Lärm und Geschäftigkeit und Hektik die ganze Sicherheit bedeutete.

Das letzte Lasttier trug die Glocke mit dem Schlegel aus einem Kamelknochen, damit alle wußten, wohin die Karawane zog. Trotzdem wurde die Herde immer kleiner.

Ich war seit Tagen allein und bemühte mich auch jetzt, in der Bedrängnis des Sandsturms, nicht an die enorme Strecke zu denken, die noch zurückzulegen war.

Am ersten Tag im Sandsturm brauchte ich mehr Wasser als sonst. Am zweiten wurde es schlimmer. Hätte ich nicht getrunken, ich wäre nicht mehr von der Stelle gekommen. Alles war mit Sandschleim verklebt: Mund, Nase, Lungen.

Die Luft war dermaßen mit Sandstaub durchsetzt, daß sie stofflich erschien. Dieser Staub in der Luft hing in den Haaren, in den Kleidern, in den Atemwegen. Ich mußte durch den Mund atmen, und Trinken war wie ein Reflex. Am Abend waren statt drei Litern sechs oder sieben Liter verbraucht.

Der Entschluß, nach Süden auszuweichen, war keine Wahl, es war eine Flucht. Ich mußte dringend meine Wasserreserven auffüllen. Selbst bei klarem Himmel und ruhiger Luft durfte ich meinen Wasserverbrauch nicht auf Null setzen. Eine bestimmte Menge Flüssigkeit pro Tag braucht der Mensch in der Wüste, sonst trocknet er rasch aus.

Mit Hilfe von Karte und Kompaß arbeitete ich mich durch den Wirbelsturm nach Süden vor. Es war nicht allzuweit bis zu den ersten grünen Flußläufen, wo ich Nomaden zu treffen hoffte.

Auf den Dünenkämmen, wo der Sand fester zusammengepackt war, kam ich schneller voran als in den Mulden, und ich konnte ihnen jetzt folgen, weil sie von Nordosten nach Südwesten verliefen. Auch war es von Vorteil, daß die festeren, flacheren Hänge nach Norden hin lagen, von wo ich aufstieg. Über die steileren Abhänge rutschte ich nach Süden hin ab. Der Sand glitt hinter mir nach wie ein Schneerutsch.

Wie lange noch, bis die dicke Luft sich auf den Wüstenboden legte? Die Sonne kam nicht durch die morgendlichen Staubnebel, und Entfernungen täuschten. Alles war jetzt Sand.

An Trugbilder hatte ich mich gewöhnt, und die Zeit las ich auf dem langsamen Weg aus der Wüste von meiner Armbanduhr ab, die auch Höhen, Temperatur und Datum anzeigte. Diese Koordinaten prägten sich als Orientierungsmarken im Kopf ein.

Als einen Tag später die Luft im Süden leichter wurde, dann durchscheinend und gegen Abend hin klar, konnte ich weit vor mir Gebirgsmassen sehen. Oder waren es wieder nur Berge aus Sand?

Wie Warzen ragten in einer Mulde vor mir die ersten Tamariskenhügel aus einer weichen Sandfalte, die Wurzelstöcke halb entblößt, jeder Ast eine Verrenkung. Diese Baumkrüppel überlebten in einer solchen Gleichgültigkeit, daß ich bei ihnen Rast machte, völlig teilnahmslos an einen der mannshohen Kegel gelehnt.

All meine Begeisterung, meine Energie, mein Stolz waren dahin. Nichts als Leere in mir. Angesichts dieser ungeheuren Weite der Wüste hatte nichts Bestand. Woher hatte ich die Sinnhaftigkeit und die Bedeutung für mein Experiment genommen, und welchen Größenwahn verfolgte ich mit meinen Beinen?

Als Sven Hedin diese von allen Meeren am weitesten entfernte Wüste 1896 durchqueren wollte, brach er mit nur vier Begleitern, acht Kamelen, zwei Hunden, zehn Legehennen und drei Schafen auf. Er suchte im feinen, gelben Wüstensand nach verborgenen Märchenburgen und Siedlungen, aber hinter jedem Kamm erhob sich nur ein neuer, und die Dünen wurden immer höher. Als das Wasser knapp wurde, war es für eine Umkehr zu spät. Vom Durst

Allein in der Wüste des Todes

und der Leere ringsum verwirrt, genarrt von vertrauten Stimmen und ausgedörrt vom Flugsand, verkroch er sich mit seinem letzten Begleiter tagsüber tief in den nachtkühlen Sand, um nachts weiterzusuchen. Daß er schließlich den Khotan Darya erreichte und Wasser fand, grenzt an ein Wunder. Ich glaube ihm, wenn er erzählt, daß nur die Liebe zu einer Frau, die seinen »gesunden, kalten Verstand umnachtet« hatte, ihn in die Wüste hineinlockte: »Sollten doch all diese großen Eroberungen im Herzen Asiens, in Tibet und der Wüste Gobi ihretwegen gemacht werden.« Diese Liebe führte ihn zum Glück auch wieder heraus.

Auch ich liebte eine Frau, die hinter der letzten Düne zurückgeblieben war, aber dieser Wüstenmarsch gehörte nicht zu meinem Imponiergehabe, »um ihre Bewunderung und ihr Lob zu gewinnen«. Er war mir manchmal wie ein Herumtasten zwischen den Irrlichtern der Ekstase erschienen, eine Hoffnung, mir vergessene Sehnsucht in die Erinnerung zurückzuholen. Jetzt war all das nichtig.

Juval war plötzlich näher als die Erkenntnis, daß ich aufgegeben hatte. Als ich mich erhob, den Rucksack aufnahm, folgte ich keinem ausgetrockneten Ehrgeiz, nur noch dem Selbsterhaltungstrieb. Es war eine Flucht aus der eingestandenen Dummheit.

So ging ich dem Leben entgegen.

Zuerst sah ich eine Fliege, später huschte eine Eidechse über den Sand, und dann flogen plötzlich Gänse auf. Die goldgelben Sanddünen besaßen jetzt einen stumpfen Glanz, und die Staubwolken hatten sich gelegt.

Öfters jetzt kreuzten die Spuren wilder Tiere meinen Weg. Weit weg am Horizont stand eine Reihe Pappeln. Es dämmerte bereits, als ich dort ankam.

Am gleichen Abend traf ich eine Hirtenfamilie. Obwohl sie mißtrauisch waren, gaben sie mir zuerst Tee, dann Maisbrot, Schafmilch und auch Eier. In ihrer Laubhütte war es kühl. Sie blieben mir gegenüber zurückhaltend, luden mich aber ein, bei ihnen zu schlafen.

Am anderen Tag brieten die Uiguren Hammelfleisch für mich, und sie führten mich zum Brunnen. Ich hätte, erholt und mit neuem Proviant, in die Wüste zurückgehen können. Ich tat es nicht. Nicht weil meine Gastgeber abgeraten hätten, sondern weil ich Angst hatte. Ich sehnte mich viel stärker nach Hause als nach Beifall oder Wüstensand.

Hinter dem Ufer des Cherchen Darya mußte die Steppe beginnen, dahinter lebten die Menschen in festen Siedlungen, an befahrbaren Straßen, in Kasernen und Lehmhäusern.

Dort mußte ich mich wieder vor der Polizei verstecken.

Die Entscheidung, die Durchquerung aufzugeben, kam aus dem Bauch. Vielleicht hätte ich zehn Jahre vorher, weil ich ehrgeiziger war, einen zweiten Anlauf gemacht. Ich wäre zurückgekehrt in die Wüste. Jetzt wollte ich nur noch nach Hause. Meine Gefühle waren dabei so klar wie die Herbstluft.

Nur am Rande der Gebirge, wo die Flußläufe Schmelzwasser bis in die Wüste führen, gab es Dauersiedlungen. Die Seidenstraße verband diese Oasen, die es zeitweilig zu staatlicher Selbständigkeit gebracht hatten und die heute noch blühende Gartenlandschaften mit jeweils einer Handelsstadt im Zentrum sind. Auf der Nordroute liegen Hami, Turfan, Korla, Kucha und Aksu. Auf der Südroute Khotan und Yarkand, weiter östlich Ruoqiang und Qemó, wohin ich, einmal aus der Wüste heraus, kommen würde. Das Gebiet war für Touristen gesperrt, aber ich hoffte, mich nach einer Ruhepause am Rande der Wüste bis nach Khotan durchschlagen zu können.

Bei den Nomaden fand ich alles, was ich brauchte, um mich zu erholen: Wasser, Brennholz, Proviant und menschliche Gesellschaft. Der tote Wald rechts von uns, lauter verdorrte Pappelstämme, gab Anlaß, nach wilden Tieren zu fragen und nach dem Holztransport für den Winter. Nein, Tiger gab es nicht mehr hier, auch keine Wölfe, und das Holz holten die Chinesen mit ihren Lastwagen nach Qemó.

Allein in der Wüste des Todes

Der Brunnen bestand aus einem Rohr, das in den Boden geschlagen worden war. Es kam sauberes Wasser heraus. Ich wusch mich gründlich und trank viel. In der Nacht plagte mich Schlaflosigkeit. Was wäre gewesen, wenn mich der Sandsturm im letzten Drittel der Wüstendurchquerung überrascht hätte?

Verbotenerweise schlich ich bis an die südliche Seidenstraße und benutzte die normale Busroute nach Norden. Quer durch die Wüste ging es auf einer Schotterpiste nach Korla.

An der Hauptstraße in Korla stieg ich aus dem Bus: staubverkrustet, Schweißränder in den Kniekehlen und am Rücken. Der 40-Sitzer ratterte weiter, das Dach weiß, die Türen blau gestrichen.

Ich hockte mich in die erste Straßenwirtschaft und bestellte ein Bier. Der Verkehr war ohrenbetäubend laut, Kinder liefen umher zwischen den Pappeln am Straßenrand.

Auf der acht Meter breiten Straße herrschte ein Gewimmel von Pferdefuhrwerken, Bussen, vorsintflutlichen Lastwagen und Fahrradfahrern.

Ganz unvermutet redete mich ein junger Mann an. Sein Englisch war tadellos, und ich lud ihn ein, sich zu setzen. Er war Makler von Beruf. Er war vielleicht 25, mittelgroß und schmal, schwarzhaarig mit Bürstenschnitt und hieß Way Wayne, aber er nannte sich »Bright«.

»Woher?« fragte er ganz nebenbei, und ich sagte:

»Takla Makan.«

»Öl?« schrie er laut und sah mich erwartungsvoll an.

»Nein, nur Sand.«

»Hier rauscht seit ein paar Jahren das Öl«, erzählte er, während neben uns auf einem Handwagen zwei geblümte Doppelbetten vorbeigezogen wurden. »In der Takla Makan liegt soviel Öl, daß den Chinesen die Mittel nicht ausreichen, danach zu forschen. Die Korla-Tarim-Petroleum-Exploration hat die halbe Stadt gemietet. In zwei Jahren schon wollen sie fünf Millionen Tonnen im Jahr fördern. Im Norden der Wüste wird zur Zeit an sechs Stellen gebohrt, die Südweststrecke soll erschlossen werden, und 73 000 Quadratkilometer im Südosten, in der Gegend von Ruoqiang, sollen ausländischen Firmen zur Ausbeutung überlassen werden. In zehn Jahren ist die gesamte Takla Makan umgegraben, und wir sind reich.«

»Gibt es auch schon Pipelines?«

»Sicher. Bisher nur 250 Kilometer. Bald werden es mehr sein, viel mehr. 18 neue Ölvorkommen sind erst wieder gefunden worden, und an weiteren 127 Stellen wird gesucht. Straßen müssen gebaut werden, Unterkünfte und Hospitäler für die Arbeiter und weitere Bürohäuser.«

Ich gehörte nicht zu den Ölsuchern, und bei der Vorstellung von Bürohäusern bekam ich Platzangst. Wenn ich mir diese »Wüste des Öls« vorstellte, war ich nun doch froh, noch »in der Wüste des Todes« gewesen zu sein.

Am Abend im Hotel trank ich nach Wochen der Abstinenz wieder meinen Rotwein. »Pearl of Silk Road« stand auf dem Etikett. Darunter waren drei Kamele in der Wüste abgebildet, Stimmung Sonnenuntergang.

Im Flugzeug von Urumqi nach Peking saß ein deutscher Geschäftsmann neben mir. Er kannte mein Gesicht und sprach mich an.

»Sie sind sicher nicht des Öls wegen hier?«

»Nein, ich war in der Wüste.«

»Ich habe davon gelesen. Ein paar Europäer und fünf Chinesen wollten doch die Takla Makan der Länge nach durchqueren?«

»Ja, aber zu denen gehöre ich nicht.«

»Dachte ich mir doch. Ihre Popularität geht zurück auf das Höhenbergsteigen. Das Eiswandern, die Sandwüsten passen nicht zu Ihnen.«

»Was Sie sagen, denken viele. So bin ich in das Klischee des Bergsteigers gerutscht. Es stört mich aber nicht, daß es nur wenige Leute interessiert, was ich am Süd- oder Nordpol mache. Der Mount

Everest liegt ihnen näher. Bei mir war es früher auch so. Ich hatte, bevor ich in die Antarktis ging, keinen blassen Schimmer von diesem riesigen Kontinent.«

»Muß man ihn deshalb gleich überqueren?«

»Ich schon. Diese langen Märsche entsprechen meinem Wesen. Im Grunde bin ich nur ein neugieriger Mensch, nicht ein Bergsteiger.«

»Für die Leute sind Sie Bergsteiger.«

»Ich war wirklich ein besessener Bergsteiger. Aber heute bin ich auch Bergbauer, Sammler, Familienvater, Eiswanderer und Wüstendurchquerer.«

»Was stört Sie an dem Bild, das andere von Ihnen haben?«

»Ich möchte von den anderen endlich als gleichwertiger Mensch verstanden werden. Ich bin kein Exot mit größeren Lungen, einem langsamen Herzschlag und einer dickeren Haut. Natürlich habe ich Anerkennung gewollt und sie auch bekommen. Wir alle brauchen Anerkennung. Was mich stört, ist dieses Unverständnis meiner Person gegenüber. Es weht mir auf dem Dorfplatz, in jedem Vortragssaal entgegen. Ich will nicht ein Leben lang dagegen anreden müssen. Die Leute sollen endlich begreifen, daß ich nichts als meine Träume, die mich wie die Neugierde seit meiner Kindheit verfolgen, realisieren will. Und meine Neugierde hat sich immer wieder verlagert. Als Kind wollte ich klettern. Später stieg ich auf die höchsten Berge, wo die Luft dünn ist. Wie ist es, wenn nicht der Sauerstoff, sondern die Wärme fehlt, fragte ich mich dann, und ich ging in die Antarktis. In Grönland, mitten im Winter, fehlte das Licht und in der Wüste das Wasser.«

»Ist das der gemeinsame Nenner Ihrer Grenzgänge, dieses wechselweise Verzichten auf die lebenserhaltenden und lebensspendenden Elemente: Licht, Luft, Wasser, Wärme?«

»Ja, und nur weil ich genau so ein Mensch bin wie jeder andere auch, mache ich dabei Erfahrungen.«

»Dann bleiben Sie sich selbst also auch ein Rätsel?« Mein Nachbar lächelte verständnisvoll.

»Man muß doch nicht immerzu versuchen, sich und andere zu ergründen.«

Meine Antwort kam so trotzig, daß ich den Widerspruch zu meinem Leben darin als aufgelöst postulierte.

Unter uns lag die Wüste.

Selbsterkenntnistrip? Unsinn! Diese Reisen jenseits jeder Eroberungs- und Forschertätigkeit waren nichts als Selbstbetäubung, meine Ego-Trips nichts als die Marotte eines Nichtschwimmers, der immerzu über senkrechte Felswände ging, über Geröll, Kare, über die steinernen und gefrorenen Meere und zuletzt über Sand, zu dem alle Gebirge zerfielen, immer näher an den Abgrund hin. Was hier der Sandsturm war, war dort die Mure oder der Steinschlag in einer senkrechten Wand. In den Schluchten und Abgründen der Gebirge gab es nur Angst und Schrecken und Tod, im Innersten der Wüste nur Verzweiflung und Leere.

Wie viele Städte, wie viele Kulturen sind in der Takla Makan untergegangen? Versprengte Soldatenhaufen aus der Armee Alexanders des Großen haben vor mehr als zwei Jahrtausenden an Orten gesiedelt, die jetzt völlig mit Treibsand zugedeckt waren, Tibeter hatten ihre Dzongs, Klosterfestungen, gleich mitten in der Wüste gebaut, auf Felsen vorzugsweise oder auf mächtigen Tamariskenhügeln, die heute noch aus der Wüste ragen wie von Menschenhand geschichtete Kegel.

Am Beginn dieses Jahrhunderts schon hatten der Schwede Sven Hedin und der britische Archäologe Sir Aurel Stein ein paar dieser Stätten entdeckt und Tafeln mit Schriftzeichen und Gravierungen, Bildern und Tonscheiben mitgenommen. Wie viele Karawansereien es einst gegeben hatte, wußte niemand zu sagen. Eins aber war sicher: Die Wüste von heute war vor zweitausend Jahren noch zur Hälfte grün gewesen, und es gab Karawanenwege mit Brunnen und Unterkünften von Norden nach Süden, von Osten nach Westen, mitten durch die Landschaft, die heute als »Wüste des Todes« gilt.

Allein in der Wüste des Todes

Hier war das Ende der Menschenwelt nicht Hypothese, sondern Realität, sichtbar in ein paar Ruinen mitten in der Steinscherbenwüste, hörbar im Sandrieseln, das die Spuren zudeckte, riechbar im Brackwasser, das ein paar Meter unter der Oberfläche in ein ausgeschaufeltes Sandloch sickerte.

Die turksprachigen, moslemischen Uiguren am Rande der Takla Makan übersetzen den Namen ihrer Wüste mit einem schicksalsschweren Satz: »Du gehst hinein, aber kommst nicht mehr heraus.« Das galt für die Hunderttausende von Zwangsarbeitern, Kriminellen, die ihre Strafe als Ölarbeiter abdienten, zusammengepfercht in Lagern am Rande der Wüste, das galt für die politischen Gefangenen, die seit Jahrzehnten in Konzentrationslagern irgendwo in der Öde dahinsiechten, das galt für mich, der ich für meinen Bewegungsdrang Weite, immer mehr Weite brauchte.

Die Takla Makan war Gulag und Chaos zugleich, toter als die Berge, obwohl sie ganze Städte unter sich begraben hielt.

Nicht einmal Aasvögel kreisten über so viel Leblosigkeit.

Warum also kamen alle großen Gedanken aus der Wüste?

Moses kam aus der Wüste, Christus war in der Wüste gewesen, die Propheten gingen in die Wüste. Die meisten Religionen kommen aus der Wüste. Als ob dort starke, einmalige Erfahrungen geboren werden könnten. Klare Erkenntnisse reifen in kargen Landschaften. Ich ging nicht in die Wüste, um eine neue Religion zu stiften. Im Gegenteil, ich hielt nicht allzuviel von Religionsstiftern, die die Menschheit mit immer neuen Idealen fütterten. Was ich in der Wüste suchte, war Zuflucht in der Wildnis, die immer mit Begrenztheit zu tun hat: als Hilfe für meine orientierungslose Seele.

Das Hungern, die karge Landschaft, sie helfen klarer zu sehen, ohne zu denken. Wenn das Wasser fehlt, fangen wir an zu halluzinieren, und wenn dann nichts mehr an das Dasein der Menschen erinnert, schlägt die Verlassenheit jäh um in Verrücktheit.

Die Verzweiflung in der Wüste, wenn der Durst zu groß geworden ist, daß man nicht mehr weitergehen will, ist entsetzlich. Gegen die Kälte kann ich gehen, aus der sauerstoffarmen Zone am Mount Everest kann ich nach unten steigen. In der Wüste aber, wenn alles Wasser verbraucht ist, kann ich nicht einmal mehr nach Wasser suchen. Es ist hoffnungslos still, wenn einer ganz auf sich selbst zurückgeworfen ist beim Sterben, und wenn er aufhört zu denken, hallen ihm vertraute Stimmen in den Ohren wider.

Die Wüste ist das schwierigste Gelände, das es auf der Erde gibt, weil sie das Ende und die Hoffnungslosigkeit ausdrückt. Vielleicht sind Religionsstifter deshalb dorthin gegangen. Und wenn sie wiederkamen, brachten sie den Menschen Hoffnung mit und eine neue Ordnung und Visionen.

Das Spiel, das wir alle spielen, führt wie eine Spirale immer weiter von uns weg und immer weiter auch weg von der Realität dessen, was wir Menschen auf dieser Erde bedeuten. Wir sind in eine Verlorenheit katapultiert, die uns glauben läßt, wir beherrschten die Welt!

Ich werde meinen Kindern den Nanga Parbat zeigen, und ich werde in späteren Jahren mit ihnen gehen und weitergehen und nochmals gehen. Das Gehen als Zugang zur Welt, als wichtige Erfahrung für das Leben, ist ohne Ersatz. Dabei muß niemand Grenzgänger werden, nur erfahren, daß Gehen eine Hilfe ist, mit dem Leben zurechtzukommen. Ich habe vor kurzem damit angefangen, die Umgebung von Meran kennenzulernen. Ich bin froh, daß ich auf dem Ifinger noch nicht war und nicht auf der Zielspitze und nicht unterm Hirzer. Lauter Wüsten vor der Haustür. Als ich vor wenigen Monaten in Meran einzog, war alles so neu und nah. Aber ich werde in den nächsten Jahren auf die Berge über Meran steigen und Distanz gewinnen.

Den Weg hinaus aus der Wüste hatte mir ein Nomade gewiesen. Ohne ein Wort.

Als Sven Hedin einen solchen Nomaden am Rand der Wüste ge-

Allein in der Wüste des Todes

fragt hatte, wie weit sich die Sandwüste erstreckte, soll er geantwortet haben: »Bis ans Ende der Welt, und bis dorthin ist es ein
Weg von drei Monaten.«

Bis zur Zielspitze oberhalb von Meran ist es gleich weit, wenn
ich die Rätsel in meiner Seele einfach Rätsel sein lasse.

Norman MacLean
aus Junge Männer im Feuer

*Im Alter von 74 Jahren wurde Norman MacLean (1902-1990)
durch sein Buch* Aus der Mitte entspringt ein Fluß *berühmt. Er
starb, bevor er sein zweites Buch,* Junge Männer im Feuer, *beenden konnte. Darin berichtet er von einem Inferno in der amerikanischen Mann-Gulch-Schlucht, bei dem 1949 dreizehn junge
Feuerwehrmänner ums Leben kamen. MacLean versucht, dem
Schicksal dieser Männer nachzuspüren. Im vorliegenden Auszug
fliehen sie bergaufwärts vor einer Feuerwand.*

Dodge war vor seiner Mannschaft aus dem Gehölz herausgekommen, das Feuer dicht auf den Fersen. Er sah vor sich hohes trockenes Gras, das sehr schnell brennen würde, sah zum erstenmal den
Gipfel des Kamms über sich und schätzte die Entfernung bis dort
auf etwa zweihundert Yards, zählte zwei und zwei zusammen und
kam zu dem Ergebnis, daß er und seine Mannschaft die zweihundert Yards nicht schaffen würden, und erfand fast auf der Stelle
das, was als »Fluchtfeuer« bekannt werden sollte, indem er ein
Büschel Haargras mit einem Heftchenzündholz ansteckte. Damit
entfachte er einen Streit, der noch lange nach dem Feuer weiterlo-
dern sollte.

Damals leuchtete es wahrscheinlich keinem außer Dodge ein,
warum man direkt vor dem Hauptfeuer ein neues Feuer entfachen
sollte. Es konnte nicht als Gegenfeuer dienen; es war keine Zeit
mehr, eine Feuerlinie an seiner Front am Oberende der Schlucht
anzulegen, um so zu verhindern, daß daraus bloß ein vorgeschobe-
ner Ausläufer des Hauptfeuers würde. Und statt als Gegenfeuer

aus **Junge Männer im Feuer**

konnte es womöglich als unkontrollierter Brandherd auf dem Weg ans Oberende der Schlucht wirken und der Mannschaft das Feuer schneller und dichter auf die Fersen hetzen.

Dodge wollte gerade mit einem zweiten Streichholz ein zweites Feuer entzünden, als er aufblickte und sah, daß sein erstes Feuer schon 100 Quadratfuß den Hang bergauf gebrannt war. »Hier lang«, rief er unablässig seiner Mannschaft hinter sich zu. »Hier lang.« Von der Mannschaft müssen sich viele gefragt haben, als sie ihn schließlich sahen: Was macht der dumme Hund da bloß? Der Rauch lichtete sich zweimal, so daß jeder eine gute Möglichkeit erhielt, die Frage zu stellen.

Die Mannschaft muß sich nahezu über die ganze Strecke vom Rand des Waldstücks bis mitten auf die grasbewachsene Lichtung davor verteilt haben, wo Dodge sein Feuer entfachte. Rumsey und Sallee sagen, daß die Männer nicht in Panik gerieten, doch alle hatten inzwischen Todesangst und liefen um ihr Leben. Die Reihe der Männer war schon zu dem weitverstreuten Läuferfeld geworden, das typisch ist für ein Rennen, bei dem alles auf dem Spiel steht. Wenn es zum Wettlauf mit dem Tod kommt, sind nicht alle Menschen gleich geschaffen.

Am Rand des Waldstücks konnte die Mannschaft zum erstenmal ins obere Ende der Schlucht sehen, wo das Feuer, nachdem es sich auf der Südseite schluchteinwärts ausgebreitet hatte, jetzt wirbelte. Von der offenen Lichtung konnten sie auch ein Stück in den Grund der Schlucht sehen, wo es vermutlich Felsen waren, die rauchend explodierten. Sie brauchten sich nicht umzuschauen – sie konnten spüren, wie ihnen die Hitze von hinten direkt durch die Rippen in die Lungen drang. Vom Rand der Lichtung sahen sie auch zum erstenmal den Gipfel des Bergkamms. Der Kamm war keine anderthalb Meilen entfernt; ihnen schien es nur zweihundert Yards oder so. Warum blieb dieser Dreckskerl stehen und entfachte noch ein Feuer?

Zum erstenmal konnten sie auch eine Felswand sehen, die zwölf bis zwanzig Fuß hoch war und an die dreißig Yards parallel unterhalb des Bergkamms verlief. Dieses Stück des uralten Meeresbodens bewahrt den Bergkamm vor Erosion, wie die Felskappe auf einer Spitzkuppe in der Ebene die Spitzkuppe davor bewahrt, zur Prärie zu zerbröseln. Doch keiner dachte an Geologie, und wahrscheinlich nicht einmal daran, ob es schwer sein würde, über die Felswand, durch die Felswand oder um sie herum zu steigen. In diesem Augenblick hatte die Wand nur eine Bedeutung: daß sie ungefähr zweihundert Yards entfernt schien.

Als das Feld der Läufer seine größte Ausdehnung erreichte, befanden sich Rumsey und Sallee an seiner Spitze – sie erreichten als erste Dodge und sein Feuer. Diettert kam gleich nach ihnen, und vielleicht auch Hellman, obwohl diese beiden für immer getrennt voneinander dastehen und dieselbe Frage stellen: Was haben Rumsey und Sallee richtig, wir aber falsch gemacht? Zum einen sind sie zusammengeblieben; Diettert und Hellman gingen getrennte Wege.

Nie wird der Rauch sich lichten und ein klares Bild von der Spitze der Truppe geben, wie sie Dodge und sein verbranntes Haargras erreichte. Dodge hat später geschildert, daß die Mannschaft sich über eine Strecke von etwa 150 Fuß verteilt hatte, wobei mindestens acht Mann dicht genug beisammen und dicht genug bei ihm waren, daß er versuchen konnte, ihnen zu erklären – aber ohne sie aufzuhalten –, daß sie nur überleben könnten, wenn sie sich in sein Grasfeuer begäben. Vor der Kommission legte er sehr deutlich seine Überzeugung dar, daß ihnen nicht genügend Zeit blieb, es bis zum Bergkamm zu schaffen, und die Ereignisse bekräftigten seine Überzeugung. Im Rauch und Brausen brüllte er ihnen unablässig etwas zu – er war sich sicher, daß ihn zumindest die hörten, die ihm am nächsten waren, und daß die dahinter ihn aufgrund seines Handelns verstanden. Im wirbelnden Rauch, der regelrecht lärmte, kam es zu einer Pause, dann sagte jemand: »Zum Teufel, ich mach, daß ich hier rauskomm«, und eine Reihe der Männer folgte dieser Stimme.

Die ganze Reihe rannte in dieselbe Richtung, doch im Rauch

aus **Junge Männer im Feuer**

konnte Dodge nicht erkennen, ob sich irgendeiner davon nach ihm umsah. Er schätzte, daß das Hauptfeuer sie in dreißig Sekunden einholen würde.

Im Rauch und Brausen sahen Rumsey und Sallee ein beträchtlich anderes Bild der Gestalten und Ereignisse als Dodge. Tatsächlich weichen sogar die Zimmergenossen in ihren Schilderungen voneinander ab. Beide stimmen jedoch mit Dodge darin überein, daß die Reihe sich weit auseinanderzog; eine Gruppe an der Spitze lag Dodge dicht auf den Fersen, dann kam eine Lücke, und der Rest verstreute sich dann über eine Strecke, die keiner genau schätzen konnte, sie tippten aber auf nahezu hundert Yards. Als Laird Robinson und ich im Sommer 1978 gemeinsam mit Rumsey und Sallee einen Tag in der Mann Gulch verbrachten, sagten die beiden Überlebenden jedenfalls, sie seien sich jetzt sicher, daß einige Männer damals so weit zurückgefallen waren, daß sie nie dicht genug bei Dodge gewesen sein könnten, um zu hören, was er sagte. Aus Dodges Schilderung ist zu schließen, daß alle an ihm vorbeigezogen waren, aber nach Rumseys und Sallees Überzeugung waren es nicht alle gewesen. Zur Spitze der Kolonne gehörten laut Sallee lediglich drei Männer – er selbst, Rumsey und Diettert, der auch ein Kumpel war und mit Rumsey an demselben Projekt gearbeitet hatte, bevor beide zu dem Feuer beordert worden waren. Rumsey zählt zu diesen dreien noch Hellman hinzu, den stellvertretenden Truppführer, und er meint, wobei ihm Dodge zustimmt, daß Hellman es gewesen sei, der gesagt habe: »Zum Teufel, ich mach, daß ich hier rauskomm.« Damit liefert er die Grundlage für den Vorwurf, daß Hellman zweifacher Insubordination schuldig war: Er stand an der Spitze der Reihe, nachdem Dodge ihn ans Ende beordert hatte, und er ermutigte die Mannschaft, Dodges Befehl zu ignorieren, bei ihm zu bleiben und sich in sein Feuer zu begeben. Rumseys Aussage wird jedoch nie mit Sicherheit die Frage klären, an welcher Stelle Hellman stand, und somit auch nie seine Rolle in der Tragödie, denn Sallee war sich immer noch sicher, daß Hellman an deren Spitze stand, als Dodge den Männern befahl, ihr

Werkzeug abzuwerfen, daß er dann jedoch ans Ende zurückkehrte, wo er Dodges Befehl wiederholte, und dort blieb und dafür sorgte, daß der Befehl ausgeführt wurde. Also führen uns die direkten Zeugenaussagen zu widersprüchlichen Auffassungen über Hellmans letzte Handlungen als stellvertretender Truppführer der Feuerspringer auf ihrer tragischsten Mission. Entweder widerrief er den Befehl seines Vorgesetzten und trug zu der Tragödie bei, oder er kehrte, laut Sallee, als der ideale stellvertretende Truppführer zum Ende zurück, um dafür zu sorgen, daß die gesamte Mannschaft die Befehle des Vormanns ausführte und die Reihe intakt blieb.

Ein Abriß der Ereignisse, die unmittelbar bevorstanden, würde wahrscheinlich weder genau den Zeugenaussagen eines der Überlebenden entsprechen, noch ihre Aussagen zu einem Gesamtbild zusammenfügen, wie vielleicht zu erwarten wäre; er würde wahrscheinlich eher so aussehen wie das, was folgt. Und selbst in dem, was folgt, werden einige der tragischsten Ereignisse im dunkeln und ein Gegenstand des Streits bleiben.

Rumsey, Sallee und Diettert lösten sich von Dodge und schlugen gemeinsam denselben Weg hoch zur Felswand ein; zwei von ihnen haben überlebt. Einige aus der Mannschaft erreichten am Hang nicht einmal die Höhe von Dodges Feuer. Hellman versuchte, den Bergkamm auf einem anderen Weg zu erreichen und hat nicht überlebt. Die übrigen Männer verteilten sich am Berg schluchteinwärts von dem Weg, den die ersten drei eingeschlagen hatten, und keiner der Verstreuten hat den Bergkamm erreicht. Wie sagte Sallee in dem Sommer, als wir gemeinsam in der Mann Gulch waren: »Keiner konnte überleben, der Dodge auch nur Sekunden nach uns verließ.«

In der Tat zeigen die Zeugenaussagen deutlich, daß Diettert, Rumsey und Sallee kaum anhielten, um Dodge zuzuhören. So sagt Rumsey: »Ich dachte nur an meine eigene Haut.« Er und Diettert drehten um und liefen hoch zum Bergkamm. Sallee blieb nur kurz stehen, denn schon hatte er Diettert und Rumsey eingeholt und war sogar der erste, der sich oben durch den Spalt in der Felswand zwängte. Als er vor der Kommission befragt wurde, ob andere aus der Mannschaft hinter ihm nachgedrängt wären, als er zusah, wie Dodge sein Feuer entzündete, sagte Sallee: »Ich hab nichts gemerkt, aber ich glaube nicht. Rumsey und Diettert liefen weiter – liefen voran –, ich zögerte wohl kurz und lief dann auch weiter.«

Im Brausen des Hauptfeuers, das jetzt nur dreißig Sekunden hinter ihnen war, haben sie Dodge womöglich nicht einmal gehört, und falls sie Worte gehört haben, konnten sie deren Bedeutung nicht verstanden haben. Rumsey sagt: »Ich habe nicht gehört, daß er irgend etwas gesagt hat. Vom Hauptfeuer ging ein schreckliches Brausen aus. Da konnt man kaum was anderes hören.«

Wahrscheinlich war es nicht nur das Brausen von außen, das jedes Hören ausschloß. Es war auch die Stimme, die aus dem Innern des Berges Sinai kam: »Ich dachte nur an den Bergkamm – ob ich das schaffen kann. Auf dem Kamm wäre ich in Sicherheit. Ich lief auf der rechten Seite von Dodges Feuer hoch.«

Obwohl Sallee kurz stehenblieb, um Klarheit zu gewinnen, mißverstand auch er, was Dodge tat. »Ich verstand, er wollte, daß wir an seinem Feuer längsseits nach oben laufen sollten und daß sein Feuer das andere Feuer vielleicht verlangsamen sollte.« Wie Rumsey deutete auch Sallee Dodges Feuer als ein Pufferfeuer, das geradewegs nach oben brennen und eine Barriere zwischen ihnen und dem Hauptfeuer bilden sollte. Und wie Rumsey lief auch Sallee am rechten Rand von Dodges Feuer entlang, damit es immer zwischen ihnen und dem Feuer, das von der Schlucht hoch brannte, blieb.

Die Frage, wie Hellman den Gipfel des Kamms erreichte, nachdem er Dodge bei seinem Feuer zurückgelassen hatte, ist nicht mit Gewißheit zu beantworten. Bekannt ist, daß er seinen Weg von der Stelle, wo Dodge sein Feuer entzündete, bis zum Gipfel des Kamms allein machte; er erlitt schwere Verbrennungen; er stieß auf Rumsey und Sallee, nachdem das Hauptfeuer vorbeigezogen war. Er berichtete Rumsey, daß er seine schweren Verbrennungen auf dem Bergkamm erlitten habe; er ist am nächsten Tag im Kran-

kenhaus in Helena gestorben. Die überzeugendste Vermutung, wie
er den Gipfel des Kamms erreicht hat, stammt von Sallee. Als ich
im Sommer 1978 mit ihm auf dem Kamm stand, fragte ich ihn
nach Hellmans Weg zum Gipfel, und er sagte, natürlich habe er
viele Male darüber nachgedacht, und er sei überzeugt, es gebe nur
eine Erklärung: Während er mit Rumsey und Diettert auf der rechten Seite (schluchteinwärts) von Dodges Feuer bergauf gelaufen
sei und dieses somit zumindest für entscheidende Sekunden als
Puffer gedient habe, der sie vor dem schluchteinwärts sich ausbrei-
tenden Hauptfeuer schützte, müsse Hellman auf der anderen Seite
(schluchtauswärts) von Dodges Feuer gelaufen sein, so daß er keinen Schutz vor dem Hauptfeuer gehabt habe, das ihn, kurz bevor
er über den Kamm entkommen konnte, erwischte.

Sallee spricht so oft davon, daß sich alles in Sekundenschnelle
abspielte, nachdem er mit Rumsey Dodges Feuer hinter sich gelassen hatte, daß es einem zuerst wie eine Floskel vorkommt. Doch
wenn man zu den bekannten Fakten die eigene Vorstellungskraft
hinzufügt und dazu noch Bergsteiger ist und Rumsey und Sallee
auf den Gipfel zu begleiten versucht, erkennt man sofort, daß man
jung, hart und zäh gewesen sein und Glück gehabt haben mußte,
um zu überleben.

Und jung, hart und zäh waren sie. In jedem Wetter war Sallee
vier Meilen übers Land zu Fuß zur Schule und wieder zurück gegangen, und von diesen acht Meilen ist er die meisten gerannt. Er
hatte mit Rumsey den ganzen Sommer über bei schweren Projekten gearbeitet. Beide setzten alles ein, was sie hatten, und dieses
»alles« war mehr, sagten sie, als je zuvor oder danach.

Als sie sich der Felswand näherten, enthüllte sich deren Bedeutung drastischer als erwartet: Sie sahen, daß die Spitze des Kamms
hinter der Wand lag, und wenn sie keine Öffnung darin fänden,
würde sie die Barriere sein, die ihnen den Zugang zum Kamm ver-
sperrte. Sie könnten im Geröll sterben. Der Rauch lichtete sich nur
zweimal, doch sie sahen einen Spalt, nach dem sie sich richteten,
auch als er wieder verschwunden war. »Zwischen großen Felsen

aus **Junge Männer im Feuer**

war eine Öffnung, und die hatte ich im Auge und sah weder nach rechts noch nach links«, sagt Sallee.

Auf halbem Weg nach oben war die Hitze in Rumseys Rücken so stark, daß er Dodges Pufferfeuer, wenn es denn eines war, vergaß, und direkt auf den erspähten Spalt zusteuerte. Der befand sich nicht gleich oben am Hang, sondern leicht schluchteinwärts nach rechts. Im Rauch war nichts weiter wichtig als dieser Spalt, der eine Art magnetischer Nordpol war – sie konnten ihn ansteuern, ohne ihn zu sehen. Rumsey war in der Mitte. Sallee war links von ihm auf gleicher Höhe, Diettert war rechts nur wenige Schritte hinter ihm.

Die Welt schrumpfte zu einem Spalt im Stein. Rumsey und Sallee sahen weder links noch rechts. Als sie vor der Kommission gefragt wurden, ob sie gesehen hätten, daß sich ihnen von den Seiten Flammen näherten, um sie in die Zange zu nehmen, antworteten sie mit Nein; sie hatten nur geradeaus nach vorn geblickt. Nach vorn haben sie geblickt, im Rücken haben sie gefühlt, die Seiten haben sie ausgeklammert.

Die Wand war für sie wieder eines dieser Dinge – das letzte vielleicht –, die immer wieder aus dem Rauch auftauchten und ihnen keinen Raum ließen, vor dem Tod davonzulaufen. Sie können sich erinnern, Selbstmitleid gespürt zu haben, weil sie so jung waren. Auch suchten sie nicht daran zu denken, was sie an Unrecht begangen hatten, weil sie Angst hatten, es könne in den Flammen erscheinen. Sie dachten, Gott könnte den Spalt geöffnet haben und könnte ihn auch wieder schließen. Außerdem könnte der Spalt eine Falle sein, in die sie tappen sollten, um ihre jugendlichen Sünden zu büßen.

Hinter der Öffnung und zwischen ihr und dem Bergkamm konnten sie keine Flammen sehen, doch hing dort dichter Rauch. Im Rauch hinter der Öffnung konnte ein Feuer sein – dahinter konnten noch weitere Felswände sein, Wände ohne Öffnungen. Es konnte sein, daß hinter dieser Öffnung das Ende Gottes lag und das Ende der Jugend. Vielleicht war es dies, was Diettert dachte.

Rumsey und Sallee hatten das Gefühl, sie stünden kurz vor dem Sprung aus dem Flugzeug, und so mußten sie sich zusammenreißen und glauben, daß da draußen etwas war, das sie auffangen würde. Es war ihnen, als würde ihnen jemand einen Klaps auf die Waden geben. Sallee war vorn und stieg als erster durch den Spalt. Es war kühler, und er dachte, sein Glaube sei bestätigt worden. Er blieb stehen, damit die Hitze in seinem Rücken und in seiner Lunge abkühlte. Rumsey kam als nächster durch. (Als Methodist glaubte er zutiefst an das, was ihm zuerst beigebracht worden war.) Schon früh war ihm beigebracht worden, daß in Krisenzeiten der Gipfel eines Berges der sicherste Ort ist. Bis zum Gipfel war es noch ein Stück weiter, und er blieb erst stehen, als er dort angekommen war.

Diettert machte vor dem Spalt kurz halt. An seinem Geburtstag, nicht lange nach seinem Geburtstagsessen und kurz vor dem Gipfel des Berges verwarf er stillschweigend den Spalt in der Wand, drehte sich um und ging parallel zur Felswand schluchteinwärts, wo es über eine weite Strecke keine andere Öffnung im Felsen gibt. Keiner war bei ihm, weder Rumsey noch Sallee haben ihn gesehen, als er es tat – nur der Fundort seiner Leiche verrät, was geschah. Diettert, der Lerneifrige, hatte in der Öffnung etwas erblickt, was ihm nicht behagte, hatte es verworfen und sich auf die Suche nach etwas begeben, was er nicht fand. Gute Schüler sind manchmal schwer zu verstehen. Doch mit Gewißheit hatte er eine Theorie, was für gute Schüler beinahe immer gilt.

Während Sallee seine Lunge abkühlen ließ, sah er hinunter und zurück zu Dodge und der Mannschaft, und zum erstenmal wurde ihm klar, warum Dodge sein Feuer entfacht hatte:

»Ich sah, wie Dodge über den brennenden Rand des Feuers sprang, das er entfacht hatte, und ich sah, wie er winkte und mit Armbewegungen die andern Jungs aufforderte, ihm zu folgen. In dem Augenblick konnte ich sehen, was meiner Meinung nach der ganze Restbestand der Mannschaft war. Ihr

Abstand zu Dodge betrug wohl zwanzig bis fünfzig Fuß, und sie befanden sich gerade noch außerhalb des brennenden Randes des Feuers, das Dodge entfacht hatte. Meine letzte Erinnerung an die Gruppe der Jungs ist, daß ich sah, wie sie im Zickzack im unverbrannten Gras den Hang hoch liefen, ziemlich dicht am brennenden Rand des Feuers, das Dodge entfacht hatte ...

Als Dodge das Feuer entfachte, begriff ich zunächst nicht, was er von uns wollte: Wir sollten ein paar Sekunden warten und dann auf das Gebiet des abgebrannten Grases gehen, als Schutz vor dem Hauptfeuer.«

Die Schilderung, die Dodge von seinem Feuer gibt, liefert hauptsächlich eine Innenansicht:

»Nachdem ich zur Nordseite des Feuers gekommen war, das ich als Fluchtweg gelegt hatte, hörte ich, wie jemand das mit den Worten kommentierte: ›Zum Teufel, ich mach, daß ich hier rauskomm!‹ Und so sehr ich auch brüllte, ich konnte keinen in das abgebrannte Gebiet holen. Ich ging dann durch die Flammen zur Spitze des Feuers und ins Innere und hörte nicht auf, jeden anzubrüllen, der vorbeikam, aber alle mißachteten meine Anweisungen; und in Sekundenschnelle, nachdem der letzte Mann passiert hatte, stieß das Hauptfeuer auf das Gebiet, in dem ich war.«

Als er vor der Kommission gefragt wurde, ob auch nur *einer* von der Mannschaft, als er vorbeizog, in seine Richtung geschaut hätte, antwortete er mit Nein. »Sie schienen auf gar nichts zu achten. Und das verstehe ich nicht. Sie schienen sich etwas in den Kopf gesetzt zu haben – alle zogen in ein und dieselbe Richtung.«

Mit Wasser aus seiner Feldflasche machte er sein Taschentuch naß, legte es sich über den Mund und legte sich mit dem Gesicht nach unten auf die Erde. Ob er es wußte oder nicht – gewöhnlich befindet sich bis zu einer Höhe von fünfzehn Zoll noch etwas Sauerstoff über dem Boden, doch selbst wenn er es gewußt haben sollte, brauchte er eine Menge Glück außer dem Sauerstoff, um zu überleben, wenn auch Rumsey und Sallee später sagen sollten, daß die ganze Mannschaft wahrscheinlich überlebt hätte, wenn die Männer Dodges Anweisungen verstanden und befolgt hätten.

Es muß jedoch bezweifelt werden, daß die Mannschaft so ausgebildet und beschaffen war, um Dodges Anweisungen zu deuten, selbst wenn einige seiner Worte sie über das Brausen hinweg erreicht haben sollten. Die gründliche Befragung, der Rumsey und Sallee später vor der Kommission unterzogen wurden, zeigte, daß ihre Ausbildung für Notfälle bloß aus einer knappen Handvoll von Anweisungen bestand; genau gesagt, waren es vier, und nur eine davon war relevant für ihre augenblickliche Notsituation. Die erste Anweisung lautete, ein Gegenfeuer zu legen, falls sie Zeit genug hatten und die richtige Situation vorfanden, doch hier hatten sie weder das eine noch das andere. Die zweite lautete, den Gipfel des Bergkamms zu erklimmen; der ist gewöhnlich weniger bewachsen und bietet somit dem Feuer weniger Nahrung, sein Boden ist meist felsig und besteht streckenweise aus Sedimentgestein, und gewöhnlich treffen dort die Winde aufeinander und ändern ihre Richtung. Nach dieser Anweisung haben sie sich gerichtet, und zeitlich hat sie in ihrem Fall um Haaresbreite funktioniert. Die dritte Anweisung galt für den Notfall, in dem weder die Zeit noch die Situation ein Gegenfeuer erlauben oder das Erklimmen eines nackten Bergkamms ermöglichen. In einer solchen Gefahr kann man sich bestenfalls in das Feuer begeben, sich hindurcharbeiten und hoffen, daß man die abgebrannten Flächen miteinander verbinden kann. Die vierte und letzte Warnung lautete: Was man auch tut, man darf es nicht dazu kommen lassen, daß das Feuer sich aussuchen kann, wo es einen erwischt. Dann erwischt es einen möglicherweise dort, wo es am schnellsten und stärksten brennt. Wie Dodge später zu Protokoll gab, kam das Feuer, das ihn erwischen sollte, als geschlossene Wand von einer Tiefe von 250 bis

aus **Junge Männer im Feuer**

300 Fuß auf ihn zu – niemand arbeitet sich durch eine Feuerwand von solcher Tiefe und kommt lebendig heraus.

Selbst wenn die Mannschaft in ihrer Ausbildung etwas über Dodges Fluchtfeuer gehört hätte, ist doch nicht sicher, ob die Mannschaft auf Dodge gehört, sich in das Feuer begeben und die Gesichter in der Asche vergraben hätte. Auf die Frage vor der Kommission, ob er sich in Dodges Feuer begeben hätte, wenn er in der Ausbildung entsprechende Anweisungen bekommen hätte, antwortete Rumsey: »Ich glaube, wenn ich es auf einer Wandtafel gesehen hätte und dann in der Praxis, wie es geht und daß es geht, und wenn man es mir erklärt hätte, so daß ich es verstanden hätte, wäre ich wohl in das Feuer gegangen – aber das kann man selbstverständlich nie mit Sicherheit sagen.«

Dodge hat überlebt, und Rumsey und Sallee haben überlebt. *Wie* sie überlebt haben, ist unterschiedlich. Rumsey und Sallee nahmen den Weg nach oben und verließen sich auf die Seele und einen Fixpunkt aus der Grundausbildung. Die Seele ist in so einer Situation meistens jung, liegt ganz in der Zeit, ist gut zu Fuß, sieht ein festes Ziel vor sich und kennt keine lähmenden Fragen über das, was hinter der Öffnung liegen mag. Auf die Frage, ob er in der Ausbildung »je Anweisungen zum Entfachen eines Fluchtfeuers bekommen« habe, erwiderte Dodge: »Nicht daß ich wüßte. Es schien mir nur logisch zu sein.« Logisch hieß, ein Feuer vor einem anderen Feuer zu entfachen, sich in dessen Asche zu legen und dicht am Boden auf einer leichten Erhöhung zu atmen. Er verließ sich auf eine gewisse Art von Logik, und die andern verließen sich auf eine zu Sekunden geschrumpfte Zeit. Doch worauf immer man sein Vertrauen setzt, in einem solchen Augenblick muß man auch Glück haben.

Die uns überlieferten Berichte von der Flucht der Mannschaft den Hang hinauf enden fast alle an diesem Punkt; sie schildern detailliert lediglich das, was jenen geschah, die überlebten, wenn auch nur einen Tag wie Hellman, oder wenigstens die Felswand erreichten wie Diettert. Mit diesen beiden sind es normalerweise nur fünf, die in der Geschichte auftreten, die auf den Kamm weiterführt und dort weitergeht. Nur ein oder zwei Sätze gelten all jenen, die sich, als Sallee sie zum letztenmal sah, als er vom Gipfel des Kamms hinunterschaute, unter ihm im Zickzack durch die Löcher im Rauch bewegten. Obgleich sie die Menschen sind, die in dieser Geschichte als Vermißte gelten, sind sie auch deren tragische Opfer. Ein simpler Aspekt der Geschichtsschreibung kann natürlich erklären, warum sie, nachdem sie zuletzt von den Lebenden gesehen wurden, stillschweigend aus der Geschichte und ihrer eigenen Tragödie ausscheiden, bis ihre Tragödie zu Ende ist und sie als Leichen gefunden werden: Keiner der Überlebenden hat ihr Leiden gesehen. Der Geschichtsschreiber kann aus den verschiedensten Gründen seinen Bericht auf Augenzeugen beschränken, auch wenn wahrscheinlich der Mangel an Augenzeugen nicht völlig erklärt, warum zeitgenössische Berichte über das Mann-Gulch-Feuer die Augen vor der Tragödie verschließen. Wenn ein Geschichtenerzähler das Erzählen von Geschichten so hoch einschätzt, daß er es für eine Berufung hält, kann er sich im Gegensatz zum Historiker nicht vom Leiden seiner Gestalten abwenden. Ein Geschichtenerzähler muß im Gegensatz zum Historiker dem Mitgefühl folgen, wohin es ihn auch führt. Er muß seine Gestalten begleiten können, selbst in Rauch und Feuer, und Zeugnis ablegen davon, was sie dachten und fühlten, selbst wenn sie es gar nicht mehr wußten.

Ebensowenig darf Vormann Dodge mit seiner Mannschaft vergessen werden, und es ist wiederum die besondere Verpflichtung des Geschichtenerzählers, dafür zu sorgen, daß man sich seiner erinnert. Die Geschichte wird die Richtung oder die Richtungen bestimmen, in denen der Geschichtenerzähler nach Erinnerungen suchen muß, und die Geschichte sagt, daß Dodge in seinem Fluchtfeuer leben oder sterben muß. Die gewöhnliche Geschichtsschreibung besagt, er habe dadurch überlebt, daß er sich in die Asche seines Fluchtfeuers legte, bis das Hauptfeuer über ihn hin-

aus **Junge Männer im Feuer**

weggebraust und genügend abgekühlt sei, so daß er aufstehen und sich den Dreck abklopfen konnte. Die Kontroverse, die bald folgen sollte und seither anhält, erhebt den Vorwurf, daß das von Dodge vor dem Hauptfeuer entfachte Feuer in Wirklichkeit dasjenige gewesen sei, in dem einige Mitglieder der Mannschaft verbrannt seien und das anderen die Flucht versperrt habe. Der Geschichtenerzähler muß sich den historischen Fragen stellen, wenn auch an einem Ort seiner Wahl. Stößt er auf neues Material, lautet seine unmittelbarste Frage immer: Wird hier etwas Seltsames oder Wunderbares geschehen? Was richtig oder falsch ist, kommt erst später, und gleichzeitig damit kommt auch die wissenschaftliche Erkenntnis.

Das Seltsamste und Wunderbarste war, daß auf dem Berg – als das Fluchtfeuer den Hang hinauffegte und ihn in Rauch und Hitze tauchte und den Blicken entzog – ein Fleck kalt blieb. Der einzige kalte Fleck befand sich in Dodges Innerem. Es war sein »innerster Wesenszug«, den Rumsey gemeint hatte, als Dodge mit Harrison von der Spitze des Feuers zurückkehrte und etwas von einer Todesfalle murmelte. Es war dieser Charakterzug, durch den er am bekanntesten war, jener Teil von ihm, der immer kühl und reserviert blieb und prinzipiell daran glaubte, für sich selbst zu denken und seine Gedanken für sich zu behalten, denn lautes Denken brachte ihn nur in Schwierigkeiten. Es war dieser Zug in seinem Wesen, der ihn dazu gebracht hatte, die Mannschaft aus der Schlucht hinaus in Sicherheit zu führen, und als ihm nicht gefiel, was er vor sich sah, die Mannschaft umkehren zu lassen und sie schluchteinwärts zu führen und so zu versuchen, schneller zu sein als das Feuer, ohne der Mannschaft je seine Gedanken zu erklären. Als er die Spitze des Bergkamms erblickte, hörte er auf zu laufen, aber nicht zu denken, denn er erkannte sofort, daß seine Mannschaft es nicht bis zum Kamm schaffen würde, und deshalb entfachte er sofort sein Fluchtfeuer. Als er es zu erklären versuchte, war es zu spät – niemand verstand ihn; alle zogen daran vorbei. Sein Fluchtfeuer hatte für alle außer für ihn, den es gerettet hat, nur eine einzige Bedeutung – es war der Einfall eines Feuervormanns in einer Notsituation. Die unmittelbare Antwort auf die Frage des Geschichtenerzählers zu diesem Fluchtfeuer lautet: Ja, es war seltsam und wunderbar, daß in diesem Augenblick, als nur noch ein Augenblick Zeit übrigblieb, Dodges Kopf funktionierte.

Um zu erkennen, wie Dodges Leben als Waldmensch sein Denken in einer Notsituation bestimmte, und um seinen Gedankengängen genau folgen zu können, muß den Zügen seines Profils noch ein Strich hinzugefügt werden. In einer Notsituation dachte er mit den Händen. Er besaß eine außergewöhnliche handwerkliche Geschicklichkeit, die ihm denken half, die zumindest seine Gedanken strukturierte. Es war die handwerkliche Geschicklichkeit eines Waldmenschen – er hantierte gern mit Flinten, reparierte gern Geräte, baute gern Schuppen um Bäume oder Blockhütten. Er hob nicht ab, er blieb mit beiden Händen am Boden. Und in jenem Frühjahr war er tatsächlich vom Training mit den Feuerspringern entschuldigt worden, damit er die Wartung der gesamten Basis der Feuerspringer übernehmen konnte – zweifellos Teil der Tragödie, die er mit seiner Mannschaft erleben sollte, von der er nur drei Männer kannte. Der Vormann erlebte also diese tragische Notsituation allein, wie so oft zurückgezogen in seine eigenen Gedanken, die die Gedanken jener Männer und Frauen waren, die so geartet sind, daß ihr Gehirn nicht in Gang geraten kann, wenn nicht gleichzeitig ihre Hände in Bewegung sind.

Die Frage, die sich somit jetzt stellt, lautet in ihrer reinsten Form: Wieviel Köpfchen, wieviel körperlichen Mut brauchte es in jenen sengenden Sekunden, um darauf zu kommen, ein weiteres Feuer zu entfachen und sich hineinzulegen? In ihrer zugespitzten Form würde die Frage lauten: Hat Dodge tatsächlich eine Erfindung gemacht, als eine feste Flammenfront von 250 bis 300 Fuß Tiefe gerade dabei war, ihn einzuholen?

Zwei der größten Experten des Forstdienstes für Feuer, W. R. (»Bud«) Moore und Edward G. Heilman, Moores Nachfolger als

aus **Junge Männer im Feuer**

Direktor der Brandbekämpfung und des Flugzeugeinsatzes in der Region Eins des Forstdienstes, haben mir erklärt, nie von so einem Fluchtfeuer gehört zu haben, bevor Dodge es einsetzte, und ihre Erfahrung deckt sich mit meiner, die, wenn auch auf die Sommer meiner Jugend beschränkt, bis 1918 zurückreicht. Rumsey und Sallee erklären unter Eid, daß 1949 nichts dergleichen in ihrem Ausbildungskurs erwähnt worden sei, und Rumsey ergänzt, selbst wenn es ihm erklärt worden wäre und er gesehen hätte, daß es funktioniert, wäre es ihm so verrückt vorgekommen, daß er nicht sicher sei, ob er sich im Notfall in ein solches Feuer gewagt hätte.

Viele Fragen über den Wald lassen sich nicht beantworten, wenn man die ganze Zeit im Wald bleibt, und das gilt auch umgekehrt – viele tiefe, innere Fragen finden erst eine Antwort, wenn man im Wald spazierengeht. Robert Ferguson, mein Kollege an der Universität von Chicago, hat mich darauf aufmerksam gemacht, daß James Fenimore Cooper in seinem eigenen Lieblingsroman so etwas wie Dodges Feuer brennen läßt, nämlich in *The Prairie*, der 1827 erstmals veröffentlicht wurde. Coopers Leser im Osten der Staaten werden über weite Strecken des dreizehnten Kapitels in Spannung gehalten durch ein immer näher rückendes großes Präriefeuer, vor dem der alte Trapper seine Gruppe im letzten Augenblick dadurch rettet, daß er weit vor dem großen Feuer ein kleineres entfacht, in dem die Menschen Schutz finden können, sobald die Flammen des großen auf sie stoßen. Er führte seine Gruppe in das abgebrannte Grasland und leitete sie von einer Seite zur anderen, als das Hauptfeuer zuschlug.

Von Coopers Lesern konnte zweifellos nicht erwartet werden, daß sie mit diesem Manöver vertraut waren, sonst wäre nämlich die lang ausgesponnene Spannung, die in dem Kapitel erzeugt werden soll, nicht gerechtfertigt; doch das Fluchtfeuer in der Prärie ist keine literarische Erfindung.

Mavis Loscheider vom Fachbereich Anthropologie der Universität von Missouri, eine bedeutende Autorität auf dem Gebiet der Prärie-Indianer, schickte mir Unterlagen, die beweisen, daß diese

Indianer traditionellerweise Feuer dieser Art entfacht haben, um sich vor Grasbränden in Sicherheit zu bringen, und daß die Pioniere in den Plains den Indianern diese Erfindung abgeschaut haben.

Im zweiten Band seines Werkes *The American Fur Trade of the Far West* [Der amerikanische Fellhandel im Fernen Westen] schildert Hiram M. Chittenden, wie das Fluchtfeuer in der Prärie zu Beginn des 19. Jahrhunderts funktionierte:

»Die übliche Methode, der Gefahr dieser [Prärie-]Feuer zu entgehen, bestand darin, in unmittelbarer Nähe des oder der gefährdeten Menschen einen Brand zu entfachen. Dieses zunächst kleine und harmlose Feuer breitete sich dann bald über ein Gebiet aus, das groß genug war, um eine sichere Zuflucht zu bieten, und wenn die wehenden Kohorten der Flammen über die anscheinend zum Untergang verurteilte Gesellschaft hereinzubrechen drohten, teilte sich die mächtige Feuerfront wie nach vorheriger Planung und zog harmlos an beiden Flanken vorüber.«

Es gibt allerdings immer noch gute Gründe für die Annahme, daß Dodge sein Fluchtfeuer »erfunden« hat. Warum zweifeln an seinem Wort vor der Untersuchungskommission, daß er nie zuvor von solch einem Verfahren gehört hatte? Selbst wenn es im Gebirge bekannt gewesen sein sollte, konnte es in bewaldeten Gebieten nicht häufig angewandt worden sein, wenn auch aus keinem anderen Grund, als daß es dort nur selten funktionieren konnte. Die Hitze eines Waldbrands ist zu stark, und das Feuer brennt zu langsam und zu lange und verbraucht zuviel Sauerstoff, als daß man darin umhergehen könnte. Möglicherweise hätte Dodges Feuer nicht funktioniert (und Dodge wäre auch nicht einmal im Traum daraufgekommen), wenn er auf der anderen, der bewaldeten Seite der Schlucht eingekesselt worden wäre, wo das Feuer ausgebrochen war. Außerdem unterscheidet sich Dodges Fluchtfeuer wesentlich von den Fluchtfeuern der India-

aus **Junge Männer im Feuer**

ner und Pioniere. Dodges Feuer wurde zu dicht am Hauptfeuer entfacht, so daß es gar keine Möglichkeit hatte, ein großes »Zufluchtsfeld« abzubrennen, in dem der Flüchtling dem Hauptfeuer entkommen konnte.

Selbstverständlich besaß Dodge das Wissen der Feuerspringer, das besagt: wenn man den Gipfel eines Berges nicht erreichen kann, sollte man umkehren und versuchen, sich durch die abgebrannten Flächen hinter einem Feuer zurückzuarbeiten. Da aber die Flammen der Feuerwand keinen Durchlaß gewährten und hundert Yards in die Tiefe gingen, mußte er die Vorstellung erfinden, daß er ein Loch in das Feuer brennen konnte. Seine größte Erfindung war es vielleicht jedoch nicht, ein Loch in das Feuer zu brennen, sondern vielmehr, sich in das Feuer zu legen. Wahrscheinlich könnte er an seiner Erfindung nichts anderes patentieren lassen als den Mut, sich in sein Feuer zu legen. Wie viele Erfindungen konnte es verrückt sein und den Erfinder verzehren. Seine Erfindung, zu der es ebensoviel Schneid wie Logik bedurfte, erlitt sofort das Schicksal vieler anderer Erfindungen – sie wurde für verrückt gehalten von denen, die sie zuerst zu Gesicht bekamen. Jemand sagte: »Zum Teufel damit«, und sie zogen weiter, die meisten von ihnen in den Tod.

Dodge hat später Earl Cooley berichtet, er sei, als das Feuer über ihn hinwegzog, zwei- oder dreimal in die Luft geworfen worden.

»Das hat ungefähr fünf Minuten gedauert«, beschließt er seine Aussage, und uns bleibt nur zu raten, wie das »Das« wirklich war. Seine Armbanduhr zeigte zehn Minuten nach sechs, als er sich aufrichtete. Zu dem Zeitpunkt war der Tod schon in die Mann Gulch gekommen.

Dodge war es vergönnt, noch etwas länger als fünf Jahre weiterzuleben; diese Zeitspanne galt damals als maximale Überlebenszeit für Menschen mit Hodgkinscher Krankheit. Er sollte allerdings nie wieder springen. Als er zum letztenmal ins Krankenhaus kam, wußte seine Frau, daß er wußte, es war das letzte Mal. Wie viele Männer, die im Wald zu Hause sind, hatte er in der Hosentasche immer ein Klappmesser bei sich, immer. Sie erzählte mir, daß er sein Klappmesser, als er zum letztenmal ins Krankenhaus eingeliefert wurde, zu Hause auf dem Nachttisch liegen ließ, also wußte er es, und sie wußte es auch.

Als Rumsey und Sallee den Felsspalt erreichten, hatte das Hauptfeuer das untere Ende von Dodges Fluchtfeuer erreicht. Sie hatten einen Vorsprung vor den Flammen oder meinten es jedenfalls, konnten sich aber nicht sicher sein, da die wogenden Rauchschwaden alles verhüllten. Rumsey fiel in einen, wie er glaubte, Wacholderbusch und hätte keine Anstrengungen unternommen, wieder aufzustehen, wenn Sallee nicht stehengeblieben wäre und ihn kalt angesehen hätte. Im Sommer 1978, als Rumsey und ich an der Stelle waren, wo seiner Meinung nach der Wacholderbusch gestanden haben muß, sagte er zu mir: »Ich glaube, ich wäre heute tot, wenn er nicht stehengeblieben wäre. Doch komischerweise hat er kein Wort zu mir gesagt. Er stand bloß da, bis ich es mir selbst sagte, aber ich glaube nicht, daß er irgend etwas gesagt hat. Er brachte mich dazu, es zu sagen.«

Auf dem Bergkamm liefen sie etwa hundert Yards schluchteinwärts und taumelten dann den Hang auf der anderen Seite des Kamms hinunter. Dort stolperten sie auf einen Felssturz, der »mehrere hundert Fuß lang und vielleicht fünfundsiebzig Fuß breit« war. Die Ausmaße erscheinen kaum groß genug, aber es gab weit und breit keine anderen Felsstürze. Binnen fünf Minuten hatte das Feuer, vom Bergkamm kommend, sie erreicht.

Obwohl Rumsey angibt, sie seien beide »halb hysterisch« gewesen, waren sie doch objektiv genug, um zu sehen, daß das Feuer dem Verhaltensmuster eines Feuers folgte, das über einen Kamm kommt und auf der anderen Seite hinunterbrennt. (Auf dem Bergkamm brannte es langsam und sprang vor und zurück, wie Feuer es tun, wenn Winde von den verschiedenen Seiten eines Bergkamms aufeinandertreffen.) Es bewegte sich flatternd hin und her, manchmal kam es den Berg herunter auf sie zu, und ein-

aus **Junge Männer im Feuer**

mal sprang es zur Seite und vereinigte sich mit einem kleineren Brandherd und sprang dann wieder zurück. Als es die wechselhaften Winde auf dem Bergkamm hinter sich gelassen hatte, beruhigte es sich und brannte direkt auf sie zu. Es brannte mit einer solchen Intensität, daß es einen Aufwind erzeugte und in seinem Zentrum einen Sog entfachte, so daß seine Front jetzt die Form einer Zange annahm. Es griff den Felssturz auf zwei Seiten an. Rumsey und Sallee machten es den frühen Präriepionieren gleich und versuchten, in ihrer »Zuflucht« zur Seite und nach vorne auszuweichen, aber viel Platz zum Laufen hatten sie nicht. Rumsey sagte, das Feuer habe in der Nähe des Kamms weniger Nahrung gefunden. »Die Flammen waren nur acht bis zehn Fuß hoch.«

Ein Etwas wie aus verfestigtem Rauch kam aus dem Qualm vor ihnen herausgestolpert und starb auf den Steinen. Es war ein Achtender, dem alles Haar abgesengt war, bis auf die Wimpern.

Nachdem das Feuer an dem Felssturz vorbeigezogen war, »wälzte es sich erst richtig« bergab, indem es Bäume in Fackeln verwandelte.

Kurz darauf hörten sie aus weiter Entfernung jemanden rufen, doch es stellte sich heraus, es war »nur dreißig Yards entfernt«. Es war Bill Hellman. Seine Schuhe und seine Hosen waren ihm vom Leib gebrannt, und sein Fleisch hing in Fetzen an ihm herunter. Als Sallee vor der Kommission gefragt wurde: »Schien Hellman zu dem Zeitpunkt schrecklich zu leiden?«, antwortete er: »Ja.« Auf die nächste Frage: »Hat er etwas zu Ihnen gesagt?«, erwiderte Sallee: »Er bat mich nur, seiner Frau etwas zu bestellen, aber ich weiß nicht mehr, was es war.«

Sie legten ihn auf einen langen, flachen Felsen, damit seine Verbrennungen nicht mit der Asche in Berührung kamen. Wie sagt Rumsey: »Viel anderes konnten wir nicht tun«, da sie auf ihrer Flucht vor dem Feuer ihre gesamte Erste-Hilfe-Ausrüstung weggeworfen hatten.

Plötzlich hörten sie einen Ruf, und es stand eine Figur im Rauch.

Es war Dodge, der auf die Rufe antwortete, die zwischen ihnen und Hellman gewechselt worden waren. Er »machte keinen erregten Eindruck«, doch er »sah irgendwie – nun ja, man könnte sagen, verdutzt oder schockiert aus«. Seine Augen waren rot vom Rauch, und seine Kleidung war schwarz von Asche. Er war offensichtlich nicht ganz der alte, der Makellose, aber er hatte immer noch einen typischen Zug an sich.

Sie redeten nicht viel, am wenigsten darüber, ob die Vermißten noch am Leben waren. Bei seinem Weg über den Berg hatte Dodge einen Lebenden gesehen und konnte sich nicht an dessen Namen erinnern, nur daß er mit einem »S« anfing (Joe Sylvia). Als Dodge sich in seinem eigenen Feuer aufrichtete, hörte er schwach, wie jemand östlich von ihm rief, und nach langer Zeit fand er ihn, nur 150 bis 200 Fuß schluchteinwärts und, sonderbarerweise, unterhalb seiner eigenen Position, vielleicht 100 Fuß. Er hatte schlimme Verbrennungen und war völlig euphorisch. Dodge schleppte ihn in den Schutz eines großen Felsens und schnitt ihm die Schuhe von den geschwollenen Füßen, doch es hatte keinen Sinn, daß Dodge seine einzige weltliche Gabe bei ihm ließ, eine Dose mit weißen irischen Kartoffeln, denn Sylvia konnte nicht allein essen mit den verkohlten und nutzlosen Resten seiner Hände. In den kommenden Stunden sollte er ohne Wasser sein, denn er konnte seine Feldflasche nicht heben.

Offenbar hatte Dodge keine weiteren Männer gesehen, als er den Berg hinaufging und dann auf die andere Seite wechselte; und wie er vor der Kommission aussagte, meinte er, daß zu dem Zeitpunkt, als er Rumsey, Sallee und Hellman erreichte, »keiner [von den andern] noch am Leben war«.

Rumsey und Sallee waren zu einem hoffnungsvolleren Schluß gelangt, nachdem das Feuer an ihnen und dem Felssturz vorbeigezogen war – sie hatten es schließlich geschafft, und nachdem sie erst einmal begriffen hatten, welche Absicht Dodge mit seinem Feuer verfolgt hatte, glaubten sie überdies, daß es funktioniert habe, und sie nahmen an, daß zumindest einige aus der Mann-

aus **Junge Männer im Feuer** 195

schaft hinter ihnen Dodge verstanden und sich in sein Feuer hineingedrängt hätten. Doch Dodges Ankunft schaltete diese Möglichkeit aus; somit gab es wenig, worüber sie zu reden wagten. Nach einer kleinen Weile ließen Dodge und Sallee Hellman in Rumseys Obhut zurück und begaben sich wieder bergauf durch die Asche, ohne zu sagen, wieso eigentlich. Da sich niemand mit Dodge gerettet hatte, galt jetzt die Annahme, daß nur überlebt haben konnte, wer es über den Berg geschafft hatte, wie Rumsey und Sallee; somit brauchten sie nur kurz zu suchen. Die Hitze war außerdem so stark, daß sie schon bald von ihr zurückgetrieben wurden. Sie brauchten nicht zu erklären, wieso sie nichts zu sagen hatten, als sie zurückkehrten.

Langsam wurde es dunkel. Hellman hatte schon das meiste von ihrem Wasser ausgetrunken, auch wenn ihm davon übel wurde. Er könnte den flimmernden Missouri anderthalb Meilen unter sich sehen, und das entflammte seinen Durst, doch ihm wurde nicht erlaubt, ans Gehen auch nur zu denken. Er erholte sich genügend, um gesprächig zu werden. Es war hier, daß er Rumsey erzählte, er habe sich die Verbrennungen auf dem Bergkamm zugezogen, und teilweise auf der Grundlage dieser Bemerkung gelangte Sallee zu der Annahme, daß Hellman den Gipfel des Kamms erreicht hatte, indem er Dodges Feuer auf der Seite schluchteinwärts folgte und somit keinen Puffer zwischen sich und dem schluchteinwärts wütenden Hauptfeuer hatte. Obwohl er schwere Verbrennungen hatte, war er wie ein verwundetes Tier bergab in Richtung Wasser gelaufen, war aber nach ein paar hundert Yards zusammengebrochen. Sie sagten ihm, er solle still auf dem Felsen liegenbleiben und weiterreden, um die Schmerzen zu vergessen. Rumsey blieb bei ihm, und in der Abenddämmerung machten sich Dodge und Sallee auf zum Fluß, wobei Dodge ihnen seine Feldflasche mit Wasser und seine Büchse mit den weißen irischen Kartoffeln überließ. Dodge und Sallee fiel es schwer, sich bis hinunter zum Fluß durchzukämpfen. Sie mußten eine halbe Meile oder weiter gehen, bevor sie eine Schwachstelle in der Feuerfront fanden, durch die sie sich einen Weg bahnen konnten. Sie besaßen weder Landkarte noch Kompaß, und als sie den Fluß erreicht hatten, gingen sie in die falsche Richtung.

Für die nächsten Stunden schwanden die Feuerspringer, die in der Mann Gulch gelandet waren, so vollständig aus der menschlichen Erinnerung wie vielleicht niemals wieder. Zu dem Zeitpunkt waren nur fünf Überlebende bekannt; zwei von ihnen sollten bald sterben, der Name des einen begann mit einem »S«.

Obwohl Hellman es über den Bergkamm geschafft hatte, war er doch verzweifelt, er roch nach verbranntem Fleisch und betete gemeinsam mit Rumsey, der zurückgeblieben war, um sich um ihn zu kümmern. Sie waren beide keine regelmäßigen Kirchgänger und hatten ihre Gebete vergessen, deshalb beteten sie aus Verlegenheit stumm. Jedesmal, wenn der Rauch sich lichtete, konnten sie von ihrer Position in Kammnähe unter sich im Missouri die Spiegelungen des Feuers sehen, und Hellman mußte immer wieder klargemacht werden, daß er nicht zum Fluß laufen und in ihn eintauchen könne.

Dodge hatte seine Büchse mit weißen Kartoffeln bei Hellman gelassen, denn Rumsey würde ihn ja füttern können, doch statt die Kartoffeln zu essen, trank Hellman das Salzwasser aus der Büchse, was seinen Durst noch schlimmer machte.

Für Dodge und Sallee war der Weg zum Fluß ein Niemandsland in Nacht und Rauch ohne Karte und Kompaß. Beide waren der Erschöpfung und einem Schockzustand nahe, als sie den Fluß erreichten, und die Richtung flußabwärts, die leichter war für das Wasser, schien auch ihnen leichter zu sein. Ein Boot fuhr vorbei und sah sie nicht, wendete dann und fuhr flußaufwärts zurück, und aufgrund dieses dürftigen Hinweises drehten auch sie um. Sie wußten nicht mehr viel von der Welt, nicht einmal mehr, was oben oder unten war.

aus **Junge Männer im Feuer**

Unter anderem waren es elf Angehörige der Mannschaft, von denen sie nichts wußten. Die Vermißten befanden sich wahrscheinlich in einer Welt von hundert mal dreihundert Yards – zwischen einem Jungen mit einer Feldflasche voll Wasser und ohne Hände, um sie an den Mund zu führen, auf der einen Seite und Hellman auf der anderen Seite des Kamms, der auf der Suche nach vergessenen Gebeten war.

Die beiden Männer an der Spitze vom Helena National Forest, Inspektor Moir und sein Assistent Eaton, hatten Meriwether eiligst in Richtung York-Feuer verlassen, denn sie waren sich mit Jansson einig gewesen, daß es wahrscheinlich schwerwiegender war als das Mann-Gulch-Feuer. Sie waren mit besonderer Eile abgerückt, weil sie den Funkkontakt mit der Mannschaft, die das York-Feuer bekämpfte, nicht wiederherstellen konnten und somit weder das Ausmaß des Feuers noch die psychische Stabilität der Mannschaft, die es bekämpfte, bestimmen konnten. Nach ihrem Aufbruch beruhigte sich die Lage auch nicht gerade, als Jansson herausfand, daß das Empfangsgerät in York von einem hysterischen Freiwilligen, der heulend um Hilfe bat, fallen gelassen worden und dabei zu Bruch gegangen war. So zerbrachen die Männer und das Gerät.

Dodge und Sallee waren flußabwärts ins Nichts gegangen. Gleichzeitig kamen flußabwärts von oben Horden von Picknick-Ausflüglern. Abgefüllt mit Bier und erfüllt von dem Verlangen, irrtümlich für Feuerwehrleute gehalten zu werden, landeten sie in Meriwether, strömten auf den Picknickplatz, drängten in die Wachstation, um zu hören, was es zu hören gab, wenn sie nah genug heranrückten. Bald wurde es Jansson unmöglich, die Ausflügler von seinen Freiwilligen, den Tresenhockern, zu unterscheiden, deshalb versuchte er über Funk, allen Bootsverkehr auf dem Fluß bis auf den offiziellen zu untersagen, doch der Funker von Canyon Ferry war gerade irgendwo anders.

Jansson hielt sich seither für schuldig, weil er sich zu jenem Zeitpunkt keine Sorgen über die Feuerspringer gemacht hatte, doch die Berechtigung seiner fortwährenden Selbstanklagen ist nur schwerlich einzusehen. Wie alle, die nicht an sie dachten, nahm er an, daß die Springer zu gut waren, um in eine Feuerfalle zu geraten – sie hatten sich entweder Herseys Mannschaft auf dem Meriwether-Kamm angeschlossen oder waren über das Oberende der Schlucht in den Willow Creek entkommen, oder es hatte ihnen von Anfang an nicht gefallen, wie die Sache aussah, und sie waren erst gar nicht abgesprungen.

Einmal unternahm Jansson den Versuch, Missoula über Funk auf die Springer aufmerksam zu machen, doch er wurde immer wieder von einer anderen Frequenz unterbrochen. Dann machte er sich wieder daran, Ordnung in sein Lager zu bringen. Wie er wußte, gibt es dafür nichts Besseres, als ein Training auf die Beine zu stellen – so versuchte er, aus einem der drei Männer, die schon einmal ein Feuer bekämpft hatten, einen Feuerwehrvormann zu machen, und aus einem anderen Freiwilligen versuchte er einen Funker zu machen, doch am meisten Glück hatte er mit zwei Ausflüglern, die sich als Feuerwehrmänner ausgaben: sie lernte er als Lagerköche an für eine Mannschaft, die inzwischen auf fünfunddreißig Mann angewachsen war. Es gehört zu den Mysterien des Universums, daß es bei so vielen freiwilligen Helfern überhaupt Bestand hatte.

Jansson behielt auch das Feuer in der Nähe des Gipfels vom Meriwether-Kamm im Auge; dorthin hatte er den aushilfsweise eingesprungenen Banger Hersey mit seiner neunzehnköpfigen Mannschaft geschickt, und zwar mit zwei unter allen Bedingungen zu befolgenden Befehlen: Koste es, was es wolle, sollte 1. der Pfad von Osten offengehalten werden, so daß die Feuerspringer vom Kamm herunterkommen und sich der Mannschaft anschließen konnten, und 2. sollte vor allem der senkrechte Pfad in die Tiefe hinter ihnen offengehalten werden, so daß sie, wenn sie mußten, zurück zum Lager flüchten konnten und von dort, wenn nötig, in den Fluß. Das Feuer zog jetzt eindeutig den Meriwether-Hang hinunter.

aus **Junge Männer im Feuer**

Als es dunkel wurde, sah Jansson fünfzehnhundert Fuß direkt über sich, wie aus Flammen Lichtspiele wurden, die ihre bewegten Bilder auf die Steilwände warfen.

Hersey sagt, daß manche aus der Mannschaft, als sie sahen, wie die Steilwände das Feuer nachspielten, von den Felsen springen wollten.

In der großen weiten Welt war Hersey wahrscheinlich der einzige Mensch, in dessen Kopf die Feuerspringer fortwährend präsent waren. Ihre Abwesenheit wurde noch durch die Tatsache bestärkt, daß Hersey Harrisons Spuren auf dem Pfad bis zum Gipfel des Bergkamms und zur Feuerfront gefolgt war – seine Spuren ließen sich leicht verfolgen, denn er hatte seine Pulaski als Gehstock benutzt, und auf seinem Weg den Trittleiterpfad hinauf hatte er sich auf sie gestützt, wie ein Krüppel auf seine Krücke. Am meisten beunruhigte Hersey, daß Harrisons Spuren auf dem Gipfel des Kamms in ein neu nachgewachsenes Gehölz führten, das bereits in Flammen stand. Hersey war die meiste Zeit damit beschäftigt, seine Mannschaft zu einer Feuerlinie aufzubauen, und er bleute den Männern mit immer neuen Reden ein, wie man sich angesichts der Gefahr zu verhalten habe. Er hielt diese Reden jedesmal, wenn er um die Spitze des Feuers herumging, und jedesmal, wenn das Feuer wieder eine neue Rolle seines eigenen Films an die Felswand warf. Es wäre interessant zu wissen, was er seinen Männern gesagt hat, denn es hat anscheinend ziemlich gut gewirkt. Jedenfalls blieb seine Mannschaft vor Ort in geschlossener Reihe, sogar dann noch, als der Pfad, der bergauf zum Kamm und dann nach Osten führte, in den Flammen verschwunden war. Allerdings trank seine Mannschaft Wasser in Massen, mehr als erfahrene Feuerwehrleute es getan hätten, und so mußte er einen Mann mit einem imprägnierten Segeltuchsack den weiten Weg hinunter zur Meriwether Station schicken; sie brauchten Nachschub.

Als Jansson den Wasserkuli im Lager sah, packte ihn die Sorge. Da die Feuerspringer in Janssons Gedanken nicht existent gewesen waren, glaubte er seine eigenen Männer fünfzehnhundert Fuß über sich in Gefahr. Der zurückgekehrte Wasserkuli war ein sicheres Zeichen dafür, daß Hersey vorhatte, auf dem Bergkamm zu bleiben und zu kämpfen, und Jansson wollte nicht, daß er nach Einbruch der Dunkelheit am Rande von fünfzehnhundert Fuß hohen Zinnen mit einem Haufen Säufer einen Brand bekämpfte. Jetzt packte ihn auch zum erstenmal die Sorge um die Feuerspringer, die sich nicht auf dem Meriwether-Kamm eingefunden hatten, wie ihm der Wasserkuli mitteilte. Wenn sie nicht bei Herseys Mannschaft waren, gab es nur wenige Orte auf der Welt, die sie gefahrlos erreichen konnten.

Jansson gab der Funkstation Canyon Ferry auf der Stelle den Auftrag, die Funkstation in Missoula zu beauftragen, auf sämtlichen Frequenzen den Aufenthalt der Springer zu orten. Als er aus Missoula die Mitteilung erhielt, man habe auf keiner Frequenz einen Funkkontakt mit den Springern, erfragte er die genaue Position ihrer Absprungstelle. »Während sie mir die genaue Stelle nannten«, sagt er, »kamen Vormann Dodge und der Springer Sallee in die Wachhütte in Meriwether, und Dodge berichtete, er habe zwei Verletzte. Das war abends ungefähr zehn vor neun.«

Die Freiwilligen und die Ausflügler und die Säufer drängten sich in die Hütte. Jansson mußte mit Dodge nach draußen und in den Canyon gehen, um von ihm auch nur so etwas wie zusammenhängende Informationen zu bekommen, aber was wußte Dodge schon von Zusammenhängen? Er wußte, daß dort draußen, wo früher am Tage die Mann Gulch gewesen war, zwei Männer mit schweren Verbrennungen lagen, einer mit einem Namen, den Dodge nicht mehr wußte, und einer ohne Verbrennungen, Rumsey, in dessen Obhut sich der Mann mit Verbrennungen und einem Namen befand, nämlich Hellman. Was sonst in dem Amphitheater noch gewiß war, war Angst und der Geruch von verbranntem Fleisch.

Jansson orderte auf der Stelle über die Funkstation Canyon Ferry einen Arzt, zwei Tragen, Decken und Blutplasma. Um zehn Uhr abends traf Hersey mit seinen verängstigten, verkaterten Säufern ein, mit denen er das Feuer bekämpft hatte, bis sie mehrere Male davon eingekesselt worden waren. Er berichtete Jansson von Harrisons Spuren, und was noch beunruhigender war, er berichtete Jansson, er habe weder Feuerspringer noch deren Spuren gesehen.

»Wir beschlossen«, sagt Jansson, »die Rettungsarbeit als die Aufgabe Nummer eins zu betrachten und das Feuer als Nummer zwei. Ich trug Hersey auf, sich um das Feuer zu kümmern, während ich mich auf die Suche nach den Springern machte.«

So ist es im Wald und gewöhnlich selbst in der übrigen Welt – die Rettung von Männern und Frauen, lebendig oder tot, kommt zuerst. Manche freilich treten aufs Gaspedal und lassen sie auf der Straße liegen, wo sie gelandet sind, und manche schleichen sich davon, wie auf einem ägyptischen Flachrelief: ihr Gesicht schaut in die eine Richtung, sie selbst aber gehen in die andere. Doch die meisten Menschen meinen, sie können von Nutzen sein, und manche sind anscheinend sogar geboren, um andere zu retten, wie Dichter es von sich meinen. Die Besten von ihnen vermasseln die Sache, besonders am Anfang, weil nur wenige die Möglichkeit haben, in Übung zu bleiben. Wenn sie dann aber wieder hineinkommen, werden sie bei der Ausübung ihrer Tätigkeit schön, wenn man einen Augenblick Abstand nimmt und sie betrachtet. Fast so schön, wie wenn sie ihre Aufgabe erfüllt haben, den Tod zu entthronen, und dann wieder in völliger Anonymität versinken. Es war zum Beispiel sehr schwierig, die Namen jener wiederzubeleben, die Jansson für seine Rettungsmannschaft ausgesucht hatte. Auch wenn er sie für seine besten Männer gehalten haben muß, machten sie alle Fehler, besonders am Anfang. Doch sie stützen auch den Satz, daß Menschen zu retten eins der schönsten Dinge ist, die Menschen tun, selbst wenn sie wissen, daß sie Tote bergen.

Um halb elf, als die Rettungsleute in Meriwether immer noch auf die Ankunft des Arztes und der medizinischen Hilfsgüter warteten, machten sich im Camp Gerüchte und Ungewißheiten breit.

Sie breiteten sich in Wellen aus, und wie Wellen verliefen sie sich und versickerten im Sand; doch ein Gerücht tauchte immer wieder auf, daß nämlich flußabwärts Verletzte darauf warteten, abgeholt zu werden. Jansson fuhr in einem Schnellboot los und hoffte, die elf Vermißten zurückzubringen, doch wie sich herausstellte, ging es um Dodge und Sallee; mehrere Bootsladungen von Ausflüglern hatten gesehen, wie sie flußaufwärts gingen. Es ist durchaus üblich, daß Rettungsoperationen auf diese Weise in Gang kommen – man richtet sich nach einem Gerücht, das sich als falsche Deutung einer bereits bekannten Tatsache herausstellt.

Jansson fuhr auf dem unteren Flußlauf eine Weile Patrouille, wobei er mit der Taschenlampe Signale gab, gelegentlich den Motor ausschaltete und dann in die Gegend brüllte. Endlich traf ein Schnellboot ein, in dem zwei Ärzte saßen, T. L. Hawkins aus Helena und sein Gast R. E. Haines aus Phoenix, Arizona, und Jansson stieg in ihr Boot und ging an der Öffnung der Mann Gulch an Land. Kurz darauf traf auch das große Ausflugsboot mit der Rettungsmannschaft ein, nur waren sie alle vor der falschen Schlucht – Dodge und Sallee waren aus einer Schlucht unterhalb der Mann Gulch zum Fluß gekommen. Als Jansson, die Ärzte und die Rettungsmannschaft diese tiefer flußabwärts gelegene Schlucht erreichten, die später *Rescue Gulch* (Rettungsschlucht) genannt werden sollte, stellten sie fest, daß die Tragen im sechs Meilen entfernten Hilger Landing geblieben waren. Fast sofort, nachdem das Schnellboot zurückfuhr, um sie zu holen, machten neue Gerüchte die Runde, und die Spannung in der Mannschaft stieg. Zu den schlimmsten Tätigkeiten von Rettungsmannschaften gehört das Warten – sie wollten eigentlich sofort auf den Berg hinauf, um die Verletzten zu finden, und die Leute mit den Tragen sollten nachkommen, sobald die Tragen eingetroffen waren. Jansson wußte, er hatte nur einen Mann, der sie durch die Nacht, das Feuer, die rollenden Felsen und explodierenden Bäume zurückführen konnte – Sallee, der als einziger

aus **Junge Männer im Feuer**

wußte, daß er erst siebzehn Jahre alt war. Jansson handelte wieder auf der Basis, daß man ganz sicher Ruhe in eine Mannschaft bringt, wenn man ihr etwas zu tun gibt, also ließ er sie zum Appell antreten, mußte dabei aber feststellen, daß er sechs oder sieben Männer zuviel hatte. Es waren Ausflügler, die sich auf das große Ausflugsboot geschmuggelt hatten in der Hoffnung, sich der Rettungsmannschaft anschließen zu können. Er mußte sie zurückschicken. Damit blieb ihm eine zwölfköpfige Mannschaft, zu der er selbst, die Ärzte und Sallee zählten, alles harte Männer, die den ganzen Tag gearbeitet hatten, und nun die ganze Nacht und wahrscheinlich den kommenden Tag in dem Tal der Todesqualen zu tun haben würden.

Es war halb zwölf geworden, ehe Jansson und seine Mannschaft in die *Rescue Gulch* aufbrachen. Sie hatten zwei Tragen, aber nur eine Decke, und wie sich herausstellte, war das alles, was ihnen geschickt worden war, nachdem sie nach Decken verlangt hatten. Inzwischen hatte der Wahnsinn des Feuers sich gelegt, und es lag da mit zuckenden Rändern, wie etwas Totes, dessen Nervenenden noch intakt sind. Es hatte sich selbst starke Verletzungen beigebracht, und sie waren schwarz geworden. Es lag im verbrannten Gras und zwischen gespaltenen Steinen, seine Leidenschaft war verraucht. Die Mannschaft durchquerte die geschwächten Linien des Feuers, und die Welt, in die sie eintrat, war tot.

Nach etwa zwei Dritteln des Aufstiegs hörten sie ein Rufen; es war Rumsey, der den Hang herunterkam, um die Feldflasche zu füllen für Hellman, der Wasser getrunken hatte, bis ihm übel wurde, dann wieder Wasser trank, bis er alles ausgetrunken hatte. Rumsey sagte Jansson, er glaube, sein Aufseher Harrison sei tot, denn als er Harrison zuletzt gesehen habe, habe dieser mit dem Gepäck auf dem Rücken dagesessen, unfähig, es abzulegen. Rumsey wußte nicht, ob die andern überlebt hatten.

Als Jansson später vor der Kommission gefragt wurde, ob Rumsey in dem Augenblick eine genauere Äußerung über sich gemacht habe, antwortete Jansson: »Er sagte folgendes: ›Der Herr ist gut zu mir gewesen – Er gab meinen Füßen Flügel, und ich bin gerannt wie der Teufel.‹« So redet ein guter Methodist zum anderen.

Fast aus einer halben Meile Entfernung konnte die Mannschaft hören, wie Hellman nach Wasser schrie. Im Tal der Asche gab es noch ein Geräusch – gelegentlich explodierte ein toter Baum und zerstob in Stücke, wenn sich sein Harz über den Brennpunkt hinaus erhitzt hatte. Wenig war am Leben geblieben, das sich vor den Explosionen hätte fürchten können. Die Klapperschlangen waren tot oder schwammen im Missouri. Das Wild war auch tot oder schwamm im Wasser oder war euphorisch. Mäuse und Maulwürfe kamen aus ihren Löchern, vergaßen, wo ihre Löcher waren, und rannten ins Feuer. Nach der Explosion, die Maulwürfe und Asche in Bewegung setzte, brach ein Baum in Flammen aus, die fast sofort erstarben. Dann legte sich die Asche wieder zur Ruhe, bis sie in Wolken aufstob, als die Mannschaft vorbeizog.

Jansson, Rumsey und Sallee setzten sich von der Hauptgruppe ab, um Hellman das Wasser zu bringen. Jansson hat die Rettungsmannschaft geführt, und so sollte er es erzählen: »Hellman hatte starke Verbrennungen im Gesicht, an Armen und Beinen und auf dem Rücken, das Fleisch hing in losen Fetzen herunter. Er klagte über die Kälte und hatte großen Durst. Wir erlaubten ihm, sich den Mund auszuspülen und ein wenig Wasser zu sich zu nehmen. Das Wasser brachte seinen Magen zuerst durcheinander.«

Nach zehn oder fünfzehn Minuten kamen die beiden Ärzte. Sie gaben Hellman eine Spritze und eine Plasmatransfusion, trugen Salbe auf, legten ihn auf eine Trage und deckten ihn dann mit der einen Decke zu. In Janssons Worten: »Bills verbranntes Fleisch roch entsetzlich. Er hatte starke Schmerzen, die er aber großartig ertrug. Bills Mut brachte die Männer zum Weinen.«

Jansson hatte Männer weinen sehen und hatte selbst geweint, doch sobald er sah, daß es um die medizinische Versorgung ging und die Mediziner zur Stelle waren, wurde er wieder aktiv. Er

aus **Junge Männer im Feuer**

suchte sich aus der Rettungsmannschaft zwei Männer aus, die ihn über den Kamm in die Mann Gulch begleiten sollten, um das Terrain im voraus für die Ärzte zu sondieren und die Stellen angeben zu können, wo die Lebenden und die Toten verborgen lagen. Er muß die beiden ausgesucht haben, denen er am meisten vertraute – der eine war Don Roos, Hilfsranger aus dem Lincoln Distrikt, und der andere der siebzehnjährige Junge, den er erst vor wenigen Stunden kennengelernt hatte und der nun dabei war, zu beweisen, was er insgeheim von sich selber glaubte, daß er der beste Mann in der Mannschaft war.

Es war zwanzig nach eins, als die drei den Kamm überquerten und auf der anderen Seite abstiegen; dort stießen sie bald auf etwas, das Jansson so beschreibt: »Eine zwölf Fuß hohe Felskante, die auf der Mann-Gulch-Seite abbrach.« Jansson gibt an, sie hätten Schwierigkeiten gehabt, eine Spalte darin zu finden – andere vor ihnen hatten dieselbe Schwierigkeit gehabt.

Es wäre ungenau zu sagen, daß die drei, die des Nachts in das, was von der Mann Gulch übriggeblieben war, abstiegen, ins Tal des Todesschattens stiegen, denn dort stand praktisch nichts mehr, was einen Schatten hätte werfen können. Da gelegentlich tote Bäume explodierten und dann schwächlich zu sterbenden Flammen abflauten, wäre es vielleicht genauer zu sagen, sie stiegen ins Tal der Todeskerzen. Rumsey nennt die Nacht ein »Nadelkissen aus Feuer«.

Gegen zehn vor zwei hörten sie einen Schrei von rechts aus der Tiefe. Während sie ihren Abstieg fortsetzten, »brachten die Aufwinde einen sehr verdächtigen Geruch mit sich«, aber Jansson sagt, da der Wind so trügerisch war, sei nur schwer zu bestimmen gewesen, »ob vor uns eine ganze Reihe von Leichen lag oder ob wir nur Sylvia riechen konnten«. Um Sylvia zu finden, brauchten sie noch einmal zehn Minuten, wahrscheinlich deshalb, weil Sylvia zu der Zeit immer wieder das Bewußtsein verlor.

Als Jansson, Roos und Sallee zu ihm kamen, stand Sylvia auf einem Felsen, der äußerst steil abfiel. Mit gekrümmtem Rücken und

ständig schwankend, um das Gleichgewicht zu bewahren, konnte
er nicht zu reden aufhören. »Kommt bitte nicht in meine Nähe,
und seht euch nicht mein Gesicht an, es ist entsetzlich.« Dann sagte er: »Hört mal, Jungs, ihr habt nicht lange gebraucht, um herzu-
kommen.« Er glaubte, es sei fünf Uhr morgens. Jansson holte seine
Taschenuhr hervor und sagte: »Es ist Punkt zwei.« In seinem Bericht erzählt uns Jansson dann: »Da seine Hände zu Stümpfen verkohlt waren, schälte ich eine Orange und steckte sie ihm stückwei-
se in den Mund.«

Sylvia sagte: »Hört mal, Jungs, ich glaube nicht, daß ich hier zu
Fuß rauskann.« Jansson antwortete ihm, er werde eine Zeitlang
nicht mehr zu Fuß zu gehen brauchen; er werde vielmehr »eine
Freifahrt« bekommen. Er gab sich alle Mühe, daraus einen Witz
zu machen, obwohl es schwer ist, nachts auf einem Berg, der nach
verbranntem Fleisch riecht, Witze zu machen.

Sylvia machte sich Sorgen um seine Schuhe, die Dodge ihm ausgezogen und hinter einen Stein gestellt hatte, also graste Jansson
mit der Taschenlampe den Hang ab, bis er sie gefunden hatte. Das
Wissen, daß seine Schuhe gefunden worden waren, gab Sylvia
Trost, wahrscheinlich, weil er kein Wissen mehr behalten konnte
und sich wieder mit dem Gedanken beschäftigte, daß er zu Fuß
zum Fluß gehen müsse.

Etwa um zwanzig nach zwei trafen die Ärzte mit dem größten
Teil der Rettungsmannschaft ein, und sie behandelten Sylvia so,
wie sie Hellman behandelt hatten. Dr. Hawkins war mit Jansson
einer Meinung, daß es gefährlich wäre, Sylvia und Hellman vor
Tagesanbruch transportieren zu wollen, auch wenn die Mannschaft bereit war, in der Dunkelheit über Stock und Stein und Fels
und Fallen zum Fluß zu stolpern.

Sylvia klagte über die Kälte, wie schon Hellman, doch Hellman
war in die einzige Decke gewickelt worden, die die Mannschaft bei
ihrer Rückkehr von Hilger Landing mitgebracht hatte. Da die meisten Männer keine Jacken trugen, »zogen einige sich die Hemden
und Unterhemden aus, um Joe damit einzuwickeln und zu wär-

men«. Da ihm immer noch kalt war, kauerten sie sich halbnackt dicht an ihn.

Als ihm warm wurde, wurde er auch wieder glücklich. Dr. Hawkins, der Hellman und Sylvia auf dem Bergkamm und dann im Krankenhaus behandelt hat, meinte vor einigen Jahren zu mir, wenn ich Verbrennungen hätte und dabei so glücklich sein wollte, wie Joe Sylvia es gewesen war, müßte ich mir wirklich schwere Verbrennungen zuziehen. »Dann«, so sagte er, »ergießt sich Ihr Sinnesapparat in Ihren Blutstrom.« Und er fügte hinzu: »Gewöhnlich dauert es einen Tag, bis die Nieren verstopft sind. Bis dahin kann es zu anfallartigen Phasen kommen, in denen Sie sich glücklich wähnen.«

Da sich nur zwei dicht an Sylvia kauern konnten, verteilten sich die anderen der Rettungsmannschaft über den Hang und suchten im Licht von Taschenlampen und Kerzen nach elf Vermißten. Es war wie eine Messe bis zum Tagesanbruch, ein Hochamt – die ganze Nacht wanderten Lichter durch die Dunkelheit.

Sylvia machte jenen, die bei ihm blieben, dadurch Mut, daß er ihnen erzählte, er habe vor ihrer Ankunft die Stimmen von Männern gehört, die von oben riefen. Das seien die Stimmen von Männern gewesen, die dort arbeiteten, und er habe ihre Rufe erwidert. Demnach wäre es vielleicht genauer, die Mann Gulch in dieser Nacht das Tal der Kerzen und der Stimmen von arbeitenden toten Männern zu nennen.

Hell wurde es kurz nach vier Uhr, und Jansson ging nur wenige Yards, bis er auf Harrisons Leiche stieß. Er identifizierte sie aufgrund des katholischen Medaillons um seinen Hals und der Ausrüstung gegen Schlangenbisse, die er Harrison ausgehändigt hatte, als dieser Parkaufseher in Meriwether wurde. Seine Leiche lag bergauf ausgestreckt mit dem Gesicht auf der Erde. Er sah weniger wie ein Katholik aus, sondern eher wie ein ins Gebet versunkener Muslim. Jansson beschreibt die Erde, wie sie bei Tagesanbruch aussah:

»Die Erde bot den Anblick, als ob ein entsetzlicher Sturmwind hocherhitzter Luft mit ungeheurer Geschwindigkeit den Berg hinaufgefegt wäre, alle brennbaren Stoffe in Brand setzte, eine Flammenwand verursachte (die ich um halb sechs am Abend zuvor von unten beobachtet hatte), die sich sechshundert Fuß hoch über den Bergkamm wälzte, auf der anderen Seite den Berg hinunterrollte und über Kämme und in Schluchten hinab weiterzog, bis das Feuer wegen der dünnen Vegetation nicht mehr genug Nahrung fand, um genügend Hitze zu erzeugen und weiterzubrennen. Diese Wand hatte sich in zehn Minuten oder weniger über eine Fläche von dreitausend Acres ausgebreitet. Alles, was von dem Hitzesturm direkt erfaßt wurde, ist zugrunde gegangen.«

Dreitausend Acres sind an die vier dreiviertel Quadratmeilen.

Etwa um zwanzig vor fünf gingen sie daran, Sylvia die Mann Gulch hinunter zum Fluß zu tragen. Die Mannschaft, die ihn begleitete, bestand nur aus sechs Männern und den Ärzten, deshalb mußte auch Sallee abwechselnd als Träger einspringen. Er mußte auch bei der Identifizierung der Leichen helfen – drei wurden von ihnen mit einem Namensschild versehen, während sie Sylvia den Berg hinuntertrugen. Jansson, der als Mann der Härte gegen sich selbst und seine Männer bekannt war, hatte Mitleid mit Sallee. Was für ein großes Lob für einen Siebzehnjährigen.

Während sie weiter bergab marschierten, zerbrach sich Jansson den Kopf darüber, warum Harrisons Leiche so dicht bei Sylvia gefunden worden war. Er hatte von Sallee und Rumsey erfahren, daß Harrison vor Erschöpfung schlappgemacht hatte, deshalb hatte Jansson erwartet, seine Leiche viel tiefer auf dem Hang und weiter hinten als die aller andern zu finden. Daß er aufgestanden und noch so weit aufgestiegen war, setzt seinem Mut ein ebenso großes Denkmal wie das Kreuz, das später dort errichtet wurde.

Jansson ist der einzige, der überhaupt einen ausführlichen Bericht über die Entdeckung, Identifizierung und den Abtransport

aus **Junge Männer im Feuer**

der Leichen geliefert hat. Bei jeder Leiche hinterließ er unter einem Steinstoß einen Zettel, auf dem er den Namen des Toten notiert und die Beweise zusammengefaßt hatte, die zur Identifizierung geführt hatten. Möglicherweise hat er vorgehabt, diese Notizen zu einem noch vollständigeren Bericht auszuarbeiten, doch das hat er nie getan. Wenn er versucht hätte, mehr zu sagen, wäre es zuviel gewesen, für ihn wie für uns.

Unten am Berghang, tiefer, als sie glaubten, daß dort überhaupt jemand aus der Mannschaft gefunden werden konnte, stießen sie auf die Leiche von Stanley J. Reba; doch bei näherer Untersuchung stellten sie fest, daß er sich ein Bein gebrochen hatte und dann zweifellos den Hang hinunter ins Feuer gerollt war. Er war buchstäblich bei lebendigem Leibe verbrannt. Die meisten andern waren höchstwahrscheinlich erst erstickt und hatten sich dann die Verbrennungen zugezogen.

Sylvia wurde von Jansson und seiner sechsköpfigen Mannschaft zur Öffnung der Mann Gulch getragen; nur wenig später als er erreichte Hellman den Fluß durch die *Rescue Gulch*, getragen von Rumsey und anderen Angehörigen der Rettungsmannschaft. Weder Sylvia noch Hellman haben gelitten, da »ihre Verbrennungen so tief gingen und so schwer waren, daß ihre Nervenenden zerstört waren«, wie Dr. Hawkins ausführte.

Beide Männer wurden von je einem Schnellboot übernommen, und bei beiden Männern regten sich die Lebensgeister. Sylvia kam gegen zehn Uhr vormittags im Krankenhaus in Helena an, und Hellman folgte etwa eine halbe Stunde später. Dr. Hawkins sagte mir, daß um etwa 10 Uhr das Nierenversagen eingesetzt haben mußte. Er ordnete sofort eine Untersuchung an, und der Befund war wie erwartet: »Kein Urin.« Die Euphorie fand schon bald ein Ende; Sylvia und Hellman waren gegen Mittag tot.

Um ein Uhr mittags war Jansson, der Sylvias Überführung ins Krankenhaus von Helena geleitet hatte, wieder in der Mann Gulch, um mit einer frischen Mannschaft die Suche erneut aufzunehmen; Dodge war dabei, aber auch ein Hubschrauber, der die

Leichen nach Helena fliegen sollte. Seinem Plan nach hätte er mindestens drei Stunden früher dort sein sollen, doch der aus Missoula angeforderte »Schneebesen« holte ihn erst um zwölf Uhr dreißig ab statt um neun Uhr. Es ist für Wälder und Maschinen schwer, demselben Zeitplan zu folgen, und fast niemals sind es die Wälder, die Verspätung haben.

Jansson war als erster vom Hubschrauber mitgenommen worden, und er ging sofort den Berg hinauf auf Leichensuche. Er fing dort an, wo bei Tagesanbruch die drei gefunden worden waren, und dann arbeitete er sich, seinen eigenen Worten zufolge, »die Höhenlinien entlang« nach oben. Er sagt, er habe nicht viel Zeit gehabt, die persönlichen Dinge einzusammeln, die um die Leichen verstreut waren. »Der entsetzliche Hitzesturm hatte allen die Kleidung vom Leibe gebrannt und die nicht brennbaren Wertsachen, sofern sie nicht am Körper befestigt waren, von ihnen gerissen und bis zu einhundert Fuß weit den Berg hinaufgeschleudert.« Uhren und Reste von Brieftaschen fand er nur, indem er die Leichen umdrehte.

Am späten Nachmittag blickte er den Berg hinunter und sah den »verkohlten Rumpf eines Mannes«. Er hatte bereits die neunte Leiche gefunden, »deshalb habe ich ihn nicht gezählt und bin auch nicht dicht genug herangegangen, um festzustellen, ob es wirklich sterbliche Überreste waren«. Er war fertig für den Tag, einen langen Tag, der früh am Tag zuvor begonnen hatte. Erst am nächsten Morgen, am Morgen des siebten August, waren sämtliche Toten geborgen.

Erst als der Verbleib aller Feuerspringer seiner Mannschaft geklärt war, flog Dodge zurück nach Missoula. Es fällt nicht schwer, sich ihn bildlich vorzustellen, mit blutunterlaufenen Augen und schmutziger Kleidung, so wie Sallee ihn nahe dem Bergkamm gefunden hatte, nachdem das Feuer über ihn hinweggezogen war; doch es braucht schon einen Augenblick des Nachdenkens, um ihn so zu sehen, wie seine Frau ihn sah, als er in Missoula aus dem Flugzeug stieg, so tadellos wie immer, abgesehen von den Tabak-

aus **Junge Männer im Feuer**

flecken in den Mundwinkeln. Er hatte noch fünf Jahre, um aus der Asche dieses Feuers ein Leben aufzubauen.

Jansson hatte noch länger zu leben als Dodge, aber die ihn kannten, sagen, auch er habe sich nur unter großen Schwierigkeiten retten können. Als er vor der Kommission gefragt wurde, zu welchem Zeitpunkt er die Leitung der Rettungsaktion abgegeben habe, antwortete er, er könne sich einfach nicht erinnern. Er konnte sich deswegen nicht erinnern, weil er die Leitung niemals abgegeben hatte. So ist er zum Beispiel noch im Jahr des Feuers zweimal in die Mann Gulch zurückgekehrt, um seine ursprünglichen Beobachtungen der Explosion zu überprüfen. Danach hat er »Janssons Erklärung zur Geländeüberprüfung« verfaßt. Nachdem er zweimal mit der Stoppuhr in der Hand seine alte Route abgelaufen und zurückgegangen war, schloß er, daß dieser jetzt vorliegende Bericht sich »bis auf zwei Minuten innerhalb der Zeit bewegt, die ich in früheren Erklärungen angegeben habe«.

Am Ende rettete er sich dadurch aus der Mann Gulch, daß er seine Versetzung in einen anderen Ranger-Distrikt beantragte. Es war soweit gekommen, daß er nachts nicht mehr schlafen konnte, weil er sich an den Geruch erinnerte, und sein Hund nicht mehr ins Haus kam, sondern die ganze Nacht draußen vor der Tür jaulte, weil er wußte, daß mit seinem Herrn etwas nicht in Ordnung war.

Sir Wilfred Thesiger
aus **Die Brunnen der Wüste**

Sir Wilfred Thesiger, geboren 1910, fuhr nach eigenen Worten »gerade rechtzeitig«, nämlich 1947, nach Arabien: »Andere werden dorthin reisen«, schreibt er, »aber sie werden niemals den Geist dieses Landes oder die Größe der Araber kennenlernen.« Thesiger konnte vier Beduinen dafür gewinnen, mit ihm das riesige und karge Leere Viertel zu durchqueren. Er hätte sich keine besseren Begleiter wünschen können.

Die Raschid übernahmen die Führung. In ihren verblichenen rostfarbenen Gewändern harmonierten sie prächtig mit dem Sand: al-Aufs schlanke, hochaufgerichtete, elegante Gestalt, der ein wenig lässigere Bin Kabina an seiner Seite. Dahinter folgten die beiden Bait Kathir mit dem Ersatzkamel, das an Musallims Sattel festgebunden war. Ihre Kleidung, die einmal weiß gewesen, hatte nun vom langen Tragen eine neutrale Farbe angenommen. Mabkhaut glich im Wuchs al-Auf, dem er auch sonst sehr ähnlich war, wenngleich er nicht seine Fähigkeiten besaß. Von ferne konnte ich ihn nur an der Farbe seines Hemdes von diesem unterscheiden. Musallim, gedrungen, ein wenig o-beinig und ungemein zäh, war von gröberer Art. Von all meinen Begleitern mochte ich ihn am wenigsten. Seine häufigen Aufenthalte in Salala waren ihm nicht gut bekommen, und er hatte etwas Liebedienerisches.

Nach einer kurzen Wegstrecke schlug al-Auf vor, wir sollten bei den Bait Imani haltmachen, die sich hier in der Nähe aufhielten, und unsern Kamelen noch einen Weidetag gönnen, da man nicht wisse, was uns weiter nördlich erwartete. Die Araber würden uns

aus **Die Brunnen der Wüste**

Milch geben, so daß wir unsre Wasser- und Essensvorräte nicht angreifen müßten. Ich erwiderte, daß er nun unser Führer sei und fortan alle Entscheidungen zu treffen habe.

Zwei Stunden später erblickten wir einen kleinen Knaben mit völlig ausgefranstem Lendentuch und ungewöhnlich langem Haar, der Kamele hütete. Er führte uns in das Lager der Bait Imani,wo drei Männer um ein erloschenes Feuer hockten. Sie erhoben sich, als wir näher kamen. Nach der üblichen Begrüßung und dem Austausch von Neuigkeiten reichten sie uns eine Schale Milch. Diese Bait Imani stammten aus drei verschiedenen Familien vom selben Zweig der Raschid wie al-Auf und Bin Kabina. Sie trugen keine Kopfbedeckungen; nur einer von ihnen, ein ergrauter Mann namens Khuatim, trug ein Hemd über seinem Lendentuch. Sie hatten kein Zelt; ihr ganzes Hab und Gut waren Sättel, Seile, Schalen, leere Ziegenschläuche und ihre Gewehre und Dolche. Auch heute, da sie sich vom Glück begünstigt fühlten, würden diese Männer des Nachts nackt auf dem eiskalten Sand schlafen, nur mit ihren fadenscheinigen Lendentüchern bedeckt. Ich dachte an die Backofenhitze des Sommers, in der an bitteren Brunnen Stunde um Stunde die durstigen, drängenden Kamele getränkt wurden, bis schließlich die Brunnen versiegten und die Kamele brüllend nach Wasser verlangten, das es nicht mehr gab. Ich dachte an das entsetzlich harte Leben der Bedu in diesem trostlosen Land und an ihren kühnen und unverzagten Unternehmungsgeist. Als ich so ihren Gesprächen lauschte und ihre angeborene Höflichkeit bewunderte, wurde mir klar, wie armselig und selbstsüchtig ich im Vergleich zu ihnen erscheinen mußte.

Die Bait Imani sprachen von Mahsin und seinem Unfall und stellten endlose Fragen. Dann ließ Khuatim den kleinen Hirtenjungen, der sein Sohn war, die vierjährige und die alte graue Kamelstute, die noch Milch gab, heranbringen. Die Tiere mußten niederknien, und Khuatim selbst löste den Strick, mit dem die Vorderbeine unsres Bullen zusammengebunden waren. Der Bulle war bereits in wilder Erregung und schlug heftig mit dem

Schwanz, bleckte die Zähne, blähte die Backen und zog sie mit einem sabbernden Geräusch wieder ein. Ungeschickt besprang er, ein groteskes Bild ohnmächtiger Begierde, die gelbe Stute, während Khuatim neben ihm kniete und zu helfen versuchte. Bin Kabina erklärte mir: »Kamele können sich nicht ohne menschliche Hilfe begatten. Sie sind nicht imstande, die richtige Stelle zu finden.« Ich war dankbar, daß nur zwei Stuten zu decken waren. Es hätte auch ein Dutzend sein können, die unserem Bullen die Kraft raubten.

Bei Sonnenuntergang brachte der Knabe den Rest der Herde, fünfunddreißig Tiere, heran. Khuatim wusch seine Hände im Urinstrahl eines Kamels und reinigte die Milchschalen mit Sand. Die Bedu glauben, daß ein Kamel keine Milch mehr gibt, wenn man es mit schmutzigen Händen melkt oder die Milch in einer Schüssel mit Essensresten, insbesondere von Fleisch und Butter, auffängt. Sanft strich Khuatim über das Kameleuter und sprach dem Tier begütigend zu, damit es Milch gebe. Dann stemmte er den rechten Fuß auf sein linkes Knie und melkte in eine Schale, die er auf dem rechten Schenkel balancierte. Die Stute gab etwa zweieinhalb Liter Milch, einige andere gaben jedoch kaum einen Liter. Insgesamt hatten sie neun Milchstuten. Al-Auf melkte Qamaiqam, Bin Kabinas Kamel. Es hatte uns in Maghshin zweimal täglich einen Liter Milch gegeben, nun aber gab es infolge der Anstrengung und des schlechten Futters nur noch etwa einen halben Liter.

Nach dem Melken lagerten die Bait Imani ihre Kamele für die Nacht und banden ihnen die Knie zusammen, damit sie nicht weglaufen konnten. Al-Auf meinte, wir sollten unsere Tiere weiden lassen, sie aber im Auge behalten. Unsere Gastgeber brachten uns Milch. Wir bliesen den Schaum beiseite und tranken gierig. Sie nötigten uns noch mehr zu trinken: »In der Wüste, die vor euch liegt, werdet ihr keine Milch mehr bekommen. Trinkt, trinkt, trinkt. Ihr seid unsre Gäste. Gott hat euch hierher geschickt – trinkt!« Ich trank abermals, obgleich ich wußte, daß sie an diesem Abend hung-

aus **Die Brunnen der Wüste**

rig und durstig einschlafen würden, da sie keine andere Nahrung und auch kein Wasser hatten. Als wir dann um das Feuer hockten, bereitete Bin Kabina Kaffee. Der kalte Wind flüsterte in den verschatteten Dünen, zupfte an unseren Kleidern und drang durch die Decken, in die wir uns gehüllt hatten. Der Mond war längst untergegangen, als sie noch immer von Kamelen und Weideplätzen sprachen, von Reisen durch die Wüste, von Überfällen und Blutfehden, von den seltsamen Orten und Menschen, die sie in Hadramaut und in Oman gesehen hatten.

Am nächsten Morgen suchte Bin Kabina mit einem der Bait Imani unsere Kamele. Als er zurückkam, sah ich, daß er unter seinem Hemd kein Lendentuch mehr trug. Auf meine Frage danach sagte er, er habe es verschenkt. Ich protestierte, er könne durch das bewohnte Land jenseits der Wüste und in Oman nicht ohne Lendentuch reisen, und ich hätte kein zweites, das ich ihm geben könne. Er müsse es zurückerbitten. Ich gab ihm Geld für den Mann, dem er es geschenkt hatte. »Was soll er in der Wüste mit dem Geld machen?« meinte er. »Er will ein Lendentuch.« Aber schließlich tat er, wie ich ihn geheißen hatte.

Inzwischen hatte der andere Bait Imani uns Schalen mit Milch gebracht, die al-Auf in einen kleinen Ziegenschlauch goß. Wir könnten jeden Tag ein wenig von dieser Milch unter unser Trinkwasser mischen, um dessen Geschmack zu verbessern, meinte er. Die Mischung aus saurer Milch und Wasser, die auch ungenießbares Brunnenwasser trinkbar machte, nennen die Araber *shanin.* Als wir eine Woche später die Milch verbraucht hatten, entdeckten wir am Grund des Schlauches einen Klumpen Butter von der Größe einer Walnuß und der Farbe von Schmalz. Angeblich kann man Schläuche, die ein wenig lecken, durch etwas Milch wasserdicht machen.

Wir befahlen unsere Gastgeber dem Schutze Gottes an und zogen weiter durch die Sande. Al-Auf ging mit ausgestreckten Händen, die Handflächen nach oben gedreht, und rezitierte Verse aus dem Koran. Der Sand unter unsern Füßen war noch immer sehr kalt. Im Winter und im Sommer tragen die Araber in der Wüste meist gestrickte Socken aus dickem schwarzem Haar. Keiner von uns hatte solche Socken, und unsre Fersen sprangen in der Kälte allmählich auf. Die Risse wurden nach und nach tiefer und schmerzten ziemlich stark. Nachdem wir ein paar Stunden zu Fuß gegangen waren, ritten wir bis zum Sonnenuntergang. Die Kamele stürzten sich mit gierig hängender und bebender Unterlippe auf jede Pflanze, und wir ließen sie knabbern.

Zunächst waren die Dünen ziegelrot. Vereinzelt erhoben sie sich aus fahlweißen Gipsebenen, die von leuchtend grünen Salzbüschen gesäumt waren. Am Nachmittag kamen wir zu noch höheren Dünen. Sie waren etwa 150-200 Meter hoch und honigfarben. Hier gab es nur wenig Vegetation.

Musallim ritt auf dem schwarzen Bullen und führte sein eigenes Kamel, das die beiden größten Wasserschläuche trug, am Halfter. Beim Abstieg über einen steilen Sandhang blieb es plötzlich stehen. Das Kopfhalfter, das hinten an Musallims Sattel befestigt war, straffte sich und riß die Stute seitlich zu Boden. Ich kam hinterher, sah alles mit an, konnte jedoch das Unglück nicht mehr verhüten. Verzweifelt rief ich Musallim zu, er solle anhalten. Aber er konnte sein Tier auf dem Steilhang nicht zum Stehen bringen. Ich schickte ein Stoßgebet zum Himmel. Wenn nur das Seil risse! Als ich das Kamel auf die Wasserschläuche fallen sah, hielt ich schon unser ganzes Vorhaben für gescheitert. Al-Auf war bereits abgesprungen und hackte mit seinem Dolch auf das gestraffte Seil ein. Während ich selbst aus dem Sattel sprang, überlegte ich, ob wir wohl noch genug Wasser hätten, um nach Ghanim zurückzukommen. Das gestürzte Kamel schlug aus, das Seil zerriß, das Tier stemmte sich auf die Knie. Die Wasserschläuche, die ihm vom Rücken gerutscht waren, waren anscheinend unversehrt. Als ich mich über sie beugte, sagte al-Auf: »Gott sei Lob und Dank. Sie sind noch heil.« Und die anderen fielen ein: »Gott sei gelobt, Gott sei gepriesen.« Nun luden wir dem Bullen, der in der Wüste groß geworden und an die schlüpfrigen Steilhänge gewöhnt war, die Wasserschläuche auf.

aus **Die Brunnen der Wüste**

Wir kamen zu Weideplätzen und machten halt für die Nacht. In einer windgeschützten Mulde luden wir die Tiere ab, banden ihnen die Vorderbeine zusammen, lockerten die Sattelgurte und ließen sie weiden.

Bei Sonnenuntergang gab al-Auf den halben Liter Wasser aus, den er für die anderen mit Milch vermischte. Es war unser erster Trunk an diesem Tag. Wie stets hatte ich angesichts der sinkenden Sonne diesen Augenblick herbeigesehnt, krampfhaft bemüht, etwas Speichel in der Mundhöhle zu sammeln, die sich wie Leder anfühlte. Ich nahm meinen Anteil Wasser, jedoch ohne Milch, in Empfang und bereitete mir Tee, dem ich gemahlenen Zimt, Ingwer, Nelken und Cardamon beifügte, um den Geschmack zu verbessern.

Brennholz konnten wir in der Wüste überall finden. Es gab keine Stelle in den Großen Sanden, wo es nicht irgendwann einmal geregnet hatte, und mag dies zwanzig oder dreißig Jahre zurückliegen. Immer konnten wir die langen Wurzeln irgendeines toten Gesträuchs ausgraben. Die Bedu verbrennen kein Tribulusholz, wenn sie anderes Brennmaterial zur Verfügung haben; denn *zahra*, »die Blume«, wird als hervorragendes Kamelfutter geschätzt, und es ist beinahe so heilig wie die Dattelpalme. Als ich einmal einen Dattelkern ins Feuer warf, bückte der alte Tamtaim sich danach und holte ihn heraus.

Bin Kabina braute Kaffee. Er hatte Hemd und Kopftuch abgelegt, und ich neckte ihn: »Wenn ich dein Lendentuch nicht für dich gerettet hätte, könntest du jetzt dein Hemd nicht ausziehen.« Grinsend gab er zurück: »Was sollte ich tun? Er bat darum.« Dann holte er bei Musallim Mehl aus einem Ziegenschlauch, vier gestrichene Becher voll. Diese Menge, etwa drei Pfund, war unsere Tagesration. Mir schien unsere Diät kalorien- und vitaminarm zu sein. Dennoch habe ich in all den Jahren nicht eine eitrige oder septische Wunde gesehen. Auch das Wasser, das wir fanden, trank ich allenthalben im Orient ohne Zusätze oder andere Vorsichtsmaßnahmen aus Brunnen, Gräben und Rinnsalen ohne jeden Schaden.

Der menschliche Körper – zumindest der meine – scheint seine eigenen Abwehrstoffe zu erzeugen, wenn man ihm dazu die Möglichkeit läßt.

Als Musallims Brot fertig war, rief er al-Auf und Mabkhaut, die die Kamele hüteten, herbei. Es dunkelte. Obgleich im Westen noch ein letzter Abglanz des vergangenen Tages schimmerte, standen die Sterne hell am Himmel, und der Mond warf seine Schatten auf den farblosen Sand. Wir hockten im Kreis um eine kleine Schüssel, murmelten »Im Namen Gottes« und tunkten einer nach dem andern unsere Brotbrocken in die geschmolzene Butter. Nach der Mahlzeit nahm Bin Kabina den kleinen messingnen Kaffeetopf vom Feuer und schenkte jedem von uns einige Tropfen Kaffee ein. Dann begann die Unterhaltung.

Ich war glücklich in der Gesellschaft dieser Menschen, die sich dafür entschieden hatten, mich zu begleiten. Ich war ihnen zugetan, und ihre Lebensweise gefiel mir. Doch bei aller Genugtuung über unsere Kameradschaft gab ich mich niemals der Illusion hin, wirklich zu ihnen zu gehören. Sie waren Bedu, und ich war es nicht, sie waren Mohammedaner, und ich war Christ. Dennoch war ich für sie ihr Gefährte, unlösbar mit ihnen verbunden durch ein Band, so heilig wie das zwischen Gastgeber und Gast und stärker als alle Stammes- und Familienbande. Als ihren Weggefährten würden sie mich sogar gegen ihre eigenen Brüder mit der Waffe verteidigen, und das gleiche erwarteten sie auch von mir.

Aber ich wußte, daß meine schwerste Probe die sein würde, harmonisch mit ihnen zusammenzuleben, Herr meiner Ungeduld zu werden, mich nicht in mich zurückzuziehen, Maßstäbe und Lebensgewohnheiten, die sich von den meinen unterschieden, nicht zu kritisieren. Ich wußte aus Erfahrung, daß die Bedingungen, unter denen wir lebten, mich im Lauf der Zeit körperlich, wenn nicht seelisch, zermürben und daß meine Begleiter mich oft reizen und aus der Fassung bringen würden. Und ebenso genau wußte ich, daß es mein Fehler und nicht der ihre wäre, wenn dies geschähe.

Während der Nacht hörten wir auf den Hängen über uns einen

aus **Die Brunnen der Wüste**

Fuchs bellen. Im Morgengrauen löste al-Auf die Fesseln der Kamele, die wir für die Nacht in unser Lager gebracht hatten, und ließ die Tiere frei weiden. Bis zum Sonnenuntergang würde es nichts mehr zu essen geben. Bin Kabina wärmte nur den Kaffeesatz noch einmal auf. Nach einer Stunde Wegs kamen wir zu einem grünen Weideplatz, hier hatte es vor kurzem geregnet. Al-Auf, vor die Wahl gestellt, weiterzuziehen oder die Tiere weiden zu lassen, entschied sich dafür, haltzumachen. Wir luden die Tiere ab und sammelten Büschel von Tribulus für die Weiterreise. Al-Auf grub ein Loch in den Sand und stellte fest, daß der Regen etwa einen Meter tief eingedrungen war. Er untersuchte auf diese Weise den Boden überall, wo es geregnet hatte. Waren noch keine Pflanzen gewachsen, zogen wir weiter, und er blieb zurück und untersuchte sorgfältig den Boden. Es war nicht ersichtlich, welchen praktischen Wert diese Informationen über künftige Weideplätze im Herzen des Leeren Viertels haben konnten, und dennoch war mir klar, daß gerade dieses Wissen und diese Umsicht ihn zu einem ungewöhnlich guten Führer machten. Ich legte mich in den Sand und beobachtete einen Adler, der über uns kreiste. Es war heiß. Die Temperatur in meinem Körperschatten betrug 29°C. Man konnte kaum glauben, daß wir am frühen Morgen nur 6° gemessen hatten. Der Sand war von der Sonne bereits soweit erhitzt, daß er die weiche Haut oberhalb meiner Fußsohlen verbrannte.

Um die Mittagsstunde zogen wir weiter, an hohen, blaßfarbenen oder golden leuchtenden Dünen vorüber. Am Abend vertaten wir eine ganze Stunde damit, einen gewaltigen roten Sandberg von etwa zweihundert Meter Höhe zu umgehen. Dann durchquerten wir eine Salzebene, die wie ein Korridor durch die Sande ging. Die riesige rote Düne hinter uns und ihre Nachbarin wirkten jetzt wie ein Tor, das sich langsam und leise hinter uns schloß. Ich blickte mich immer wieder nach dem schmaler werdenden Spalt zwischen den beiden Dünen um. Mir war, als könnten wir nie wieder zurück, wenn dieses Tor einmal geschlossen war. Der Spalt verschwand, jetzt konnte ich nur noch eine Sandwand sehen. Ich wandte mich wieder den anderen zu. Sie unterhielten sich über den Preis eines farbigen Lendentuchs, das Mabkhaut vor unserer Abreise in Salala erstanden hatte. Plötzlich deutete al-Auf auf eine Kamelspur und sagte: »Diese Spur hat mein Kamel hinterlassen, als ich auf dem Weg nach Ghanim hier vorbeikam.«

Später stritten Musallim und al-Auf, wie weit es von Maghshin bis Bai sei, wo Tamtaim und die anderen auf uns warten sollten. Ich fragte al-Auf, ob er jemals vom Wadi al-Amairi nach Bai geritten sei. Er antwortete: »Ja, vor sechs Jahren.«

»Und wie viele Tage hast du gebraucht?«

»Das will ich dir erzählen. Wir holten Wasser in al-Ghaba im Wadi al-Amairi. Wir waren zu viert, ich, Salim, Djanazil von den Awamir und Alaiwi von den Afrar. Es war mitten im Sommer. Wir waren in Ibri gewesen, um einen Streit zwischen den Raschid und den Mahamid beizulegen, der ausgebrochen war, als man Fahads Sohn tötete.«

Musallim unterbrach ihn: »Das muß noch vor der Zeit gewesen sein, als der Riqaishi Gouverneur von Ibri war. Ich selbst bin im Jahr zuvor dort gewesen. Sahail begleitete mich, und wir zogen von dort aus ...«

Aber al-Auf fuhr unbeirrt fort: »Ich ritt auf der dreijährigen Stute, die ich Bin Duailan abgekauft hatte.«

»War das die, die die Manahil den Yam abgejagt hatten?« fragte Bin Kabina.

»Ja. Ein Jahr später tauschte ich sie gegen die gelbe Sechsjährige aus, die ich von Bin Ham bekommen habe. Djanazil ritt ein Batina-Kamel. Erinnert ihr euch noch? Sie war eine Tochter der berühmten Grauen, die dem Harahaish von den Wahiba gehörte.«

Mabkhaut sagte: »Ja, die habe ich gesehen, als ich letztes Jahr in Salala war. Ein großes Tier. Sie war schon alt, als ich sie sah, und hatte ihre beste Zeit hinter sich. Aber immer noch eine wirkliche Schönheit.«

Al-Auf fuhr fort: »Wir verbrachten die Nacht mit Rai von den Afar.«

aus **Die Brunnen der Wüste**

Bin Kabina stimmte ein: »Den habe ich vergangenes Jahr getroffen, als ich nach Habarut kam. Er trug ein Gewehr, einen ›Vater von zehn Schüssen‹, das er dem Mahra, den er im Ghadun tötete, abgenommen hatte. Bin Mautlauq bot ihm die graue Einjährige, die Tochter von Farha, und fünfzig *riyal* für das Gewehr, aber er gab es nicht her.«

Al-Auf fuhr fort: »Rai schlachtete eine Ziege für unser Abendessen und erzählte uns ...« Und da unterbrach ich ihn: »Schon gut, aber wieviel Tage hast du gebraucht, um nach Bai zu kommen?« Er sah mich erstaunt an und sagte: »Erzähle ich es dir nicht gerade?«

Bei Sonnenuntergang machten wir halt, um zu Abend zu essen und unsere Kamele mit dem Tribulus zu füttern, den wir mitgenommen hatten. Alle Schläuche schwitzten, und wir machten uns Sorgen wegen unserer Wasservorräte. Den ganzen Tag über hatten sie regelmäßig bedrohlich getropft. Alle paar Meter war ein Tropfen in den Sand gefallen – wie Blut aus einer Wunde, die man nicht stillen kann. Uns blieb nichts anderes übrig, als so rasch wie möglich weiterzureisen und die Kamele dabei nicht zu überanstrengen. Sie zeigten bereits Anzeichen von Durst. Al-Auf wollte nach dem Essen weiterziehen. Während Musallim und Bin Kabina Brot buken, fragte ich ihn nach seinen früheren Reisen durch diese Wüste aus. »Ich habe sie zweimal durchquert«, sagte er. »Das letzte Mal kam ich vor zwei Jahren hier vorbei. Ich kam von Abu Dhabi.« Ich fragte: »Wer hat dich begleitet?« Und er antwortete: »Ich war allein.« Ich glaubte, mich verhört zu haben und wiederholte: »Wer waren deine Begleiter?« – »Gott war mein Begleiter.« Diese grauenhafte Öde allein zu durchqueren ist eine ungeheuerliche Leistung. Auch wir durchzogen sie jetzt, aber wir führten unsre eigene Welt mit uns, eine kleine Welt von fünf Menschen, die jedem von uns Kameradschaft, Gespräch, Gelächter und das Bewußtsein schenkte, daß andere die Gefahren und Entbehrungen mit uns teilten. Ich wußte, daß diese ungeheuerliche Einsamkeit mich überwältigt hätte, wäre ich hier allein gewesen.

Ich wußte auch, daß al-Auf es wörtlich meinte, wenn er sagte, Gott sei sein Begleiter gewesen. Für diese Bedu ist Gott eine Realität, und der Glaube an seine Gegenwart gibt ihnen den Mut zum Durchhalten. An seinem Vorhandensein zu zweifeln wäre für den Bedu ebenso undenkbar wie blasphemische Redensarten. Die meisten von ihnen beten regelmäßig, und viele halten die Fasten des Ramadan ein, die einen ganzen Monat lang währen. In dieser Zeit dürfen sie von Sonnenaufgang bis Sonnenuntergang weder essen noch trinken. Fällt diese Fastenzeit in den Sommer – und da die arabischen Monate nach dem Mond zählen, kommt der Sommer jedes Jahr elf Tage früher –, machen sie von der Erleichterung Gebrauch, die dem Reisenden gestattet, erst dann zu fasten, wenn er seine Reise beendet hat, und verlegen den Fastenmonat in den Winter. Einige der Araber, die wir in Maghshin zurückgelassen hatten, fasteten jetzt, weil sie es nicht früher im Jahr hatten tun können. Ich habe in Hadramaut und im Hedjaz Städter und Dorfbewohner dem Bedu nachsagen hören, er sei ohne Religion. Als ich Einspruch erhob, antwortete man mir: »Selbst wenn die Bedu beten, kann Gott ihre Gebete nicht erhören; denn sie verrichten vor dem Gebet nicht die vorgeschriebenen Waschungen.«

Diese Bedu sind keine Fanatiker. Einmal reiste ich mit einer größeren Gruppe von Raschid, und einer fragte mich: »Weshalb wirst du kein Mohammedaner und gehörst dann wirklich zu uns?« Ich antwortete: »Gott schütze mich vor dem Teufel!« Sie lachten. Diese Redensart wird von den Arabern benutzt, wenn sie etwas Schädliches oder Unschickliches von sich weisen. Anderen Arabern gegenüber hätte ich eine solche Antwort niemals gewagt, aber jener Fragesteller hätte sie ganz gewiß gegeben, wenn ich ihm vorgeschlagen hätte, er solle Christ werden.

Nach dem Essen ritten wir zwei Stunden lang über eine Salzfläche. Die Dünen zu beiden Seiten schimmerten bleich im Mondlicht. Sie wirkten höher als am Tag. Die beleuchteten Abhänge schienen sehr glatt, und die Schatten in ihren Falten waren tintenschwarz. Schon bald schüttelte mich die Kälte. Meine Begleiter

aus **Die Brunnen der Wüste**

schmetterten ihre Lieder in die Stille hinaus, in der sonst nur das Salz unter den Hufen der Kamele knirschte. Die Worte ihrer Lieder waren die Worte des Südens, aber Rhythmus und Melodie stimmten mit den Liedern überein, die ich die Bedu der Syrischen Wüste hatte singen hören. Auf den ersten Blick schien sich der Bedu Südarabiens von dem des Nordens deutlich zu unterscheiden, nun aber merkte ich mehr und mehr, daß dieser Unterschied recht oberflächlich war und sich vor allem in der Kleidung ausdrückte. Meine Begleiter hätten sich in einem Rualla-Lager durchaus heimisch gefühlt, während ein Städter aus Aden oder Maskat in Damaskus auffallen würde.

Endlich machten wir halt, und ich stieg, starr vor Kälte, aus dem Sattel. Ich hätte viel für einen heißen Trunk gegeben, aber ich wußte, daß ich noch achtzehn Stunden darauf warten mußte; wir entzündeten ein kleines Feuer und wärmten uns vor dem Schlafengehen. Obwohl ich sehr müde war, schlief ich kaum. Tagelang war ich Stunde um Stunde auf einem schaukelnden Kamel geritten, mein Körper war wie gerädert. Wahrscheinlich war ich schwach vor Hunger. Unsere Nahrung war selbst für Bedu-Begriffe nur eine Hungerration. Am meisten aber quälte mich der Durst. Er war nicht so schlimm, daß er mir zu schaffen machte, aber ich wurde das ständige Durstgefühl nicht los. Ich träumte sogar von schäumenden Bächen eiskalten Wassers. Aber es war schwer, Schlaf zu finden. Nun lag ich wach und versuchte, die Strecke, die wir zurückgelegt hatten, und die Strecke, die wir noch zurücklegen mußten, zu schätzen. Auf meine Frage, wie weit es bis zum Brunnen sei, hatte al-Auf geantwortet: »Nicht die Entfernung, sondern die großen Dünen der Uruq al-Shaiba können uns gefährlich werden.« Das Wasser, das ich in den Sand hatte tropfen sehen, und der Zustand unserer Kamele beunruhigten mich. Die Kamele lagen ganz dicht neben mir in der Dunkelheit. Ich richtete mich auf und starrte zu ihnen hinüber. Mabkhaut erwachte und rief: »Was ist, Umbarak?« Ich murmelte eine Antwort und legte mich wieder nieder. Hatten wir auch den Wasserschlauch richtig abgebunden, als wir das letzte Mal Wasser holten? Was würde wohl geschehen, wenn einer von uns erkrankte oder verunglückte? Bei Tage ließen sich solche Gedanken leicht verscheuchen. In der Einsamkeit und im Dunkel der Nacht war das schwieriger. Schließlich sagte ich mir, daß al-Auf allein hier gereist war, und ich schämte mich.

Die andern wurden mit dem ersten Morgengrauen wach und wollten aufbrechen, solange es noch kalt war. Die Kamele beschnupperten den verdorrten Tribulus, waren aber zu durstig, um ihn zu fressen. In wenigen Minuten standen wir bereit. Schweigend stapften wir dahin. Meine Augen tränten vor Kälte, die scharfen Salzkrusten schnitten in meine brennenden Füße. Die Welt war grau und öde. Dann zeichneten sich allmählich die Dünenberge vor uns am erbleichenden Himmel ab. Kaum merklich begannen sie zu glühen, und die aufgehende Sonne, die nun ihre Gipfel traf, verlieh ihnen Farbe.

Vor uns lag eine hohe Dünenkette ohne jedes Quertal. Sie war von unterschiedlicher Höhe, wie ein Gebirgszug, dessen Gipfel durch Pässe verbunden sind. An den höchsten Stellen mußte sie sich wohl über 200 Meter aus der Salzebene erheben. Der Südhang vor uns war sehr steil, er war also die dem Wind abgekehrte Seite. Ich wünschte, wir hätten die Düne aus entgegengesetzter Richtung besteigen können. Denn es ist leicht, ein Kamel diese Steilhänge aus Sand hinunterzuführen, aber immer schwierig, eine Aufstiegsmöglichkeit zu entdecken.

Al-Auf hieß uns warten, bis er den Weg erkundet hatte. Ich sah ihm zu, wie er über die schimmernde Salzfläche ging, das Gewehr geschultert, den Kopf in den Nacken geworfen, die Augen auf die Steilhänge gerichtet. Er wirkte sehr zuversichtlich. Aber angesichts dieser Sandhänge schien es mir, daß wir die Kamele niemals zum Aufstieg bewegen könnten. Mabkhaut war offenkundig der gleichen Meinung, denn er sagte zu Musallim: »Wir müssen einen Umgehungsweg finden. Kein Kamel steigt da hinauf.« Musallim antwortete: »Das verdanken wir al-Auf. Der hat uns hierher gebracht. Wir hätten uns viel weiter westlich halten sollen, näher an *aus* **Die Brunnen der Wüste** 225

Dakaka.« Er hatte sich einen Schnupfen geholt, zog fortwährend die Nase hoch, und seine ziemlich hohe Stimme klang heiser und kummervoll. Ich wußte, daß er auf al-Auf eifersüchtig war und ihm bei jeder Gelegenheit eins auswischte. Nicht gerade sehr klug spottete ich: »Wenn du unser Führer wärst, dann wäre die Reise lang geworden.« Er fuhr herum und gab zornig zurück: »Du magst die Bait Kathir nicht. Ich weiß schon, daß du nur die Raschid magst. Gegen den Willen meines Stammes habe ich dich hierher gebracht, und nie erkennst du an, was ich für dich getan habe.«

Während der letzten Tage hatte er keine Gelegenheit versäumt, mich daran zu erinnern, daß ich ohne ihn niemals von Ramlat al-Ghafa aus hätte weiterreisen können. Er buhlte um meine Gunst und wollte seine Belohnung höhertreiben, aber das alles reizte mich nur. Ich war nun versucht, meinem Groll in zornigen Worten Luft zu machen und es zu einer törichten Auseinandersetzung kommen zu lassen. Aber ich bezwang mich und ging mit der Ausrede, ich wolle fotografieren, davon. Ich wußte, wie leicht man unter solchen Umständen eine heftige Abneigung gegen einen der Gefährten fassen und ihn zum Sündenbock für alles mögliche machen kann. Ich dachte: Ich darf es nicht so weit kommen lassen, daß ich ihn verabscheue. Schließlich verdanke ich ihm sehr viel. Aber, bei Gott, ich wollte, er würde mich nicht dauernd daran erinnern.

Ich setzte mich auf eine Sandbank und wartete auf al-Aufs Rückkehr. Der Boden war noch immer kalt, obgleich die Sonne jetzt ziemlich hoch am Himmel stand und ein hartes, klares Licht auf den Sandwall vor uns warf. Der Gedanke, daß der gewaltige Sandwall vor uns, der einzig und allein dem Wind seine Entstehung verdankte, von hier aus die Hälfte des Himmels verdeckte, war phantastisch. Ich konnte al-Auf jetzt, knapp einen Kilometer entfernt, am Fuß der Düne erkennen. Er stieg einen Hang hinauf und wirkte wie ein Bergsteiger, der sich durch weichen Schnee zu einem hohen Gebirgspaß vorarbeitet. Ich konnte sogar die Spuren sehen, die er hinterließ. Außer ihm bewegte sich nichts in der schweigenden Leere.

Was würden wir tun, wenn wir die Kamele nicht über die Düne brächten? Ich wußte, daß wir nicht weiter nach Osten gehen konnten, denn dort war der Treibsand von Umm al-Samim. Die leichtere und bequemere Strecke über Dakaka, die Thomas genommen hatte, verlief mehr als dreihundert Kilometer weiter westlich. Wir konnten es uns nicht leisten, unsere Reise durch einen Umweg zu verlängern. Unser Wasservorrat war bereits gefährlich knapp, und unsere Kamele würden zusammenbrechen, wenn wir sie nicht bald tränkten. Wir *mußten* sie über diese ungeheuerliche Düne bekommen, und wenn wir sie abluden und selbst die Lasten hinaufschleppten. Aber wie sah es auf der anderen Seite aus? Wie viele weitere Dünen warteten dort auf uns? Wenn wir jetzt umkehrten, konnten wir vielleicht Maghshin erreichen. Aber wenn wir erst einmal diese Düne hier bewältigt hatten, würden die Kamele, das wußte ich, zu hungrig und zu durstig sein, um auch nur nach Ghanim zurückzukommen. Dann dachte ich an Sultan und die andern, die uns im Stich gelassen hatten, und an den Triumph dieser Männer, wenn wir aufgaben und geschlagen zurückkehrten. Ich blickte wieder zur Düne hinüber und sah al-Auf zurückkommen. Ein Schatten fiel auf den Sand neben mir. Ich blickte auf, es war Bin Kabina. Er lächelte, sagte »Salam Alaikum« und setzte sich. Eindringlich fragte ich ihn: »Werden wir die Kamele da hinüberbekommen?« Er schob sich das Haar aus der Stirn, betrachtete die Hänge mit nachdenklich gerunzelter Stirn und antwortete: »Sie ist sehr steil, aber al-Auf wird schon eine Möglichkeit finden. Er ist ein Raschid, nicht einer von diesen Bait Kathir.« Dann zerlegte er unbekümmert sein Gewehr, machte sich daran, es mit dem Saum seines Hemdes zu säubern, und wollte wissen, ob alle Engländer dasselbe Fabrikat benutzten.

Als al-Auf zurück war, gingen wir zu den andern hinüber. Mabkhauts Kamel hatte sich niedergelegt. Die anderen standen, wo wir sie gelassen hatten – ein schlechtes Zeichen. Gewöhnlich liefen sie

aus **Die Brunnen der Wüste**

sofort davon, um Nahrung zu suchen. Al-Auf lächelte und schwieg, keiner stellte eine Frage. Er bemerkte, daß die Lasten auf meinem Kamel aus dem Gleichgewicht geraten waren, und rückte die Satteltasche auf der einen Seite zurecht. Dann hob er den Kamelstecken, den er in den Sand hatte fallen lassen, mit den Zehen auf, nahm sein Kamel am Halfter, sagte »Los!« und führte uns auf die Düne zu.

Jetzt konnte er zeigen, daß er seinen Ruf zu Recht verdiente. Unbeirrt ging er voraus und suchte den für die Kamele geeignetsten Weg. Hier, im Windschatten des Höhenzuges, fiel der glatte Sand vom Gipfel bis zum Fuß der Düne steil und unberührt ab. Die Sandflächen waren unbezwingbar, da der Sand sofort nachgab und abrutschte. Aber an ihren Rändern war der Sand fester und auch nicht so abschüssig. Man konnte sich diese Hänge hinaufarbeiten. Doch auch sie waren nicht alle für Kamele begehbar, und von unten war kaum abzuschätzen, wie steil sie wirklich waren. Ganz langsam lockten wir die unwilligen Tiere Schritt für Schritt hinauf. Wenn wir stehenblieben, blickte ich besorgt zu den Gipfeln, über die der zunehmende Wind Sandfahnen in den Abgrund wehte. Mir schien, als würden wir niemals hinaufgelangen. Aber plötzlich waren wir oben. Ehe ich mich in den Sand fallen ließ, sah ich ängstlich in die Runde. Ich wollte wissen, was uns bevorstand. Erleichtert stellte ich fest, daß wir uns am Rand einer gewellten Hochebene mit flachen Tälern und niedrigen runden Hügeln befanden, durch die wir ohne große Mühe weiterziehen konnten. Wir haben es geschafft. Wir sind auf dem Gipfel der Uruq al-Shaiba, dachte ich triumphierend. Die Angst vor diesem gewaltigen Hindernis hatte seit jener Nacht in der Wüste von Ghanim auf mir gelastet, als al-Auf mich zum erstenmal davor gewarnt hatte. Nun war diese Angst geschwunden, ich sah vertrauensvoll in die Zukunft.

Wir ruhten eine Weile schweigend im Sand aus, bis al-Auf uns weitergehen hieß. Einige kleine Dünen, die von Querwinden zusammengefegt worden waren, verliefen in Kurven parallel zu dem großen Absturz über das Hochplateau. Ihre Steilhänge fielen nach Norden ab, und die Kamele konnten ohne Schwierigkeiten hinunterrutschen. Diese gewellten Hochflächen waren ziegelrot und hie und da von dunkleren Farbtönen durchsetzt. Der tiefere Sand zeigte, wo unsere Tritte ihn freilegten, eine hellere Tönung. Aber das Seltsamste in dieser Landschaft waren eine Anzahl tiefer kraterähnlicher Trichter, die wie riesenhafte Hufabdrücke aussahen. Sie unterschieden sich von den normalen Sicheldünen dadurch, daß sie nicht über ihre Umgebung hinausragten, sondern Hohlformen in dem festen, gewellten Sandboden bildeten. Die Salzebenen an ihrem Grund sahen sehr weiß aus.

Wir bestiegen die Kamele. Meine Gefährten hatten die Gesichter mit den Kopftüchern verhüllt und schwankten im Rhythmus der Kamele. Die Schatten auf dem leuchtenden Sand waren blau wie der Himmel. Zwei Raben, die nordwärts flogen, strichen krächzend über unsre Köpfe hinweg. Ich kämpfte gegen den Schlaf an. Der einzige Laut, das Mahlen der Kamelhufe im Sand, klang, als leckten kleine Wellen über einen Strand.

Am späten Nachmittag machten wir mit Rücksicht auf die Kamele einen vierstündigen Halt auf einem langen sanften Hang, der zu einer großen Salzebene abfiel. Hier gab es keinerlei Vegetation, nicht einmal Salzbüsche säumten die Ebenen zu unsern Füßen. Al-Auf erklärte, daß wir bei Sonnenuntergang wieder aufbrechen würden. Während des Essens sagte ich gutgelaunt zu ihm: »Das Schlimmste dürften wir überstanden haben. Die Uruq al-Shaiba haben wir ja nun hinter uns.« Er sah mich einen Augenblick an und antwortete: »Wenn wir heute nacht gut vorankommen, können wir es morgen erreichen?« Ich fragte: »Was erreichen?« Und er antwortete: »Die Uruq al-Shaiba. Hast du etwa das, was wir heute überquert haben, für die Uruq al-Shaiba gehalten? Das war doch nur eine Düne. Morgen wirst du es zu sehen bekommen.« Einen Augenblick lang glaubte ich, er scherze, doch dann begriff ich, daß er im Ernst sprach und daß der schlimmste Teil der ganzen Reise, den ich hinter mir zu haben glaubte, noch vor uns lag.

aus **Die Brunnen der Wüste**

Es war Mitternacht, als al-Auf endlich sagte: »Hier wollen wir haltmachen. Wir wollen ein wenig schlafen und die Kamele rasten lassen. Die Uruq al-Shaiba sind jetzt nicht mehr weit.« In meinen Träumen dieser Nacht waren sie gewaltiger als der Himalaja.

Al-Auf weckte uns, als es noch immer finster war. Wie gewöhnlich bereitete Bin Kabina den Kaffee. Die bitteren Tropfen, die er uns ausschenkte, regten an, aber wärmten nicht. Der Morgenstern war über den Dünen aufgestiegen. Im ersten bleichen Licht des Morgengrauens nahmen die formlosen Dinge allmählich wieder Gestalt an. Die knurrenden Kamele stemmten sich auf die Füße. Wir verweilten noch einen Augenblick neben dem Feuer, dann setzten wir uns auf al-Aufs Kommando in Bewegung. Der knirschende Sand unter meinen Füßen war eisig wie verharschter Schnee.

Vor uns lag ein Höhenzug aus Sand, der so hoch, ja vielleicht noch höher als der Höhenzug war, den wir tags zuvor bewältigt hatten. Aber hier waren die Gipfel steiler und eigenartiger, und manche türmten sich zu gewaltigen Hörnern empor, von denen die geschwungenen Kämme wie Draperien herabwallten. Der Sand dieser Dünen war blasser als der, den wir hinter uns hatten, und sehr weich. Beim Aufstieg stäubte er in Wolken um unsere Füße. Eingedenk der Tatsache, daß vor zwölf Jahren im Danakil-Land meine Kamele fast ohne jedes vorherige Anzeichen zusammengebrochen und verendet waren, fragte ich mich, wie viele unserer Kamele wohl noch aushalten würden. Sie zitterten bereits heftig, sobald sie stehenblieben. Wollte eines der Tiere nicht mehr weitergehen, zerrten wir am Halfter, schoben von hinten nach und hoben die Lasten zu beiden Seiten hoch, während wir das brüllende Tier den Hang hinauftrieben. Manchmal legte sich ein Kamel nieder und weigerte sich, wieder aufzustehen. Dann mußten wir es abladen und die Wasserschläuche und Satteltaschen selbst tragen. Nicht, daß sie etwa sehr schwer gewesen wären, besaßen wir doch nur wenige Gallonen Wasser und ein paar Handvoll Mehl.

Wir führten die zitternden, scheuenden Tiere hinauf über große gekurvte Sandkämme, deren messerscharfe Grate unter unsern Tritten abrutschten. Trotz der mörderischen Anstrengung verloren meine Gefährten niemals die Geduld. Die Sonne brannte unbarmherzig vom Himmel, ich fühlte mich ausgepumpt, elend und schwindlig. Als ich mich so den Hang hinaufquälte, knietief im rutschenden Sand, klopfte mein Herz zum Zerspringen. Und mein Durst wurde mit jeder Minute unerträglicher, ich konnte kaum mehr schlucken, sogar meine Ohren schienen zugefallen. Doch es würde noch viele endlose Stunden dauern, ehe ich etwas trinken durfte. Ich blieb stehen, um auszuruhen, ließ mich in den sengenden Sand fallen und hörte die anderen rufen: »Umbarak, Umbarak!« Ihre Stimmen klangen erschöpft und heiser.

Es dauerte drei Stunden, bis wir diesen Höhenzug überquert hatten.

Auf dem Gipfel angelangt, sahen wir diesmal keine sanft gewellten Hänge vor uns wie am Tage zuvor. Drei kleinere Dünenketten ritten auf dem Gipfelrücken, und hinter diesen fiel der Sand steil zu einer weiten Salzebene zwischen den Sandbergen ab. Der Höhenzug auf der andern Seite kam mir noch höher vor als der, auf dem wir standen. Hinter ihm erstreckten sich weitere Sandberge. Ich suchte den Horizont nach einem Ausweg ab. Irgendwo, scheinbar am Rand der Welt, ging der Sand in den Himmel über. Aber in dieser Unendlichkeit war nichts Lebendiges zu sehen, nicht eine einzige verdorrte Pflanze, die mich hätte Hoffnung schöpfen lassen. Hier gibt es keinen Weg mehr, dachte ich. Wir können nicht zurück, und unsre Kamele werden nicht eine einzige dieser furchtbaren Dünen mehr bewältigen. Das ist das Ende. Die Stille hüllte mich völlig ein. Kaum vernahm ich noch die Stimmen meiner Gefährten und das unruhige Scharren der Kamele.

Wir stiegen hinab, und irgendwie – nie werde ich begreifen, wie die Kamele es schafften – bewältigten wir auch den nächsten Hang. Dort oben brachen wir völlig erschöpft zusammen. Al-Auf gab jedem von uns ein wenig Wasser, gerade genug, um die Mundhöhle anzufeuchten. »Wir brauchen das, wenn wir weiterkommen

wollen«, sagte er. Die mittägliche Sonne hatte jede Farbe aus dem
Sand gesogen. Verstreute Kumuluswolkenbänke warfen ihre
Schatten über die Dünen und Salzebenen und verstärkten den Eindruck, wir befänden uns im Hochgebirge und tief unter uns im Tal
lägen gefrorene Seen von blauer und grüner Farbe. Schläfrig wälzte ich mich auf die Seite. Aber der Sand brannte durch mein Hemd
und riß mich aus meinen Träumen.

Zwei Stunden später weckte uns al-Auf. Als er mir half, mein
Kamel zu beladen, sagte er: »Kopf hoch, Umbarak. Diesmal haben
wir wirklich die Uruq al-Shaiba bezwungen.« Und als ich auf die
Dünenkette vor uns deutete, meinte er: »Dort kann ich einen
Durchlaß finden, die brauchen wir nicht zu überqueren.« Wir zogen bis Sonnenuntergang weiter, nunmehr den Tälern zwischen
den Dünen folgend. Wir wären auch nicht mehr fähig gewesen,
nur eine einzige Düne zu ersteigen. Auf dem Hang, an dem wir
haltmachten, wuchs ein klein wenig frische *qassis*. Ich hoffte
schon, dieser Glücksfall könne uns veranlassen, die Nacht hier zu
verbringen, aber kaum hatten wir gegessen, holte al-Auf die Kamele und sagte: »Wir müssen weiter, solange es kühl ist, wenn wir
Dhafara jemals erreichen wollen.«

Lange nach Mitternacht machten wir Rast, um schon im Morgengrauen aufzubrechen, noch immer erschöpft von der Anstrengung des Vortags. Aber al-Auf machte uns Mut. Wir hätten das
Schlimmste nun überstanden. Die Dünen jedenfalls waren niedri-
ger als bisher, gleichmäßig hoch, runder und mit weniger Gipfeln.
Vier Stunden, nachdem wir aufgebrochen waren, erreichten wir
eine sanfte Hochfläche aus gold- und silberfarbenem Sand. Aber
noch immer gab es nichts für unsere Kamele zu fressen.

Plötzlich sprang ein Hase aus einem Gesträuch, und schon hatte
al-Auf ihn mit dem Stecken erschlagen. Die andern riefen: »Gott
hat uns Fleisch geschickt.« Tagelang hatten wir vom Essen gesprochen, jede Unterhaltung lief nur noch darauf hinaus. Seit wir Ghanim verlassen hatten, nagte dumpfer Hunger in meinen Eingewei-
den, und jeden Abend war meine Kehle wie ausgedörrt. Selbst

wenn ich einen Schluck getrunken hatte, konnte ich das trockene Brot, das Musallim austeilte, kaum hinunterwürgen. Den ganzen Tag über kreisten unsere Gedanken und Gespräche um den Hasen. Um drei Uhr nachmittags konnten wir der Verlockung, anzuhalten und ihn zuzubereiten, nicht mehr widerstehen. Mabkhaut schlug vor: »Wir wollen ihn im Fell in der Glut braten. Das spart uns Wasser – wir haben ohnehin nicht mehr viel.« Bin Kabina machte sich zum Sprecher der anderen: »Nein, bei Gott! So etwas darfst du nicht einmal vorschlagen!« Und zu mir gewandt, sagte er: »Mabhkauts verkohltes Hasenfleisch wollen wir nicht haben. Suppe! Wir wollen Suppe und eine Sonderration Brot. Heute wollen wir uns satt essen, und wenn wir später Hunger und Durst ertragen müssen. Bei Gott, ich habe tollen Hunger!« Wir einigten uns auf die Suppe. Wir hatten die Uruq al-Shaiba bewältigt und wollten diese Großtat mit der Gottesgabe feiern. Wenn unsre Kamele uns nicht noch im Stich ließen, befanden wir uns jetzt in Sicherheit. Selbst wenn unser Wasservorrat ausginge, konnten wir noch lebend einen Brunnen erreichen.

Musallim buk fast die doppelte Portion unsrer täglichen Brotmenge, während Bin Kabina den Hasen kochte. Er sah mich an und sagte: »Der Geruch dieses Fleisches raubt mir fast das Bewußtsein.« Als das Fleisch gar war, teilte er es in fünf Portionen auf. Sie waren sehr klein, denn ein arabischer Hase ist nicht größer als ein englisches Kaninchen, und dieser war nicht einmal ausgewachsen. Al-Auf verloste die Portionen. Jeder von uns nahm sich das kleine Häufchen Fleisch, das ihm zugefallen war. Dann sagte Bin Kabina: »Mein Gott, ich vergaß, die Leber zu teilen.« Die andern sagten: »Gib sie Umbarak.« Ich protestierte und sagte, sie sollten sie teilen. Aber sie schworen bei Gott, sie würden sie nicht essen und ich solle sie haben. Schließlich aß ich sie, wohl wissend, daß ich es nicht hätte tun dürfen. Aber die Gier nach diesem Extrahappen Fleisch war zu groß gewesen.

Unser Wasservorrat war nahezu aufgebraucht, und wir hatten nur noch Mehl für etwa eine Woche. Die verhungerten Kamele waren so durstig, daß sie verdorrte Kräuter, die wir auf unserem Weg fanden, verweigerten. In spätestens zwei Tagen mußten wir sie tränken, sonst würden sie zusammenbrechen. Al-Auf sagte, bis zum Brunnen Khaba in Dhafara seien es noch drei Tage, aber nicht weit von hier sei ein Brunnen mit sehr abgestandenem Wasser. Er meinte, die Kamele würden das Wasser vielleicht trinken.

Als wir in dieser Nacht etwas über eine Stunde geritten waren, wurde es plötzlich finster. Ich glaubte, eine Wolke habe sich vor den Vollmond geschoben und wandte mich um. Da sah ich, daß es eine Mondfinsternis war und daß die Hälfte des Mondes bereits verdeckt war. Im selben Augenblick bemerkte auch Bin Kabina die Mondfinsternis und stimmte sofort ein Lied an, in das die andern einfielen:

Gott ist ewig,
Das Leben des Menschen ist kurz.
Über uns steht das Siebengestirn,
Der Mond wandelt unter den Sternen.

Das war die ganze Aufmerksamkeit, die sie der Mondfinsternis – übrigens einer totalen – zollten. Sie schienen sich nur für den nächsten Lagerplatz zu interessieren.

Am nächsten Morgen brachen wir sehr zeitig auf und ritten ohne Pause sieben Stunden lang durch die sanft gewellten Hügel. Der Sand hier hatte leuchtende Farben, die in überraschender Folge wechselten. Manchmal sah er aus wie gemahlener Kaffee, dann wieder war er ziegelrot, purpurn oder von seltsamem Goldgrün. Hin und wieder kamen wir an kleinen weißen Gipsebenen vorüber, die in Mulden eingebettet lagen und von graugrünen Salzbüschen gesäumt waren. Zwei Stunden lang rasteten wir auf einem Sandfleck, der die Farbe getrockneten Blutes hatte. Dann zogen wir, unsere Kamele am Halfter, wieder weiter.

Plötzlich wurden wir angerufen. Auf einem Dünenrücken lauerte hinter einem Busch ein Araber. Unsre Gewehre hingen an den Sätteln, denn wir hatten nicht erwartet, hier jemandem zu begegnen. Musallim war durch mein Kamel verdeckt. Ich sah ihn das Gewehr ergreifen und schußbereit machen. »Das ist die Stimme eines Raschid«, sagte al-Auf und trat vor. Er rief dem unsichtbaren Araber etwas zu, dieser erhob sich und kam herunter zu uns. Die beiden umarmten einander. Auch wir begrüßten den Mann, den uns al-Auf als Hamad bin Hanna, einen Scheich der Raschid, vorstellte. Er war untersetzt, hatte einen Bart, eng zusammenstehende Augen und eine lange, abgeplattete Nase. Während wir unsre Kamele abluden, holte er das seine hinter der Düne hervor.

Wir bereiteten ihm Kaffee und lauschten seinen Neuigkeiten. Er erzählte uns, er habe nach einem entlaufenen Kamel gesucht, dabei unsre Spuren entdeckt und uns zunächst für eine Räuberbande aus dem Süden gehalten. Ibn Sa'uds Steuereinzieher hielten sich in Dhafara und in Rabadh auf, um bei den Stämmen die Steuern einzutreiben. Im Norden hätten wir mit Raschid, Awamir, Murra und einigen Manahil zu rechnen.

Wir mußten jeden Kontakt mit andern Arabern als den Raschid vermeiden, möglichst jedoch auch mit diesen selbst, damit die Kunde von meiner Anwesenheit nicht unter den Stämmen die Runde machte. Ich wollte unter keinen Umständen Ibn Sa'uds Steuereinziehern in die Hände fallen und vielleicht Ibn Djalawi, dem gefürchteten Gouverneur des Hasa, vorgeführt werden, um mich wegen meiner Anwesenheit in dieser Gegend zu verantworten. Karab aus West-Hadramaut hatten im Jahr zuvor hier Überfälle verübt, und wir liefen Risiko, mit Räubern verwechselt zu werden, da unsre Spuren vom südlichen Wüstenrand kamen. Dieses Risiko würde nur noch größer werden, wenn wir anderen Arabern auszuweichen hätten. Denn ehrliche Reisende gehen an keinem Lager vorüber, ohne um Essen zu bitten und Neuigkeiten zu erfragen. Es würde schwierig sein, ungesehen weiterzukommen. Zunächst mußten wir unsre Kamele tränken und unsre Wasservorräte erneuern. Dann mußten wir möglichst nahe an

aus **Die Brunnen der Wüste**

Liwa herankommen, und einige meiner Gefährten mußten in den Dörfern Nahrungsmittel für wenigstens einen Monat einkaufen. Hamad erzählte mir, Liwa gehöre zum Gebiet der Al bu Falah von Abu Dhabi, die noch immer gegen Sa'id bin Maktum von Dubai kämpften, weshalb man allerorten vor Überfällen auf der Hut sei.

Am Spätnachmittag brachen wir wieder auf und ritten in Hamads Begleitung bis Sonnenuntergang. Hamad wollte bei uns bleiben, bis wir in Liwa Nahrungsmittel bekommen hätten. Da er die einzelnen Lagerplätze in dieser Gegend kannte, kam er uns wie gerufen. Am nächsten Tag erreichten wir nach einem Siebenstundenritt Khaur Sabakha am Rande der Wüste Dhafara. Wir legten den Brunnen frei und stießen in zweieinhalb Meter Tiefe auf Brackwasser, das so bitter war, daß sogar die Kamele nur wenig davon tranken und es dann verweigerten. Durstig schnupperten sie an dem Wasser, das al-Auf ihnen unter begütigendem Zureden in einem Ledereimer vorhielt, tauchten aber nur ihre Lippen hinein. Wir drückten ihnen die Nasen ins Wasser, aber sie tranken noch immer nicht. Dennoch behauptete al-Auf, daß die Araber selbst dieses Wasser mit Milch vermischt trinken würden. Als ich das bezweifeln wollte, erklärte er, daß ein Araber, der wirklich durstig sei, sogar ein Kamel töte, die Magenflüssigkeit trinke oder dem Tier einen Stecken in die Kehle stoße und das Erbrochene zu sich nehme. Wir ritten bis zum Sonnenuntergang weiter.

Als wir am Nachmittag des darauffolgenden Tages haltmachten, sagte al-Auf, wir hätten Dhafara erreicht, und der Brunnen Khaba sei ganz nah. Er wolle am nächsten Vormittag dort Wasser holen. Wir tranken den spärlichen Rest, der noch in einem unserer Schläuche war. Am nächsten Tag blieben wir, wo wir waren. Hamad wollte weitere Erkundigungen einziehen und am folgenden Tag wieder zu uns stoßen. Al-Auf, der mit ihm aufbrach, kehrte am Nachmittag mit zwei gefüllten Wasserschläuchen zurück. Das Wasser war zwar ein wenig abgestanden, schmeckte aber nach den schmutzigen übelriechenden Resten, die wir am Abend zuvor getrunken hatten, geradezu köstlich.

Es war der 12. Dezember. Vierzehn Tage waren vergangen, seit wir Khaur bin Atarit in Ghanim verlassen hatten.

Nun, da wir nicht mehr jede einzelne Tasse Wasser genau ausmessen mußten, bereitete Bin Kabina am Abend einen Extrakaffee, und Musallim erhöhte unsre Mehlration um einen ganzen Becher. Das war die pure Verschwendung, aber wir fanden, wir hätten Grund zum Feiern. Doch selbst jetzt konnten die Brotlaibe, die Musallim austeilte, unsern Hunger keineswegs stillen, der um so größer war, als wir keinen Durst mehr hatten.

Als ich mich zum Schlafen niederlegte, stand der Mond hoch über uns. Die andern schwatzten noch beim Feuer. Ich hörte nicht auf den Inhalt ihres Gesprächs, sondern lauschte nur den murmelnden Stimmen und betrachtete ihre dunklen Silhouetten, die sich gegen den Nachthimmel abzeichneten. Das Bewußtsein ihrer und der hinter ihnen lagernden Kamele Gegenwart, denen wir unser Leben verdankten, machte mich glücklich.

Jahrelang war mir die Durchquerung des Leeren Viertels als die größte Aufgabe erschienen, die mir die Wüste zu stellen hatte. Plötzlich war sie in meine Reichweite gerückt worden. Nie werde ich die Aufregung vergessen, als Lean mir so zufällig die Chance bot, dorthin zu reisen, nie meinen sofortigen Entschluß zur Durchquerung, nie meine Zweifel und Ängste, die Schwierigkeiten und die Augenblicke der Verzweiflung. Nun hatte ich das Leere Viertel durchquert. Für andere war meine Reise ohne besonderen Wert. Ihr einziges Resultat wäre wohl eine ziemlich ungenaue Karte, die kaum jemals ein anderer benutzen würde. Es war ein ganz persönliches Erlebnis, und der Lohn war ein Schluck reinen, beinahe geschmacklosen Wassers gewesen. Mir genügte das.

Rückblickend wurde mir klar, daß diese Reise keine Höhepunkte gehabt hatte, wie sie der Bergsteiger empfinden muß, wenn er endlich auf dem Gipfel steht. Während der vergangenen Tage war eine Anstrengung und Aufregung der anderen gefolgt, und schon

standen neue Sorgen bevor. Denn schließlich war diese Durchquerung des Leeren Viertels nur ein Abschnitt einer langen Reise, und
meine Gedanken beschäftigten sich bereits mit den neuen Problemen, die unsre Rückreise aufwarf.

H. M. Tomlinson
aus **Im bedrohlichen Dunkel des Dschungels**

Der Journalist und Familienvater H. M. Tomlinson (1873 bis 1958) hing 1909 seinen Job beim London Morning Leader *an den Nagel und fuhr auf einem Frachter zum Oberlauf des Amazonas. Am Ende der Reise nahmen er und ein Kamerad eine Abkürzung mitten durch den Dschungel, durch den sich nicht einmal die Einheimischen wagten. Liest man Tomlinsons Bericht, kann man es ihnen auch nicht verdenken: Sein Dschungel ist ein Ort voller Phantome. Voller Gewalt, die sich in einem schauerlichen Zeitlupentempo bewegt – ein Ort, in dem man sich im wahrsten Sinne des Wortes verlieren kann.*

Als wir in die Nähe der Girau-Fälle kamen, kehrten wir zu dem Lager 22 zurück, das nur aus ein paar Hütten bestand. Es war der Stützpunkt zweier englischer Landvermesser, die in Begleitung einer kleinen Gruppe Bolivianer waren. Die bolivianische Grenze verlief damals nur ein wenig weiter südwestlich. Wir ruhten uns dort einen Tag lang aus und planten eine Reise, die uns sechzehn Kilometer quer durchs Land zu den Caldeirão do Inferno-Fällen führen sollte. So vermieden wir die anstrengende Rückfahrt zum Rio Jaci-Parana. Denn am Caldeirão wartete ein Boot auf uns, in dem wir die Stromschnellen bewältigen und das Lager am Jaci zwei Tage früher erreichen würden. Inzwischen bedurfte es einiger Eile, denn der Zeitpunkt des Auslaufens meines Dampfers rückte näher. Ich stimmte dem Plan, den Urwald zu durchqueren, bereitwillig zu, da ich so die Gelegenheit haben würde, das Innere des unberührten Dschungels weitab von allen Wegen zu sehen. Ob-

aus **Im bedrohlichen Dunkel des Dschungels** 239

wohl ich nun schon so lange in einem Land war, das nur aus Urwald bestand, war ich noch nie, von kleineren Ausflügen auf
bereits betretenen Pfaden einmal abgesehen, mitten in diesem
göttlichen Wachstum gewesen. Kein Brasilianer ist je auf dem
Landwege durch das Amazonasgebiet gereist. Die einzigen Wege
sind die Flüsse. Nur selten wagt sich ein Abenteurer durch diese
Urwälder, geführt allein von seinem Kompaß und seiner Sehnsucht nach der Wildnis. Schon die Tatsache, daß ich monatelang
den Dschungel stets vor Augen hatte und es mich doch so selten
getraut hatte, mehr als ein paar Schritte von meinem Weg abzu-
weichen, läßt auf dessen Charakter schließen. Im Lager, in dem
wir uns aufhielten, erzählte mir jemand von einem Mann, der sich
nur ein klein wenig hinter den Blättervorhang gewagt hatte. Zweifellos hatte er, nur für ein paar Augenblicke, die Orientierung verloren, denn er wurde niemals wieder gesehen.

Den Urwald am Äquator stellt man sich im allgemeinen als einen hellen und farbenprächtigen Ort vor, mit außergewöhnlichen Blumen, Früchten im Überfluß und riesigen Bäumen voller
Äste, auf denen giftige, aber wunderschöne Schlangen mit juwe-
lenähnlichen Augen lauern. Als einen Ort mit einer Vielzahl von
Vögeln, so leuchtend wie die Blumen. Ein wahres Paradies, wenn
auch voller Gefahren. Die Einzelheiten stimmen, das Gesamtbild
jedoch ist falsch. Einige Vogelarten sind tatsächlich so pracht-
voll, daß selbst die schönsten Vögel unserer gemäßigten Breiten
im Vergleich zu ihnen fad wirken. Doch sind die Tukane und
Aras des Dschungels am Rio Madeira, obwohl ziemlich zahlreich, nur selten zu sehen, und wenn man sie dennoch einmal zu
Gesicht bekommen, dann aller Wahrscheinlichkeit nach nur als
dunkle Punkte, die weit oben im grellen Licht schwirren. In der
Nähe der Dörfer und auf Lichtungen gibt es gewöhnlich viele
prächtige Schmetterlinge und Nachtfalter sowie eine Vielfalt an
Pflanzen, wie man sie nirgendwo außerhalb der Tropen auch nur
annähernd findet. Leuchtkäfer und außergewöhnliche Abend-
düfte auf den Pfaden. Doch der Urwald selbst wird schnell zu ei-

nem monotonen Grün, das aufgrund seines Ausmaßes und seines Geheimnisses alles andere dominiert und Ehrfurcht, auch ein bißchen Angst hervorruft. Man sieht ihn tagtäglich, nähert sich ihm aber selten. Das Grün hat keine wundervollen Blüten – jedenfalls keine sichtbaren, höchstens durch Zufall, wie ich einmal das Glück hatte und von der Schiffsbrücke aus einige blühende Bäume erblickte – violette Kuppeln, die das Dach des Urwaldes krönten. Die Bäume stehen hier immer in Blüte, denn dies ist ein Land, in dem stets Hochsommer herrscht. Es gibt Orchideen, die ständig blühen, Palmen und Lianen, die große Teile des Urwaldes mit ihren Düften erfüllen, Palmen und andere Bäume, die Wein und köstliche Früchte spenden, und irgendwo versteckt gibt es die Vögel, die man von Bildern der Tropen kennt, gefleckte Jaguare, form- und farbvollendet, und dunkelhäutige Männer und Frauen, die an fremde Götter glauben. Aber sie gehen in dem Blättermeer ebenso unter wie die Perlen und Wunder in der Tiefe des Meeres. Man wird sich an den Urwald am Äquator nur als Blätterdunkel erinnern, in dem sich alles andere nur selten und flüchtig zeigt, sofort verloren und aus dem Blick verschwunden, wie ein ungewöhnlich farbiger Lichtstrahl als Schimmer auf einer Welle mitten im Meer aufblitzt und sofort wieder weg ist. Auch die Überraschung über sein Erscheinen läßt nach, und wieder gibt es nur die leere Einsamkeit, die nichts als eine ewige melancholische Unermeßlichkeit ist.

Eines Morgens verließen Hill und ich endlich das Lager 22 und liefen ein wenig den Pfad zurück. Wir fragten uns, was uns an dem Ort, den wir als erste Menschen betreten sollten, erwartete. Es war ein heißer, stiller Morgen. Irgendwo stand ein Vanillebaum in süß duftender Blüte. Sie war zwar nicht zu sehen, ihre Gegenwart jedoch nicht zu leugnen. Mein kleiner unbekannter Freund im Urwald, der mich in unregelmäßigen Abständen – ich glaube, vor allem dann, wenn ich nah bei einem Wasserlauf war – mit einem dreimaligen Pfeifen rief, ließ mich wissen, daß er in der Nähe war. Hill glaubte, ihn gesehen zu haben, und meinte, daß

aus **Im bedrohlichen Dunkel des Dschungels** 241

mein kleiner Freund wie eine Amsel aussehe. Auf dem Pfad gab
es an manchen Stellen Gegenstände, die wie hohe umgestülpte
Tassen aus unglasiertem Ton aussahen. Als ich einen davon auf-
hob, stellte ich fest, daß es die Spitze eines Ameisenhaufens war.
Die Innenseite dieser »Tasse« war vollkommen rund ausgehöhlt
und bemerkenswert glatt. Ein Paka tauchte in unserer Nähe ins
Gestrüpp. Es war früh am Morgen, die Luft erfüllt von Vanille-
duft, und die Blätter strotzten vor Undurchdringlichkeit. Ich
konnte nirgendwo in der Blätterwand eine Stelle finden, durch
die man zu dem, was sich auch immer dahinter verbergen mochte, hätte kriechen können. Die Blätterfront war lückenlos. Hill
bückte sich plötzlich und war verschwunden, ich folgte ihm
durch die Bresche, die er geschlagen hatte. So liefen wir zehn Minuten lang. Er säbelte mit seiner Machete Hindernisse ab. Meistens mußten wir fast auf allen vieren kriechen. Das Gestrüpp
war grün, aber so blaß, wie es bei Pflanzen üblich ist, die wenig
Licht bekommen. Vielleicht hatte ich mir das aber auch nur ein-
gebildet. Eine Pflanze bildete hellgrüne, federartige Schranken.
Ich glaube, es war ein Kletterbambus. Sein Stamm hatte keinen
nennenswerten Durchmesser, seine grasähnlichen Blätter wuchsen in Spiralen. Und er war von fast unglaublicher Größe. Wir
verließen diese Zone von Gestrüpp, das schnell in die Höhe
schießt, wenn Licht eindringt, wie zum Beispiel durch das Frei-
schlagen eines Pfades, und fanden uns auf kahlen Boden wieder,
auf dem die Stämme von Lorbeerbäumen so eng zusammen-
wuchsen, daß unsere Sicht nach vorne auf ein paar Meter beschränkt war. Wir waren im Dschungel!

Es gab einen schwachen Schimmer von Tageslicht, doch dessen
Ursprung war ungewiß, denn oben konnte man kein Blätterwerk
sehen, sondern nur dunkle Schatten, von denen lange leblose Seile
herunterhingen. In diesem Dunkel gab es Lichtpunkte, als ob ein
hohes Dach ein paar Ziegel verloren hätte. Hill bestimmte die
Richtung fast genau nach Süden, und wir gingen weiter. Nun stiegen wir zu einem tiefen, klaren Wasserlauf hinab, über den ein

Baum gestürzt war. Strahlen von Tageslicht erleuchteten den sandigen Boden des Baches und verrieten Schwärme kleiner Fische. Als wir auf den Baum kletterten, um auf die andere Seite zu gelangen, störten wir etliche Morphofalter auf. Auf der anderen Seite angekommen, hatten wir Probleme in einer Senke, wo der Waldboden voller umgefallener Bäume, trockenen Abfalls und Dornen lag. Als ich auf etwas trat, das wie ziemlich festes Holz aussah, brach dessen trügerische Hülle zusammen, und ich fiel nach unten, umhüllt von einer Wolke aus Staub und Ameisen. Das Freikommen aus diesem Wirrwarr, die Dunkelheit, die toten Kletterpflanzen voller Dornen und die Wolken trockenen Blätterwerks machten alles doppelt verworren. Und so verlor Hill die Orientierung. Er beruhigte sich jedoch, wenn ich auch nicht weiß, wie, aber ich glaube, mit der sicheren Gewißheit, daß, wenn wir lange genug nach Süden gingen, irgendwo auf den Rio Madeira stoßen würden. Wir gingen weiter. Stundenlang setzten wir unseren Weg zwischen den Bäumen fort und wußten selten, was vor uns lag. Überdauernde Orte von Geräuschen, die nach langer Zeit aus dem Dunkel der Vergessenheit wieder hervordrangen. Der Urwald war so still und nächtlich, daß er nur dann wirklich war, wenn seine Formen direkt vor uns waren. Alles andere waren Phantome und Schatten. Es gab kein grünes Lebenszeichen, keinen Laut. Als ich mich unter einem Baum ausruhte, begann ich zu glauben, daß dieser düsteren und furchtbaren Stille eine Verschwörung zugrunde lag und daß wir niemals wieder ins Tageslicht hinauskommen und die lebendige Erde sehen sollten. Hill saß da und hielt Ausschau. Wie als Antwort auf meinen unausgesprochenen Gedanken, den er gehört haben mußte, weil es hier keinerlei Geräusche gab, sagte er, daß Menschen, die sich in diesen Wäldern verlaufen, bald verrückt werden.

Wir gingen weiter. Dieser Wald hatte nichts von dem Paradies an sich, das man sich unter der tropischen Wildnis vorstellt. Er war so eintönig dunkel wie die alten Pflastersteine einer Londoner Straße an einem Novemberabend. Die einzige Bewegung, die

aus **Im bedrohlichen Dunkel des Dschungels**

wir sahen, waren die Morphofalter, als sie von ihrem Platz auf dem entwurzelten Baum aufgescheucht wurden. Einmal hörte ich ein Pfeifen, das uns aus der Tiefe des Waldes rief, eindringlich und erschreckend; und wenn ich heute in einer Londoner Seitenstraße einen Jungen höre, der schrill nach seinen Kumpels pfeift, bin ich wieder von den gespenstischen Gängen umgeben und dieser unerwarteten Stille. Dieser Urwald war wirklich das Gewölbe des Längstvergessenen, Feuchten, Modernden, Dunklen, das dem Altern und Verfall ausgeliefert war. Einstige Bäume glichen nun hohen Säulen, Bastionen verwitterten Kalksteins und Basalts, so trostlos wie alte, zerfallene Gebäude. Es gab kein Gestrüpp. Der Boden lag unter Resten toten Materials, entwurzelter Bäume, Blätterpergaments, zerbrochener Zweige und mumifizierter Hülsen, den eisernen Nußkugeln und -schalen. Es gab keinen Tag, doch waren einige Lücken im Dach des Urwaldes Orte entfernten Sternenlichts. Die zusammengedrängten Säulen erstreckten sich gerade und hoch, fast ohne Zweige, und verschwammen ineinander. Aus dieser Dunkelheit über uns hing ein Knäuel verdrehter Seile, die die Bäume verbanden und oft den Boden berührten. Die Bäume hatten selten einen großen Umfang, wenn es auch ab und zu eine weithin sichtbare Basaltsäule gab, deren Wurzeln über den Boden mäanderten wie Bäche alter Lava. Die glatten Hügelketten eines solch phantastischen Wurzelgeflechts reichten uns manchmal bis zur Brust. Im Vergleich zu dieser besitzergreifenden Struktur nahmen wir uns wie kleine Kriechpflanzen aus. Es gab noch andere große Bäume mit Stämmen, die regelrecht aus Bündeln runder Stengel zusammengesetzt waren, verschlungene gotische Säulen, bei denen einige der Pfeiler stellenweise zusammengewachsen waren. Jeder einzelne Baum diente einer Gemeinschaft von Parasiten, die von Lianen umschlungen waren, zum Lebensunterhalt. Eine Ranke hatte die Gestalt ihres Wirtes angenommen – eine flache, breite Packung, die wie aus Plastik aussah. Wir hätten vielleicht Zeugen von etwas werden können, das ein Aufruhr vielfältigen und rebellischen Lebens war. Es war in Stein verwandelt worden. Nun war alles tot.

Aber was wäre, wenn diese »Kämpfer« nur eine Pause machten, als wir erschienen waren? Dieser Gedanke kam mir plötzlich. Die Pause könnte nur Schein gewesen sein, um uns zu täuschen. Tatsächlich kämpften wir alle, als wir hindurchgingen, gegen jene stillen und phantastischen Schatten – ein grausamer, aber langsamer Krieg, dessen Schlacht vor Jahrhunderten stattgefunden hatte. Sie schienen nur still. Wir wurden getäuscht. Wäre die Zeit, wären die Bewegungen in diesem Scheinkrieg beschleunigt worden, hätten wir gesehen, was wirklich war: die größeren Bäume, die nach oben streben, um den schwachen Licht und Nahrung zu nehmen. Wir hätten das ständige Zusammenfallen der Unterlegenen gehört, und wir hätten die Lianen gesehen, die sich winden und zusammenziehen, wie Schlangen, und ihre Wirte drosselten und fraßen. Überall sahen wir Totes, Schalen, an denen Würmer klebten. Dennoch konnten wir nicht sicher sein, ob wir überhaupt etwas sahen, denn das waren keine Bäume, sondern Gestalten in einem Gebiet unter Tage, eine Welt, die von dem Land des Lebendigen in einen Abgrund gesunken war, in die das Licht nur spärlich auf zwei Reisende durchsickerte, die sich über den Boden bewegten und versuchten, an ihren eigentlichen Platz zurückzukehren.

Am späten Nachmittag wurden wir von einem steilen Berg auf unserem Weg, wo der Wald offener war, überrascht. Palmen wurden auf den Hängen sichtbar, und das Innere des dunklen Waldes wurde von anmutigem Blätterwerk erhellt. Es gab viele wilde Bananen, deren lange gekräuselten Wimpel überall zu sehen waren. Der Berg stieg auf einer Länge von vielleicht 200 Metern stark an. Große Steine lagen verstreut, und Steine sind in diesem Land der Pflanzenerde wirklich eine Seltenheit. Viele hatten einen Durchmesser von zwölf Zentimetern. Man hätte glauben können, sie seien vom Wasser ausgehöhlt worden, aber ich hatte sie an ihrem eigentlichen Ort gesehen, wo sie nur wenig unter der Oberfläche in

aus **Im bedrohlichen Dunkel des Dschungels**

einem bröckeligen Sandstein vorkommen und der größte von ihnen leicht von Hand zerbrochen werden kann, denn sie sind nur eisenhaltige Konkretionen von Quarzkörnern. Nachdem sie der Luft ausgesetzt werden, verhärten sie sich so, daß sie nur mit Mühe zerbrochen werden können.

Wir liefen den Bergkamm entlang und entdeckten Durchbrüche im Wald, durch die wir wie durch Fenster über das Dach des Waldes blicken konnten, was uns wie ein Wunder vorkam. Wir schauten aus unserem Gefängnis heraus auf eine weite Welt, in der die Sonne gerade unterging. Im Südwesten sahen wir einen Schimmer vom Rio Madeira und jenseits davon die Verlängerung der Hügelkette, auf der wir gerade standen.

Auf dem tief gelegenen Boden zwischen der Hügelkette und dem Fluß war der Urwald nicht so hoch, und er bildete eine so verworrene Masse, daß ich daran zweifelte, daß wir tatsächlich einen Weg hindurch finden würden. Wir stießen zufällig auf ein verlassenes Caripuna-Dorf: drei große Hütten ohne Seitenwände, jede einzelne hatte nur ein zerfetztes, auf vier Beine gestütztes Strohdach. Die Lichtung war gerade groß genug für sie. Ich konnte nirgendwo irgendwelche Überbleibsel der Urwaldbewohner ausmachen. Auf den Böden in den Hütten lagen dicke Schichten feuchter Blätter. Dennoch waren wir glücklich, die Hütten gefunden zu haben, denn von da aus führte uns ein Weg zum Fluß. Plötzlich tauchten wir aus dem Urwald auf wie durch eine kleine Tür, die auf eine offene Straße hinausgeht. Wir befanden uns am Ufer des Rio Madeira in Höhe der oberen Caldeirão-Fälle. Er war noch immer ein großer Fluß, gegenüber die Wand des Urwaldes, über der gerade noch die Sonne rot glühte, so weit entfernt, daß die Baumstämme nur senkrechte silberne Linien auf dunklen Klippen waren. Ein Pfad, der von dem bolivianischen Schlauchbootführer benutzt wurde, führte uns den Fluß hinunter zum Lager bei den unteren Fällen.

Als wir die drei Hütten des Lagers erreichten, war es bereits Nacht. Wir konnten den Fluß zwar nicht sehen, ihn aber hören.

Ein ständiges leises Donnern. Manchmal brachte ein größerer Aufprall des tief herabstürzenden Wassers die Erde zum Erzittern. Männer leuchteten uns mit Laternen ins Gesicht und brachten uns zu einer Hütte, die das übliche Blätterdach hatte. Wir ruhten uns in den Hängematten aus, die zwischen zwei Pfosten befestigt waren. Mir taten sämtliche Glieder weh. Aber wir waren angekommen, und es gibt kein komfortableres Bett als eine Hängematte, nachgiebig und elastisch, als würde man in der Luft gewiegt. Und es gibt keine genüßlichere Pfeife als die, die in einer Hängematte in den Tropen in der Nacht geraucht wird nach einem Tag voller Plackerei und Angst in der brütenden Hitze. Denn die Hitze macht das Aroma bitter und damit das Rauchen einer Pfeife unmöglich. Doch wenn eine tropische Nacht kühl und wolkenlos ist, ist die Pfeife ein Segen und die Stille ein Frieden, der um einen herum ist und so hoch wie die Sterne, zu denen man schaut. Die Seile der Hängematte knarrten. Manchmal sprach jemand leise, als ob er weit weg wäre. Das Geräusch des Wassers nahm ab, man hörte es nur noch im Schlaf, es hätte das laute Murmeln des sich drehenden Erdballs sein können, das deshalb hörbar war, weil wir diese Welt verlassen hatten und in einer viel sichereren Welt die Kleinigkeiten deutlicher wahrnehmen.

Am Morgen, als die anderen ein kleines dampfbetriebenes Boot für die Fahrt die Stromschnellen hinunter startklar machten, hatte ich Zeit, in den glatten Granitblöcken des Strandes unterhalb der Hütte herumzuklettern. In dieser Gegend ist ein Felsen etwas so Außergewöhnliches, daß es tatsächlich ein Luxus ist, einen zu finden. Der Granit war kahl, doch wuchsen in seinen Ritzen Kakteen und andere Pflanzen mit fleischigen Blättern und dicken Stielen. Die Hütte stand im Schatten eines Baumes mit trompetenförmigen Blüten. Um die Blüten, glühende und vergängliche Leckerbissen, schwebten Kolibris, die erstaunlich sicher ihre langen Schnäbel in die Blüten steckten. Ihre kleinen Flügel schlugen so schnell, daß die Luft um sie herum zu strahlen schien. Ich fand einen weiteren in-

aus **Im bedrohlichen Dunkel des Dschungels** 247

teressanten Baum, Bates' Assacú[1], den einzigen, den ich jemals gesehen habe. Es war ein großer Baum mit siebenfingrigen Blättern. Selbst sein brauner Stamm war mit häßlichen Stacheln übersät.

Ich schaute skeptisch auf den Fluß. Kurz vor dem Ufer lag eine mit Bäumen bewachsene Felseninsel. Zwischen uns und der Insel sowie jenseits davon stieg das Wasser an und bildete Strudel. Es war offensichtlich sehr tief, unruhig und schnell. Der Fluß sah so aus, wie er hieß: Caldeirão do Inferno – Höllenkessel. Er führte kaum weißes, unruhiges Wasser. Aber seine Oberfläche änderte sich ständig, es bildeten und drehten sich Strudel, lösten sich dann wieder in lange, verzwirbelte Wasserstränge auf. Manchmal ragte ein großer Baum aus dem Wasser hervor, so als sei er vom Grund aus nach oben geschwommen, und verschwand wieder.

Wir legten mit einem blonden Maschinisten und zwei Mestizen ab und steuerten schräg in die Mitte des Flusses. Der Maschinist und Steuermann war ein Deutscher. Wäre der Fluß ein gewöhnlicher gewesen, hätte ich den Urwald am Ufer betrachtet, da ihn bisher nur wenige Weiße gesehen hatten. Doch der Fluß nahm uns voll in Beschlag. Noch nie hatte ich bei schlechtem Wetter im westlichen Ozean so bedrohliches Wasser erlebt. Doch unterhalb der Fälle war es ruhig und glatt. Was uns zutiefst beunruhigte, waren seine gleichmäßige Geschwindigkeit, seine merkwürdigen Unterbrechungen und geheimnisvollen und tiefen Erschütterungen, als wäre selbst sein Flußbett unsicher, die plötzlichen Strudel, die ohne Warnung auftauchten und kreisförmige Vertiefungen an der Oberfläche verursachten, in denen unser Boot nur ein Strohhalm gewesen wäre. Der Fluß war tückisch und lautlos. Das Wasser befand sich nur drei, vier Zentimeter unter unserem Dollbord. Wir sahen Bäume im Wasser, die größer und schwerer als unser winziges Boot waren und die wie wir die leicht geneigte glitzernde Fläche herunterschossen. Und dann wurden sie wie von Geisterhand

---

[1] Sandbuchsbaum (Anm. d. Übers.)

nach unten gezogen, und wir konnten sie nicht mehr sehen. Oder ein Baumstamm schoß erneut wie ein Pfeil nach oben, obwohl wir keinen Baum haben treiben sehen. Das Ufer war weit entfernt.

Das Wasser wurde immer schlimmer. Der Deutsche kauerte neben seinem kleinen tuckernden Motor und schaute ängstlich – ich bemerkte seinen starren Blick – über den Bug. Nun hatten wir wirklich ein mächtiges Tempo drauf. Plötzlich wurde das Boot mit einem enormen Zittern und gewaltigen Schaukeln von irgend etwas am Kiel gepackt, das sich heftig um uns wickelte, uns umkrallte und festhielt. Und das Boot drehte sich wütend im Kreis, in seinem Versuch zu entkommen. Das Wasser schwappte übers Dollbord bis in den Bug. Der Fluß schien dreißig Zentimeter über dem Bug zu schweben, bereit hineinzuströmen und uns zu überschwemmen. Der Deutsche versuchte, den Bug flußabwärts zu drehen. Hill zog an seinem Patronengurt, und ich bückte mich und nestelte an meinen Schnürsenkeln .

Das Boot machte plötzlich einen Hüpfer, so als hätte es sich aus der Umklammerung des Flusses befreit. Der Deutsche drehte sich zu uns herum und grinste: »Alles in Ordnung!« Er begann, sich nervös eine Zigarette zu drehen. »Wir haben's geschafft.« Er befeuchtete das Zigarettenpapier. Das Boot war frei und tanzte freudig davon. Der kleine Motor stimmte ein schnelles und befreites Lied an.

Der Rio Madeira war hier ebenso breit wie an seinem Unterlauf und hatte viele Inseln. Es gab Unmengen von Wasservögeln. Einmal legten wir am Haus eines Gummisuchers am rechten Ufer an. Sein Besitzer, ein Bolivianer, und seine schöne Indianerfrau, die auf der Stirn tätowiert war, waren ausgesprochen freundlich zu uns und kochten uns Kaffee. Sie hatten einen Guavengarten, in dem ich mich trotz eines zahmen Hokkos[2], der mir unter beunruhigen-

---

[2] artenreiche Familie der Hühnervögel in den Wäldern Süd- und Mittelamerikas (Anm. d. Übers.)

aus **Im bedrohlichen Dunkel des Dschungels**

dem Herumhacken durch den Garten folgte, als unbescheidener Dieb entpuppte, denn ich hatte schon lange kein Obst mehr gegessen.

Der Rio Jaci-Parana, ein Fluß mit schwarzem Wasser, zeigte sich schon bald, nachdem wir das Haus verlassen hatten. Die Grenze zwischen dem lehmfarbenen Wasser des Rio Madeira und dem dunklen Wasser des Nebenflusses war deutlich erkennbar. Aus der Ferne sah das Wasser wie Tinte aus, doch stellte es sich als ziemlich klar und hell heraus. Der Jaci ist kein bedeutender Nebenfluß, aber er war zu dieser Regenzeit breiter als die Themse bei Richmond und zweifellos sehr viel tiefer. Der Urwald am Jaci sah ganz anders aus als die Palisaden an seinem Hauptfluß. Am Rio Madeira gibt es gewöhnlich einen schmalen Ufersockel, über dem sich der Dschungel wie eine steile Klippe erhebt. Der Jaci hatte kein Ufer. Der Urwald war auf beiden Seiten überschwemmt, und wann immer er sich ein wenig öffnete, sahen wir Wasser darin. Doch konnten wir seine Weite im Innern wegen der Dunkelheit nicht erkennen. Das äußere Blätterwerk stand unter Wasser. Zum erstenmal erblickte ich viele blühende Ranken und Bäume, wahrscheinlich weil wir uns dichter am Dach des Urwaldes befanden. Ein Baum war voller herabhängender, birnenförmiger Nester jener Vögel, die »Nesthänger« genannt werden, und ganze Schwärme dieser Schönheiten in ihrem schwarzgoldenen Gefieder flogen emsig um ihre Nester herum, die riesigen Früchten glichen. An einem anderen Baum hingen große Trauben orangefarbener Blüten, aber als das Boot näher herankam, stellten sich die Blüten als Büschel von Raupen heraus. Der Jaci schien der Lieblingsplatz von Alligatoren zu sein, doch alles, was wir von ihnen zu Gesicht bekamen, waren ihre Mäuler, die sich über die Wasseroberfläche bewegten und uns wie schwimmende, auf geheimnisvolle Weise angetriebene Gummibälle auswichen. Einmal war mir auch ein Blick auf jenen außergewöhnlich prächtigen Adler vergönnt, die Harpyie. Einer von ihnen hatte sich in unserer Sichtweite aus einem Baum weiter vorne erhoben und war majestätisch über den Fluß davongeschwebt.

In dieser Nacht schlief ich wieder in meiner alten Hütte im Jaci-Lager. Am nächsten Morgen brach ich in aller Frühe mit Hill und einem weiteren Beamten zum Aufbaulager am Rio Caracoles auf, das wir zu erreichen hofften, bevor der Versorgungszug nach Pôrto Velho abfuhr. In Pôrto Velho war die *Capella*, und ich wünschte mir so sehr, daß wir sie nicht verpassen würden. Ich wußte, daß ihre Abfahrt kurz bevorstand.

Meine beiden Kameraden hatten ihre eigenen Gründe, den Zug unbedingt zu erreichen. In unseren Gedanken saßen wir bereits sicher und bequem in einem Waggon zwischen den leeren Kisten, und kehrten dorthin zurück, wo viele Menschen waren. Aber wir hatten noch eine ziemliche Strecke vor uns. Und ich muß zugeben, ich war jetzt geradezu besessen von allem, was ich vom Urwald erwartet hatte. In meinem dunklen Gehirn hatte ich einen festen Gedanken, der wie ein Leitstern war. Ich hatte eine Kehrtwende gemacht, fuhr nach Hause und mußte nun geradewegs und ohne Umweg diesem Stern im Osten meines Gehirns folgen. Die rhythmischen Bewegungen des Maultiers unter mir – nur meine Beine wußten von seiner Anwesenheit – formten in meinem dunklen Hirn einen Refrain: Geh raus, geh raus.

Schließlich sahen wir die Hütten und Zelte der Karakolen, still und ruhig unter der senkrecht stehenden Sonne. Weder stand da ein Zug, noch sah der Ort so aus, als käme hier jemals einer an. Mein Dampfer war 96 Kilometer entfernt, jenseits eines Weges, auf dem man unmöglich reiten konnte und auch ein längeres Gehen, mehr als drei Kilometer, nicht in Betracht kam. Der Zug, erzählten uns die Boys völlig unbekümmert, war vor einer halben Stunde zurückgefahren. Die Zuschauer aus Bäumen betrachteten meine Bestürzung mit jener Gleichgültigkeit, die ich leidenschaftlich zu hassen begonnen hatte. Natürlich erwarteten die Boys, daß wir die Nachricht so aufnahmen, wie das in diesem heißen Klima üblich ist, ohne große Aufregung, und daß sie nun

aus **Im bedrohlichen Dunkel des Dschungels** 251

für den Abend etwas zum Erzählen hatten. Doch da kannten sie Hill schlecht. Mein großer, hagerer Guide war ein Mann der Tat, wenn scheinbar überhaupt nichts mehr auszurichten war. »Zur Endstation, oder es knallt!«, schrie er. »Wo ist der Boß?« Er verlangte eine Draisine und ein paar Leute. Ich dachte, er machte Witze. Eine Draisine ist ein Fahrzeug, das durch das Hin- und Herbeugen eines Hebels auf Schienen fährt. Der Hebel ist über eine Kurbelwelle und Zahnräder durch einen Schlitz in der Mitte der Plattform mit den Rädern verbunden. Man erreicht damit eine Geschwindigkeit von acht Kilometern in der Stunde, solange die Mannschaft sich ranhält. 96 Kilometer bei dieser Hitze zu schaffen war ein Ding der Unmöglichkeit. Doch Hill bestand darauf. Die Draisine wurde auf die Schienen gestellt, fünf Mestizen standen am Hebel, drei schauten nach vorn, die anderen beiden nach hinten. Wir drei Passagiere saßen an den Seiten und vorne. Dann fuhren wir los.

Die Boys waren fröhlich und lachten. Sie riefen uns alles mögliche zu, was uns auf unserer Reise noch begegnen könne. Wir rollten um eine Ecke, und schon mußte ich meine verkrampfte Sitzhaltung ändern; und wir hatten noch 92 Kilometer vor uns. Wir saßen mit angezogenen Beinen, um den Ranken und Steinen neben den Schienen auszuweichen, und achteten sehr darauf, daß unsere Köpfe nicht in die Nähe des Hebels gerieten. Die Mannschaft ging mit starren Blicken auf und ab. Die Sonne war das Auge des Jüngsten Gerichts, und meine Lippen waren aufgesprungen. Die Bäume gaben kein Zeichen. Die Eingeborenen liefen auf und ab, und der Urwald zog Baum für Baum vorüber.

Meine müden und gedankenlosen Beine fielen herab, und sofort hakte sich ein Dorn in meinen Stiefeln fest und zog mich fast herunter. Die Bäume glitten vorüber, einer nach dem anderen. Auf einem Stein saß ein großer schwarzgelber Schmetterling. Ich war überrascht, daß man keinen Laut hörte, als er sich in die Lüfte schwang. Dann wurde die Draisine langsamer und kam zum Stehen. Wir hatten einen Bolzen verloren. Auch einen Kilometer später konnten wir es kaum fassen, daß wir diesen Bolzen wirklich wiedergefunden hatten. Aber er war wieder da, und die Männer begannen erneut mit ihrem Auf und Ab. Hill fieberte ein bißchen, und die Eingeborenen sahen käsig aus. Ihr Schweiß spritzte auf mein Gesicht und meine Hände, wenn sie sich mechanisch auf und ab bewegten. Arme Teufel! Wir waren geschafft. Die Sonne brannte unbarmherzig.

Doch dann ging die Sonne unter, einige Affen begannen zu brüllen, und ein Abendgewitter stürmte auf uns nieder, schüttelte die hohen Blätterwände, und der Regen dröhnte wie Trommelschläge. Dann kamen wir an eine Steigung, zwei der gemieteten Eingeborenen brachen zusammen; sie atmeten schwer. Also standen ich und der andere Kamerad in der Nacht auf, schauten zu den Sternen, die uns nicht helfen konnten, ergriffen wie ritterliche Ehrenmänner den Hebel und versuchten zu vergessen, daß wir noch 32 Kilometer vor uns hatten. Wir fuhren weiter und quälten uns nach oben. Ich dachte, daß diese Steigung nie ein Ende nehmen würde, bevor nicht mein Herz und mein Kopf zersprungen wären; aber sie endete gerade noch rechtzeitig.

Als es wieder bergab ging, gewannen wir an Geschwindigkeit. Wir flogen geradezu. Plötzlich schrie einer der Männer: »Die Bremse, die Bremse!« Aber die Bremse war kaputt. Der Wagen fuhr nicht, sondern sprang regelrecht. Jedesmal, wenn er wieder unten landete, traf er die Schienen. Uns kam ein Lichtschein entgegen, und die anderen machten sich zum Sprung bereit. Ich konnte dieses Licht nicht sehen, denn ich saß mit dem Rücken zur Fahrtrichtung, und ich konnte den Hebel nicht loslassen, weil wir sonst überhaupt keine Kontrolle mehr gehabt hätten und ich auch zerschmettert worden wäre. Ich schloß die Augen, bediente den Hebel schnell und unfreiwillig und wartete darauf, daß mir das Schicksal in den Rücken fiel. Dann vernahm ich Hills Stimme: »Alles in Ordnung, Jungs, nur ein Leuchtkäfer.«

Ich wurde zu einem Teil der Maschine und pumpte und pumpte und hatte dabei nicht mehr Gefühl als eine Nackenrolle. Ständig

aus **Im bedrohlichen Dunkel des Dschungels** 253

bewegten sich Schatten neben uns. Ich glaube, meine Zunge hing sogar heraus.

Schließlich sahen wir tatsächlich Lichter. Freundliche Hände hoben uns aus der Foltermaschine, und ich hörte die wohlbekannte Stimme des Skippers: »Ist er da? Ich dachte schon, es sei ein Unglück passiert.«

In dieser Nacht meiner Rückkehr zeigten mir ein voller Mond und ein friedlicher Fluß die *Capella* doppelt, wie in einem Spiegel, und als ich die tiefe, umgekehrte Form des Dampfers bewunderte, sah ich ein ermutigendes Zeichen: Dampf quoll aus einem Schornstein, der kopfüber stand. Eine große Freude erfüllte mich. Ich wandte mich zum Skipper, als wir über die Verbindungsstücke der Anlegestelle marschierten. »Ja, morgen fahren wir nach Hause«, sagte er. Die Koje war vom Maschinenraum her überhitzt, aber da ich den Grund dafür kannte, hielt ich es mit Freude aus.

Am nächsten Morgen herrschte noch immer eine Trägheit, die uns eisern umfing und der wir uns nicht entziehen konnten. Das wenige Benzin, das in den Laderäumen noch vorhanden war, verließ uns mit bedrückender Langsamkeit. Der Skipper und die Matrosen rauchten, und der Doktor führte mich herum, um die Haustiere der *Capella* anzusehen und uns die Zeit zu vertreiben. Ein Affe, ein für uns ganz und gar einmaliges Geschöpf, war während meiner Abwesenheit gestorben. Es war in Ordnung so. Sein Name war Vice – das Laster. Niemand vergoß eine Träne über seinen Tod, und der Terrier Tinker begann nach diesem Tag, seine volle und lebhafte Form wiederzugewinnen, als er in einem plötzlichen, gerechten Aufstand den unverschämten Schiffstyrannen schlachtete und barbarisch zerfleischte. Der Affe hatte sich nur vor Mack gefürchtet, unserem rotblaugelben Ara – ein riesiger und prächtiger Vogel, in dessen Schnabel selbst Paranüsse weich wurden.

Aber wir hatten alle Respekt vor Mack. Er war das klügste Geschöpf auf dem Schiff. Wenn einer von der Mannschaft gut gelaunt war und sich Mack näherte, um ihm seine gute Laune zu zeigen, drehte dieser große Vogel seinen Kopf fragend um, und seine bedächtigen und starren Augen verbargen das schnelle Spiel seiner Gedanken, die vorhersehen konnten.

Als Mack aufs Schiff gekommen war, hatten einige von uns ihm eine schwere Decke übergeworfen und eine Kette an seinem Bein befestigt. Er wußte, daß er unterlegen war, und kämpfte nicht, doch hörten wir unter der Decke ein schreckliches Glucksen. Wir nahmen die Decke weg und traten erwartungsvoll einen Schritt vor dem zerzausten und rätselhaften Riesen von Papagei zurück. Er schüttelte ziemlich selbstbeherrscht sein Gefieder, schaute uns boshaft an und gab sehr deutlich »Gur-r-r« von sich. Dann blickte er auf seinen Fuß. Als er dort die Kette sah, zeigte sich in seinen Augen ein Funken Überraschung. Er hob die Kette hoch, um sie zu untersuchen, testete sie und biß sie dann ruhig und problemlos durch. »Gur-r-r«, sagte er noch einmal und rückte sein Gefieder zurecht, während er uns noch immer feierlich betrachtete. Dann bewegte er sich zu einem der Davits und kletterte auf den Besanwanten zur Stenge hinauf.

Als er uns beim Essen bemerkte, kam er lässig heruntergeflogen und besah sich unseren Tisch vom Querbalken eines Sonnensegels aus. Offenbar war er zufrieden und setzte sich auf den Eßtisch, direkt neben mich, holte sich seinen Anteil mit all der Selbstsicherheit eines Crew-Mitglieds und erlaubte mir, mit seinen wundervollen Flügeln und seinem Schwanz zu spielen. Er war eine Schönheit. Er nahm meinen Finger in seinen schrecklichen Schnabel und rollte ihn wie eine Zigarette. Ich fragte mich, was er wohl noch mit ihm anstellen würde, bevor er ihn losließ, aber er ließ ihn einfach nur los. Er hatte Charakter und ein edles Gemüt. Mir ist niemals ein zahmeres Geschöpf als Mack begegnet. An jenem Abend gesellte er sich zu einer Gruppe seiner wildlebenden Brüder in den fernen Baumwipfeln. Aber am nächsten Morgen war er wieder da und versetzte dem Terrier, der gerade frühstückte, einen endlosen

aus **Im bedrohlichen Dunkel des Dschungels**

Schrecken, als er plötzlich mit ausgebreiteten Flügeln direkt vor ihm auf Deck landete, wie ein zerrissener und wütender Regenbogen aussah und heisere Drohungen ausstieß. Der Hund jaulte auf und purzelte nach hinten.

Wir hatten die Gemeinschaft unserer Haustiere durch einen Ochsenfrosch ergänzt, der mindestens drei Pfund wog. Er hatte weder Laster noch Tugenden, sondern war nur ein Dickwanst, in einer schattigen Ecke hockend. Immerhin sprang er hoch, sobald der Hund in seine Nähe kam, und blähte sich auf, bis er einer Kugel ähnelte. Tinker verstand das nicht. Er war voller Verachtung, dennoch etwas unsicher und machte einen großen Bogen um den Frosch. Einmal saß der Frosch im Schatten einer Kiste, in der die Ruderkette lag. Wir waren in der Nähe. Plötzlich kam Tinker gedankenverloren angetrottet und schnüffelte mit der Nase über Deck. Eilig führte der Frosch seinen Aufblastrick genau in dem Augenblick vor, als der ahnungslose Tinker ganz dicht bei ihm war, und voller Panik schnappte Tinker zu. Das arme durchbohrte Fröschlein schrumpfte sofort zusammen und starb.

Die Liste unserer Geschöpfe hätte mit einer Anakonda ergänzt werden können, die entdeckt wurde, als sie über die Landungsbrücke an Bord gekrochen kam. Aber ein Heizer sah sie, wurde hysterisch und erschlug das Reptil mit einer Schaufel. Dann waren da noch die Korallenschlangen, die über die Ankertaue und durch die Klüsenrohre an Bord gekommen waren, und die Vampire, die das Vorderdeck bevölkerten. Aber sie alle waren bedeutungslos neben unserem Nabelschwein. Ich vergaß zu erzählen, daß der Skipper es niemals zähmte. Es verweigerte sich uns. Wir brachten es aus den Kohlenbunkern, wo es sich bisher aufgehalten hatte, nach oben, weil die Heizer seine Gesellschaft im Dunkeln kategorisch ablehnten. Es wurde in Ketten an Deck gebracht und schnappte fürchterlich mit den Eckzähnen. Als wir es befreiten, griff es die gesamte Schiffsmannschaft in einer äußerst gefährlichen Weise an, mit hochgestellten Borsten und automatisch zuschnappenden Zähnen, die schneller waren als je zuvor.

Wie wir da Reißaus nahmen! Als ich mich gerade in einer günstigen Position befand – keine Ahnung, wie ich dorthin gelangt war –, um mich nach meinem Nachbarn umzusehen, bemerkte ich, daß es mein verlegener älterer Kapitän war. Dieser Mann kann, ohne mit der Wimper zu zucken, das schlimmste Unwetter auf See beobachten, aber nun kämpfte er verzweifelt, seine Beine (er war noch im Pyjama) drei Meter über den Boden zu bekommen, für den Fall, daß das ziemlich wilde Schwein da unten Flügel hatte.

Nach der Befreiung des Nabelschweins konnten wir das Schiff nicht mehr als das unsere betrachten. Wir schlichen umher wie Diebe. Glücklicherweise warnte das Schwein uns jedesmal vor, wenn es in der Nähe war, indem es mit seinen Hauern Geräusche wie Kastagnetten machte, so daß wir Zeit genug hatten, uns in höhere Regionen zu retten. Doch hatte ich bis zu dem Moment, als ich Zeuge wurde, wie es Tinker jagte, keinerlei Ahnung, wie schnell es sein konnte. Eines Morgens hatte es sich darüber geärgert, wie der Hund es kühn aus der Entfernung angebellt hatte. Das Schwein war wie ein Pfeil auf ihn zugeflitzt. Seine schlanken Glieder und winzigen Hufe waren die eines Hirsches, man konnte sie unter seinem Körper, der voller Zorn war, nur erahnen. Der verstörte Hund hätte keine Chance gehabt. Doch gerade in dem Augenblick, als es Trinker schnappen wollte, war es ausgerutscht. Tinkers Leben war gerettet!

Es starb einen jämmerlichen Tod. Eines Tages kam es in den Salon. Der Doktor und ich sahen es durch eine Tür hereinkommen, und wir gingen durch eine andere hinaus. Der Salon war der ganze Stolz des Skippers. Und als der alte Mann versuchte, das Schwein herauszulocken – er sprach vom oberen Fenster aus auf das Tier ein –, und es ihn grunzend beleidigte, rief er nach seinen Männern. Wir standen hinter einer geschlossenen Tür auf dem Gang zum Salon und hörten von drinnen das Klappern von Hauern, das Bellen des wütenden Hundes, Gezetere der Papageien und die heiseren Rufe der Mannschaft. Das Schwein griff nach

aus Im bedrohlichen Dunkel des Dschungels

zehn Seiten gleichzeitig an. Als wir einen Blick hinein erhaschten, sahen wir den Bootsmann, wie er sich mit einem Bündel Baumwollabfall näherte, das in Kerosin getränkt war und am Ende eines Bambusstockes brannte, und den Maat mit einem Messer, das an einen Stock gebunden war. Das Nabelschwein griff alle an. Die Schreie Tophets brachen aus, und durch das Chaos klapperten hartnäckig die hohen Töne der Hauer. Das Tier wurde mit einer Schlinge gefangen und in einen Käfig gesperrt. Doch konnten wir nichts mit der kleinen Furie anfangen. Und als ich ein paar Tage später nach ihm sah, lag es im Sterben. Es betrachtete mich mit einem glasigen Auge, schnappte langsam mit den Zähnen und starb.

6. März – Beim Frühstück wurde verkündet, daß wir am nächsten Tag ablegen würden. Das Brot war sauer, die Butter wie Öl, der Zucker schwarz von Fliegen, die Würstchen aus der Dose sehr blaß und ungenießbar, und der Schinkenspeck bestand nur aus Fett. Und nicht einmal das Sonnensegel bot uns Schutz vor der Hitze.

7. März – Wir bekamen die Luken in Nummer vier dicht. Es heißt, wir legen morgen ab.

8. März – Die Boys bevölkerten in dieser Nacht das Schiff, denn wir feierten Abschied. Wir schossen Raketen in den Himmel und schworen jedem ewige Freundschaft, und viele sangen gemeinsam unterschiedliche Lieder. Und es heißt, wir legen morgen ab.

9. März – Es heißt, wir legen morgen ab.

10. März – Die *Capella* war zum Leben erwacht. Der Kapitän war auf der Brücke, der Erste Offizier auf dem Vorderdeck, der Zweite Offizier am Heck, und die Maschinisten unten. Man hörte strenge und drohende Rufe, und Männer rannten herum. Beim ersten leisen Rasseln der Ankerkette brachen wir in wilde Jubelschreie aus. Der Rumpf des Schiffes begann zu zittern, und unter der Gillung donnerte es. Wir legten tatsächlich von der Hafenmole ab, mit der wir lange Zeit fest verbunden schienen. Wir kamen in die Mitte des Flusses – hielten an. Langsam kehrten wir Pôrto Velho den Rücken. Drüben an der Hafenmole, und aufgrund der Entfernung schon ganz klein, stand der alte Jim und schwenkte seinen Hut. Pôrto Velho sah wieder fremd aus. Wir erreichten die Flußbiegung und fuhren um die Kurve. Das war das letzte, was ich jemals von Pôrto Velho sehen sollte. Vorbei!

Der Urwald, der sich nun in umgekehrter Reihenfolge auftat, schien heller, und es wäre alles gut gewesen, wenn nicht der Vierte Maschinist nach oben gekommen und in Ohnmacht gefallen wäre. Er sah gelb aus, und der Doktor hatte jede Menge zu tun. Der Maschinist war der erste unserer Mannschaft, der diesem Land erlag.

Wir hatten nur noch sechs Tage im Urwald. Denn die alte *Capella* war so leer und leicht wie ein Ballon und fuhr die schnelle Strömung des Rio Madeira und des Amazonas unter dem Gedröhne des Treibholzes, das an ihren hohlen Rumpf schlug, »schnell wie ein Pfeil, mit 16 Knoten« herunter, wie der Skipper sagte. Und am sechsten Tag erreichten wir wieder Pará. Das Meer war nahe. Unsere Laune besserte sich, befreit von der toten Last der Hitze und Stille. Doch der Doktor, der nach Pôrto Velho zurückkehren mußte, da er seinen Dienst bei der Gesellschaft der *Capella* quittierte, verließ mich in Pará. Der Skipper nahm seine Börse, und wir gingen mit ihm an Land: der Skipper, um sein Schiff auszuklarieren, was wohl den ganzen Tag dauern würde, und wir beide, um einen letzten traurigen Ausflug zu machen. Später am Tag hatte ich das Gefühl, daß sich unaussprechliches Unheil über mir zusammenbraute, und ging beim Hafenbüro vorbei. Dort erfuhr ich, daß der Skipper bereits an Bord zurückgekehrt war, daß das Schiff heute nacht auslaufen sollte und daß ich gemäß den Vorschriften Parás die Stadt erst am nächsten Morgen verlassen durfte, weil es schon nach sechs Uhr abends war. Meine wilden und entsetzten Gedanken machten sich Luft und ließen mich irgendwelches unnützes Zeug plappern. Ohne meinem alten Ka-

aus **Im bedrohlichen Dunkel des Dschungels**

meraden auch nur Adieu zu sagen, nahm ich die Beine in die Hand und verließ ihn. Das war das letzte Mal, daß ich den Doktor sah. (Ach ja, meine zuverlässige Stütze in der langen, heißen und leeren Zeit weit weg von allen Dingen, in der es nur Bäume gab, schlechtes Essen und einen Scherz, um uns zu ermutigen. – Und weißt du, alter Junge, ich zog die verdammten Vorschriften, eine ganze Reihe von Offizieren, den Union Jack vor sich, hinter mir her, die aus allen Waffen feuerten, als ich mich auf sie stürzte. Ich kam durch. Nur der Tod hätte mich von meinem Schiff und der Heimkehr trennen können.)

Am nächsten Morgen waren wir auf See. Schon bald verzichteten wir auf den Lotsen und nahmen Kurs nach Norden, Richtung Barbados. Obwohl wir am Äquator waren, spürten wir nach unserer langen Verbannung in den Flüssen des Urwaldes deutlich den Unterschied in der Seeluft. Und auch das Schiff war so gleichmäßig und ruhig gewesen. Nun war es wieder lebendig, voller Bewegungen und Geräusche. Der Bug stritt sich wieder mit dem Horizont, und der Wind fegte über uns hinweg. Als ich vor Mittag zum Boß ging, lag mein Kumpel flach und war todkrank. Er hatte 40,5° Fieber und nicht mehr das geringste Interesse am Leben. Ich ergänzte nun die Pflichten des Zahlmeisters durch die des Apothekers und fand hier meinen ersten Job. (Doktor, ich gab ihm viele Körner Chinin, und danach noch mehr. Und viel Kalomel[3], als seine Temperatur wieder auf 36,6° gesunken war. War das in Ordnung?)

Der Anblick des großen und kräftigen Bosses, als er wieder unter uns war, gelb, unsicher und irgendwie geschrumpft, gab uns zu denken. Doch nun fuhren wir nach Hause. Das Schiff stieß in einen weichen Sprühnebel, das Meer war blau, und die Welt war den ganzen Rückweg über frisch und weit. Eines schönen Nachts

---

[3] alte Bezeichnung für Quecksilberchlorid, das früher als örtliches Desinfektionsmittel diente (Anm. d. Übers.)

erklommen wir langsam den Hang des Erdballs und hoben das ganze Sternbild des Großen Bären empor. Der letzte Stern des Schweifes tauchte gerade noch ins Meer, genau über dem Bug der *Capella*, als sie aufs Wasser schlug. Da waren wir beruhigt, daß alles wieder seine Ordnung hatte, und schliefen fest und zufrieden.

Bill Bryson
aus **Picknick mit Bären**

*Der Appalachen-Pfad geht schwerlich als Wildnis durch –
und ist dennoch wild. Bill Bryson, geboren 1951, und sein
übergewichtiger Kumpel Stephen Katz, der sich nach seiner
Entlassung aus dem Gefängnis dem Unternehmen anschloß,
fanden den Weg sehr wohl gefährlich. Besser gesagt: Sie haben ihn für sich selbst gefährlich gemacht. In diesem Ausschnitt
sind sie noch am Anfang ihres absurd ehrgeizigen Vorhabens,
den 3400-Kilometer-Weg von Anfang bis Ende zu wandern.
Schon jetzt sehnen sie sich nach einem Restaurant und Marmor-
toiletten. Doch dann wird es erst richtig hart.*

Am vierten Abend lernten wir jemanden kennen. Wir waren gerade auf einer hübschen Lichtung neben dem Trail angekommen,
hatten die Zelte aufgeschlagen, mampften unsere Nudeln, genossen das exquisite Vergnügen, nichts zu tun und nur herumzusitzen,
als eine pummelige Frau mit Brille und roter Jacke und dem unver-
meidlichen überdimensionalen Rucksack des Weges kam. Sie musterte uns mit dem verkniffenen Blick eines Menschen, der entweder ständig konfus oder stark kurzsichtig ist. Wir grüßten
einander und tauschten die üblichen Gemeinplätze über das Wetter und den ungefähren Standort aus. Dann kniff sie wieder die
Augen zusammen, sah, daß die Dämmerung hereinbrach und verkündete, daß sie ihr Lager neben unserem aufschlagen werde.

Sie hieß Mary Ellen und kam aus Florida. Sie war, wie Katz sie
später immer wieder in ehrfurchtsvollem Ton titulierte, »ein harter Brocken«. Sie redete ununterbrochen, außer wenn sie ihre Ohr-

trompete reinigte, was häufig genug geschah. Zu diesem Zweck hielt sie sich die Nase zu und stieß kräftig Luft aus, was mit einem kräftigen und höchst alarmierenden Schnauben verbunden war, bei dem jeder Hund vom Sofa gesprungen und sich unter dem Tisch im Nebenzimmer verkrochen hätte. Ich weiß längst, daß Gott in seinem Plan für mich vorgesehen hat, ich solle jeweils etwas Zeit mit den dümmsten Menschen der Welt verbringen, und Mary Ellen war der Beweis dafür, daß ich diesem Schicksal auch in den Wäldern der Appalachen nicht entkommen konnte. Es war von der ersten Sekunde an klar, daß sie ein ganz besonders seltenes Exemplar dieser Gattung war.

»Na, was gibt's denn bei euch zu essen?« sagte sie, pflanzte sich auf einen freien Baumstamm und reckte den Hals, um einen Blick in den Topf werfen zu können. »Nudeln? Schwerer Fehler. Nudeln geben so gut wie keine Energie. Tendenz gegen Null.« Sie schnaubte wieder, um den Innendruck in den Ohren loszuwerden. »Ist das ein Zelt von Starship?«

Ich sah hinüber zu meinem Zelt. »Ich weiß es nicht.«

»Schwerer Fehler. Die haben dich bestimmt übers Ohr gehauen in dem Ausrüstungsladen. Wieviel hast du dafür bezahlt?«

»Ich weiß es nicht.«

»Auf jeden Fall zuviel. Du hättest dir ein Zelt besorgen sollen, das für drei Jahreszeiten geeignet ist.«

»Das Zelt ist für drei Jahreszeiten geeignet.«

»Entschuldige bitte, wenn ich das sage, aber es ist ausgesprochen dämlich, im März mit einem Zelt hierherzukommen, das nicht für drei Jahreszeiten geeignet ist.« Sie schnaubte wieder.

»Das Zelt ist für drei Jahreszeiten geeignet.«

»Du kannst von Glück sagen, daß du noch nicht erfroren bist. Geh zurück in den Laden und schlag den Kerl zusammen, der dir das angedreht hat, denn das war, sag ich mal, absolut unnötig, dir so'n Ding zu verkaufen.«

»Glaub mir, das Zelt ist für drei Jahreszeiten gedacht.«

Sie schnaubte und schüttelte etwas ungeduldig den Kopf. »Das

aus **Picknick mit Bären** 263

da ist ein Zelt für drei Jahreszeiten.« Sie zeigte auf das Zelt von Katz.

»Das ist haargenau das gleiche Zelt.«

Sie sah es sich nochmals an. »Ist ja auch egal. Wie viele Kilometer seid ihr heute gelaufen?«

»Ungefähr 16.« Eigentlich waren es nur dreizehneinhalb, aber dazu gehörten einige knifflige Steilabbrüche, unter anderem eine höllische Wand, Preaching Rock, die höchste Erhebung nach Springer Mountain, für die wir uns mit einem Bonus in Form von erlassenen Kilometern belohnt hatten, aus moralischen Gründen.

»16 Kilometer? Mehr nicht? Ihr müßt ja wirklich in ganz schön schlechter Verfassung sein. Ich bin 22 Komma acht Kilometer gelaufen.«

»Und wieviel hat dein Mundwerk zurückgelegt?« sagte Katz und schaute von seinem Teller Nudeln auf.

Sie fixierte ihn böse aus zusammengekniffenen Augen. »Genauso viel wie ich natürlich.« Sie sah mich verstohlen an, als wollte sie sagen: Tut dein Freund nur so doof, oder was soll das? Sie schnaubte wieder. »Ich bin in Gooch Gab losgegangen.«

»Wir auch. Das sind nur 13,5 Kilometer.«

Sie schüttelte heftig den Kopf, als wollte sie eine besonders hartnäckige Fliege loswerden. »22 Komma acht.«

»Nein, im Ernst, es sind nur 13,5.«

»Entschuldigt bitte, aber ich bin schließlich den ganzen Weg zu Fuß gelatscht. Ich muß es ja wohl wissen.« Dann wechselte sie plötzlich das Thema. »Meine Güte, sind das Timberland-Schuhe? Megaschwerer Fehler. Wieviel hast du für die bezahlt?«

In dem Stil ging es weiter. Schließlich war ich es leid und stand auf, um unsere Teller zu spülen und den Vorratsbeutel aufzuhängen. Als ich wiederkam, bereitete sie ihr Essen zu, redete dabei aber ununterbrochen auf Katz ein.

»Weißt du was?« sagte sie. »Entschuldige, wenn ich kein Blatt vor den Mund nehme, aber du bist zu dick.«

Katz sah sie völlig verdattert an. »Wie bitte?«

»Du bist zu dick. Du hättest abnehmen sollen, bevor du losgingst. Ein bißchen Sport machen sollen, sonst kriegst du noch so eine, ähem, ich meine, so eine Herzsache.«

»Was für eine Herzsache?«

»Ja. Ich meine, wenn das Herz aufhört zu schlagen und man tot ist.«

»Meinst du einen Herzinfarkt?«

»Ja, genau.«

Dazu muß noch mal gesagt werden, daß Mary Ellen auch nicht gerade unter mangelnder Körperfülle litt und sich just in diesem Moment ungeschickterweise bückte, um etwas aus dem Rucksack zu holen und dabei ein breitwandiges Hinterteil präsentierte, auf das man ohne weiteres einen Kinofilm hätte projizieren können. Das stellte Katz auf eine harte Geduldsprobe. Er sagte nichts, sondern stand auf, um pinkeln zu gehen und zischte mir im Vorbeigehen aus dem Mundwinkel ein passendes dreisilbiges Schimpfwort zu, das wie das Signal eines Güterzugs bei Nacht klang.

Am nächsten Tag standen wir wie immer durchgefroren und wie gerädert auf und machten uns an die Verrichtung unserer kleinen Pflichten, diesmal mit der zusätzlichen Qual, daß jede Bewegung beobachtet und bewertet wurde. Während wir unsere Rosinen aßen und unseren Kaffee mit Toilettenpapierschnipseln tranken, verschlang Mary Ellen ein mehrgängiges Frühstück, bestehend aus Müsli, Honigpops, einem speziellen Energiemix für Wanderer, und einer Handvoll kleiner, rechteckiger Schokoladenstückchen, die sie neben sich auf dem Baumstamm aufreihte. Wir sahen ihr wie zwei Waisenkinder auf der Flucht dabei zu, wie sie sich die Backen vollstopfte und uns über unsere Mängel in puncto Proviant, Ausrüstung und allgemeiner Virilität aufklärte.

Danach ging es wieder ab in den Wald, diesmal zu dritt. Mary Ellen ging manchmal neben mir her, manchmal neben Katz, aber immer mit einem von uns beiden. Es war augenscheinlich, daß sie

aus **Picknick mit Bären**

trotz ihres ganzen aufgeblasenen Getues absolut unerfahren und wanderuntauglich war – zum Beispiel hatte sie nicht den leisesten Schimmer, wie man eine Karte las – und sich allein in der Wildnis nicht wohl fühlte. Irgendwie tat sie mir sogar ein bißchen leid, und außerdem fand ich sie allmählich auf komische Weise unterhaltsam. Sie hatte eine ungewöhnlich redundante Art, sich auszudrükken. Sie sagte zum Beispiel Sätze wie diesen: »Da drüben ist ein Wasserfluß«, oder »Wir haben jetzt zehn Uhr morgens.« Einmal, es ging um den Winter in Florida, informierte sie mich völlig ernstgemeint: »Normalerweise haben wir im Winter ein- bis zweimal Frost, aber dieses Jahr schon zweimal.« Katz litt unter ihrer Gesellschaft und stöhnte, weil sie ihn andauernd bedrängte, einen Schritt schneller zu gehen.

Endlich einmal war das Wetter freundlich – eher herbstlich als frühlingshaft, aber dafür erfreulich mild. Um zehn lag die Temperatur bei angenehmen 20 Grad. Zum erstenmal seit Amicalola zog ich meine Jacke aus, und sofort bemerkte ich mit schwachem Erstaunen, daß ich keinen Platz hatte, um sie zu verstauen. Schließlich band ich sie mit einem Gurt am Rucksack fest und stapfte weiter.

Es ging 6,5 Kilometer bergauf, über den Blood Mountain, mit 1359 Meter die höchste und schwierigste Erhebung auf dem Wegabschnitt in Georgia, danach folgte ein steiler Abstieg über drei Kilometer bis Neels Gap, der für Aufregung sorgte. Aufregung deswegen, weil sich in Neels Gap ein Laden befand, genauer gesagt, befand sich der Laden in einem Lokal, das sich Walasi-Yi Inn nannte und in dem man Sandwiches und Eiscreme kaufen konnte. Um halb eins etwa vernahmen wir ein neues Geräusch, Autoverkehr, und wenige Minuten später tauchten wir aus dem Wald auf, und vor uns lag der U.S. Highway 19 beziehungsweise 129, eigentlich nur eine kleine Straße über einen hohen Paß mitten im bewaldeten Nirgendwo, obwohl sie zwei Nummern hat. Direkt gegenüber lag das Walasi-Yi Inn, ein beeindruckendes Gebäude aus Stein, das das Civilian Conservation Corps, eine Art

Armee der Arbeitslosen, während der Zeit der Depression errichtet hatte und das heute eine Mischung aus Expeditionsausstatter, Lebensmittelgeschäft, Buchhandlung und Jugendherberge ist. Wir liefen über die Straße, rannten regelrecht hinüber und gingen hinein.

Es mag unglaubwürdig klingen, wenn ich sage, daß eine geteerte Straße, rauschender Autoverkehr und ein richtiges Haus nach fünf Tagen in der Waldeinsamkeit für Aufregung sorgen können und ungewohnt erscheinen, aber es war tatsächlich so. Allein durch eine Tür zu gehen, in einem Raum zu sein, umgeben von vier Wänden und einer Decke, war ein neues Gefühl. Und das Walasi-Yi Inn war wunderbar – ich weiß gar nicht, wo ich anfangen soll. Es gab einen einzigen, kleinen Kühlschrank, der vollgestopft war mit frischen Sandwiches, Mineralwasser, Obstsaft und verderblicher Ware wie Käse und anderem. Katz und ich glotzten minutenlang dumpf und wie gebannt auf die Regale. Langsam fing ich an zu begreifen, daß die wichtigste Erfahrung, die man auf dem Appalachian Trail macht, die der Entbehrung ist, daß der ganze Sinn und Zweck der Unternehmung darin besteht, sich so weit von den Annehmlichkeiten des Alltags zu entfernen, daß die gewöhnlichsten Dinge, Schmelzkäse, eine schöne mit Kondenswasserperlen besetzte Dose Limonade, den Menschen mit Staunen und Dankbarkeit erfüllen. Es ist ein berauschendes Erlebnis, Cola zu trinken, als wäre es das erste Mal, und beim Anblick von Toastbrot an den Rand eines Orgasmus zu geraten. Ich finde, das macht die ganzen Strapazen vorher erst richtig lohnenswert.

Katz und ich kauften je zwei Eiersalat-Sandwiches, Kartoffelchips, Schokoriegel und Limonade und setzten uns hinters Haus an einen Picknicktisch, wo wir unsere Köstlichkeiten unter Ausrufen des Entzückens gierig schmatzend verspeisten, dann kehrten wir wieder zum Kühlschrank zurück, um noch ein bißchen mehr zu staunen. Das Walasi-Yi, stellte sich heraus, bietet echten Wanderern noch einigen Service – Waschmaschinen, Duschen, Hand-

aus **Picknick mit Bären**

tuchverleih –, und wir machten kräftig Gebrauch von diesen Ein-
richtungen. Die Dusche war schon ziemlich betagt und nur ein
dünnes Rinnsal, aber das Wasser war heiß, und ich muß sagen, ich
habe noch nie eine Körperreinigung so sehr genossen wie diese.
Mit tiefer Befriedigung beobachtete ich, wie der Schmutz von fünf
Tagen meine Beine hinunterrann und im Abfluß versickerte, und
ich stellte selbstverliebt fest, daß mein Körper merklich schlankere
Konturen angenommen hatte. Wir wuschen zwei Maschinenla-
dungen Wäsche, spülten unsere Becher, Teller, Töpfe und Pfannen,
kauften verschiedene Postkarten, riefen zu Hause an und füllten
unseren Proviant mit frischen und haltbaren Lebensmitteln aus
dem Laden auf.

Das Walasi-Yi wurde von einem Engländer namens Justin und
seiner amerikanischen Frau Peggy geführt, mit denen wir im
Laufe des Nachmittags, während wir ständig rein- und rausgin-
gen, ins Gespräch kamen. Peggy erzählte uns, sie hätten seit dem
ersten Januar bereits tausend Wanderer zu Besuch gehabt, dabei
stehe die eigentliche Wandersaison erst noch bevor. Die beiden
waren ein freundliches Paar, und ich hatte den Eindruck, daß besonders Peggy ihre Zeit hauptsächlich damit verbrachte, generv-
te Wanderer davon abzuhalten aufzugeben. Erst tags zuvor hatte
ein junger Mann aus Surrey sie gebeten, ihm ein Taxi zu bestellen, das ihn nach Atlanta bringen sollte. Peggy hatte ihn fast dazu
überredet durchzuhalten, es wenigstens noch eine Woche lang zu
versuchen, aber zum Schluß war er zusammengebrochen, hatte
still geweint und sie angefleht, ihn doch nach Hause gehen zu lassen.

Ich selbst verspürte dagegen zum erstenmal den aufrichtigen
Wunsch weiterzugehen. Die Sonne schien. Ich hatte mich frisch gemacht und eine Stärkung zu mir genommen, und wir hatten noch
reichlich Proviant in unseren Rucksäcken. Ich hatte mit meiner
Frau telefoniert, zu Hause war alles in Ordnung. Vor allem aber
fühlte ich mich fit. Ich war mir sicher, daß ich einige Pfunde verloren hatte. Ich war bereit loszumarschieren. Katz strahlte ebenfalls

vor Sauberkeit und sah auch schon etwas schmächtiger aus. Wir packten unsere Einkäufe auf der Terrasse zusammen, und im selben Moment fiel uns beiden zu unserer großen Freude und Erleichterung auf, daß Mary Ellen nicht mehr zu unserem Gefolge gehörte. Ich steckte noch mal den Kopf durch die Tür und fragte unsere Gastgeber, ob sie sie gesehen hätten.

»Ach die? Ich glaube, die ist vor einer Stunde gegangen«, sagte Peggy.

Die Sache wurde immer besser.

Es war nach vier Uhr, als wir endlich loszogen. Justin hatte uns gesagt, ungefähr eine Stunde Fußmarsch von hier gäbe es eine Wiese, die sich ideal zum Zelten eignete. Jetzt, im warmen Sonnenlicht des späten Nachmittags, sah der Trail einladend aus, die Bäume warfen lange Schatten, und man hatte einen weiten Blick über ein Flußtal hinweg auf wuchtige, anthrazitfarbene Berge. Die Wiese eignete sich tatsächlich ideal, um Station zu machen. Wir schlugen unsere Zelte auf und aßen die Sandwiches und Kartoffelchips und tranken die Säfte, die wir fürs Abendessen eingekauft hatten.

Dann holte ich stolz, als hätte ich ihn selbst gebacken, mehrere Päckchen Napfkuchen von Hostess hervor. Meine kleine Überraschung.

Katz' Gesicht hellte sich auf, wie bei dem Geburtstagskind auf einem Gemälde von Norman Rockwell.

»Oh, Mann!«

»Little Debbies hatten sie leider nicht«, sagte ich entschuldigend.

»He«, sagte er. »He.« Zu mehr war er nicht fähig. Katz liebte Kuchen.

Wir teilten uns drei Napfkuchen und legten den letzten auf einen Baumstamm, wo wir ihn für später aufhoben und solange bewundern konnten. Wir fläzten uns ins Gras, mit dem Rücken an den Baumstamm gelehnt, verdauten, rauchten, fühlten uns ausgeruht und zufrieden, unterhielten uns mal ausnahmsweise –

aus **Picknick mit Bären** 269

kurzum, es war so, wie ich es mir zu Hause in meinen optimistischen Vorstellungen ausgemalt hatte –, als Katz plötzlich leise aufstöhnte. Ich folgte seinem Blick und sah Mary Ellen, die forschen Schrittes, aus der falschen Richtung, den Pfad entlang auf uns zukam.

»Ich habe mich schon gefragt, wo ihr beide abgeblieben seid«, schimpfte sie. »Ich muß sagen, ihr seid ja echt langsam. Wir hätten längst sieben Kilometer weiter sein können. Ich sehe schon, ich muß jetzt besser auf euch beide aufpassen. Ist das ein Napfkuchen von Hostess da vorne?« Bevor ich etwas sagen konnte und bevor sich Katz einen Stock geschnappt hatte, um ihr den Schädel einzuschlagen, sagte sie: »Ich darf doch, oder?« und verschlang ihn mit zwei Bissen. Es vergingen einige Tage, bis Katz wieder lächelte.

»Welches Sternzeichen bist du?« sagte Mary Ellen.

»Cunnilingus«, sagte Katz und sah zutiefst unglücklich aus.

Sie schaute ihn an. »Das kenne ich nicht.« Sie runzelte die Stirn, als wollte sie sagen: Ich freß 'nen Besen, sagte aber statt dessen: »Dabei dachte ich, ich würde alle kennen. Ich bin Waage.« Sie wandte sich an mich. »Und du?«

»Weiß ich nicht.« Ich versuchte mir etwas auszudenken. »Nekrophilie.«

»Das kenne ich auch nicht. Wollt ihr mich vielleicht verarschen?«

»Erraten.«

Das war zwei Tage später. Wir campierten auf einem kleinen Plateau, Indian Grave Gap, zwischen zwei dumpfen Gipfeln – an den einen erinnerte ich mich nur noch schwach, der andere stand uns erst noch bevor. Wir hatten in 48 Stunden 35 Kilometer zurückgelegt, eine ansehnliche Strecke für unsere Verhältnisse, aber eine ausgeprägte Lustlosigkeit, ein Gefühl der Enttäuschung, eine gewisse Bergmüdigkeit hatte sich unserer bemächtigt. Wir verbrachten unsere Tage genauso, wie wir sie immer verbracht hatten und auch in Zukunft verbringen würden: immer der gleiche Wanderpfad, die gleichen Hügel und Berge, der gleiche endlose Wald. Die Bäume standen so dicht, daß man fast nie einen Ausblick genießen konnte, und wenn, dann wieder nur auf endlose Hügelketten und noch mehr Bäume. Ich war schwer enttäuscht, als ich merkte, daß ich schon wieder alles madig machte und ich mich nach Weißbrot sehnte. Mary Ellen und ihr unentwegtes, erschreckend geistloses Geplapper kamen erschwerend hinzu.

»Wann hast du Geburtstag?« fragte sie mich.

»Am 8. Dezember.«

»Also Jungfrau.«

»Nein, Schütze.«

»Ist ja auch egal.« Dann plötzlich: »Meine Güte, ihr beide stinkt zum Himmel.«

»Na ja, man schwitzt kein Rosenwasser beim Wandern.«

»Ich schwitze überhaupt nicht. Nie. Ich träume auch nicht.«

»Jeder Mensch träumt«, sagte Katz.

»Ich aber nicht.«

»Nur Menschen mit ungewöhnlich geringer Intelligenz träumen nicht. Das ist wissenschaftlich erwiesen.«

Mary Ellen sah ihn einen Moment lang ausdruckslos an, dann sagte sie plötzlich, ohne sich direkt an einen von uns zu wenden: »Habt ihr das schon mal geträumt? Also, man sitzt in der Klasse und so, und dann guckt man an sich runter und so, und man hat nichts an?« Sie schüttelte sich. »Das kann ich nicht ab.«

»Ich dachte, du träumst nicht«, sagte Katz.

Sie starrte ihn wieder lange an, als überlegte sie, wo sie ihm schon mal begegnet war. »Und Fallen«, fuhr sie gelassen fort. »Den Traum hasse ich auch. Wie wenn man in ein Loch fällt und so, und man fällt und fällt.« Sie schnaubte wieder geräuschvoll, um den Druck in den Ohren loszuwerden.

aus **Picknick mit Bären** 271

Katz musterte sie beiläufig interessiert. »Ich kenne jemanden, der hat das auch mal gemacht«, sagte er, »dabei ist ihm ein Auge rausgesprungen.«

Sie sah ihn fragend an.

»Es kullerte über den Wohnzimmerboden, und sein Hund hat es gefressen. Stimmt's, Bryson?«

Ich nickte.

»Das hast du dir nur ausgedacht.«

»Nein. Es ist über den Boden gekullert, und bevor er sich's versah, hatte der Hund es mit einem Happen verschlungen.«

Ich bestätigte das mit einem neuerlichen Nicken.

Sie dachte minutenlang darüber nach. »Was hat dein Freund wegen der Augenhöhle gemacht? Hat er sich ein Glasauge gekauft, oder was?«

»Das hatte er eigentlich vor, aber seine Familie war ziemlich arm. Er hatte sich einen Tischtennisball besorgt, eine Pupille drauf gemalt und ihn als Auge benutzt.«

»Ihh«, sagte Mary Ellen leise.

»Deswegen würde ich an deiner Stelle nicht ständig so schnauben.«

Sie ließ sich das Gesagte wieder durch den Kopf gehen. »Ja, vielleicht hast du recht«, sagte sie und schnaubte.

In den wenigen Momenten, die wir für uns hatten, wenn sich Mary mal zum Pinkeln in die Büsche verzog, hatten Katz und ich heimlich beschlossen, morgen die 22,5 Kilometer nach Dicks Creek Gap zu laufen, wo ein Highway kreuzte, der in die Stadt Hiawassee führte, 17,7 Kilometer weiter nördlich. Wir würden bis zum Gap wandern, und wenn wir am Ende tot umfielen; von da aus würden wir nach Hiawassee trampen, um dort zu Abend zu essen und uns in einem Motel einzumieten. Plan Nummer zwei sah vor, Mary Ellen zu töten und sich an ihren Honigpops gütlich zu tun.

So kam es, daß wir am nächsten Tag wie die Soldaten marschierten, richtig marschierten, meine ich, und Mary Ellen mit unseren weit ausholenden Schritten in blankes Erstaunen versetzten. In Hiawassee sollte es ein Motel geben – Bettlaken! Dusche! Farbfernsehen! – und angeblich eine Auswahl von Restaurants. Dieser kleine Ansporn reichte, um uns einen Schritt schneller gehen zu lassen. Katz erlahmte nach einer Stunde, und ich war nachmittags todmüde, aber wir hielten entschlossen durch. Mary Ellen fiel immer weiter zurück, bis sie sogar hinter Katz zurückblieb. Ein wahres Wunder.

Um vier Uhr trat ich erschöpft und erhitzt und mit einem von sandigen Schweißbächen gezeichneten Gesicht aus dem Wald und stieg die breite Böschung zum U.S. Highway 76 hoch, einem Asphaltband mitten durch den Wald, und stellte befriedigt fest, daß die Straße mehrspurig war und wie eine wichtige Hauptverkehrsader aussah. Ein paar hundert Meter weiter befand sich eine kleine Lichtung und eine Auffahrt – Ausdruck von Zivilisation! –, bevor die Straße eine verlockende Kurve beschrieb. Mehrere Autos fuhren vorbei, als ich mich dort hinstellte.

Katz torkelte ein paar Minuten später zwischen den Bäumen hervor. Mit seinem irren Blick und den zerzausten Haaren sah er verwegen aus, und ich hetzte ihn trotz seines wortreichen Widerspruchs, er müsse sich auf der Stelle hinsetzen, über die Straße. Ich wollte unbedingt ein Auto anhalten, bevor Mary Ellen auftauchte und alles wieder vermasselte. Ich wußte nicht, wie, ich wußte nur, daß sie es schaffen würde.

»Hast du sie gesehen?« fragte ich Katz besorgt.

»Ganz weit hinter mir. Sie saß auf einem Stein, hatte die Schuhe ausgezogen und rieb sich ihre Füße. Sie sah ziemlich erledigt aus.«

»Gut.«

Katz pflanzte sich auf seinen Rucksack, schmutzig und erschöpft wie er war, und ich stellte mich neben ihn an die Böschung, hielt den Daumen raus, versuchte, uns als ehrbare und anständige Menschen zu verkaufen und schickte jedem Auto und jedem Pickup, die an uns vorbeifuhren, im stillen eine Schimpfkanonade hin-

aus **Picknick mit Bären** 273

terher. Ich war seit 25 Jahren nicht mehr getrampt, und es war eine etwas demütigende Erfahrung. Die Autos rasten vorbei, unglaublich schnell, wie wir fanden, die wir jetzt im Wald hausten, und die Fahrer würdigten uns nicht mal eines Blickes. Ganz wenige näherten sich etwas langsamer, immer saßen ältere Herrschaften in den Wagen – kleine, weiße, gerade über Fensterhöhe ragende Köpfchen –, die uns ohne Mitgefühl ausdruckslos anstarrten, wie eine Herde Kühe auf der Weide. Es kam mir unwahrscheinlich vor, daß irgend jemand für uns anhalten würde. Ich hätte auch nicht für uns angehalten.

Nachdem uns eine Viertelstunde lang ein Auto nach dem anderen verschmäht hatte, verkündete Katz verzagt: »Hier nimmt uns nie einer mit.«

Er hatte natürlich recht, aber es ärgerte mich, daß er immer so schnell aufgab. »Kannst du nicht mal etwas mehr Optimismus ausstrahlen?« bat ich ihn.

»Na gut, bin ich eben optimistisch. Aber ich bin absolut davon überzeugt, daß uns hier kein Mensch mitnimmt. Sieh uns doch nur an.« Er schnüffelte angeekelt unter seinen Achselhöhlen. »Ich stinke wie faule Eier.«

Es gibt ein Phänomen, das sich »Trail Magic« nennt, das bei allen Wanderern des Appalachian Trail bekannt ist und von dem mit Ehrfurcht gesprochen wird. Man könnte es auch das Wunder des Zufalls nennen, jedenfalls besagt es, daß häufig dann, wenn es besonders finster aussieht, irgend etwas passiert, das einen wieder Licht am Ende des Tunnels sehen läßt. Bei uns war es ein kleiner Pontiac Trans Am, der vorbeiflog und dann 100 Meter weiter mit quietschenden Reifen und in eine Staubwolke gehüllt am Straßenrand zum Stehen kam. Es war so weit weg von der Stelle, wo wir standen, daß wir kaum glauben konnten, das Auto hielte wegen uns, aber dann wurde der Rückwärtsgang eingelegt, und es kam auf uns zu, fuhr halb auf der Böschung, halb auf der Straße, sehr schnell und in Schlangenlinien. Ich stand wie festgenagelt. Am Tag davor hatten uns ein paar erfahrene Wanderer berichtet, daß sich die Leute im Süden manchmal einen Spaß daraus machten, auf Tramper, die vom Appalachian Trail kamen, zuzurasen, um im letzten Moment auszuweichen, oder ihre Rucksäcke zu überfahren, und ich hatte plötzlich den Verdacht, daß es sich hierbei um solche Leute handelte. Ich wollte gerade in Deckung springen, und selbst Katz machte schon Ansätze, sich zu erheben, als das Auto röhrend und wieder mit viel aufgewirbeltem Staub ein paar Meter vor uns stehenblieb und eine junge Frau den Kopf aus dem Fenster der Beifahrertür steckte.

»Wollt ihr mitkommen?« rief sie.

»Klar, und wie«, sagten wir und benahmen uns wie zwei brave Kinder.

Wir rannten mit unseren Rucksäcken zu dem Wagen, schauten durch die Fenster und sahen ein sehr hübsches, sehr glückliches, sehr betrunkenes junges Pärchen. Die beiden waren höchstens 18 oder 19 Jahre alt. Die Frau goß aus einer zu drei Viertel leeren Flasche Wild-Turkey-Whiskey zwei Plastikbecher randvoll. »Hi!« sagte sie. »Kommt rein.«

Wir zögerten. Der Wagen war fast bis unter die Decke mit Zeug vollgepackt, Koffer, Kartons, Plastiktüten, stapelweise Kleider auf Bügeln. Es war ohnehin ein kleines Auto – und schon für die beiden ziemlich eng.

»Mach mal ein bißchen Platz für die Herren, Darren«, befahl die junge Frau und fügte dann erklärend hinzu: »Das ist Darren.«

Darren stieg aus, begrüßte uns grinsend, machte den Kofferraum auf und stierte mit leerem Blick hinein, bis sich allmählich die Erkenntnis in seinem Gehirn breitgemacht hatte, daß er ebenfalls picke packe voll war. Darren war dermaßen betrunken, daß ich für einen Augenblick dachte, er würde im Stehen einschlafen, aber er kam wieder zu sich, fand ein Stück Schnur und band unsere beiden Rucksäcke geschickt aufs Dach. Dann schob er, die energischen Ratschläge und Proteste seiner Freundin überhörend, das Zeug auf dem Rücksitz ein bißchen zusammen, bis ein

aus **Picknick mit Bären**

schmaler Hohlraum geschaffen war, in den Katz und ich uns quetschten, während wir unter Geächz und Gestöhn Entschuldigungen und Gefühle größter Dankbarkeit zum Ausdruck brachten.

Die junge Frau hieß Donna, und die beiden waren unterwegs zu irgendeinem Ort mit einem gräßlichen Namen – Turkey Balls Falls oder Coon Slick oder so ähnlich, ungefähr achtzig Kilometer von hier, aber sie würden uns in Hiawassee absetzen, wenn wir vorher nicht alle tot im Straßengraben landeten. Darren raste mit 200 Stundenkilometern, nur einen Finger am Steuer, wippte dabei mit dem Kopf zu irgendeinem Rhythmus, während Donna sich umdrehte, um sich mit uns zu unterhalten. Sie war umwerfend hübsch, hinreißend hübsch.

»Ihr müßt schon entschuldigen. Wir beide feiern gerade.« Sie hob ihren Plastikbecher hoch, wie um uns zuzuprosten.

»Was wird denn gefeiert?« fragte Katz.

»Wir wollen morgen heiraten«, verkündete sie stolz.

»Nicht möglich«, sagte Katz. »Meinen Glückwunsch.«

»Ja, ja. Darren macht eine anständige Frau aus mir.« Sie wuschelte in seinem Haar, beugte sich dann spontan zur Seite und gab ihm einen Kuß auf die Wange, der immer ausdauernder wurde, dann eindringlicher, dann eindeutig lüstern und seinen krönenden Abschluß in einem ruckartigen Vorstoß ihrer Hand an eine gewagte Stelle fand – jedenfalls vermuteten wir das, denn Darren stieß mit dem Kopf an die Decke und machte einen kurzen, nervenaufreibenden Ausflug auf die Gegenfahrbahn. Donna drehte sich daraufhin mit einem verträumten, unverfroren anzüglichen Grinsen zu uns um, als wollte sie sagen: Wer will als nächster? Es sah so aus, überlegten wir uns später, als hätte Darren alle Hände voll zu tun gehabt in dem Moment, aber wahrscheinlich lohnte sich die Mühe.

»Wollt ihr was trinken?« bot sie plötzlich an, griff die Flasche am Hals und suchte den Boden nach Bechern ab.

»Nein, danke«, sagte Katz. Es war eine Versuchung für ihn.

»Komm schon«, ermunterte sie ihn.

Katz hielt abwehrend die Hand hoch. »Ich bin geheilt.«

»Wirklich? Wie schön für dich. Trink einen drauf.«

»Nein, danke. Ich möchte nicht.«

»Was ist mit dir?« sagte sie zu mir.

»Nein, nein. Danke.« Ich hätte meine eingequetschten Arme sowieso nicht frei bekommen, selbst wenn ich gewollt hätte. Sie baumelten vor mir wie zwei schlaffe Gliedmaßen von einem Tyrannosaurus.

»Du bist aber nicht geheilt, oder?«

»Irgendwie schon.« Ich hatte beschlossen, für die Dauer unserer Tour aus Solidarität dem Alkohol zu entsagen.

Sie sah uns an. »Seid ihr Mormonen oder so?«

»Nein, nur Wanderer.«

Sie nickte bedächtig, gab sich damit zufrieden und trank einen Schluck. Dann brachte sie Darren wieder an die Decke.

Sie setzten uns vor Mull's Motel in Hiawassee ab, einem altertümlichen, nichtssagenden Haus, das offenkundig keiner Hotelkette angeschlossen war und das an einer Straßenecke unweit des Stadtzentrums lag. Wir dankten den beiden überschwenglich, machten ein bißchen Getue wegen dem Benzingeld, das wir ihnen geben wollten, das sie aber hartnäckig ablehnten, und sahen ihnen hinterher, als Darren, wie von einem Raketenwerfer abgefeuert, auf die befahrene Straße glitt. Ich bildete mir ein, daß er sich gerade wieder den Kopf an der Decke stieß, als das Auto hinter einer kleinen Anhöhe verschwand.

Dann standen wir mit unseren Rucksäcken allein da, auf dem leeren Parkplatz des Motels, in einer staubigen, verlorenen, sonderbaren Stadt im Norden von Georgia. Das Wort, das jedem Wanderer in den Sinn kommt, wenn er an Georgia denkt, heißt *Deliverance (Flußfahrt)*, der Titel des Romans von James Dickey, der später unter dem Titel *Beim Sterben ist jeder der Erste* in Hollywood verfilmt wurde. Es geht darin, wie Sie sich vielleicht erinnern, um vier Männer in den besten Jahren aus Atlanta, die übers

aus **Picknick mit Bären**

Wochenende eine Kanufahrt auf dem fiktiven Cahulawassee River machen (dessen Vorbild, der Fluß Chattooga, verläuft in der Nähe) und völlig aus der Bahn geworfen werden. »Hier hat jeder, den ich kennengelernt habe, in seiner Familie mindestens einen Verwandten im Gefängnis sitzen«, sagt eine der Figuren ahnungsvoll während der Hinfahrt. »Einige wegen Schwarzbrennerei, andere, weil sie das Zeug verhökern, aber die meisten sind wegen Mordes drin. Ein Menschenleben ist hier nicht viel wert.« Das erweist sich dann natürlich als zutreffend: Das muntere Quartett aus der Metropole wird nacheinander in den Arsch gefickt, von verrückten Hinterwäldlern gejagt und dann umgebracht.

Am Anfang des Romans gibt es eine Stelle, da halten die vier unterwegs an und fragen »in einer verschlafenen, von einer seltenen Krankheit befallenen, häßlichen Stadt« nach dem Weg. Diese Stadt hätte gut und gern Hiawassee sein können. Das Buch spielt jedenfalls in diesem Teil des Bundesstaates, und der Film wurde auch in dieser Gegend gedreht. Der berühmte Banjo spielende Albino, der in dem Film »Dueling Banjos« anstimmt, wohnt angeblich in Clayton, das nicht weit weg liegt.

Dickeys Buch hat bei seinem Erscheinen erwartungsgemäß heftige Kritik im Staat Georgia ausgelöst – ein Journalist meinte, es sei »die niederträchtigste Charakterisierung der Bergbewohner des Südens in der gesamten modernen Literatur«, was noch eine Untertreibung ist –, aber es läßt sich nun einmal nicht leugnen, daß die Menschen seit 150 Jahren von den Bewohnern des nördlichen Georgia geradezu entsetzt sind. Ein Chronist des 19. Jahrhunderts beschreibt die Leute als »groß gewachsene, hagere, leichenähnliche Kreaturen, melancholisch und träge wie gekochter Kabeljau«. Andere machen großzügigen Gebrauch von Wörtern wie »verdorben«, »grob«, »unzivilisiert« und »zurückgeblieben«, um das abgeschiedene, ungebildete Völkchen in den tiefen, finsteren Wäldern und hoffnungslosen Städtchen Georgias zu beschreiben. Dickey, der selbst aus Georgia stammte und die Gegend gut kannte, schwor Stein und Bein, daß es sich um eine zutreffende Beschreibung handelte.

Vielleicht lag es an dem nachhaltigen Eindruck, den das Buch hinterlassen hatte, vielleicht einfach an der Tageszeit, vielleicht auch daran, daß es ungewohnt war, wieder in einer Stadt zu sein, jedenfalls hatte Hiawassee etwas spürbar Merkwürdiges und Beunruhigendes an sich. Es war ein Ort, in dem es einen nicht sonderlich erstaunt hätte, an einer Tankstelle das Benzin von einem Zyklopen gezapft zu bekommen. Wir betraten den Empfangsraum des Motels, der mich eher an ein kleines schmuddeliges Wohnzimmer und nicht an ein Büro erinnerte, und fanden eine alte Frau vor, mit wuscheligem, weißen Haar und einem hellen Baumwollkleid, die auf einem Sofa neben der Tür saß. Sie schien sich über unseren Besuch zu freuen.

»Hi«, sagte ich. »Wir hätten gern ein Zimmer.«

Die Frau grinste und nickte.

»Eigentlich zwei Zimmer, wenn's geht.«

Die Frau grinste und nickte wieder. Ich wartete darauf, daß sie aufstand, aber sie rührte sich nicht.

»Für heute«, sagte ich aufmunternd. »Sie vermieten doch Zimmer, oder nicht?« Ihr Grinsen erweiterte sich zu einem Strahlen, und sie nahm meine Hand und hielt sie fest, ihre Finger fühlten sich knochig und kalt an. Sie sah mir erwartungsvoll und eindringlich in die Augen, als hoffe sie, daß ich gleich ein Stöckchen werfen würde, das sie holen sollte.

»Sag ihr, wir kämen aus der Wirklichkeit«, flüsterte mir Katz ins Ohr.

Im selben Moment öffnete sich mit Schwung eine Tür, und eine grauhaarige Frau, die ihre Hände an einer Schürze abtrocknete, kam herein.

»Es hat keinen Zweck, mit ihr zu reden«, sagte sie in freundlichem Tonfall. »Sie versteht nichts, und sie spricht nicht. Laß die Hand von dem Mann los, Mutter.« Die alte Frau strahlte sie an. »Du sollst die Hand von dem Mann loslassen!«

aus **Picknick mit Bären**

Meine Hand wurde freigegeben, und wir mieteten zwei Zimmer. Wir zogen mit den Schlüsseln los und vereinbarten, uns in einer halben Stunde wieder zu treffen. Mein Zimmer war schlicht und schäbig, jede nur denkbare Oberfläche, einschließlich Toilettenbrille und Türschwelle, verzierten Brandlöcher, und Wände und Decke waren übersät mit Flecken, was den Gedanken nahelegte, daß hier ein Streit stattgefunden hatte, bei dem es offenbar um Leben und Tod gegangen war und Unmengen heißen Kaffees eine Rolle gespielt haben mußten. Für mich jedenfalls war es das Paradies. Ich rief Katz an, aus purer Lust, mal wieder ein Telefon zu benutzen, und ich erfuhr, daß sein Zimmer noch schlimmer aussah. Wir waren hochzufrieden.

Wir duschten, zogen die letzten frischen Klamotten an, die wir hatten und begaben uns erwartungsvoll in ein beliebtes, nahegelegenes Bistro, das sich Georgia Mountain Restaurant nannte. Auf dem Parkplatz standen lauter Pick-up-Trucks, und drinnen saßen lauter Fleischklöpse mit Baseballmützen auf dem Kopf. Wenn ich in die Menge gerufen hätte: »Telefon für dich, Bubba!«, es wäre bestimmt jeder zweite aufgesprungen. Das Georgia Mountain verfügte nicht gerade über eine Küche, für die sich eine Anreise gelohnt hätte, nicht mal innerhalb der Stadtgrenzen von Hiawassee, aber dafür war das Essen einigermaßen billig. Für 5,50 Dollar bekam man »Fleisch plus drei« – die Zahl bezog sich auf die Beilagen –, einen Gang ans Salatbüffet und Nachtisch. Ich bestellte gebratenes Hühnchen, Erbsen, Röstkartoffeln und »Ruterbeggars« (gelbe Kohlrüben, die korrekterweise »Rutabagas« geschrieben werden wie auf der Speisekarte zu lesen war). Die hatte ich noch nie probiert und werde sie wohl auch so schnell nicht wieder probieren. Wir aßen schmatzend und mit Lust und bestellten viel Eistee zum Runterspülen.

Der Nachtisch war natürlich der Höhepunkt. Jeder Wanderer auf dem Trail träumt unterwegs von irgendeinem Gericht, meist etwas Süßem, Klebrigem. Die Phantasie, die mich am Laufen hielt, rankte sich um ein überdimensionales Stück Kuchen. Es hatte mich tagelang beschäftigt, und als die Kellnerin jetzt kam, um unsere Bestellung aufzunehmen, bat ich sie mit einem flehenden Blick, wobei ich meine Hand auf ihren Unterarm legte, mir das größte Stück Kuchen zu bringen, das sie mir abschneiden konnte, ohne ihren Job zu riskieren. Sie brachte mir ein riesiges, pappiges, kanariengelbes Stück Zitronenkuchen. Es war ein wahres Monument der Lebensmittelindustrie, so knallgelb, daß man vom Anblick allein Kopfschmerzen bekam, so süß, daß es einem die Augäpfel in die Stirnhöhlen trieb – kurzum, es bot alles, was man von einem Kuchen dieser Sorte erwartete, solange man Geschmack und Qualität als Bewertungskriterien vernachlässigte. Ich wollte gerade herzhaft reinbeißen, als Katz sein langes Schweigen brach und mit großer Nervosität in der Stimme sagte: »Weißt du, was ich die ganz Zeit mache? Ich gucke alle paar Minuten zur Tür, um zu sehen, ob Mary Ellen hereinkommt.«

Ich hörte auf zu essen, die Gabel mit der fettglänzenden Masse auf halbem Weg zum Mund, und stellte mit beiläufigem Staunen fest, daß sein Nachtischteller bereits leer war. »Du willst mir doch nicht weismachen, daß sie dir fehlt, Stephen?« sagte ich und schob die Gabel dahin, wo sie hingehörte.

»Nein«, sagte er sauer. Er fand meine Frage überhaupt nicht komisch. Er rang nach Worten, um seinen komplizierten Gefühlen Ausdruck zu geben. »Ich finde, wir haben sie irgendwie sitzengelassen«, platzte er schließlich heraus.

Ich ließ mir den Vorwurf durch den Kopf gehen. »Eigentlich haben wir sie nicht irgendwie sitzengelassen. Wir haben sie sitzengelassen. Ganz einfach.« Ich war absolut nicht seiner Meinung. »Na und?«

»Ich habe irgendwie ein schlechtes Gefühl – nur irgendwie –, weil wir sie allein, auf sich gestellt, im Wald zurückgelassen haben.« Dann verschränkte er die Arme, als wollte er damit sagen: So, jetzt ist es raus.

Ich legte die Gabel beiseite und überlegte. »Sie ist doch auch allein losgegangen«, sagte ich. »Wir sind nicht für sie verantwortlich. Wir haben keinen Vertrag abgeschlossen, nach dem wir uns um sie zu kümmern hätten.«

Noch während ich das sagte, wurde mir mit schrecklicher, zunehmender Deutlichkeit klar, daß er recht hatte. Wir hatten Mary Ellen abgehängt und sie den Bären, Wölfen und geil lechzenden Bergbewohnern überlassen. Ich war dermaßen mit meiner eigenen wilden Gier nach Essen und einem richtigen Bett beschäftigt gewesen, daß mir nicht in den Sinn gekommen war, was unser plötzliches Verschwinden für sie bedeuten würde – eine Nacht allein zwischen rauschenden Bäumen, umgeben von Finsternis, die Ohren gezwungenermaßen gespitzt, auf das vielsagende Knacken eines Astes oder Zweiges unter einem schweren Fuß oder einer Tatze lauschend. So etwas gönnte ich keinem Menschen. Mein Blick fiel auf meinen Kuchen, und ich merkte, daß mir der Appetit vergangen war. »Vielleicht hat sie jemand anderen gefunden, mit dem sie ihr Lager teilen kann«, erwiderte ich lahm und schob den Teller von mir weg.

»Bist du heute unterwegs irgend jemandem begegnet?«

Er hatte recht. Wir hatten fast keine Menschenseele gesehen.

»Wahrscheinlich ist sie jetzt immer noch unterwegs«, sagte Katz mit einer Spur plötzlicher Aufregung. »Und fragt sich, wo wir beide bloß abgeblieben sind. Scheißt sich vor Angst in ihren Breitwandarsch.«

»Hör auf«, bat ich ihn mißgelaunt und schob den Teller mit dem Kuchen zerstreut noch ein Stück weiter von mir.

Er nickte, ein nachdrückliches, eifriges, selbstgerechtes Nicken und sah mich mit einer seltsam strahlenden Miene an, die besagte: Und wenn sie stirbt, dann geht das auf deine Kappe. Er hatte recht. Ich war der Rädelsführer in dieser Sache gewesen. Es war meine Schuld.

Dann beugte er sich weiter vor und sagte in einem völlig veränderten Tonfall: »Wenn du den Kuchen nicht mehr ißt – darf ich ihn dann haben?«

Am nächsten Morgen frühstückten wir gegenüber bei Hardees und ließen uns danach von einem Taxi an den Trail fahren. Von Mary Ellen war nicht mehr die Rede, wir redeten überhaupt nicht viel. Wenn wir einen Tag lang die Annehmlichkeiten einer Stadt genossen hatten, waren wir bei der Rückkehr zum Appalachian Trail immer maulfaul.

Es erwartete uns gleich ein steiler Anstieg, und wir gingen langsam, fast behutsam. Der erste Tag nach einer längeren Unterbrechung war immer schrecklich für mich. Für Katz dagegen war jeder Tag schrecklich. Mochte ein Stadtbesuch noch so erholsame Wirkung zeitigen, unterwegs verflüchtigte sie sich erstaunlich schnell. Nach zwei Minuten war es, als wären wir nie weg gewesen – eigentlich sogar noch schlimmer, weil man an einem normalen Wandertag nicht mit einem schweren, fettreichen Hardees-Frühstück im Bauch einen steilen Berg hinaufkraxeln würde, das einem jederzeit aus dem Gesicht zu fallen drohte.

Wir waren etwa eine halbe Stunde unterwegs, als uns ein Wanderer entgegenkam, ein ziemlich sportlicher Mann mittleren Alters. Wir erkundigten uns, ob er einer Frau namens Mary Ellen begegnet sei, rote Jacke, etwas lautes Stimmorgan.

Er zog ein Gesicht, als könnte er sich an eine solche Person erinnern, und sagte: »Ist das die Frau – ich will nicht unhöflich erscheinen – aber macht die immer so?« und er hielt sich die Nase zu und schnaubte ein paarmal hintereinander geräuschvoll.

Heftiges Kopfnicken unsererseits.

»Ja. Ich habe gestern abend mit ihr und noch zwei anderen Männern in der Plumorchard-Gap-Schutzhütte übernachtet.« Er sah uns mißtrauisch von der Seite an. »Ist das eine Freundin von euch?«

»Nein, nein«, erwiderten wir, verleugneten sie nach Kräften, was jeder vernünftige Mensch getan hätte. »Sie hatte sich uns für ein paar Tage angeschlossen.«

Er nickte verständnisvoll, dann grinste er. »Sie ist ein harter Brocken, was?«

Wir grinsten ebenfalls. »War es so schlimm?« sagte ich.

aus **Picknick mit Bären** 283

Er zog ein Gesicht, das höllische Qualen ausdrückte, dann schaute er plötzlich so, als würde er sich einen Reim auf etwas machen. »Ach, dann seid ihr die beiden, über die sie gesprochen hat.«

»Hat sie wirklich über uns gesprochen?« sagte Katz. »Was hat sie denn gesagt?«

»Ach, nichts weiter«, antwortete er und verkniff sich ein Lachen, das einem die nächste Frage abnötigte. »Was hat sie gesagt?«

»Nichts. Es war nichts.« Er lachte immer noch.

»Was denn nun?«

Er war unschlüssig. »Na gut. Sie hat gesagt, ihr beide wärt zwei fettleibige Nieten, die keine Ahnung vom Wandern hätten, und daß sie keine Lust mehr hätte, euch an die Hand zu nehmen.«

»Das hat sie gesagt?« fragte Katz empört nach.

»Ich glaube, sie hat euch sogar Schlappschwänze genannt.«

»Schlappschwänze?« wiederholte Katz. »Jetzt hätte ich erst recht Lust, sie umzubringen.«

»Es dürfte kein Problem sein, dafür Helfer zu finden«, sagte der Mann geistesabwesend, betrachtete kritisch den Himmel und fügte noch hinzu: »Es soll Schnee geben.«

Ich stöhnte kurz auf. Das hatte uns gerade noch gefehlt. »Wirklich? Viel?«

Er nickte. »15 bis 20 Zentimeter. Aber nur in den oberen Kammlagen.« Er zog gleichmütig die Augenbrauen hoch, wie zur Bestätigung meiner genervten Reaktion. Schnee war nicht nur abschreckend, Schnee war gefährlich.

Er hing einen Augenblick der trüben Aussicht nach, dann sagte er: »Dann wollen wir mal wieder. Immer in Bewegung bleiben.« Ich nickte verständnisvoll. Dazu waren wir ja in den Bergen, um weiterzugehen, immer in Bewegung zu bleiben. Ich sah ihm nach und wandte mich Katz zu, der kopfschüttelnd dastand.

»Stell dir vor, so was sagt die über uns, nach allem, was wir für sie getan haben«, meinte er. Dann merkte er, daß ich ihn wütend anstarrte, und er preßte sich ein mühsames »Was ist?« heraus, und dann noch gepreßter: »Was ist?«

»Wehe, du vermiest mir noch einmal ein Stück Kuchen. Dann kannst du was erleben.«

Er zuckte mit den Schultern. »Na gut, in Ordnung. Meine Güte«, sagte er und trottete weiter.

Ein paar Tage später erfuhren wir, daß Mary Ellen aus dem Rennen war. Sie hatte sich bei dem Versuch, 56 Kilometer in zwei Tagen zurückzulegen, Blasen gelaufen. Schwerer Fehler.

James Dickey
aus **Flußfahrt**

Den Roman Flußfahrt *hat ein Dichter geschrieben – die Poesie von James Dickey (1923-1997) ist allgegenwärtig zu spüren. Vier Männer fahren mit Kanus durch einen Canyon, der wegen eines Staudammes in Kürze verschwinden soll. Dort stolpern sie bald über Dinge, die sie gerne verdrängt und vergessen hätten: Angst, Scham, Ärger und Gewalt. Außerdem schwören sie, Lewis' Geheimnis nicht zu verraten. Der hat nämlich einen jener Männer umgebracht, die zuvor Bobby und Ed, den Erzähler, überfallen hatten. Nun müssen die Freunde die Leiche verstecken, und die Wälder am Flußufer wirken plötzlich irgendwie anders.*

Okay«, sagte Lewis und packte den Toten an den Schultern. Er rollte ihn herum, packte die Spitze des Pfeils, die aus der Brust herausragte, und begann zu ziehen. Er mußte beide Hände nehmen und sich sehr anstrengen, um ihn zu lockern, und dann zog er den dunkelrot gefärbten Pfeil mit aller Kraft aus dem Körper heraus. Er stand auf, ging zum Fluß und säuberte ihn. Dann kam er zurück. Er steckte den Pfeil wieder sorgfältig in den Köcher.

Ich reichte Bobby das Gewehr und ging zu dem Baum, um meinen Gürtel, das Seil und das Messer zu holen. Dann beugten Drew und ich uns herunter, um den Toten bei den Schultern zu packen, während Bobby und Lewis jeder ein Bein ergriffen und mit ihrer freien Hand das Gewehr und den Bogen und einen zusammenklappbaren Spaten trugen, den sie aus dem Kanu geholt hatten. Die Leiche hing schwer zwischen uns, außerordentlich schwer, und bei dem Versuch, mich wieder aufzurichten, ging mir die Bedeutung des Begriffs *totes Gewicht* auf. Wir gingen in die Richtung, aus der Lewis gekommen war.

Wir hatten noch nicht zwanzig Meter zurückgelegt, als Drew und ich unter der Last ins Wanken kamen; mühsam schleppten uns unsere Füße durch das trockene Gras. Einmal hörte ich ein rasselndes Geräusch, das von einer Klapperschlange kommen mußte. Ich blickte vor mir auf die Erde, rechts und links von der Leiche, die, mit den Füßen halb auf dem Boden, vor mir in den Wald glitt. Der Kopf des Toten hing nach unten und pendelte zwischen Drew und mir hin und her.

Es war unglaublich. Selbst in meinen schlimmsten Träumen hatte ich so etwas noch nie getan. Es hatte etwas von einem Pfadfinderspiel, doch trifft dieses Wort nicht das Gefühl, das ich dabei empfand. Ich wußte, es war kein Spiel, und ich betrachtete den Toten immer wieder, ob er nicht aus dieser unwirklichen Starre erwachen und aufstehen würde, um uns allen die Hand zu schütteln wie jemand, den wir gerade im Wald getroffen hatten und der uns sagen konnte, wo wir uns befanden. Aber der Kopf hing weiter pendelnd herunter, und wir gaben uns Mühe, ihn nicht über den Boden schleifen zu lassen und vom Gestrüpp und vom dornigen Gezweig fernzuhalten.

Schließlich kamen wir an den kleinen Nebenfluß, wo Lewis' Kanu lag. Das Wasser bahnte sich seinen Weg zwischen den Zweigen hindurch, und der Wasserlauf sah aus, als bestünde er zur einen Hälfte aus langsam fließendem Wasser und zur anderen Hälfte aus Buschwerk und Gezweig. In meinem ganzen Leben hatte ich so etwas noch nicht gesehen, aber jetzt sah ich es vor mir. Ich half Lewis und den anderen dabei, die Leiche ins Kanu zu heben. Es lag tief und schwer in dem mit Blättern und Zweigen bedeckten Wasser, und wir fingen an, es den Nebenfluß aufwärts zu schieben, tief in den Wald hinein. Durch die dünne Gummisohle meiner Tennisschuhe spürte ich jeden Kieselstein, und das Wasser umspülte ungreifbar wie ein Schatten meine Beine. Wir taten, was getan werden mußte.

aus **Flußfahrt**

Lewis ging voran und zog das Kanu am Bugtau. Gebeugt watete er durch das Wasser, mit dem Tau über der Schulter, als schleppe er einen Sack Gold. Das Gesträuch, fast nur Waldlorbeer und hohe Rhododendren, bildete ein niedriges Blattgewölbe über dem Gewässer, so daß wir alle Augenblicke in die Knie gehen und uns durch Blattwerk und Gezweig einen Weg bahnen mußten, die Brust gegen das Wasser gestemmt, das uns aus dem grünen Dickicht entgegendrang. An manchen Stellen war es ein grüner Tunnel, in dem man nie ein menschliches Wesen vermutet hätte, dann wieder eine lange grüne Halle, wo das Wasser plötzlich Farbe und Temperatur änderte und sonderbar still war.

In dieser nicht enden wollenden, vom Wasser durchfluteten Blätterhöhle hatten wir uns, als ich auf die Uhr sah, schon zwanzig Minuten lang vorwärts gekämpft. Die Zweige schlugen uns ins Gesicht und verdeckten immer wieder den Wasserpfad, den unsere Füße mühsam suchen mußten, aber es gab nur eins: voran. Ich fragte mich, was um alles in der Welt ich wohl tun würde, wenn die anderen plötzlich verschwänden, wenn der Wasserlauf nicht mehr da wäre und ich allein mit der Leiche im Wald dastünde. Welche Richtung würde ich wohl einschlagen? Würde ich je den Fluß wiederfinden, ohne mich an dem Gewässer hier orientieren zu können? Wahrscheinlich nicht, und mit all meinem Denken und Fühlen klammerte ich mich an die anderen; nur gemeinsam mit ihnen würde ich hier wieder herauskommen.

Hin und wieder blickte ich in das Kanu und sah den Toten darin liegen, mit nach hinten geneigtem Kopf, die eine Hand über dem Gesicht, die Beine gekreuzt – die Karikatur eines Kleinstadttagediebs aus den Südstaaten, der zu faul ist, außer schlafen noch etwas anderes zu tun.

Lewis hob die Hand. Wir richteten uns auf und drückten das Kanu gegen die Strömung, damit es nicht zurücktrieb. Lewis kletterte gewandt wie ein Tier das Ufer hinauf. Drew, Bobby und ich standen da mit dem Kanu und dem schlafenden Mann zwischen uns, der neben unseren Hüften vom Wasser gewiegt wurde. Das

Unterholz um uns war so dicht, daß man es an manchen Stellen
nicht einmal mit dem Arm hätte durchdringen können. Man hätte
uns von überallher aus dem Dunkel beobachten können, von jedem Baum, aus jedem Busch, aber nichts geschah. Ich fühlte, wie
die Hände der anderen das Boot festhielten.

Nach ungefähr zehn Minuten erschien Lewis wieder – hinter einem Zweig, den er aus dem Wasser hochgebogen hatte. Es war, als
hätte sich der Baum von selbst bewegt. In diesen tiefen Wäldern
hier hatte ich das Gefühl, als sei es nichts Ungewöhnliches, wenn
sich die Zweige langsam, aber entschlossen hoben, um Lewis
Medlock den Weg freizugeben.

Wir banden das Kanu an einem Busch fest und hoben den Toten
heraus; jeder von uns packte an der gleichen Stelle zu wie zuvor.
Ich hatte das Gefühl, als weigere sich alles in mir, ihn irgendwo anders anzurühren.

Lewis hatte keinen Pfad gefunden, aber er war auf eine Baum-
lichtung gestoßen, die landeinwärts lag und, wie er sagte, flußaufwärts. Das war gut genug; das konnte nicht besser sein. Wir
zogen los und arbeiteten uns von dem Wasserlauf fort, zwischen
großen Mooreichen und Amberbäumen hindurch, die aller Zeit
zu trotzen schienen. Stolpernd torkelten wir mit der Leiche entlang, schweißbedeckt und verklebt, und wanderten mühselig
zwischen Büschen und Bäumen hindurch. Schon nach den ersten
Umgehungsmanövern hatte ich keine Ahnung mehr, wo wir waren, und seltsamerweise genoß ich es geradezu, *derart* verloren
zu sein. Wenn man so tief wie wir in einer Sache drinsteckte,
dann war es besser, sie bis zum Ende durchzustehen. Als ich das
sanfte Strömen des Wassers nicht mehr hörte, wußte ich, daß ich
verloren war, daß ich durch die Wälder irrte und eine Leiche
beim Arm gepackt hielt.

Lewis hob wieder die Hand, und wir ließen den Toten auf die
Erde sinken. Wir waren an einem Sumpfloch angekommen, einem
blauschwarzen Tümpel abgestandenen Wassers, das aus einem
Rinnsal stammte oder aus der Erde an die Oberfläche gequollen

aus **Flußfahrt**

war. Der Boden ringsum war morastig und gluckste, und ich scheute mich weiterzugehen; dabei war ich doch eben noch mit den anderen bis zu den Hüften durchs Wasser gewatet.

Lewis gab mir ein Zeichen. Ich ging zu ihm, und er nahm den Pfeil aus dem Kocher, mit dem er den Mann getötet hatte: Es hätte mich nicht gewundert, wenn er noch vibriert hätte, aber er tat es nicht; wie die anderen Pfeile war er gefügig und einsatzbereit. Ich betastete ihn: er war makellos gerade. Ich hielt ihn Lewis wieder hin, konnte mich dann aber aus irgendeinem Grunde nicht entschließen loszulassen. In Lewis' Gesicht drückten sich Befremden und Entschlossenheit aus. So standen wir beide da und hielten den Pfeil. Kein Blut war mehr daran, aber die Federn waren noch naß vom Fluß, in dem Lewis ihn gesäubert hatte. Er sah aus wie jeder andere Pfeil, der im Regen gelegen hatte, im Tau oder im Nebel. Ich ließ los.

Lewis legte den Pfeil an, spannte den Bogen, wie er es in meinem Beisein schon hundertmal getan hatte, souverän und erfahren, viel sachgerechter und präziser als die Bogenschützen auf griechischen Urnen – und er stand da: ganz Konzentration. Vor uns war nur das schwarze Wasser des Tümpels. Lewis aber zielte auf einen ganz bestimmten Punkt darin: vielleicht auf einen einzelnen Tropfen, der sich noch bewegte und früher oder später zur Ruhe kommen mußte.

Der Pfeil blitzte silbern auf und war auch schon verschwunden, während Lewis noch in der Abschußhaltung verharrte, als läge der Pfeil noch auf der Bogensehne. Nichts schien den Pfeil im Tümpel aufgehalten zu haben, weder Holz noch Stein. Er war verschwunden, als sei er durch den Morast bis zum flüssigen Mittelpunkt der Erde vorgedrungen.

Wir nahmen die Leiche wieder auf und gingen weiter. Nach einiger Zeit kamen wir zu einer Erhebung, bedeckt mit Farnen und Blättern, die zu einem braunen Brei vermodert waren. Lewis wandte sich zu uns um und kniff das eine Auge zusammen. Wir legten die Leiche nieder. Der eine Arm war nach hinten verrenkt, und der Gedanke, daß der Tote dabei keinen Schmerz empfand, war schlimmer als alles Vorangegangene.

Lewis kniete sich hin. Er begann mit dem zusammenklappbaren Militärspaten zu graben, den wir mitgebracht hatten, um Latrinenlöcher auszuheben. Der Boden war locker, zumindest das, was ihn bedeckte. Es war keine Erde. Es waren Blätter und verrottetes Gezweig. Es roch nach jahrhundertealtem Moder. Sollen sie ruhig alles überfluten, dachte ich, verrottet und verkommen, wie hier alles ist.

Drew und ich hockten uns hin und halfen Lewis mit den bloßen Händen beim Graben. Bobby stand da und sah in die Bäume. Drew grub wie besessen, ganz an diese praktische Arbeit hingegeben. Der Schweiß stand in seinem kantigen Gesicht mit den Aknenarben, und sein schwarzes, von Pomade glänzendes Haar hing ihm in Strähnen über das eine Ohr.

Es war ein düsterer Ort, still und stickig. Als wir die Grube ausgehoben hatten, war an meiner Fliegerkombination kein trockenes Fleckchen mehr. Wir hatten eine schmale Grube von etwas mehr als einem halben Meter Tiefe gegraben.

Wir hievten den Toten hinein und rollten ihn auf die Seite. Unendlich fern von uns lag er da. Lewis streckte seine eine Hand aus, und Bobby gab ihm das Gewehr. Lewis legte das Gewehr in die Grube, zog dann seine Hände auf die Knie zurück und spähte hinab. Dann griff er mit der rechten Hand wieder ins Grab und gab dem Gewehr eine andere Lage.

»Okay«, sagte er.

Wir schaufelten und scharrten wie wild Erde und Moder wieder zurück. Ich warf von dem verrotteten Zeug etwas auf sein Gesicht, um es rasch zu verdecken. Es war nicht schwer – zwei Händevoll genügten. Der Tote verschwand, wurde langsam eins mit der wuchernden Sinnlosigkeit dieser Wälder. Als die Grube zugeschüttet war, warf Lewis eine Schicht verfaultes Laub darüber.

Wir richteten uns auf den Knien auf. Wir beugten uns schwer atmend vor und stützten die Hände auf die Oberschenkel oder die

aus **Flußfahrt**

Erde vor uns. Ich hatte einen Augenblick lang den dringenden
Wunsch, ihn wieder auszugraben, mich auf Drews Seite zu schlagen. Jetzt wußten wir noch, wo er war. Aber wir hätten bereits zu
viel erklären müssen: den Schmutz an seinem Körper, die Verzögerung, überhaupt alles. Oder sollten wir ihn doch wieder herausho-
len und im Fluß waschen? Dieser Gedanke enthob mich jeden
Zweifels: es war unmöglich. Und ich stand zusammen mit den anderen auf.

»Hier wächst bald Farn drüber«, sagte Lewis. Es war gut, eine
Stimme zu hören, besonders die seine. »Den finden sie in tausend
Jahren nicht. Ich bin nicht mal sicher, ob wir die Stelle wiederfin-
den würden.«

»Noch ist es Zeit, Lewis«, sagte Drew. »Denk lieber noch einmal
darüber nach, ob du auch weißt, was du tust.«

»Ich weiß es«, sagte Lewis. »Der erste Regen wird hier alle
Spuren verwischen. Kein Hund könnte uns hierher folgen. Wenn
wir den Fluß hinter uns haben, sind wir in Sicherheit. Glaubt mir
das.«

Wir machten uns auf den Rückweg. Ich hätte ihn nicht gefunden, aber Lewis blieb von Zeit zu Zeit stehen und blickte auf einen
Taschenkompaß, und ich hatte den Eindruck, daß wir mehr oder
weniger in der richtigen Richtung gingen. Jedenfalls war es die
Richtung, die ich wahrscheinlich auch eingeschlagen hätte.

Wir kamen an dem Bach heraus, etwas oberhalb der Stelle, wo
das Kanu lag. Das Wasser floß auf den Fluß zu, und wir folgten
ihm über die geheimnisvollen Kiesel auf seinem Grund, bückten
uns immer wieder unter dem herunterhängenden Gezweig. Ich
fühlte mich den anderen fern, besonders aber Lewis. Das Gefühl,
wir müßten uns gegenseitig helfen, gab es nicht mehr. Ich glaube,
wenn ich in ein Loch getreten und darin verschwunden wäre, die
anderen hätten es nicht einmal bemerkt, hätten sich nicht einmal
umgewandt und wären nur um so rascher weitergegangen. Jeder
von uns wollte so schnell wie möglich aus diesem Wald heraus. Jedenfalls ging es mir so, und es hätte einer enormen körperlichen

Anstrengung bedurft, mich umzuwenden und auch nur einen Schritt zurückzugehen, wenn einer von den anderen in Schwierigkeiten geraten wäre.

Jack London
Feuermachen

Jack London (1876-1916) wußte: Wer in der Wildnis in Schwierigkeiten gerät, wird oft überrascht. Denn immer wieder vergessen wir, daß es der wilden Natur völlig egal ist, wie es uns ergeht. Genaugenommen ist das auch der eigentliche Grund für einen Ausflug dorthin: Wir wollen die eigene Unwichtigkeit spüren – und merken zugleich, für wie wichtig wir uns trotzdem halten. Haste mal Feuer?

Der Tag war kalt und grau angebrochen, ungewöhnlich kalt und grau, als der Mann vom Hauptweg durch den Yukon abbog und die hohe Böschung hinaufkletterte, wo ein schwach erkennbarer und wenig begangener Pfad durch üppige Fichtenwälder nach Osten führte. Die Böschung war steil, und er blieb oben stehen, um Luft zu holen; dabei schaute er auf die Uhr, wie zur Entschuldigung vor sich selbst. Es war neun Uhr. Man sah weder die Sonne noch irgendeine Spur von ihr, obwohl der Himmel wolkenlos war. Der Tag war klar, und doch schien ein unsichtbarer Schleier die Oberfläche aller Dinge zu überziehen, ein feiner Dunst, der den Tag verdunkelte und von der fehlenden Sonne herrührte. Dieser Umstand beunruhigte den Mann nicht. Er war es gewohnt, ohne Sonne auszukommen. Er hatte die Sonne schon tagelang nicht gesehen und wußte, daß es noch ein paar Tage dauern würde, bis die freundliche Kugel auf ihrem Weg nach Süden nur kurz über den Horizont lugen und gleich wieder aus der Sicht verschwinden würde.

Der Mann warf einen Blick zurück auf den Weg, den er gekom-

men war. Der Yukon lag da, eine Meile breit, verborgen unter drei
Fuß Eis. Auf dem Eis lag der Schnee noch einmal so hoch. Alles
war reines Weiß, sanft gewellt an den Stellen, wo sich das Eis
beim Zufrieren gestaut hatte. Im Norden und Süden, soweit sein
Auge reichte, war das Weiß ungebrochen, abgesehen von einer
feinen dunklen Linie, die sich um die tannenbewachsene Insel her-
umzog und nach Süden schlängelte und ebenso nach Norden, wo
sie jenseits einer zweiten tannenbewachsenen Insel verschwand.
Diese dunkle Linie war der Pfad – der Hauptpfad –, der 800 Kilometer nach Süden zum Chilkoot-Paß führte, nach Dyea und zum
Meer, und der 110 Kilometer nordwärts nach Dawson führte,
und 1600 Kilometer weiter nordwärts nach Nulato, und schließlich nach St. Michael an der Beringsee, noch einmal 2400 Kilometer entfernt.

Doch nichts davon – der geheimnisvolle, langgestreckte dünne
Weg, das Fehlen der Sonne am Himmel, die ungeheure Kälte und
die fremdartige Unheimlichkeit von alledem – beeindruckte den
Mann. Nicht, weil er seit langem daran gewöhnt war: Er war ein
Neuling in dieser Gegend, ein *chechaquo*, und das war sein erster
Winter. Das Schlimme war, daß er keine Phantasie hatte. Er war
schnell und aufgeweckt bei Dingen des täglichen Lebens, doch nur
bei den Dingen selbst, nicht bei dem, was sie bedeuteten. Fünfzig
Grad unter Null hieß ungefähr achtzig Grad Frost. Dieses Faktum
beeindruckte ihn als kalt und unbequem, aber das war auch alles.
Es veranlaßte ihn nicht, über seine Schutzbedürftigkeit als warm-
blütiges Lebewesen nachzudenken und über die Schwäche des
Menschen überhaupt, lebensfähig nur in gewissen engen Grenzen
von Wärme und Kälte. Von hier aus drang er nicht weiter vor zu
Mutmaßungen über die Unsterblichkeit und den Platz des Menschen im Universum. Fünfzig Grad unter Null bedeutete einfach,
daß es beißend kalt war und daß man sich durch Fäustlinge, Ohrenklappen, warme Mokassins und dicke Socken davor schützen
mußte. Fünfzig Grad unter Null. Der Gedanke, daß es damit etwas anderes auf sich haben könnte, kam ihm nie in den Sinn.

Feuermachen

Als er sich zum Weitergehen wandte, spuckte er probeweise aus. Ein scharfes, explosionsartiges Knistern ließ ihn aufhorchen. Er spuckte noch einmal aus. Und wieder knisterte die Spucke in der Luft, bevor sie in den Schnee fallen konnte. Er wußte, daß Spucke bei minus fünfzig Grad auf dem Schnee knisterte, doch diese Spukke hatte schon in der Luft geknistert. Zweifellos war es kälter als fünfzig Grad unter Null – wieviel kälter, wußte er nicht. Doch die Temperatur machte ihm nichts aus. Er war unterwegs zum alten Schürfplatz an der linken Gabelung des Henderson Creek, wo die Kumpel schon warteten. Sie waren über die Wasserscheide aus der Gegend um den Indian Creek gekommen, während er einen Umweg außen herum gewählt hatte, um zu prüfen, ob man im Frühjahr Holz auf den Inseln im Yukon schlagen könne. Gegen sechs Uhr würde er im Lager eintreffen, zwar kurz nach Einbruch der Dunkelheit, aber die Jungens würden da sein, ein Feuer würde brennen und ein warmes Abendessen bereitstehen. Was das Mittagessen betraf, drückte er mit der Hand auf ein Bündel, das sich unter seiner Jacke wölbte. Es steckte unter dem Hemd, war in ein Taschentuch eingewickelt und an der bloßen Haut verwahrt. Nur so war das Brot vor Frost zu schützen. Er grinste selbstzufrieden vor sich hin, als er an die Brötchen dachte, jedes aufgeschnitten und in Schweineschmalz getunkt, mit einer anständigen Scheibe Schinken dazwischen.

Er tauchte in den hohen Fichtenwald ein. Der Pfad war schwer erkennbar. Fußhoch war Schnee gefallen, seit der letzte Schlitten durchgekommen war; er freute sich, daß er ohne Schlitten unbeschwert dahinzog. Tatsächlich hatte er nichts bei sich außer seinem Imbiß, der ins Taschentuch gewickelt war. Allerdings überraschte ihn die Kälte. Es war wirklich kalt, folgerte er, während er mit der behandschuhten Hand die taube Nase und seine Backenknochen rieb. Er trug einen wärmenden Backenbart, doch seine Barthaare schützten nicht die Wangen und seine vorwitzige Nase, die angriffslustig in die frostige Luft ragte.

Ein Hund folgte dem Mann auf den Fersen, ein großer einheimischer Eskimohund, ein echter Wolfshund. Er hatte ein graues Fell und war an keinem äußeren Merkmal oder im Temperament von seinem Bruder, dem Wolf, zu unterscheiden. Das Tier war bedrückt von der ungeheuren Kälte. Es spürte, daß dies keine Reisezeit war. Sein Instinkt sprach eine deutlichere Sprache als der Verstand des Mannes. In Wirklichkeit war es nicht bloß kälter als fünfzig Grad unter Null, es war kälter als sechzig, ja als siebzig unter Null. Es war fünfundsiebzig Grad minus. Da der Gefrierpunkt bei zweiunddreißig über Null liegt, bedeutete das, daß einhundertundsieben Grad Frost herrschten. Der Hund wußte nichts von Thermometern. Möglicherweise war in seinem Hirn kein so klares Bewußtsein von strenger Kälte wie im Gehirn des Mannes, aber das Tier hatte Instinkt. Es spürte eine vage Bedrohung, die es beherrschte und den Schritten des Mannes folgen ließ. Daher belauerte das Tier jede ungewöhnliche Bewegung des Mannes, als ob es erwartete, daß er ein Lager aufschlage oder irgendwo Unterschlupf suche und ein Feuer anzünde. Der Hund wußte, was Feuer war, und er wollte entweder Feuer haben oder sich im Schnee eingraben und, vor der Luft geschützt, warm einkuscheln.

Der gefrorene Atemdunst hatte sich als feiner Reif auf seinem Fell festgesetzt. Vor allem Backenpartie, Maul und Augenwimpern waren durch seinen kristallklaren Atem weiß bestäubt. Der rote Bart und Schnurrbart des Mannes waren noch stärker mit Frost überzogen, und es hatte sich eine Eisschicht gebildet, die mit jedem warmen, feuchten Ausatmen zunahm. Auch kaute der Mann Tabak, und das eisige Mundstück hielt seine Lippen so starr zusammen, daß er sein Kinn nicht säubern konnte, wenn er den Saft ausspuckte. So kam es, daß ein bernsteinfarbiger Eisbart am Kinn herabwuchs. Wenn er hinfiel, so würde er wie Glas zersplittern. Doch das Anhängsel störte ihn nicht. Es war das Entgelt, das hierzulande alle Tabakkauer zahlten, und er hatte schon zwei Kältewellen ausgehalten. Es war damals nicht so kalt wie jetzt gewesen, das wußte er, doch am Alkoholthermometer in Sixty Mile hat-

Feuermachen

te er gesehen, daß man damals fünfzig und fünfundfünfzig Grad gemessen hatte.

Er ging mehrere Meilen weiter durch ebenes Waldland, überquerte eine weite Fläche voller Grasbuckel und stieg über eine Uferböschung in ein schmales, zugefrorenes Flußbett hinab. Das war Henderson Creek, und er wußte, daß er noch 16 Kilometer bis zur Weggabelung vor sich hatte. Er schaute auf seine Uhr. Es war zehn Uhr. Er schaffte 6,5 Kilometer in der Stunde, und er rechnete aus, daß er um halb eins die Abzweigung erreichen würde. Er beschloß, dieses Ereignis mit seinem Mittagessen zu feiern.

Der Hund heftete sich wieder an seine Fersen und ließ den Schwanz enttäuscht hängen, als der Mann im Bachbett weiter vordrang. Die Furche des alten Schlittenpfades war deutlich zu sehen, aber Schnee bedeckte zwölf Zoll tief die letzten Schlittenspuren. Seit einem Monat war niemand den lautlosen Bachlauf hinauf oder hinunter gezogen. Der Mann ging stetig weiter. Denken war nicht seine starke Seite. Gerade jetzt dachte er an nichts anderes als an den Imbiß, den er an der Gabelung zu sich nehmen wollte, und daran, daß er um sechs Uhr bei seinen Kameraden im Lager sein würde. Niemand war da, mit dem er sprechen konnte. Wäre jemand da gewesen, so wäre ein Gespräch wegen des eisigen Maulkorbs vor seinem Mund unmöglich gewesen. So kaute er monoton an seinem Tabak weiter und ließ seinen Bernsteinbart wachsen.

Hie und da fiel ihm wieder ein, daß es sehr kalt war und daß er eine derartige Kälte noch nie erlebt hatte. Im Gehen rieb er sich die Backen und seine Nase mit dem Handrücken im Fäustling. Er tat das wie von selbst, ab und zu wechselte er die Hand. Doch soviel er auch rieb, sobald er aufhörte, wurden die Wangen taub, und im nächsten Augenblick war seine Nase gefühllos. Er war sicher, daß er seine Backen erfrieren würde; das war ihm klar, und er bedauerte plötzlich, daß er sich nicht einen Nasenschutz gemacht hatte, wie ihn Bud bei großer Kälte trug. So ein Band reichte auch über die Backen und schützte sie. Aber eigentlich machte das nicht viel aus. Was waren schon erfrorene Backen? Es tat ein bißchen weh, das war alles; ernst war das nicht.

Wenn der Mann auch keine Gedanken im Kopf hatte, so war er doch ein scharfer Beobachter. Ihm fielen die Veränderungen im Bachlauf auf: die Biegungen und Krümmungen und angestauten Baumstämme. Er paßte immer genau auf, wo er seinen Fuß hinsetzte. Wie er einmal um die Biegung kam, scheute er plötzlich wie ein erschrecktes Pferd, machte einen Bogen um die Stelle, wo er gerade gegangen war, und zog sich ein paar Schritte auf dem Pfad zurück. Er wußte, daß der Bach bis auf den Grund gefroren war – kein Fluß konnte in diesem arktischen Winter Wasser führen –, doch wußte er auch, daß es Quellen gab, die von den Hängen sprudelten und zwischen der Schneedecke und dem Flußeis dahinflossen. Er wußte, daß diese Quellen auch in der kältesten Zeit nie zufroren, und wußte auch, wie gefährlich sie waren. Es waren Fallen. Sie verbargen Wasserpfützen unter dem Schnee, die drei Zoll tief, aber auch einen Meter tief sein konnten. Sie waren mitunter nur von einer zentimeterdicken Eisschicht bedeckt, die ihrerseits unter dem Schnee lag. Manchmal wechselten Schnee- und Eisschichten ab, so daß jemand, der einbrach, eine ganze Weile weiter durchbrach und sich oft bis zur Hüfte durchnäßte.

Daher war er so erschrocken zurückgeprallt. Er hatte das Eis unter sich nachgeben fühlen und die unter dem Schnee verborgene Eisschicht knacken hören. Seine Füße bei solchen Temperaturen zu durchnässen bedeutete Verdruß und Gefahr. Zumindest würde es ihn aufhalten, denn er müßte stehenbleiben, ein Feuer entzünden und unter seinem Schutz die Füße entblößen, während die Socken und Schuhe trockneten. Er stand, prüfte das Flußbett und seine Ufer und kam zu dem Schluß, daß das Wasser von rechts floß. Er überlegte eine Weile, rieb sich Nase und Backen, machte einen Bogen nach links, trat vorsichtig auf und prüfte den Grund vor jedem Schritt. Als er die gefährliche Stelle passiert hatte, biß er ein frisches Stück Tabak ab und schlug wieder sein früheres 6,5-Kilometer-Tempo an.

Feuermachen

Im Laufe der nächsten zwei Stunden stieß er auf eine Anzahl ähnlicher Fallen. Gewöhnlich sah der Schnee über den versteckten Pfützen eingefallen und glasig aus und ließ die Gefahr erkennen. Trotzdem entging er ihr auch ein zweites Mal nur knapp. Als er wieder Gefahr witterte, zwang er den Hund, vorauszugehen. Der Hund wollte nicht. Er blieb zurück und lief erst, als der Mann ihn vorwärts trieb, rasch über die weiße, unberührte Fläche. Plötzlich brach er ein, tappte nach einer Seite und erreichte festeren Grund. Seine Vorder- und Hinterbeine waren naß. Fast augenblicklich erstarrte das Wasser darauf zu Eis. Der Hund machte sich schnell daran, das Eis von seinen Pfoten zu lecken, ließ sich dann in den Schnee fallen und biß das Eis, das sich zwischen den Zehen festgesetzt hatte, heraus. Es war ein instinktiver Vorgang. Das Eis dran zu lassen würde wunde Pfoten bedeuten. Der Hund wußte das nicht. Er gehorchte nur einer geheimnisvollen Forderung, die sich aus den Tiefen seines Wesens erhob. Aber der Mann wußte es, der sich ein Urteil darüber gebildet hatte. Er zog seinen rechten Handschuh aus und half ihm beim Herausreißen der Eisstücke. Er entblößte seine Finger nur eine Minute und war überrascht, wie schnell die Taubheit zupackte. Es war wirklich kalt. Er schlüpfte hastig in den Fäustling und schlug sich mit der Hand kräftig über die Brust.

Um zwölf Uhr war der Tag am hellsten. Doch stand die Sonne auf ihrer Winterreise zu weit südlich, um am Horizont zu erscheinen. Die Erdmasse schob sich zwischen die Sonne und Henderson Creek, durch den der Mann unter einem klaren Mittagshimmel dahinzog, ohne einen Schatten zu werfen. Pünktlich auf die Minute erreichte er um halb eins die Gabelung des Bachtales. Er war mit seinem Marschtempo zufrieden. Wenn er es weiter beibehielt, würde er sicher um sechs bei den Kameraden eintreffen. Er knöpfte seine Jacke und sein Hemd auf und zog seinen Proviant heraus. Der Vorgang dauerte nicht mehr als eine Viertelminute, und trotzdem packte die Taubheit in diesem kurzen Augenblick seine bloßen Finger. Er zog seinen Handschuh nicht an, sondern schlug die

Finger ein dutzendmal hart gegen sein Bein. Dann setzte er sich auf einem schneebedeckten Baumstamm zum Essen hin. Das Prickeln in den Fingern, das den Schlägen folgte, hörte so rasch auf, daß er stutzte. Er war noch nicht zu einem einzigen Bissen Brot gekommen. Er schlug die Finger noch ein paarmal warm und steckte sie wieder in den Handschuh, während er die andere Hand zum Essen hervorzog. Er versuchte ein Stück abzubeißen, doch hinderte ihn der Maulkorb aus Eis. Er hatte nicht daran gedacht, Feuer zu machen und sich aufzuwärmen. Er gluckste leise über seine Dummheit und bemerkte beim Glucksen, wie das taube Gefühl in die bloßen Finger kroch. Er bemerkte auch, daß das Stechen, das er zuerst beim Hinsetzen in den Zehen gespürt hatte, schon abflaute. Er fragte sich, ob die Zehen warm oder taub seien. Er bewegte sie in den Mokassins und kam zu dem Schluß, sie seien taub.

Hastig zog er den Handschuh an und stand auf. Er war ein wenig erschrocken. Er stapfte auf und ab, bis das Stechen wieder in die Füße zurückkam. Wirklich, es war kalt, dachte er. Der Mann am Sulphur Creek hatte recht gehabt mit dem, was er über die Kälte hierzulande sagte. Damals hatte er über ihn gelacht! Das zeigte, daß man sich seiner Sache nicht zu sicher sein durfte. Kein Zweifel, es war kalt. Er schritt auf und ab, stampfte mit den Füßen, schwang die Arme, bis die Wärme wiederkehrte und ihn beruhigte. Dann zog er Streichhölzer heraus und machte sich ans Feueranzünden. Das Brennholz holte er aus dem Gebüsch, wo das Hochwasser im letzten Frühling eine Menge dürrer Zweige abgelagert hatte. Sorgfältig schürte er die kleine Flamme und hatte bald ein prasselndes Feuer, über dem er das Eis vom Gesicht abtaute und in dessen Schutz er sein Brot aß. Für den Augenblick war die Kälte aus dem Weltraum überlistet. Der Hund war zufrieden mit dem Feuer und streckte sich aus, nah genug, um sich zu wärmen – weit genug entfernt, um sich nicht zu versengen.

Zum Abschluß stopfte sich der Mann seine Pfeife und ließ sich gemütlich Zeit zum Rauchen. Dann zog er seine Handschuhe an, rückte die Ohrenklappen seiner Mütze fest über die Ohren und

Feuermachen

schlug den Weg ein, der den linken Bachlauf hinaufführte. Der Hund war enttäuscht und wollte zum Feuer zurück. Dieser Mann hatte von Kälte keine Ahnung. Vielleicht hatte seit Generationen niemand unter seinen Vorfahren die Kälte gekannt, die wahre Kälte, die Kälte bei einhundertundsieben Grad unter dem Gefrierpunkt. Aber der Hund kannte sie; alle seine Vorfahren kannten sie, und er hatte ihr Wissen geerbt. Auch wußte er, daß es nicht gut war, in solch furchtbarer Kälte hinauszugehen. Dies war die Zeit, behaglich in einem Schneeloch zu liegen und abzuwarten, bis Wolken den Weltraum verhängten, aus dem diese Kälte kam. Nun bestand allerdings keine enge Beziehung zwischen Hund und Mann. Der eine war der Arbeitssklave des anderen, und die einzigen Liebkosungen, die er je zu spüren bekommen hatte, waren Peitschenhiebe und kehlige Drohungen, die sie ankündigten. Der Hund bemühte sich also nicht, dem Mann seine Besorgnis mitzuteilen. Es lag ihm nichts am Wohlergehen des Mannes; um seiner selbst willen sehnte er sich ans Feuer zurück. Der Mann pfiff, wie Peitschenhiebe tönte seine Stimme, und der Hund heftete sich an seine Fersen und folgte ihm.

Der Mann nahm ein Stück Kautabak und ließ einen neuen Bernsteinbart wachsen. Sein feuchter Atem bestäubte schnell Schnurrbart, Augenbrauen und Wimpern. Im linken Flußlauf des Henderson schien es nicht so viele Quellen zu geben, und eine halbe Stunde lang bemerkte der Mann keine Warnzeichen. Und dann geschah es. An einer Stelle, wo nichts darauf hinwies, wo der weiche, ununterbrochene Schnee festen Untergrund anzuzeigen schien, brach der Mann ein. Tief war es nicht. Seine Beine wurden bis zur Wade naß, ehe er sich hastig auf festen Grund vorarbeiten konnte.

Zorn packte ihn. Er fluchte laut über sein Mißgeschick. Er hatte gehofft, um sechs Uhr bei seinen Kumpeln im Lager zu sein, doch dies würde ihn eine Stunde kosten, denn er mußte ein Feuer entfachen und sein Schuhwerk trocknen. Das war bei dieser tiefen Temperatur unerläßlich – soviel war ihm klar. Er kletterte seitlich die Böschung hinauf. Oben fand sich, verfangen im Unterholz und an den Stämmen einiger kleiner Fichten, ein Haufen dürres Feuerholz noch vom Hochwasser her. Hauptsächlich Stecken und Zweige, aber auch größere Stücke von trockenen Ästen und gutes dürres Gras vom letzten Jahr. Er warf ein paar große Brocken auf den Schnee. Das diente als Grundlage und verhinderte, daß der Schnee schmolz und die kleine Flamme darin ertrank. Er zog ein Stück Birkenrinde aus der Tasche, hielt ein Streichholz daran und bekam so eine Flamme. Die Rinde entzündete sich noch schneller als Papier. Er legte sie auf die Unterlage, nährte das Flämmchen mit dürren Grasbüscheln und mit winzigen trockenen Zweigen.

Er ging langsam und sorgfältig zu Werk, die Gefährlichkeit seiner Lage deutlich vor Augen. Als die Flamme kräftiger wurde, legte er nach und nach größere Zweige auf. Er kauerte im Schnee, zog die Zweige aus dem struppigen Buschwerk und führte sie gleich der Flamme zu. Er wußte, daß er keinen Fehler machen durfte. Wenn es fünfundsiebzig Grad unter Null hat, darf der erste Versuch, ein Feuer zu entfachen, nicht fehlschlagen – besonders, wenn einer nasse Füße hat. Wenn es jemand mißlingt, der trockene Füße hat, so kann er einen Kilometer den Weg entlangrennen und so den Kreislauf wieder anregen. Doch die Durchblutung in nassen und frierenden Füßen kann durch Laufen nicht in Gang gebracht werden, wenn 75 Grad minus herrschen. Gleichgültig, wie schnell man läuft, nasse Füße erfrieren rascher.

All das wußte der Mann. Der Veteran am Sulphur Creek hatte ihm letztes Frühjahr davon erzählt, und jetzt schätzte er den Rat. Schon waren seine Füße ganz gefühllos. Zum Feuermachen hatte er seine Fäustlinge ausziehen müssen, und seine Finger waren schnell taub geworden. Solange er 6,5 Kilometer in der Stunde zurücklegte, hatte sein Herz das Blut an die Körperoberfläche und in alle Gliedmaßen gepumpt. Doch kaum stand er still, ließ die Pumpleistung nach. Weltraumkälte traf die ungeschützte Spitze des Planeten, und er, der sich auf dieser ungeschützten Stelle befand, bekam die volle Härte des Schlags zu spüren. Das Blut im Körper zog sich davor zurück. Das Blut war lebendig wie der

Feuermachen 303

Hund, und wie der Hund suchte es einen Schlupfwinkel und wollte sich vor der fürchterlichen Kälte verbergen. Solange er 6,5 Kilometer in der Stunde marschierte, trieb er das Blut, ob es wollte oder nicht, an die Oberfläche. Doch nun verebbte es und sank hinunter in die Körperhöhlen. Die Glieder merkten zuerst, daß es fehlte. Seine nassen Füße erfroren noch schneller, und seine bloßen Finger wurden taub, obwohl sie noch nicht am Erfrieren waren. Aber Nase und Backen waren schon am Erfrieren. Mit dem Zurückweichen des Blutes zog sich die Haut am ganzen Körper vor Kälte zusammen.

Und doch war er in Sicherheit. Zehen und Nase und Backen würden vom Frost nur gestreift werden, denn das Feuer loderte jetzt kräftig auf. Er fütterte es mit fingerdicken Zweigen. In einer Minute könnte er es schon mit armstarken Ästen füttern, und dann könnte er sein nasses Schuhwerk ausziehen, und während es trocknete, seine bloßen Füße am Feuer warmhalten. Natürlich würde er sie vorher mit Schnee abreiben. Das Feuer war ein Erfolg. Er war sicher. Er erinnerte sich an den Rat, den ihm der Veteran vom Sulphur Creek gegeben hatte, und grinste. Der Veteran hatte ganz ernsthaft das Gesetz aufgestellt, daß bei einer Kälte von mehr als fünfzig Grad minus kein Mensch allein im Klondike unterwegs sein dürfe. Nun, hier war er; der Unfall war ihm zugestoßen; er war allein; und er hatte sich selbst geholfen. Diese alten Männer waren doch recht weibisch, jedenfalls manche, dachte er. Ein Mann mußte nur einen klaren Kopf behalten, und es geschah ihm nichts. Jeder, der ein rechter Mann war, konnte allein reisen. Doch blieb es überraschend, wie schnell seine Backen und seine Nase einfroren. Auch hatte er sich nicht vorgestellt, daß seine Finger in solch kurzer Zeit absterben würden. Und sie waren abgestorben, denn er konnte sie kaum gemeinsam bewegen, um einen Zweig zu greifen, und es kam ihm vor, als seien sie getrennt von seinem Körper und ihm selbst. Immer, wenn er einen Zweig berührte, mußte er nachsehen, ob er ihn wirklich in der Hand hielt. Die Verbindung zwischen ihm und seinen Fingern war ziemlich gestört.

All das zählte wenig. Hier war das Feuer, knackte und knisterte, und jede zuckende Flamme versprach Leben. Er machte sich ans Aufknüpfen seiner Mokassins. Sie waren eisverkrustet; die dicken deutschen Socken umhüllten seine Beine bis zur Wade wie Eisenröhren, und die Schuhbänder waren hart wie Stahlstangen, die ein Brand gekrümmt und gebogen hatte. Einen Augenblick zog er daran mit tauben Fingern, dann sah er seine Dummheit ein und zog sein Messer aus der Scheide.

Doch ehe er die Bänder kappen konnte, geschah es. Es war sein eigenes Verschulden, oder besser sein Fehler. Er hätte das Feuer nicht unter der Tanne legen sollen. Doch es war einfacher gewesen, die Zweige aus dem Gebüsch zu ziehen und sie gleich aufs Feuer zu werfen. Nun trug der Baum, unter dem er so zu Werke gegangen war, eine Schneelast auf seinen Zweigen. Seit Wochen war es windstill gewesen, und jeder Ast war voll beladen. Jedesmal, wenn er einen Zweig hervorzog, hatte er den Baum leicht in Unruhe versetzt – eine unmerkliche Bewegung zwar, jedenfalls was ihn anging, aber doch ausreichend, um das Unglück zu verursachen. Hoch oben im Baum kippte ein Ast seine Schneelast herunter. Sie fiel auf die Zweige darunter und ließ sie umschlagen. Der Vorgang setzte sich fort, breitete sich aus und erfaßte den ganzen Baum. Die Schneelast wuchs zur Lawine an und stürzte ohne Warnung auf den Mann und das Feuer, und das Feuer verlöschte! Wo es gebrannt hatte, lag jetzt ein frischer, wirrer Schneehaufen.

Der Mann war wie erschlagen. Ihm war, als habe er gerade sein eigenes Todesurteil gehört. Einen Augenblick lang saß er da und starrte auf den Fleck, wo das Feuer gebrannt hatte. Dann wurde er sehr ruhig. Vielleicht hatte der Alte vom Sulphur Creek recht. Hätte er nur einen Weggenossen gehabt, so wäre er jetzt nicht in Gefahr. Sein Gefährte hätte das Feuer anzünden können. Gut, dann mußte er eben selbst das Feuer wieder anzünden, und beim zweiten Mal durfte er nicht scheitern. Selbst wenn es ihm gelang, würde er höchstwahrscheinlich ein paar Zehen verlieren. Seine Füße

Feuermachen

waren jetzt wohl schon schlimm erfroren, und es würde eine Zeitlang dauern, bis das zweite Feuer brannte.

Solche Gedanken kamen ihm, doch setzte er sich nicht hin, um sie zu Ende zu denken. Er war rastlos bei der Arbeit, während sie ihm durch den Kopf schossen. Er bereitete einen neuen Feuerplatz vor, diesmal im Freien, wo kein trügerischer Baum es löschen konnte. Als nächstes sammelte er trockene Gräser und winzige Zweiglein aus dem Schwemmgut. Er konnte die Finger nicht soweit schließen, um sie einzeln herauszuziehen, aber war imstande, sie mit der ganzen Hand zu sammeln. Auf diese Weise kamen ihm viele morsche Zweige und grüne Moosbüschel unter, die er nicht brauchen konnte, doch besser ging es nicht. Er arbeitete methodisch und trug sogar einen Armvoll größerer Äste für später zusammen, wenn das Feuer stärker würde. Unterdessen saß der Hund da und beobachtete ihn, in den Augen eine Art wehmütige Sehnsucht, denn er sah den Mann als Feuerspender an, und das Feuer ließ lang auf sich warten.

Als alles vorbereitet war, suchte der Mann in seiner Tasche nach einem neuen Stück Birkenrinde. Er wußte, daß die Rinde da war. Er konnte sie zwar mit den Fingern nicht tasten, hörte aber das dürre Rascheln, während er nach ihr griff. Sosehr er sich bemühte, er bekam sie nicht zu fassen. Und die ganze Zeit über war er sich bewußt, daß mit jedem Augenblick seine Füße weiter erfroren. Dieser Gedanke stürzte ihn fast in Panik, doch kämpfte er sie nieder und blieb ruhig. Mit den Zähnen zog er seine Fäustlinge über, warf die Arme vor und zurück und schlug die Hände mit aller Kraft gegen seinen Körper. Er versuchte das im Sitzen und im Stehen. Der Hund saß unterdessen im Schnee, seinen buschigen Wolfsschwanz wärmend über seine Vorderpfoten gelegt, seine scharfen Wolfsohren aufmerksam gespitzt, während er den Mann beobachtete. Wie er so mit seinen Armen und Händen um sich schlug und klopfte, fühlte der Mann den Neid auf die Kreatur mächtig in sich aufsteigen, die warm und sicher in ihren natürlichen Pelz gehüllt war.

Nach einiger Zeit spürte er die ersten fernen Anzeichen, daß durch das Schlagen die Empfindung in seine Finger zurückkehrte. Das schwache Prickeln wurde stärker, bis es sich zu einem stechenden Schmerz steigerte. So peinigend er war, registrierte ihn der Mann doch zufrieden. Er streifte den Fäustling von der rechten Hand und zog die Birkenrinde hervor. Rasch ertaubten die entblößten Finger wieder. Dann holte er sein Bündel Schwefelhölzer heraus. Doch die fürchterliche Kälte hatte das Leben schon aus den Fingern vertrieben. Als er versuchte, ein Zündholz von den anderen zu trennen, fiel das ganze Bündel in den Schnee. Er wollte es aus dem Schnee klauben, es ging nicht. Die erstorbenen Finger konnten weder berühren noch greifen. Er war sehr vorsichtig. Er vergaß seine erfrierenden Füße, Nase, Backen und richtete seine ganze Aufmerksamkeit auf die Zündhölzer. Er sah genau hin, setzte seine Augen an die Stelle des Tastsinns, und sobald er seine Finger zu beiden Seiten des Bündels wahrnahm, schloß er sie – besser gesagt, er wollte es, aber die Verbindungsdrähte waren gekappt, und die Finger gehorchten nicht. Er zog den rechten Handschuh wieder an und schlug ihn heftig gegen sein Knie. Dann hob er das Bündel Zündhölzer und eine Menge Schnee dazu mit beiden Handschuhen auf seinen Schoß. Aber das half ihm nichts.

Nach einigem Hin und Her gelang es ihm mit Handschuhen, das Bündel zwischen die Handgelenke zu klemmen. Auf diese Weise hob er es zum Mund. Das Eis knackte und zerbröckelte, als er mit gewaltsamer Anstrengung den Mund öffnete. Er schob den Unterkiefer zurück, zog die Oberlippe ein und kratzte mit den oberen Zähnen am Bündel, um ein Zündholz abzutrennen. Es gelang ihm, und er ließ es in seinen Schoß fallen. Das half ihm nichts. Er konnte es nicht aufheben. Dann fiel ihm etwas ein. Er nahm es mit den Zähnen auf und rieb es am Bein. Er rieb zwanzigmal, bis es aufflammte. Als es brannte, hielt er es mit den Zähnen an die Birkenrinde. Doch der brennende Schwefel stieg ihm in die Nase und die Lunge und ließ ihn krampfhaft husten. Das Zündholz fiel in den Schnee und ging aus.

Feuermachen

Der alte Mann vom Sulphur Creek hatte recht, dachte er in dem Augenblick unterdrückter Verzweiflung, der folgte: wenn es unter fünfzig minus hatte, sollte man nur mit Begleitung reisen. Er schlug seine Hände, doch es regte sich kein Gefühl. Plötzlich entblößte er beide Hände, zog die Handschuhe mit den Zähnen herunter. Er klemmte das Bündel zwischen die Handgelenke. Seine Armmuskeln waren nicht erfroren, und es gelang ihm, die Handgelenke fest gegen die Zündhölzer zu pressen. Dann rieb er das Bündel am Bein entlang. Es flammte auf, siebzig Schwefelhölzer auf einmal! Kein Wind blies sie aus. Er bog den Kopf zur Seite, um den beißenden Dämpfen zu entgehen und hielt das lodernde Bündel an die Birkenrinde. Beim Halten spürte er etwas in seiner Hand. Sein Fleisch brannte an. Er roch es. Tief unter der Oberfläche spürte er es. Die Empfindung wuchs zum schneidenden Schmerz an, doch er ertrug ihn, hielt die brennenden Zündhölzer ungeschickt an die Rinde, die sich nicht gleich entzündete, weil seine eigenen versengten Hände im Weg waren und die meiste Wärme aufnahmen.

Als er es schließlich nicht länger aushielt, riß er die Hände auseinander. Die brennenden Hölzer fielen zischend in den Schnee, doch die Birkenrinde hatte Feuer gefangen. Er legte nach und nach trockenes Gras und winzige Zweige auf die Flamme. Er konnte sie nicht sorgfältig aussuchen, denn er mußte den Nachschub mit den Handgelenken aufheben. Kleine modrige Holzstücke und grünes Moos hingen in den Zweigen, er zog sie mit den Zähnen heraus, so gut er konnte. Er unterhielt die Flamme sorgfältig und umständlich. Sie bedeutete Leben, und sie durfte nicht erlöschen. Die Körperoberfläche wurde allmählich so blutleer, daß ihn ein Zittern überkam und er immer ungelenker wurde. Ein großes Stück grünes Moos fiel mitten auf das kleine Feuer. Er versuchte es mit den Fingern wegzustoßen, doch weil er am ganzen Leibe zitterte, stieß er es zu weit weg und zerstörte den Kern des kleinen Feuers; das angebrannte Gras und die winzigen Zweige fielen auseinander. Er versuchte sie wieder zusammenzuscharren, doch obwohl er alle

Kräfte anspannte, übermannte ihn das Zittern, und die Zweige wurden hoffnungslos zerstreut. Aus jedem Zweig stieg ein bißchen Rauch auf, dann erlosch er. Der Feuerspender hatte versagt. Wie er so stumpf um sich blickte, fielen seine Augen auf den Hund, der ihm hinter den Resten des Feuers im Schnee gegenüber saß, sich unruhig zusammenkrümmte, abwechselnd die eine und die andere Vorderpfote leicht hob und sein Gewicht auf ihnen vor- und zurückverlagerte, als sei er gespannt und nachdenklich zugleich.

Beim Anblick des Hundes stieg ein wilder Plan in ihm auf. Er entsann sich der Geschichte eines Mannes, der in einen Schneesturm geraten war, aber einen Stier getötet hatte und in den Kadaver gekrochen war, und so davonkam. Er würde den Hund umbringen und seine Hände in den warmen Körper vergraben, bis die Taubheit verschwand. Dann könnte er ein neues Feuer machen. Er sprach zu dem Hund, rief ihn zu sich, doch in seiner Stimme schwang ein seltsamer, ängstlicher Unterton, der das Tier scheu machte, weil es den Mann noch nie hatte so sprechen hören. Etwas stimmte nicht, und seine mißtrauische Natur witterte Gefahr – er wußte nicht, welche, doch irgendwo, irgendwie warnte ihn sein Instinkt vor diesem Mann. Er legte seine Ohren an, als er die Stimme des Mannes hörte. Das unruhige Kauern, das Hin und Her der Vorderpfoten verstärkte sich; doch er kam nicht näher. Der Mann kroch auf Händen und Füßen dem Hund entgegen. Diese ungewöhnliche Haltung erregte neuen Verdacht, und das Tier schlich sich scheu davon.

Der Mann setzte sich einen Augenblick im Schnee auf und suchte seine Fassung wiederzugewinnen. Dann zog er mit den Zähnen seine Handschuhe an und stellte sich auf die Füße. Zuerst schaute er hinunter, um sich zu vergewissern, daß er wirklich stand, denn seine gefühllosen Füße vermittelten keinen Kontakt zum Boden. Schon seine aufrechte Haltung beschwichtigte allmählich das Mißtrauen, das der Hund hegte; und als er ihn barsch anredete, seine Stimme wie Peitschenhiebe knallen ließ, leistete ihm der Hund wie gewöhnlich Gefolgschaft und kam zu ihm. Als er in

Feuermachen

Reichweite war, konnte sich der Mann nicht länger beherrschen.
Er streckte seine Arme blitzschnell nach dem Hund aus. Von neuem überraschte ihn die Entdeckung, daß seine Hände nicht zupak-
ken konnten und seine Finger starr und gefühllos waren. Er hatte
einen Augenblick vergessen, daß sie erfroren waren und immer
weiter erfroren. All dies vollzog sich rasch, und bevor das Tier entkommen konnte, umschloß er es mit den Armen. Er setzte sich in
den Schnee und hielt so den Hund, der knurrte und jaulte und zap-
pelte.

Doch mehr konnte er nicht tun als dasitzen und den Körper mit
den Armen umschließen. Er merkte, daß er den Hund nicht töten
konnte. Es gab keine Möglichkeit. Mit seinen hilflosen Händen
konnte er das Messer weder aus der Scheide ziehen noch festhalten
oder das Tier erwürgen. Er ließ es frei, es machte einen wilden
Satz, klemmte den Schwanz ein und knurrte weiter. 13 Meter entfernt blieb der Hund stehen und sah ihn neugierig an, die Ohren
steil aufgestellt.

Der Mann blickte auf seine Hände herab, um herauszufinden,
wo sie waren, und stellte fest, daß sie am Ende seiner Arme hingen.
Es kam ihm merkwürdig vor, daß man die Augen benutzen mußte,
um seine Hände zu finden. Er schwang seine Arme wieder vor und
zurück und schlug die behandschuhten Hände gegen seine Seiten.
Er tat das kräftig fünf Minuten lang, und sein Herz pumpte genug
Blut an die Oberfläche, um das Zittern zu beenden. Aber Gefühl
kehrte nicht in die Hände zurück. Es kam ihm vor, als hingen sie
wie Gewichte an seinen Armen, doch als er den Eindruck nachprü-
fen wollte, gelang es nicht.

Eine Art Todesfurcht, stumpf und bedrückend, kam über ihn.
Diese Furcht spitzte sich rasch zu, als ihm klar wurde, daß es nicht
allein darum ging, Finger und Zehen zu erfrieren oder Hände und
Füße zu verlieren, sondern um Leben und Tod; und es stand nicht
gut für ihn. Dadurch geriet er in Panik, kehrte um und rannte das
Bachbett hinauf, den alten, schwach erkennbaren Pfad entlang.
Der Hund lief ihm nach und hielt Schritt. Er rannte blindlings,

ohne Ziel, getrieben von einer Angst, wie er sie noch nie im Leben gekannt hatte. Als er sich so stolpernd durch den Schnee vorarbeitete, begann er die Umwelt langsam wieder wahrzunehmen – die Bachufer, das alte Schwemmholz, die kahlen Espen und den Himmel. Durchs Laufen ging es ihm besser. Er zitterte nicht mehr. Vielleicht würden seine Füße auftauen, wenn er weiterrannte; überhaupt, wenn er weit genug rannte, würde er das Lager und die Kameraden erreichen. Ohne Zweifel würde er ein paar Finger und Zehen und einen Teil seines Gesichtes verlieren; doch die Jungens würden ihn versorgen, wenn er hinkäme, und das, was von ihm übrig war, retten. Gleichzeitig kam ihm ein zweiter Gedanke: daß er das Lager und seine Kameraden nie erreichen würde, daß es zu viele Kilometer entfernt lag, daß der Frost schon zu tief in ihm steckte, daß er bald steif und tot sein würde. Er verdrängte dies und weigerte sich, darüber nachzudenken. Manchmal schob sich der Gedanke vor und verlangte Gehör, doch er verwarf ihn und versuchte, an etwas anderes zu denken.

Es überraschte ihn, daß er überhaupt mit seinen Füßen laufen konnte, die so erfroren waren, daß er nicht spürte, wenn sie den Boden berührten und seinen Körper trugen. Ihm schien es, als gleite er an der Oberfläche entlang, ohne die Erde zu berühren. Irgendwo hatte er einmal einen geflügelten Merkur gesehen, und er fragte sich, ob Merkur dasselbe empfand, wenn er über die Erde glitt.

Sein Plan, so lange zu laufen, bis er die Kameraden und das Lager erreichte, hatte einen schwachen Punkt: Es fehlte ihm an Ausdauer. Ein paarmal stolperte er, schließlich taumelte er, brach zusammen und fiel. Er wollte aufstehen, doch es gelang ihm nicht. Er mußte im Sitzen ausruhen, beschloß er; das nächste Mal wollte er nur gehen, in einem fort weitergehen. Wie er so dasaß und Atem schöpfte, merkte er, daß er sich ganz warm und behaglich fühlte. Er fröstelte nicht, und es schien ihm sogar, als dränge Wärme in seinen Körper ein. Doch als er Nase und Backen berührte, spürte er nichts. Sie würden durchs Laufen nicht auftauen, auch Hände

Feuermachen

und Füße nicht. Dann kam ihm die Idee, daß der Frost immer tiefer in seinen Körper eindringen würde. Er versuchte, diesen Gedanken zu unterdrücken, zu vergessen und an etwas anderes zu denken; er merkte, daß er ein Gefühl der Panik hervorrief, und er hatte Angst vor der Panik. Doch der Gedanke setzte sich fest, blieb hartnäckig da, bis er das Bild seines völlig erfrorenen Körpers heraufbeschwor. Das war zuviel, und er nahm seinen wilden Lauf den Pfad entlang wieder auf. Einmal verlangsamte er seinen Schritt, doch als er daran dachte, daß der Frost sich ausbreitete, fing er wieder an zu laufen.

Und immer rannte der Hund mit ihm, blieb ihm auf den Fersen. Als der Mann zum zweitenmal stürzte, rollte der Hund seinen Schwanz über den Vorderpfoten zusammen und setzte sich ihm gegenüber und schaute ihn an, seltsam neugierig und gespannt. Die Wärme und Sicherheit des Tieres ärgerten ihn, und er beschimpfte es, bis es beschwichtigend seine Ohren anlegte. Diesmal fiel das Zittern schneller über den Mann her. Er verlor allmählich im Kampf mit dem Frost, der von allen Seiten in seinen Körper eindrang. Der Gedanke daran trieb ihn weiter, doch war er nicht mehr als 35 Meter gerannt, als er strauchelte und der Länge nach hinschlug. Das war der letzte Schock. Als er wieder ruhig atmete und zu sich gekommen war, setzte er sich auf und erwog die Möglichkeit, dem Tod mit Würde zu begegnen. Freilich faßte er diesen Gedanken nicht bewußt. Er dachte sich nur, daß er sich töricht benommen hatte, indem er wie ein geköpftes Huhn herumgerannt war – dieser Vergleich fiel ihm ein. Gut, wenn er schon erfrieren mußte, konnte er es auch mit Anstand tun. Mit diesem neuen Seelenfrieden flackerte zum erstenmal Schläfrigkeit auf. Gute Idee, dachte er, in den Tod hinüberzuschlafen. Als ob man ein betäubendes Mittel nähme. Erfrieren war nicht so schlimm, wie alle glaubten. Es gab Todesarten, die waren weit schlimmer.

Er stellte sich vor, wie die Jungens morgen seine Leiche finden würden. Auf einmal fand er sich selbst unter ihnen, wie er den Weg entlangkam, um sich selbst zu suchen. Zusammen mit ihnen kam er um eine Wegbiegung und fand sich selbst im Schnee. Er hatte nichts mehr mit sich zu schaffen, sondern stand da mit den Kameraden und betrachtete sich im Schnee. Es war wirklich kalt, dachte er. Wenn er in die Staaten zurückkehrte, würde er seinen Leuten erzählen, was richtige Kälte war. Er ließ sich in Gedanken weitertreiben zu dem Veteranen am Sulphur Creek. Ganz deutlich sah er ihn, warm und behaglich und eine Pfeife rauchen.

»Du hast recht gehabt, alter Freund, du hast recht gehabt«, murmelte der Mann dem Veteranen vom Sulphur Creek zu.

Dann dämmerte der Mann in einen Schlaf hinüber, der ihm behaglicher und angenehmer als je einer zuvor erschien. Der Hund saß ihm gegenüber und wartete. Der kurze Tag ging zu Ende im langen, trägen Zwielicht. Es sah nicht aus, als würde Feuer gemacht, und noch nie hatte der Hund erlebt, daß ein Mann so lange im Schnee saß, ohne Feuer zu machen. Als die Dämmerung zunahm, wurde das Bedürfnis nach Feuer übermächtig, der Hund hob die Vorderpfoten, trat von einer auf die andere, jaulte leise, legte dann seine Ohren an, denn gleich mußte der Mann ihn schelten. Doch der Mann blieb still. Später heulte der Hund laut auf. Noch später kroch er nah an den Mann heran und witterte den Tod. Das Tier sträubte sich und wich zurück. Noch eine Weile zögerte es, heulte unter den Sternen, die sprangen und tanzten und klar am kalten Himmel glänzten. Dann drehte sich der Hund um und trottete den Pfad weiter auf das Lager zu; dort, wußte er, waren die anderen, die für Futter und Feuer sorgten.

Algernon Blackwood
Die Weiden

Einige der gängigen Vorstellungen von Wildnis erscheinen ziemlich zahm: die Wildnis als Ort, um zu sich selbst zu finden und irgendwie zu gesunden. In dieser Geschichte erinnert Algernon Blackwood (1869-1951) daran, daß die Wildnis nicht nur die Macht hat, unseren Verstand zu schärfen oder zu heilen, sondern auch, ihn zu bedrohen. Der Weg zur Klarheit ist in der Wildnis kurz – genauso kurz wie der Weg zur Umnachtung.

Stromabwärts von Wien, aber noch lang vor Budapest, durchzieht die Donau ein weites Gebiet aus nichts als Verlassenheit und Ödnis, darin das Hauptbett des Stromes sich verliert in unzählige, nach allen Richtungen sich teilende Nebenarme und das angrenzende Land auf viele Kilometer hinaus ein einziger Morast ist, überwuchert von einem unübersehbaren Meer krüppeliger Weidenbüsche. Auf den großen Landkarten ist jener weltverlorene Landstrich in einem schummrigen Blau wiedergegeben, einem Blau, das gegen das trockene Land hin verblaßt und in weitspationierten Lettern die Bezeichnung *Sümpfe* trägt.

Zu Zeiten des Hochwassers ist diese riesige Fläche aus Schwemmsand, abgelagertem Schotter und weidenbestandenen Inseln fast zur Gänze überflutet. Ist aber das Wasser auf seinen normalen Stand gesunken, so biegen und wiegen die Büsche sich raschelnd im grenzenlosen Wind der Ebene, und das silbrige Schimmern ihrer im Sonnenlicht windwärts hingestrichenen Zweige wandelt die in immerwährendem Wogen befindliche, weite Fläche zu einem Meer von bestürzender Schönheit. Niemals aber erlangen jene Weiden die Würde von Bäumen: Sie haben keinen festen Stamm und bleiben bescheidenes Buschwerk mit gerundeten Häuptern und sanften Konturen. Ihre schlanken, biegsamen Zweige gehorchen dem zartesten Druck und beginnen schon im leisesten Lufthauch zu schwanken, nicht minder sanft und unermüdlich als das Gras, so daß dies hinwogende Geschwanke uns mit einem Mal glauben macht, die gesamte Ebene sei in Bewegung, nein, *lebe.* Denn unablässig durchwellt ja der Wind die weithin sich breitende Fläche, als wären's nicht Wellen aus Weidengezweig, sondern Wogen aus Wasser, herantreibend in tiefgrünem Schwall wie das Meer, und vorüber in weißlichem Schäumen, sobald erst die niedergebogenen Zweige ihre silbrige Seite sonnenwärts kehren.

Die Fluten der Donau aber, als wären sie erleichtert, endlich dem Zwang der unverrückbaren Ufer entronnen zu sein, nehmen hier ihren eigenen Lauf, verlieren sich im Labyrinth der Kanäle, das mit seinem verzweigten Geäder die aufgeschütteten Inseln allerorten durchschneidet in breiten Straßen, darin die Wasser mit Getöse dahinschießen: Wirbel bildend und Strudel, ja schäumende Stromschnellen, den sandigen Strand unterwaschend, Stücke Ufers mit ganzen Weidengruppen mit sich reißend und unzählige neue Inseln aufschüttend, Inseln, die mit jedem Tag Gestalt und Größe ändern und so im wahrsten Sinn ein wechselvolles Dasein führen bis zu dem Zeitpunkt, da sie unter den abermals steigenden Fluten spurlos verschwinden.

Genaugenommen beginnt dieser so bestrickend verwirrende Abschnitt im Leben des Stromes nicht lange, nachdem er Preßburg hinter sich gelassen, und wir, in unserem Kanadierzweier, ausgerüstet mit Bratpfanne und Zweimannzelt, erreichten jenes Gebiet bei höchstem Wasserstand um die Mitte des Juli. Noch in aller Frühe des nämlichen Tages, im Osten zeigte sich die erste Morgenröte, hatten wir in rascher Fahrt das noch in tiefem Schlaf liegende Wien hinter uns gelassen, und wenige Stunden danach war es nur noch ein rauchiger Fleck am Himmel, vor den

Die Weiden

am Horizont verblauenden Höhenzügen des Wienerwaldes. Stromabwärts von Fischamend hatten wir am Rande eines im Wald rauschenden Birkenwäldchens gefrühstückt und waren dann in der reißenden Strömung vorbei an Orth getrieben, vorbei an Petronell (mit den Resten des römischen Carnuntum aus Marc Aurels Zeiten) und Hainburg, und schließlich auch an den finster herniederblickenden Thebener Höhen, jenen westlichsten Ausläufern der Karpaten, wo sich zur Linken die March so unauffällig in die Donau stiehlt und die Grenze zwischen Österreich und Ungarn verläuft.

Unser zügiges Tempo – wir machten immerhin zwölf Kilometer pro Stunde – trug uns rasch nach Ungarn hinein. Die schlammigen Fluten – dies untrügliche Anzeichen von Hochwasser – ließen uns auf so manche Schotterbank auflaufen und wirbelten unser Boot in den überraschend auftretenden Strudeln wie einen Korken herum, noch ehe die Türme von Preßburg (dem ungarischen Poszóny) sich stromabwärts vorm Himmel zeigten. Bald aber schoß unser Kanu, sich bäumend wie ein feuriges Pferd, mit Höchstgeschwindigkeit an den grauen Ufermauern vorbei, kam sicher über die quer durch den Strom hängende Kette der Brückenfähre hinweg, beschrieb dann eine scharfe Linkswendung und stieß mit gelblich aufschäumender Bugwelle mitten hinein in die Wildnis aus Inseln, Sandbänken und den dahinter sich erstreckenden Sümpfen – hinein in das einsame, unermeßliche Reich der Weiden.

Der Wechsel vollzog sich so plötzlich, als hätten die Reihenbilder eines Bioskops vom Leben und Treiben in den Straßen einer Stadt ohne jeden Übergang gewechselt zu einer Szenerie aus Wäldern und Seen. Wie auf Flügeln wurden wir hinübergetragen in das Land der Verlassenheit, und keine halbe Stunde später war da nicht Boot noch Fischerhütte mehr zu sehen, kein fernes Dach, ja nicht einmal das kleinste Anzeichen von menschlicher Wohnstatt oder Arbeit. Dies Gefühl vollkommener Weltabgeschiedenheit und letzten Einsamseins, diese Bestrickung durch eine so befremdliche Landschaft aus nichts als Weiden, Wind und Wasser – sie übte unverzüglich ihren Zauber auf uns beide, daß wir einander halb scherzhaft eingestanden, man müßte von Rechts wegen einen eigens ausgestellten Passierschein besitzen, um hier aufgenommen zu werden, und dürfte nicht, wie wir es getan, in aller Dreistigkeit und ohne um Erlaubnis zu fragen, in ein so verschlossenes Reich des Zaubers und der Wunder eindringen, das nur jenen vorbehalten war, die ein Recht darauf hatten, und wo allerorten die Verbotstafeln errichtet waren, freilich nur sichtbar für jene, die über genug Phantasie verfügten, dieser ungeschriebenen Warnungen innezuwerden.

Obgleich es noch früh am Nachmittag war, hatten uns die pausenlosen Stöße eines recht stürmischen Windes müde gemacht, so daß wir schon jetzt begannen, nach einem passenden Nachtlagerplatz Ausschau zu halten. Aber die trügerische Beschaffenheit der Inseln machte das Landen schwierig. Zwar trugen die wirbelnden Fluten uns uferwärts, doch schwemmten sie uns im letzten Moment wieder ins offene Wasser zurück. Die Weidenzweige aber, sobald wir sie ergriffen, um das Boot zum Stillstand zu bringen, rissen uns die Hände wund, und wir zerrten so manchen Meter sandigen Ufers mit uns ins Wasser, bevor wir schließlich doch noch mit Hilfe eines mächtigen Seitenwinds aus dem Bereich der Strömung gerieten und es zuwege brachten, das Boot inmitten einer schäumenden Gischtwolke an Land zu ziehen. Dann, nach all der Anstrengung, lagen wir keuchend und lachend auf dem heißen, gelben Sandboden, endlich im Windschatten, jedoch in der prallen Hitze einer sengenden Sonne, zu Häupten einen wolkenlosen Himmel und rings im Umkreis ein unüberschaubares Heer von im Winde tanzenden, rauschenden Weidenbüschen, die von allen Seiten heranzurücken und in weißlichem Aufschäumen wie mit abertausend kleinen Händen dem schließlichen Erfolg unserer Anstrengung Beifall zu klatschen schienen.

»Was für ein Strom!« sagte ich zu meinem Gefährten, während ich an die riesige Wegstrecke dachte, die wir von den Quellen im Schwarzwald bis hierher zurückgelegt hatten, und daran, wie oft wir in den ersten Junitagen gezwungen gewesen, das Boot in den seichten Gewässern des Oberlaufs watend vor uns herzuschieben.

»Jetzt, bei Hochwasser, versteht der keinen Spaß«, gab er zurück, zog das Boot ein wenig weiter auf den festen Grund und rollte sich dann zusammen, um ein Schläfchen zu tun.

Ich lag neben ihm, in sorgloser Zufriedenheit das Bad der Elemente auskostend – dies Elixier aus Wasser und Wind, aus Sand und flirrender Sonnenhitze –, und überdachte noch einmal die lange Reise, welche nun hinter uns lag, gedachte auch der großen Wegstrecke, die uns noch immer vom Schwarzen Meer trennte, und war im übrigen glücklich, in meinem schwedischen Freund einen so angenehmen und verläßlichen Begleiter gefunden zu haben.

Wir hatten schon viele ähnliche Flußfahrten hinter uns, doch mehr als alle mir bekannten Ströme hatte die Donau von Anfang an uns durch eine stets wechselnde *Lebendigkeit* beeindruckt. Von ihrem winzigen, rieselnden Zutagetreten inmitten der fichtenumstandenen Einfassung von Donaueschingen bis zum gegenwärtigen Augenblick, da der ziehende Strom in aller Verspieltheit eines mächtigen Gewässers sich in der Einsamkeit dieser Sümpfe zu verlieren begann, ungehemmt und von niemandem beobachtet, hatte es uns geschienen, als folgten wir dem Heranwachsen eines lebenden Geschöpfes. Mehr schlafend als wachend zunächst, doch im weiteren Verlauf immer mehr sich der eigenen Tiefen bewußt und deshalb immer eigenwilliger, immer heftiger werdend, wälzte der zum Strom gewordene Fluß sich gleich einem ungeheuern Lebewesen durch all die Länder, welche wir hinter uns gelassen – hatte er unser kleines Boot auf seinem mächtigen Rücken bis hierher getragen, ihm so manchen derben Streich dabei gespielt, so daß wir auf die Dauer nicht umhingekonnt, ihn für eine große Persönlichkeit anzusehen.

Wahrhaftig, wie hätte es auch anders kommen können, da seine Fluten uns so viel von ihrem verborgenen Leben erzählt hatten? Nachts im Zelt hörten wir sie unterm Monde singen, mit jenem sonderbaren, zischenden, nur ihnen eigentümlichen Laut, von dem gesagt wird, er rühre von dem ununterbrochen am Grunde des Flusses sich voranschiebenden Geröll her, so unwiderstehlich ist die Gewalt dieser Strömung. Und auch das Geräusch ihrer gurgelnden Strudel, jener so plötzlich aufkochenden Wirbel an Stellen, die vorher ganz glatt und harmlos geschienen, es war uns nicht minder vertraut denn das Sausen der Untiefen und der reißenden Stromschnellen, nicht minder auch als das beständige Grollen des Grunds unter allen Geräuschen der Oberfläche, und das unablässige, ziehende Waschen der eisigen Wasser am Ufergestein. Wie standen diese Fluten auf und schrien, sobald erst der Regen auf sie niederprasselte! Und wie schallend schwoll ihr Gelächter, wenn der Wind stromauf blies, ihrer wachsenden Schnelligkeit zu gebieten! Jawohl, wir kannten jetzt all diese Laute und Stimmen: jenes schäumende Sichüberstürzen, die aufspritzende Vergeblichkeit des Anrennens gegen die Pfeiler der Brücken, das plätschernde, nahezu betretene Verstummen im Angesicht ragender Berge, die affektierte Würde des Dahingleitens, die sich viel zu ernst nahm, als daß sie über die Ortschaften hätte lachen mögen, an denen die Fluten vorüberzogen, und all das zarte, sanfte Geflüster an den ruhigeren Strombiegungen, auf deren spiegelnde Glätte die Sonne herniederbrannte, bis der Dunst sich in Schleiern vom Wasser hob.

Aber auch in seinen Anfängen, noch bevor er in die eigentliche Welt eintrat, steckte dieser Strom voll Überraschungen. Da gab es Stellen im Oberlauf, inmitten der schwäbischen Wälder, wo noch nichts auf seine spätere Bestimmung hinwies, und an denen er plötzlich in der Erde verschwand, um jenseits der wasserdurchlässigen Kalkberge wiederaufzutauchen unter anderem Namen als ein neuer Fluß, dabei in seinem alten Bett so wenig Wasser weiterführend, daß wir gezwungen waren, aus dem Boot zu klettern und es watend kilometerweit über die seichten Stellen zu bugsieren!

Und eine der Hauptvergnügungen solcher ersten, noch niemandem verantwortlichen Jugend bestand darin, sich schmal zu machen, bevor die kleinen, schäumend aus den Alpen kommenden

Die Weiden

Nebenflüsse sich in ihn ergossen, und diese Vereinigung nicht anzuerkennen, sondern kilometerlang Seite an Seite mit ihnen dahinzufließen unter peinlichster Beobachtung der trennenden Linie, ja sogar mit anderem Wasserstand, dergestalt sich aufs hartnäckigste weigernd, den Neuankömmling auch nur zur Kenntnis zu nehmen. Indes, unterhalb von Passau ließ er diese sonderbaren Launen sein, denn dort bricht der Inn mit so donnernder, unabweislicher Gewalt in das neue Bett, dort setzt er dem Hauptstrom so drängend zu, daß in der folgenden, gewundenen Talenge kaum Platz zu sein scheint für beide, und ihre Fluten, bald rechts gegen die Felsen geschleudert, gezwungen sind, in schäumender Eile ihre gurgelnden und schwappenden Wassermassen voranzuwälzen. Und unser sich dahinkämpfendes Kanu hatte, hinauf- und hinuntergerissen in diesem beständigen Ringen, seine große Stunde inmitten solchen Wildwasserstromes. Doch hatte der Inn seinem Widersacher eine Lektion erteilt, so daß dieser alle hinter Passau einmündenden Flüsse willig in sich aufnahm.

Das alles lag natürlich schon viele Tage zurück, und in der Zwischenzeit hatten wir weitere Eigenheiten des großen Stromes kennengelernt. Durch die weizenbestandenen Ebenen der Straubinger Gegend floß er so langsam dahin unter der sengenden Junisonne, daß es nur geringer Anstrengung bedurfte, sich vorzustellen, man triebe auf einer bloß spannenhohen Wasserfläche, während gleich darunter, von einem seidenen Mantel verhüllt, ein Gewoge aus Wassernixen geräuschlos und unsichtbar dem Meer entgegenzöge, in aller Gemächlichkeit, auf daß sie von oben nur ja nicht entdeckt würden

Vieles verziehen wir diesem sich ständig wandelnden Strome auch um seiner Freundlichkeit willen, die er den Vögeln und Tieren entgegenbrachte, welche an seinen Ufern hausten. Reihenweise säumten die Kormorane an einsamen Plätzen die Ufer, kurzen, schwarzen Zaunpfählen vergleichbar, und Schwärme grauer Krähen bevölkerten die Schotterbänke. Fischend standen Störche im flachen Gewässer der zwischen den Inseln sich unsern Blicken öffnenden Buchten, und Falken, Schwäne sowie Sumpfvögel aller erdenklichen Arten kreisten auf schimmernden Schwingen und mit gereiztem, weithin hallendem Schrei in der Luft. Unmöglich, angesichts der immer neuen Aspekte, die dieser Strom uns wies, auch nur eine Spur von Langeweile zu empfinden, gar dann, wenn etwa gegen Abend ein Reh mit seinem Sprung das Wasser aufspritzen machte und knapp vor dem Bug unser Fahrwasser kreuzte. Oft auch gewahrten wir Jungtiere, die aus dem schützenden Unterholz zu uns herüberäugten, oder wir blickten geradewegs in die braunen Augen eines Hirsches, wie wir da im zügigsten Tempo eine Landzunge umrundeten und uns plötzlich einer völlig neuen Uferlandschaft gegenübersahen. Auch Füchse schnürten immer wieder am Wasser entlang, zwängten sich geschmeidig durch das Verhau aus angeschwemmtem Astwerk und waren so plötzlich verschwunden, daß man ihren Bewegungen gar nicht zu folgen vermochte.

Nun aber, da Preßburg hinter uns lag, hatte ein Wandel sich vollzogen, und der Strom war zusehends ernster geworden. Er hatte alles Spielerische zurückgelassen, jetzt, da er schon auf halbem Wege zum Schwarzen Meer war, beinahe schon im Bereich des Duftes anderer, befremdlicher Länder, wo keinerlei Launen mehr verfangen würden. Fast hatte es den Anschein, als wär er plötzlich erwachsen geworden und erheischte nun unsren Respekt, ja unsere scheue Ehrfurcht. Zunächst einmal schien er sich verdreifachen zu wollen, teilte sich in drei Arme, die erst wieder hundert Kilometer stromabwärts zusammenflossen, und da gab es nun keinerlei Hinweise für ein treibendes Kanu, welchem dieser drei Wasserläufe es zu folgen hätte.

»Wenn Sie in einen Seitenarm geraten«, hatte der ungarische Beamte gesagt, als wir in Preßburg unsere Vorräte ergänzten, »dann kann es Ihnen passieren, daß Sie sich, sobald das Hochwasser zurückgegangen ist, plötzlich auf dem Trockenen finden, fünfzig Kilometer von jeder Ansiedlung entfernt und mit nichts als dem Hungertod vor Augen. Lassen Sie sich's gesagt sein, und fahren Sie

Die Weiden

nicht weiter! Außerdem, der Fluß steigt noch immer, und auch dieser Wind wird noch stärker werden.«

Daß der Fluß noch weiter steigen würde, beunruhigte uns noch am wenigsten, aber die Möglichkeit, bei plötzlichem Fallen des Wassers hoch oben auf dem Trockenen zu sitzen, erschien uns recht bedrohlich. So hatten wir uns denn im Hinblick auf solchen Zwischenfall mit zusätzlichen Vorräten versehen. Im übrigen sollte der Beamte mit seiner Voraussage recht behalten, denn der Wind, welcher aus einem glasklaren Himmel blies und blies, nahm beständig zu und wuchs sich aus zu einem steifen West, der beinahe schon ein Sturm zu nennen war.

Wir hatten unser Lager früher als sonst aufgeschlagen, denn die Sonne stand noch recht hoch am Himmel und würde erst in etwa zwei Stunden unterm Horizont verschwinden. So ließ ich meinen Freund auf dem heißen Sandstrand weiterschlafen und machte mich daran, unsern Rastplatz einem ersten Augenschein zu unterziehen. Die Insel, so stellte ich fest, umfaßte nicht einmal ein halbes Hektar Landes und war weiter nichts als eine Sandbank, die knapp einen Meter über den Wasserspiegel ragte. Ihr oberes, gegen Sonnenuntergang weisendes Ende war ganz bedeckt von der weißlichen Gischt, die der gewaltige Wind von den schäumenden Kämmen der an der Landspitze sich brechenden Wellen ans Ufer blies. Insgesamt hatte unsre Sandbank die Form eines langezogenen Dreiecks, dessen schlanke Spitze stromaufwärts gerichtet war.

Mehrere Minuten verharrte ich regungslos und sah den ungestümen, von der Sonne geröteten Fluten zu, wie sie mit Getöse heranschossen und mit ihren Wogen die sandigen Ufer überschwemmten, als wollten sie in einem einzigen Schwung hinwegwaschen, was sich ihnen da in den Weg stellte, um hernach in zwei schäumenden Strömen an beiden Seiten vorüberzuwirbeln. Der Boden schien zu erzittern unter so heftigem Ansturm, während das Furioso der windgepeitschten Weidensträucher den merkwürdigen Eindruck verstärkte, die Insel bewege sich stromaufwärts. Zwei, drei Kilometer weiter oben konnte ich den Strom in seiner ganzen Breite auf mich zukommen sehen: es war, als blickte man einen ins Gleiten geratenen Hang hinauf, der sich in weißlichem Aufschäumen beständig nach der Sonne emporzuschnellen schien.

Die ganze übrige Insel war viel zu dicht von Weiden überwuchert, als daß ein Rundgang sonderlich erholsam gewesen wäre, allein, ich unternahm ihn dessenungeachtet. Am unteren Ende waren die Lichtverhältnisse naturgemäß ganz anders, und die Fluten boten von hier aus einen düsteren, ja zornmütigen Anblick. Nur die Kämme der dahineilenden Wogen waren zu sehen, wie sie da mit Schaumstreifen bedeckt dahinzogen und durch die gewaltigen, hinterrücks einfallenden Windstöße noch rascher vorangetrieben wurden. Doch war der Strom nur noch auf Kilometerlänge zu überblicken, wie er da zwischen den Inseln verschwand und wieder hervorschoß, um gleich darauf in einer gewaltigen Kehre zwischen den Weiden zu verschwinden, welche sich gleich einer Herde monströser, vorsintflutlicher Wesen darüberdrängten, um ihren Durst zu löschen. Unwillkürlich mußte ich an irgendwelche riesenharte Schwammtiere denken, die nun dort unten die Wassermassen in sich einsaugten. In so überwältigender Masse drängten sie sich aneinander, daß nur sie dies plötzliche Verschwinden bewirkt haben konnten.

In all der äußeren Verlassenheit und bizarren Suggestionskraft beeindruckte die Szene mich aufs tiefste, und wie ich so stand und lange Zeit gespannt hinüberstarrte, stieg mit einem Mal ein sonderbares Gefühl in mir auf. In mein Entzücken angesichts so urtümlicher Schönheit mischte sich, völlig ungerufen und unerklärlich, eine kriechende, befremdliche Unruhe, ja beinahe Furcht.

Die steigenden Fluten eines Flusses haben ja stets etwas Bedrohliches an sich: Viele der Inseln und Inselchen vor meinen Augen mochten schon mit dem nächsten Morgen fortgeschwemmt sein, und die so unwiderstehlich dahindonnernde Wasserflut mußte in jedwedem Beschauer unweigerlich Furcht heraufrufen. Darüber hinaus aber war mir bewußt, daß mein Unbehagen einem sehr viel

Die Weiden

tieferen Grunde entsprang, keineswegs diesem aus Angst und Verwunderung gemischten Gefühl, das mich ja gar nicht so sehr bewegte. Auch war's nicht die Gewalt des peitschenden Windes, dieses heulenden Orkans, der von einem Moment auf den andern ein paar Hektar weidenbestandenen Grundes verwüsten und in die Lüfte schleudern mochte, um sie wie Spreu weithin über das Land zu verstreuen. Dieser Wind blies ja einfach um seiner selbst willen, denn da war nichts, was aus so flach hingebreiteter Landschaft sich erhoben hätte, um ihn aufzuhalten, und auch ich gab mich ganz bewußt und in lustvoller Erregung dem gewaltigen Spiel der Elemente anheim. So hatte dies neuerwachte Unruhegefühl auch mit dem Wind nichts zu schaffen. Tatsächlich war ja das Mißbehagen, welches ich da empfand, so unbestimmt, daß es mir schlechterdings nicht möglich war, zu seinem Ursprung vorzudringen und auf diese Weise damit fertig zu werden, obgleich ich mir durchaus im klaren war, daß es irgendwie zusammenhing mit meinem Erfassen unserer völligen Bedeutungslosigkeit im Angesicht der rings um mich entfesselten Naturgewalten. Auch der ungeheuerlich angeschwollene Strom hatte mit meiner Unruhe zu tun – weckte den vagen, unbehaglichen Gedanken, wir hätten mit der Macht der Elemente gespielt und seien nun Tag und Nacht ohne jede Hilfe in deren Gewalt gegeben. Denn an diesem einsamen Ort wirkten sie im Übermaß zusammen, und solcher Anblick mußte ja die Phantasie beflügeln.

Dennoch, soviel ich zu erkennen vermochte, schienen meine Empfindungen weit stärker von den Weidenbüschen beeinflußt, von dieser riesigen Fläche aus Weiden und Weiden, dicht zusammengeschart, so weit das Auge reichte; herandrängend gegen den Fluß, als wären sie willens, ihn zu ersticken, aufgereiht in dichter Schlachtordnung bis an den Rand des Himmels – wachend und wartend und horchend.

Ganz abgesehen von dem Wüten der Elemente, trugen diese Weiden nahezu unmerklich zu meiner Malaise bei, griffen in aller Heimtücke und einzig vermöge ihrer ungeheuerlichen Zahl das

Gemüt an und brachten es auf die eine oder andere Weise zuwege, in mir das Gefühl zu wecken, wir hätten es hier mit einer neuen, mächtigen Kraft zu tun, mit einer Macht, die uns durchaus nicht nur freundlich gegenüberstand.

Die großen Offenbarungen der Natur verfehlen ja niemals, ihren Eindruck auf uns zu üben, und namentlich mir waren solche Stimmungen nicht fremd. Berge hatten für mich stets etwas Überwältigendes, der Ozean erschreckte mich jedesmal aufs neue, wogegen das Geheimnisvolle unermeßlicher Wälder einen ganz eigenen Zauber auf mich übte. All diese Empfindungen aber hängen in dem oder jenem Punkte mit dem menschlichen Leben und seinen Erfahrungen zusammen, und wenn sie uns gleich beunruhigen, so tun sie's doch auf verständliche Weise, kurz, sie tendieren nun einmal zur Exaltation.

Ganz anders hingegen, ich fühlte es, verhielt sich's mit diesem gewaltigen Einschließungsring aus nichts als Weiden. Etwas Tiefbedrohliches ging von ihnen aus und legte sich schwer auf das Herz. Etwas Ehrfurchtgebietendes, gewiß, doch war solche Ehrfurcht irgendwo durchsetzt von unwägbarer Angst. Diese Mauer aus Reihen und Reihen von Weiden, die ringsum immer dunkler wurden, je tiefer die Schatten herabsanken, dies Furioso aus dennoch sanftem Gewoge, es weckte in mir das kuriose und unbehagliche Gefühl, daß wir mit unserem Eindringen die Grenzen der Menschenwelt überschritten hatten, daß wir hier Fremdlinge waren in einer Welt, die uns weder gerufen hatte, noch willens war, uns zu dulden – in einer Welt, darin wir so mancher Gefahren gewärtig sein mußten!

Solche Empfindungen hatten indes zu jenem Zeitpunkt für mich noch nichts sonderlich Bedrohendes, obschon sie auch weiterhin jeder Erklärung entzogen blieben. Dennoch verursachten sie mir eine beständig nagende Unruhe, auch während des durchaus handfesten Geschäfts, in einem orkanartigen Wind das Zelt aufzustellen und ein Feuer für unseren Kochtopf zu entfachen. Sie waren gerade noch stark genug, mich unsicher zu machen und zu irritie-

Die Weiden

325

ren, ja einem überaus reizvollen Lagerplatz ein Gutteil seiner Gemütlichkeit zu nehmen. Ich ließ aber meinem Gefährten gegenüber nichts davon verlauten, da ich ihn für einen völlig phantasielosen Menschen hielt. Auch hätte ich niemals die Worte gefunden, meine vagen Befürchtungen auszudrücken, und hätte ich ihm gesagt, was ich meinte, hätte der andere ja doch nur verständnislos darüber gelacht.

Inmitten der Insel gab es eine kleine Mulde, und hier hatten wir unser Zelt aufgeschlagen. Die Weiden rundum hielten uns ein wenig den Wind vom Leibe.

»Der Platz kann mir gestohlen bleiben«, warf der unerschütterliche Schwede hin, als wir das Zelt so weit hatten, daß es überhaupt stand. »Kein einziger Stein, kein trockenes Feuerholz. Morgen früh hauen wir von hier ab, meinst du nicht auch? In dem Schwemmsand hält doch rein gar nichts!«

Aber die schlechte Erfahrung mit Zelten, die um Mitternacht über den Schläfern zusammenbrechen, hatte uns so manche Vorkehrungen gelehrt, und so verankerten wir diesmal unsere behagliche Zweimannbehausung nach allen Regeln der Kunst und machten uns dann daran, einen Holzvorrat zu sammeln, der bis zur Schlafenszeit reichen sollte. Da aber Weiden kein Fallholz liefern, waren wir einzig auf angeschwemmtes Astwerk angewiesen. So suchten wir den Strand aufs genaueste ab und mußten dabei gewahren, daß die steigenden Fluten allerorten daran waren, große Stücke Ufer von unserer Insel loszureißen und mit aufspritzendem Gurgeln zu verschlingen.

»Die Insel ist jetzt schon viel kleiner als bei unserer Landung«, sagte der unbestechliche Schwede. »Wenn das so weitergeht, ist sie bald weggeschwemmt. Wir sollten das Boot lieber zum Zelt nehmen, damit wir schon drinsitzen, wenn die Kündigung kommt. Ich jedenfalls schlaf heute nacht in den Kleidern.«

Er stapfte in einiger Entfernung von mir den Strand entlang, und ich hörte ihn beim Äußern seiner Befürchtung belustigt auflachen.

»Nun schlägt's aber dreizehn!« rief er schon im nächsten Moment, und ich fuhr herum, um zu sehen, was los sei. Aber vor lauter Weiden konnte ich ihn nicht entdecken.

»Was zum Teufel ist denn *das*?« hörte ich ihn rufen, doch diesmal im Ernst.

Ich machte, daß ich zu ihm kam. Er spähte über den Fluß und zeigte auf etwas, das im Wasser trieb.

»Himmel, das ist doch ein Mensch!« schrie er aufgeregt. »So schau doch!«

Irgend etwas Schwarzes, das von den schäumenden Wogen um und um gedreht wurde, glitt da draußen in raschem Tempo vorüber. Immer wieder verschwand es, um gleich danach aufs neue aufzutauchen. Doch als es, zwei bis drei Bootslängen vom Ufer entfernt, an uns vorbeitrieb, hob es plötzlich den Kopf, spähte um sich und richtete dann den Blick direkt auf uns. Die Augen glühten vom Rot der untergehenden Sonne und spielten plötzlich ins Gelbliche, sobald der Körper sich neuerlich herumwarf. Dann, mit einem raschen, glucksenden Plätschern, tauchte es wie der Blitz und war verschwunden.

»Ein Otter, wahrhaftig!« riefen wir wie aus einem Mund und lachten erleichtert auf.

Jawohl, es war ein Otter, ein ganz lebendiger Otter auf der Jagd. Indes, er hatte dem Leichnam eines hilflos in der Strömung treibenden Toten zum Verwechseln ähnlich gesehen. Erst ziemlich weit unten kam das Vieh noch einmal an die Oberfläche, und wir konnten jetzt sein schwarzes, nasses Fell im Licht der Abendsonne aufglänzen sehen.

Schon waren wir im Begriff, mit einer Ladung Schwemmholz in den Armen zum Zelt zurückzukehren, als ein zweites Ereignis eintrat und uns am Ufer festhielt. Und dieses Mal war es wirklich ein Mensch, ja mehr noch: ein Mann in einem Boot. Nun ist ein kleines Boot auf der Donau ja stets ein ungewöhnlicher Anblick, aber hier, inmitten dieser Einöde und noch dazu bei Hochwasser, kam das so unerwartet, daß es ein wirkliches Ereignis bedeutete. Wir standen, und die Augen wollten uns aus dem Kopf treten.

Die Weiden 327

War es nun das fast waagrecht einfallende Sonnenlicht, oder war's die Spiegelung der in der Abendröte zauberhaft glühenden Fluten – kurz, was auch immer, ich vermochte nicht, diese vorüberfliegende Erscheinung hinlänglich scharf ins Auge zu fassen. Immerhin konnte ich wahrnehmen, daß dort drüben ein Mann aufrecht in einer Art Zille stand und, indem er ein langes Ruder als Steuer benützte, sich mit atemraubender Schnelligkeit längs des jenseitigen Ufers stromab treiben ließ. Offensichtlich blickte er zu uns herüber, doch war die Entfernung zu groß, das Licht schon zu ungewiß, als daß wir seine Absicht mit ausreichender Deutlichkeit erkannt hätten. Doch wollte mir scheinen, als winke er zu uns herüber und sei bestrebt, uns durch Zeichen vor irgend etwas zu warnen. Auch seine aufgeregt rufende Stimme konnten wir noch übers Wasser hören, aber der stürmische Wind machte die Worte unverstandlich. Insgesamt haftete dem Ganzen etwas Befremdliches an – dem Mann wie dem Boot, den Zeichen wie der Stimme –, das mich weit über die Geringfügigkeit solchen Anlasses hinaus in Unruhe versetzte.

»Jetzt bekreuzigt er sich!« rief ich aus. »So schau doch, er macht das Kreuzzeichen!«

»Da kannst du recht haben«, versetzte mein schwedischer Freund, während er mit der Hand die Augen beschattete und dem Manne nachblickte, bis er verschwunden war. Der schien sich plötzlich in Luft aufgelöst zu haben, schien aufgegangen zu sein in jenem Meer aus Weiden, das dort unten an der Strombiegung und im Licht der sinkenden Sonne gleich einer Barriere aus Feuer erstrahlte. Auch stieg jetzt die Feuchtigkeit vom Wasser auf, so daß die Luft voll Dunst hing.

»Aber was, zum Teufel, hat der Kerl hier bei Nacht, Nebel und Hochwasser verloren?« sprach ich halb zu mir selbst. »Wohin mag er um diese Zeit nur unterwegs sein, und was kann er mit seinem Winken und Rufen gemeint haben? Glaubst du, daß er uns vor irgend etwas warnen wollte?«

»Vielleicht hat er den Rauch gesehen und uns für Gespenster gehalten«, sagte mein Kumpel und lachte. »Diese Ungarn glauben doch jeden Blödsinn: denk nur an das Ladenweib in Preßburg, wie sie uns einreden wollte, daß noch nie eine Menschenseele hier an Land gegangen ist, weil dieses Gebiet irgendwelchen übernatürlichen Wesen gehört. Ich vermute, die glauben alle noch an Feen und Elementargeister, vielleicht sogar an Dämonen. Der Bauer in seinem Boot hat zum erstenmal im Leben Menschen auf einer dieser Inseln gesehen«, setzte er gleich darauf hinzu, »und da hat er Angst gekriegt, weiter nichts.«

Allein, es hatte nicht sehr überzeugend geklungen, und auch dem Gehaben meines schwedischen Freundes fehlte etwas von der sonstigen Sicherheit. Ich hatte das schon bei seinen ersten Worten gemerkt, obgleich ich nicht imstande gewesen wäre, es zu präzisieren.

»Wenn sie genug Phantasie hätten«, sagte er, und ich lachte schallend – wie ich ja überhaupt versuchte, möglichst viel Lärm zu machen –, »wenn sie genug Phantasie hätten, so könnten sie einen Ort wie diesen recht gut mit ihren alten Gottheiten bevölkern. Die Römer dürften dieses Gebiet ohnehin im Überfluß mit ihren Altären, heiligen Hainen und Naturgöttern übersät haben.«

Wir ließen den Gegenstand fallen und kehrten zu unserem Kochtopf zurück, denn mein Freund hatte im allgemeinen nichts für Phantastereien übrig. Außerdem, ich erinnere mich nur zu gut, war es mir damals sehr recht, daß er so wenig phantasiebegabt war. Ich empfand sein dem Praktischen zugewandtes, nüchternes Wesen in jenen Augenblicken eher als einen Trost. Was für ein bewundernswerter Mensch, sagte ich mir damals: Er konnte durch Stromschnellen steuern wie eine waschechte Rothaut und verstand es, gefährliche Brücken und Strudel besser zu meistern als irgendein Weißer, den ich je in einem Kanu gesehen hatte. Auf gefahrvollen Fahrten war er ein großartiger Kamerad, ja ein wahrer Turm in der Schlacht, wenn einmal dicke Luft herrschte. So betrachtete ich jetzt sein hartes Gesicht unter dem leicht gewellten Haar, während er unter seiner Treibholzlast (die zweimal so groß

Die Weiden

war wie die meine!) voranstapfte, und verspürte ein Gefühl echter Erleichterung. Ja, ich war damals ganz eindeutig froh darüber, daß der Schwede so war, wie er war, und daß er niemals mehr meinte, als er sagte.

»Der Fluß steigt noch immer«, setzte er wie in Gedanken hinzu und ließ seine Holzlast mit seufzendem Aufatmen fallen. »Wenn das so weitergeht, ist die Insel in zwei Tagen überschwemmt.«

»Mir wär's lieber, dieser *Wind* würde sich legen«, versetzte ich. »Auf das Hochwasser pfeif ich.«

Tatsächlich barg ja das Hochwasser für uns keinerlei Schrecken in sich. Innerhalb von zehn Minuten konnten wir im Boot sitzen, und je höher der Wasserstand war, desto lieber konnte es uns sein, denn das bedeutete eine raschere Strömung und die Ausschaltung jener heimtückischen Schotterbänke, die uns schon oft genug beinahe den Kiel aufgerissen hätten.

Gegen unsere Erwartung ließ der Wind mit Sonnenuntergang nicht nach. Vielmehr schien er mit hereinbrechender Finsternis noch stärker zu werden und strich heulend über unsere Köpfe dahin, die Weiden rundum wie Strohhalme schüttelnd. Sonderbare Laute begleiteten ihn, die wie Geschützdonner hallten, und immer wieder brach's in schweren, flachen Böen über das Wasser und die Insel herein. So mag die Erde durch den Weltraum donnern, könnte man sie nur hören, dachte ich.

Indes, der Himmel blieb sternklar, und bald nach dem Abendessen stieg auch der Vollmond im Osten herauf und überschüttete den Strom und die weite, rauschende Weidenfläche mit nahezu taghellem Licht.

Wir lagen rauchend in unserer Sandmulde, ganz nahe am Feuer, lauschten den Stimmen der Nacht rings um uns und unterhielten uns in aller Sorglosigkeit über die Fahrt, die schon hinter uns lag, und über unsere Zukunftspläne. Die Karte lag ausgebreitet im Zelteingang, aber der stürmische Wind machte das Kartenlesen fast unmöglich, und so zogen wir jetzt die Zeltbahn vor und löschten die Sturmlaterne. Der Schein des Feuers war durchaus hinreichend, um dabei rauchen und einander anblicken zu können, und die Funken stoben wie ein Feuerwerk in die Nacht hinaus. Ein paar Schritte weiter drüben gurgelten und zischten die Wassermassen, und von Zeit zu Zeit verriet uns ein schwerer, klatschender Fall, daß ein weiteres Uferstück in die reißenden Fluten gestürzt war.

Es fiel mir auf, daß unser Gespräch sich nur um weit zurückliegende Vorfälle und die Beschaffenheiten unsrer ersten Lagerplätze im Schwarzwald drehte, oder aber um andere Dinge, soweit sie nicht mit unserer gegenwärtigen Situation zu tun hatten. Über sie verlor keiner von uns ein unnötiges Wort, ganz als wären wir stillschweigend übereingekommen, jeder Erörterung dieses Camps und der damit verbundenen Umstände aus dem Wege zu gehen. Weder der Fischotter noch auch der Mann in dem Boot wurden eines Wortes gewürdigt, obschon sie im Normalfall genug Gesprächsstoff für den Rest des Abends geliefert hätten. Ihr Erscheinen inmitten solcher Verlassenheit war ja ein hinlänglich bedeutsames Ereignis gewesen.

Der Mangel an Brennholz machte den Unterhalt des Feuers zum Problem. Der Wind verlieh ja den Flammen weit mehr Zug als sonst und blies uns, wie auch immer wir uns setzen mochten, beständig den Rauch ins Gesicht. So machten wir uns abwechselnd daran, in aller Finsternis auf Holzsuche zu gehen. Indes, so oft der Schwede einen weiteren Armvoll herbeigeschleppt brachte, wollte mir scheinen, er habe im Vergleich dazu unverhältnismäßig lange gebraucht. Nun verhielt es sich so, daß es mir zwar nichts ausmachte, allein gelassen zu werden, daß ich aber dennoch das Gefühl hatte, es sei fortwährend an mir, sich auf der Suche nach weiterem Feuerholz mit den Büschen herumzuschlagen oder im Mondlicht das glitschige Ufer entlangzutappen. Da uns aber der tagelange Kampf gegen Wind und Wasser – und noch dazu solchen Wind und solches Wasser! – hundemüde gemacht hatte, war es so gut wie beschlossen, daß wir uns früh aufs Ohr legen würden. Dennoch traf keiner von uns irgendwelche Anstalten dazu, sondern wir lagen nur weiterhin da, schürten das Feuer, ließen ab und zu ein paar Worte verlauten und spähten im übrigen in das uns umzingelnde Dickicht aus Weidenbüschen oder horchten hinaus in das donnernde Getöse von Wasser und Wind. Die Verlassenheit dieses Ortes, nun hatte sie schon bis in die Knochen Besitz von uns ergriffen, und so schien es das Natürlichste von der Welt, zu schweigen, weil ja noch unser leisestes Reden gezwungen und unwirklich klang. Ich hatte das Gefühl, in dieser Umgebung sei nur der Flüsterton die angemessene Form der Unterhaltung, ja es hafte jedem lauten Wort inmitten all des Aufruhrs der Elemente etwas Ungehöriges, Unerlaubtes an, so als hätte man sich in einer Kirche lärmend unterhalten oder an sonst einem Ort, wo es nicht gestattet, ja vielleicht nicht einmal ratsam ist, sich allzusehr bemerkbar zu machen.

Das Unheimliche des einsamen Platzes, dieses von Hunderttausenden Weiden eingekreisten Flecken Landes, über den der Sturmwind hinbrauste und an dessen Ufern die schäumenden Fluten vorüberschossen, hatte jeden von uns gepackt. Noch nie zuvor von menschlichem Fuß betreten, ja nahezu unentdeckt, so lag die Insel unterm Mond, allem menschlichen Einfluß entzogen und an der Grenze zu einer andern, fremden Welt – einer Welt, welche bloß von Weiden und von den Seelen der Weiden bewohnt war. Und wir, in unsrer Unbesonnenheit, hatten gewagt, hier einzudringen, ja mehr noch: uns häuslich niederzulassen! So war's denn auch mehr als das bloße Geheimnis solchen Ortes, was mich mit Bangnis erfüllte, während ich so dalag, die Füße zum Feuer und den spähenden Blick auf die durch das Laubwerk funkelnden Sterne gerichtet. Schließlich erhob ich mich, um noch ein letztes Mal nach Brennholz zu suchen.

»Wenn auch diese Ladung verbraucht ist«, sagte ich entschlossen, »dann geh ich endgültig in die Klappe.« Träge blickte mein Gefährte mir nach, bis die rings uns umdrohenden Schatten mich verschluckt hatten.

Für einen phantasielosen Menschen war er, so schien es mir, an jenem Abend ungewöhnlich empfänglich und allem, was über das sinnlich Wahrnehmbare hinausging, auf eine besondere Weise aufgeschlossen. Auch auf ihn hatten ja die Schönheit und Einsamkeit dieses Platzes ihre Wirkung geübt. Indes, ich entsinne mich, daß mir solcher Wandel in der Gestimmtheit meines Gefährten gar nicht so sehr willkommen war. So arbeitete ich mich, anstatt sogleich mit dem Holzsammeln zu beginnen, bis ans untere Ende unserer Insel fort, von wo sich ein vorteilhafterer Blick auf die im Mondlicht hingebreitete Landschaft aus Wasser und Weiden bot. Ganz plötzlich hatte mich der Wunsch nach Alleinsein überkommen, und meine frühere Bangnis meldete sich nun mit Macht. Irgend etwas war in mir erwacht, und ich wünschte, es ins Auge zu fassen und auf die Probe zu stellen.

Sobald ich den äußersten Punkt der ins brausende Wasser vorspringenden Landzunge erreicht hatte, sank der Zauber solchen Ortes mit einem veritablen Schock auf mich herab. Keine »Landschaft« im üblichen Sinn hätte dergleichen jemals bewirken können. Nein, hier steckte schon etwas mehr dahinter – etwas, das mich zu Recht in Unruhe versetzte.

Ich spähte über diese Wüstenei aus dahinschäumendem Wasser; beobachtete die im Winde zischelnden Weiden; horchte in das unablässige Peitschen des Windes hinaus. Und all dies zusammengenommen, weckte in mir das Gefühl einer befremdlichen Gefahr. Aber vor allem waren es die Weiden: Unaufhörlich ging's zwischen ihnen her und hin wie ein raunendes Flüstern, zuweilen untermischt von Gelächter, zuweilen auch von einem schrillen Aufschrei oder von seufzendem Stöhnen. Doch wovon auch immer sie so viel Aufhebens machten – es war ein Teil von dem geheimen Leben dieses flachen Lands, darin sie zu Hause waren. Und solches Leben, es war meiner eigenen Welt im Innersten nicht minder fremd wie jener andern der tobenden und im Grunde doch so gutartigen Elemente. Unwillkürlich mußte ich an ein Heer fremder Wesen denken, beheimatet in einer andern Dimension, vielleicht auch zugehörig einer unbekannten Entwicklungsstufe. Und das

Die Weiden

beredete sich nun über einem Geheimnis, welches einzig und allein ihnen bekannt war. Ich sah, wie sie sich geschäftig zueinander neigten, aufs sonderbarste ihre großen, buschigen Häupter schüttelnd und ununterbrochen flatternd mit all den Myriaden von Blättern, auch dann noch, wenn der Wind sich vorübergehend gelegt hatte. Jawohl, sie regten sich aus eigener Kraft, aus eigenem Willen, schienen zu leben weit über ihr pflanzenhaftes Dasein hinaus und rührten damit auf unwägbare Weise an meine für alles Grauenvolle geschärften Sinne.

Da standen sie nun im Mondlicht, umzingelten als ein unermeßlicher Heerbann unser Lager und schüttelten herausfordernd ihre unzähligen Lanzen, bereit, uns anzugreifen.

Das seelische Moment, welches, zumindest in Augenblicken lebhafter Einbildung, von manchen Orten ausgeht, ist überaus suggestiv. Besonders für den, der im Freien kampiert, haben gewisse Lagerplätze von vornherein ihre »persönliche Note«: Sie heißen den Ankömmling entweder willkommen, oder sie stoßen ihn ab. Das mag zunächst gar nicht so sehr in Erscheinung treten, weil ja all die Handgriffe des Zeltbaus und Abkochens nichts anderes neben sich aufkommen lassen. Aber sobald die erste Ruhe eintritt – meist nach dem Abendbrot –, kommt es ungerufen und steht plötzlich da. Ganz ähnlich offenbarte sich jetzt auch mir das Wesen unseres Nachtlagers inmitten der Weiden auf unmißverständliche Weise: Wir waren Eindringlinge, Störenfriede; man wünschte nicht, uns hier zu sehen. Und das Gefühl solcher Fremdheit wuchs mehr und mehr, je länger ich da auf meinem Posten stand. Wir hatten die Grenzen einer Region durchbrochen, darin man unsre Gegenwart nicht dulden mochte, es wäre denn für eine einzige Nacht. Aber für die Dauer eines längeren, noch dazu mit solcher Neugierde verbundenen Aufenthaltes – nein! Bei allen Göttern der Bäume und der Wildnis, nein! Wir waren die ersten Menschen, welche diese Insel betreten hatten, und waren unerwünscht. *Die Weiden waren gegen uns!*

Solche und ähnlich sonderbare, bizarre Gedankengänge und

Phantastereien waren es, die, ich weiß nicht welchen Ursprungs, sich in meinem Hirn einnisteten, während ich hier stand und lauschte. Wie, so ging's mir durch den Sinn, wenn diese kriechenden Gespensterweiden sich in Wahrheit als lebendig erwiesen? Wie, wenn sie mit einem Mal sich erhöben gleich einem ungeheuren Schwarm lebender Geschöpfe, unterm Kommando jener Gottheiten, deren ureigenstes Gebiet wir betreten hatten, und wenn sie auf uns zuschössen aus dem Hinterhalt der ungeheuern Sumpfregionen, sich hinauf in die Nacht schwängen – und danach *über uns herfielen*? Und während ich noch stand und hinüberstarrte, war's mir nachgerade schon, als bewegten sie sich *wirklich* – als kröchen sie näher – zögen sich um ein kleines zurück – drängten sich in dichten Scharen zusammen, in feindseligen Heerhaufen, die nur noch auf den einen, gewaltigen Windstoß lauerten, darin sie allesamt sich auf uns zu stürzen gedachten. Ich hätte schwören mögen, daß ihr Aussehen sich kaum merklich gewandelt hatte, daß ihre Reihen immer tiefer sich staffelten, immer enger aneinanderrückten.

Der klagende Schrei eines Nachtvogels durchgellte über mir die Luft, und plötzlich verlor ich fast das Gleichgewicht, denn ein Stück Boden, auf dem ich stand, war von der Strömung unterwaschen worden und stürzte nun mit gewaltigem Aufklatschen in den ziehenden Strom. Ich hatte eben noch rechtzeitig zurückspringen können und machte mich nun ernstlich daran, einen Armvoll Brennholz zu ergattern, innerlich fast schon lachend ob der verqueren Gedanken, die meinen Geist befallen und in ihren Bann geschlagen hatten. Die Äußerung des Schweden hinsichtlich unseres morgigen Aufbruchs fiel mir wieder ein, und ich war eben dabei, ihr aus ganzem Herzen zuzustimmen, als ich mit einem Ruck herumfuhr und den Gegenstand meines Denkens direkt vor mir stehen sah. Er war schon ganz nahe, doch hatte das Brausen der Elemente jedes Geräusch dieser Annäherung verschluckt.

»Du bist so lange weggewesen« – er schrie es, um den Wind zu

Die Weiden 335

übertönen –, »daß ich schon geglaubt habe, es sei dir etwas passiert!«

Allein, in seiner Stimme schwang etwas mit, in seinem Gesichtsausdruck lag etwas, das mir mehr verriet als die bloßen Worte, und so hatte ich blitzartig den wahren Grund seines Nachkommens erfaßt: auch ihn hielt jener schwarze Zauber gepackt, der über diesem Platze lag, und nun ertrug er's nicht länger, allein zu sein.

»Der Fluß steigt noch immer«, schrie er mir ins Ohr und wies auf die im Mondlicht blitzende Flut, »und der Sturm ist einfach entsetzlich!«

Er sagte ja stets dasselbe, doch was seinen Worten Gewicht verlieh, war der unausgesprochene Ruf nach dem Gefährten.

»Wir können froh sein«, schrie ich zurück, »daß unser Zelt in der Mulde steht! Ich glaube, so wird es durchhalten!« Dann äußerte ich noch etwas über die Schwierigkeit, weiteres Feuerholz aufzutreiben, und wollte damit meine lange Abwesenheit begründen, aber der Sturm riß mir die Worte von den Lippen und schleuderte sie weit übers Wasser, so daß mein Gegenüber nichts hörte, sondern mich bloß durch die Zweige ansah und bestätigend nickte.

»Wir können froh sein, wenn wir hier ungeschoren davonkommen!« schrie er – oder zumindest war's etwas in diesem Sinne. Und ich erinnere mich meines Ärgers darüber, daß *er* es gesagt hatte, denn genau das war auch mir auf der Zunge gelegen. Irgendwo hing das Unheil in der Luft – ich wurde diese unbehagliche Vorahnung nicht los.

Wir kehrten ans Feuer zurück und brachten es noch einmal zum lodernden Aufflammen, indem wir es mit den Füßen aufstocherten. In der flackernden Helle blickten wir ein letztes Mal um uns. Ohne den Wind wäre die Hitze höchst unangenehm gewesen. Ich sagte das auch und entsinne mich, wie betroffen mich die Antwort meines Freunds machte: er würde lieber die ärgste Julihitze aushallen als diesen »infernalischen« Wind.

Alles war für die Nacht an seinem gehörigen Ort: Das Boot lag kieloben neben dem Zelt, die beiden gelben Paddel waren daruntergeschoben, der Proviantsack hing an einem Weidenast, und das gespülte Eßgeschirr war, in sicherem Abstand vom Feuer säuberlich zusammengestellt, schon wieder bereit für das Frühstück.

Nachdem wir die Glutreste mit Sand erstickt hatten, krochen wir unters schützende Zeltdach. Die Eingangsklappe ließen wir zurückgeschlagen, und so konnte ich weiterhin die Zweige, die Sterne und das silbrige Mondlicht sehen. Die schwankenden Weiden und die heftigen Böen, mit denen der Wind gegen unsre straffgespannte, kleine Behausung anrannte, waren das letzte, was ich wahrnahm, ehe der Schlaf mich überkam und alles unter seinem sanften, wohltuenden Vergessen begrub.

Irgend etwas hatte mich plötzlich geweckt, und nun äugte ich von meinem sandigen Lager aus durch den offenen Spalt. Dann blickte ich auf meine in der Zeltwand befestigte Uhr und sah in der weißlich hereinfallenden Helle, daß es schon nach Mitternacht war – die Schwelle eines neuen Tags. Demnach hatte ich mehrere Stunden geschlafen. Neben mir der Schwede schlief noch immer, und draußen heulte der Wind wie eh und je. Etwas zerrte an meinem Herzen und machte mir Angst. Mir war's, als ginge in nächster Nähe etwas vor sich.

Mit einem Ruck saß ich aufrecht und spähte ins Freie. Die Weiden, hin und her geschüttelt von der Willkür des Winds, schwankten ungestüm, doch unser kleines grünes Zelt stand wohlgeborgen in seiner Mulde, denn es bot den darüber hinbrausenden Windstößen eine zu geringe Angriffsfläche, als daß sie es hätten einreißen können. Dennoch wurde ich meine Bangigkeit nicht los, und so stahl ich mich ins Freie, um nachzusehen, ob unsre Habseligkeiten noch an Ort und Stelle wären. Um den Gefährten nicht zu wecken, bewegte ich mich äußerst vorsichtig. Eine kuriose Erregung hatte von mir Besitz ergriffen.

Ich war erst halb aus dem Zelt und noch immer auf allen vieren, als ich auch schon gewahrte, daß die Wipfel der Weiden vor mir in dem unablässigen Wogen ihres Laubwerks Figuren vor dem Himmel formten – Gestalten! Fassungslos vor Staunen ließ ich mich auf die Schenkel zurückfallen. Es war unglaublich – und dennoch wahr: Unmittelbar vor mir, nur ein wenig weiter oben, zeigten sich unbestimmte Figuren in den Weiden, und die windgepeitschten Zweige schienen sich den Erscheinungen anzupassen, indem sie sich in stetem Wandel zu den monströsesten Umrissen zusammenschlossen, die im Licht des Mondes fortwährend und in größter Schnelligkeit ihre Gestalt wechselten. Das alles spielte sich in einer Entfernung von nicht einmal zwanzig Schritten ab.

Meine erste Regung war, den Freund zu wecken, damit auch er dieses Schauspiel sähe, indes, irgend etwas machte mich zögern, hielt mich davon ab. Vielleicht weil ich plötzlich erkannte, wie wenig mir an einer Erhärtung solcher Vorgänge gelegen war. So verharrte ich in meiner gebückten Haltung und starrte in höchster Verwunderung und mit schmerzenden Augen auf das Geschehen vor mir. Ich war hellwach und erinnere mich noch deutlich, daß ich mir ausdrücklich vorsagte, dies alles sei *kein* Traum.

Zunächst wurden diese riesigen Gestalten eben noch zwischen den Wipfeln der Weiden sichtbar, waren ungeheuerlich, von bronzener Tönung und bewegten sich völlig unabhängig vom Schwanken des Gezweigs. Ich sah sie in aller Deutlichkeit vor mir und bemerkte erst jetzt, da ich sie mit größerer Kaltblütigkeit betrachtete, daß sie Menschenmaß bei weitem überstiegen, ja daß ihre ganze Erscheinung sie sofort als *außermenschliche* Wesen kennzeichnete. Ganz gewiß aber waren sie kein Blendwerk, hervorgerufen durch das im Mondlicht schwankende Gezweig. Nein, sie wechselten von sich aus ihre Erscheinung und schwebten empor in ununterbrochenem Strome, bis sie im Dunkel des nächtlichen Himmels verschwanden. Auch hingen sie untereinander zusammen, bildeten eine einzige, große Kolonne, und ich sah, wie ihre Glieder und riesenhaften Leiber sich gegenseitig durchdrangen, ineinander verschmolzen, aufs neue sich teilten und insgesamt einen wogenden Reigen bildeten, der auf und nieder schwang, sich bog und sich emporschraubte im Einklang mit dem konvulsivischen Gewoge des winddurchschüttelten Gezweigs. Es waren nackte, fortwährend ineinander verfließende Formen, die da aus den Büschen sich erhoben, nahezu *zwischen* den Blättern – und sich in einer lebendigen Säule gen Himmel hoben. Doch war da keinerlei Gesicht, das ich hätte sehen können. Es war eine unablässige, aufwärts strebende Ergießung, ein beständiges Ineinander von kreisender und sich wendender Bewegung, und über all diesen Wesen aus Schatten lag's wie ein stumpfer Schimmer von Bronze.

Ich hatte die Augen aufgerissen, willens, mich von keinerlei Visionen narren zu lassen. Lange Zeit vermeinte ich, dies alles *müsse* jetzt und jetzt sein Ende finden, müsse sich auflösen im Wogen des Gezweigs, sich als eine optische Täuschung erweisen. Allerorten forschte ich nach einem handfesten Realitätsbeweis und war mir dabei doch nur zu sehr im klaren, daß aller Wirklichkeitscharakter sich hier gewandelt hatte. Und je länger ich hinsah, desto größer wurde die Gewißheit, daß diese Gestalten Wirklichkeit waren und lebten, wenn auch vielleicht nicht nach jener Gesetzlichkeit, wie sie die Kamera und der Biologe voraussetzen.

Weit entfernt davon, Furcht zu empfinden, war ich besessen von einem Gefühl ehrfürchtigen Staunens, wie ich es noch nie zuvor empfunden hatte. Mir war's, als starrte ich auf die gestaltgewordenen Elementarkräfte dieser verwunschenen, vorzeitlichen Region. Unser Eindringen hatte die untergründigen Kräfte des Ortes zum Leben erweckt. Wir selbst waren die Ursache solchen Aufgestörtseins, und mein Hirn war plötzlich bis zum Platzen gefüllt mit den Sagen und Legenden über die Geister und Gottheiten von Andachtsstätten, denen im Lauf der Jahrtausende die Verehrung und Huldigung der Menschen gegolten. Doch noch ehe ich zu irgendwelcher möglichen Erklärung hätte kommen können, fühlte ich den unwiderstehlichen Zwang, mich weiter vorzuwagen, kroch auf den Sandstreifen zu – und richtete mich auf. Barfuß, wie ich war, spürte ich noch die Wärme des Tages in dem sandigen Grund.

Die Weiden

Der Wind zerrte an meinen Haaren und fuhr mir ins Gesicht, und der Strom überschwemmte mit einem plötzlichen Aufrauschen mein Gehör. Dies alles, ich wußte es, war Wirklichkeit und bewies mir, daß ich meine fünf Sinne beisammen hatte. Und dennoch schwebten jene Gestalten noch immer von der Erde zum Himmel, in tiefer, schweigender Majestät und in einem ungeheuren Schwunge, der so anmutsvoll und kraftgeladen schien, daß mich stärker und stärker ein echtes Gefühl der Demut überkam. Mir war's, als müßte ich niederstürzen und in Anbetung verfallen – in bedingungslos anbetende Huldigung.

Vielleicht hätte ich's schon in der nächsten Minute getan – wäre ich nicht durch einen gewaltsamen Windstoß zur Seite geschleudert und beinahe zu Fall gebracht worden. So aber war meine traumhaft-elbische Stimmung weggeblasen, so daß ich den Dingen urplötzlich anders gegenüberstand. Zwar stiegen jene Gestalten noch immer aus dem Herzen der Nacht gen Himmel, doch begann jetzt wieder die Stimme der Vernunft in mir zu dominieren. Das Ganze mußte eine rein subjektive Wahrnehmung sein, so argumentierte ich – freilich darum nicht weniger real, aber doch immerhin subjektiv! Das Mondlicht und das wogende Gezweig, sie waren es, die das Entstehen all der Bilder im Spiegel meiner Einbildungskraft bewirkten, und aus einem mir unbekannten Grund projizierte ich diese Bilder nach außen, so daß ich sie objektiv wahrzunehmen meinte. Natürlich, so mußte es sein! Ich war das Opfer einer äußerst lebhaften und fesselnden Halluzination geworden! Also faßte ich mir ein Herz und begann über die offene Sandfläche vorwärtszuschreiten. Allein und in drei Teufels Namen, war's nun wirklich nur Halluzination? Wirklich nur ein subjektiver Eindruck? Oder stützte meine Vernunft sich nicht lediglich in der alten, abgeschmackten Weise auf unser armseliges Menschenwissen?

Ich wußte nur, daß jene gewaltige Kolonne aus Schattenwesen während eines mir sehr lang erscheinenden Zeitraums so dunkel gen Himmel gestiegen war und dabei so wirklich geschienen hatte, wie sich die Mehrzahl der Menschen die Wirklichkeit vorstellen mag. – Und dann war das alles plötzlich verschwunden!

Sobald es aber verschwunden war, sobald dies nahezu handgreifliche Wunder so großartiger Manifestation sich aufgelöst hatte, überstürzte mich die Angst mit einem eisigen Grauen. Das unzulängliche Geheimnis dieser weltverlassenen, geisterharten Region, nun sprang es auf mich über und machte mich vor Entsetzen erschaudern! Gehetzt blickte ich um mich – es war die nackte, beinahe schon panische Angst –, doch sah ich keine Möglichkeit des Entrinnens. Und dann, in der Erkenntnis, wie hilflos ich war, wie wenig mir zu tun blieb, kroch ich schweigend ins Zelt zurück, streckte mich wieder auf mein sandiges Lager, nachdem ich zuvor noch die Eingangsklappe hinter mir geschlossen hatte, um nicht mehr die Weiden in diesem Mondlicht sehen zu müssen, und vergrub meinen Kopf, so tief es nur ging, unter den Decken, um auch das Heulen dieses fürchterlichen Winds nicht mehr zu hören.

Ich entsinne mich, daß ich lange Zeit nicht einschlafen konnte, ganz als sollte ich noch tiefer davon überzeugt werden, nicht geträumt zu haben. Und als ich endlich doch noch einschlief, war's ein unruhiger, verstörter Schlummer, der einzig die Kruste meiner Bewußtheit betäubte, nicht aber jenes Etwas, das darunterlag und weiterhin wach und sprungbereit blieb.

So erfolgte mein zweites Aufschrecken unter allen Anzeichen echten Entsetzens. Weder der Wind noch der Strom hatte mich geweckt, sondern das schleichende Herannahen von etwas, das meinen dürftigen Schlaf mehr und mehr schrumpfen machte, bis zuletzt nichts davon übrig war und ich mich plötzlich aufrecht sitzend fand – pfeilgerade und mit angespannten Sinnen.

Da draußen war's wie ein Tappen von unzähligen Füßen! Und dies Herankommen, ich wußte es ganz gewiß, vollzog sich schon seit geraumer Zeit, war schon meinem Schlaf vernehmbar gewe-

Die Weiden

sen! Hellwach bis in den letzten Nerv saß ich da, so als hätt ich
überhaupt noch keinen Schlaf gefunden. Mein Atem, so schien
mir, ging jetzt mühsamer, und wie eine Zentnerlast hatte sich's mir
auf den Körper gelegt. Trotz der drückenden Hitze dieser Nacht
überkam mich ein Schüttelfrost, und ich war ganz sicher, daß irgend etwas da draußen beständig gegen die Zeltwände drückte, ja
daß ein Gewicht sich auf das Zelt herabsenkte. War das wirklich
bloß die Körperlichkeit solchen Windes? War's das knatternde
Heranwehen losgerißner Weidenblätter? Oder der vom Wasser
heraufstäubende Sprühregen, welcher da in schweren Tropfen gegen die Zeltbahn schlug? Ein ganzes Dutzend solcher Möglichkeiten geisterte mir durch den Sinn.

Dann aber stand plötzlich die allein mögliche Erklärung vor
mir: Es mußte ein Ast der Pappel sein, dieses einzigen, großen Baumes auf der Insel! Er war vom Wind abgebrochen und losgerissen
worden! Nun hing er noch im anderen Gezweig verfangen, doch
schon mit dem nächsten Windstoß würde er herabstürzen und uns
unter sich begraben! Seine Blätter waren es, die jenes tappende
und scheuernde Geräusch an den straffen Zeltwänden verursachten! Ich schob die Eingangsklappe zur Seite und stürzte ins Freie,
wobei ich dem Schweden zurief, mir unverzüglich zu folgen.

Indes, als ich mich draußen aufrichtete, mußte ich feststellen,
daß das Zelt frei von aller Bedrohung dastand. Kein Ast hing darüber, keinerlei Sprühregen benetzte es, nichts bewegte sich darauf
zu.

Ein kaltes, graues Licht sickerte ringsum durchs Gezweig der
Weidenbüsche und legte sich als ein bleicher Schimmer auf den
Sand. Noch konnte ich über mir die Sterne erblicken, noch heulte
der Wind mit unverminderter Kraft. Aber das Feuer war erlo-
schen, tot und schwarz, und durch das Buschwerk hindurch gewahrte ich die ersten, rötlichen Streifen am Morgenhimmel. Es
mußten also mehrere Stunden verstrichen sein, seit ich jene auf-
steigenden Gestalten beobachtet hatte. Noch jetzt machte der Gedanke daran mich schaudern, als überfiele solcher Alptraum mich

aufs neue. Ach, und wie müde mich dieser in pausenlosem Schwall heranrasende Wind machte! Aber trotz der tiefen Erschlaffung nach einer ruhelosen Nacht vibrierten mir die Nerven mit aller Spannung einer nicht minder ruhelosen Gewärtigkeit, die den Gedanken an Schlaf gar nicht erst aufkommen ließ. Der Fluß war sichtlich weiter angestiegen, sein donnerndes Rauschen erfüllte die Luft, und jetzt machte sich auch ein feiner Sprühregen fühlbar – drang durch das dünne Gewebe meines Nachtanzugs.

Dennoch konnte ich nirgendwo auch nur die leiseste Spur irgendwelcher Bedrohung entdecken. Meine tiefe, innere Unruhe entbehrte weiterhin jedes ersichtlichen Grundes.

Mein Gefährte hatte sich nicht gerührt, als ich ihn gerufen, und jetzt bestand kein Anlaß mehr, ihn zu wecken. Aufmerksam spähte ich umher, mich jeden Dinges zu vergewissern: des kieloben gedrehten Kanus; der gelben Paddel – zwei Stück, ich zählte sie; des Proviantsackes und der Reservelampe, beide am nämlichen Weidenast hängend; und schließlich auch all derer, die mich da rings umzingelten, alles andere einhüllend und verdeckend – der Weiden, dieser endlos sich reihenden, im Winde sich biegenden Weiden! Eben erscholl der erste Morgenschrei eines vereinzelten Vogels, und ein Strich Enten zog schwirrenden Flugs durch den dämmernden Himmel über mich hinweg. Trocken und stechend wirbelte der wehende Sand um meine bloßen Füße.

Ich schritt um das Zelt herum und arbeitete mich dann so weit durchs Gesträuch, daß ich einen Blick auf den Fluß und das jenseits sich breitende Ufer werfen konnte. Jedoch im Angesicht des grenzenlos gegen den Horizont sich erstreckenden Meers aus Weidenbüschen, das im fahlen Licht der Frühe so geisterhaft und unwirklich dalag, befiel mich abermals jene profunde, unerklärbare Melancholie. So schritt ich auf leisen Sohlen auf und nieder, noch immer nachgrübelnd über jenes sonderbare, unablässig tappende Geräusch und den auf dem Zelt lastenden Druck, der mich geweckt hatte. Es *konnte* nichts andres als der Wind gewesen sein, überlegte ich – der Wind, der den heißen Flugsand aufgewirbelt

Die Weiden

und die Sandkörner gegen die straffgespannte Zeltwand geschnellt hatte – jener Wind, der sich so drückend auf unser zerbrechliches Obdach gelegt!

Doch unerachtet aller Überlegungen nahm mein enervierendes Unbehagen immer mehr zu.

Ich begab mich ans entgegengesetzte Inselufer und gewahrte, wie sehr sein Verlauf sich während der Nacht geändert hatte – welche Massen Sandes durch die Fluten fortgerissen worden waren. Ich tauchte die Hände, die Füße in den kalten Wasserstrom, benetzte auch die Stirn. Schon sandte die steigende Sonne ihre Strahlen über den Horizont herauf, schon war auch die erfrischende Kühle des anbrechenden Tages zu spüren, und so wählte ich meinen Rückweg zum Zelt mit Vorbedacht durch eben jene Buschreihen, von wo ich nachts die Gestalten zum Himmel hatte emporsteigen sehen. Aber inmitten des Dickichts überkam mich ein Gefühl so konzentrierten Entsetzens wie noch nie zuvor, und aus dem Schattengrund löste sich eine riesenhafte Gestalt und strich rasch an mir vorüber. Jawohl, irgend jemand war an mir vorübergeglitten – ich wußte es mit tödlicher Sicherheit ...

Ein überwältigender Windstoß trieb mich plötzlich vorwärts, und sobald ich mich erst im offenen Gelände fand, nahm jenes Entsetzensgefühl merkwürdig rasch ab. Die Winde sind losgelassen und geistern nun umher, so sagte ich mir vor, denn unter Bäumen regen sie sich oftmals gleich Ungeheuern, geisterhaften Wesen. Alles in allem war ja die Furcht, welche mich hier beständig umschwebte, von so unbekannter und maßloser Art, war so gänzlich anders, als ich sie jemals empfunden hatte, daß ein Gefühl ehrfürchtiger Verwunderung in mir erwachte, ein Gefühl, welches mir unversehens half, den ärgsten Auswirkungen solcher Furcht schon wieder zu begegnen. Und als ich jenen erhöhten Punkt in der Mitte unserer Insel erreicht hatte, von welchem ich den weithin sich erstreckenden Strom überblicken konnte, seine von der aufgehenden Sonne geröteten Fluten, überkam mich die ganze zaubrische Schönheit solchen Bildes mit so überwältigender Macht, daß ein ungestümes, sehnsüchtiges Begehren in mir erwachte und mir als ein Schrei in die Kehle stieg.

Doch solcher Schrei, er ward nicht getan, denn als ich meinen Blick von der Ebene jenseits des Stromes wieder zu unserer Insel zurückschweifen ließ, als er beim Mustern meiner näheren Umgebung wieder auf das kleine, unter den Weiden halb versteckte Zelt fiel, stand mir mit schrecklicher Plötzlichkeit eine Entdeckung vor Augen, angesichts deren meine Furcht vor dem geisterharten Wind zu einer lächerlichen Nichtigkeit zusammenschrumpfte.

Nämlich, die Landschaft hatte sich auf irgendeine Weise verändert. Es lag nicht daran, daß mein erhöhter Aussichtspunkt mir einen andern Blick eröffnet hatte – nein, es war ein ins Auge springender Wandel im Verhältnis des Zelts zu den Weiden, oder vielmehr in jenem der Weiden zu unserem Zelt! Ich war völlig sicher, daß die Weidenbüsche das Zelt nun viel enger umdrängten – unnötig, ja unbehaglich eng: *sie waren näher gerückt!*

Auf lautlosen Füßen, herankriechend über den wandernden Sand, näher und näher sich schiebend, unmerklich, mit leisen, langsamen Bewegungen – so waren die Weiden im Dunkel der Nacht vorgerückt gegen das Zelt! Nur: hatte der Wind sie verschoben – oder waren sie selbst es gewesen? Ich dachte an jenes Geräusch unzähliger, kleiner Schritte, an den Druck auf das Zelt und auch auf mein eigenes Herz, der mich so entsetzt aus dem Schlaf hatte auffahren machen. Und mir schwindelte plötzlich inmitten des Windes, ich begann zu schwanken wie jene Weidenbüsche, ja es ward mir schwer, auf dem Sandhügel meine aufrechte Haltung zu behaupten. Und so stark war diese gestaltlose Wesenheit eines treibenden Agens, eines vorbedachten Willens, einer aggressiven Feindschaft, daß eine lähmende Furcht mich nahezu in Starrkrampf versetzte.

Doch alsbald erfolgte die Reaktion: Jener Gedanke kam mir plötzlich so grotesk vor, so absurd, daß ich versucht war, in ein schallendes Gelächter auszubrechen. Allein, mit diesem Lachen verhielt sich's nicht anders als vorhin mit meinem Schrei: Die Er-

Die Weiden

kenntnis, daß mein Gemüt derlei gefährlichen Einbildungen so sehr offenstand, brachte ja den zusätzlichen Schrecken mit sich, daß es der Geist und nicht der Körper war, der solchen Angriff heraufbeschwor – ja schon ins Werk gesetzt hatte!

Von allen Seiten stieß jetzt der Wind nach mir, und es hatte mit einem Mal den Anschein, als stiege die Sonne mit größerer Schnelligkeit über den Horizont herauf. Es war ja schon vier Uhr vorbei, und ich mußte mich länger als gedacht auf meiner kleinen, sandigen Warte verweilt haben, wohl auch aus Furcht, den Weiden nur ja nicht zu nahe zu kommen. Nun aber schritt ich möglichst geräuschlos und mit Gruseln im Herzen auf unser Zelt zu, freilich nicht ohne vorher einen zweiten, gründlich prüfenden Blick in die Runde geworfen und – ich bekenne es frei – noch einige Messungen vorgenommen zu haben. Ich schritt nämlich auf dem warmen Sandboden die Distanz zwischen den Weiden und dem Zelt aus und notierte mir den derzeit kürzesten Abstand.

Heimlich wie ein Dieb in der Nacht stahl ich mich unter meine Decken. Allem Anschein nach schlief mein Gefährte noch immer den Schlaf des Gerechten, und ich war heilfroh darüber. Würden nämlich, so sagte ich mir, meine Wahrnehmungen von niemandem bestätigt, so könnte ich vielleicht die Kraft aufbringen, sie zu verwerfen. Dann mochte es mir mit steigendem Tageslicht möglich sein, dies alles abzutun als ein halluziniertes Geschehen – mir einzureden, ich sei einem Nachtmahr zum Opfer gefallen, einer Spiegelfechterei, die meine aufgewühlte Phantasie mir vorgegaukelt.

Dann war da nichts mehr, was mich hätte beunruhigen mögen. So fiel ich denn fast ohne Übergang in Schlaf, aufs äußerste erschöpft und dennoch weiterhin in Furcht, jener geisterhaft tappende Laut unzähliger Füße könnte sich abermals melden, der Druck auf mein Herz mir aufs neue den Atem abwürgen.

Die Sonne stand schon hoch am Himmel, als der Schwede mich aus meinem totenähnlichen Schlaf rüttelte: der Porridge sei fertig, sagte er, und die Zeit fürs Morgenbad gekommen. Von draußen drang der appetitliche Duft von gebratenem Speck herein.

»Der Fluß steigt noch immer«, sagte mein Freund, »und ein paar von den Inseln in der Mitte des Stromes sind nicht mehr zu sehen. Auch die unsere ist viel kleiner geworden.«

»Haben wir noch Feuerholz?« fragte ich schlaftrunken.

»Holz und Insel enden morgen im toten Rennen«, versetzte er lachend, »aber bis dahin reicht noch beides.«

Ich sprang von der in den Strom ragenden Landzunge ins Wasser – sie hatte seit gestern merklich die Gestalt gewechselt und war beträchtlich kleiner geworden – und fand mich Sekunden später schon abgetrieben bis zu unserem Landeplatz unterhalb des Zeltes. Das Wasser war eiskalt, und das Ufer schien im Eilzugstempo an mir vorüberzurasen. Unter solchen Bedingungen war das Baden eine erschöpfende Angelegenheit, doch ward mir immerhin das Grauen der Nacht aus den Knochen geschwemmt oder auch von der herniederbrennenden Sonne aus dem Hirn gedunstet. Nicht die kleinste Wolke stand am Himmel, jedoch der Wind hatte um kein Jota an Heftigkeit verloren.

Unwillkürlich schoß es mir durch den Kopf, was sich hinter den Worten des Schweden verbarg: Sie bedeuteten ja, daß er nicht länger wünschte, Hals über Kopf von hier aufzubrechen, sondern daß er sich eines anderen besonnen hatte. »Aber bis dahin reicht noch beides«, hatte er gesagt. Also bis morgen. Für ihn war's ausgemacht, daß wir eine weitere Nacht hier zubringen würden. Das war mehr als sonderbar! Noch gestern war er entgegengesetzten Sinnes gewesen. Was nur mochte solchen Wandel in ihm bewirkt haben?

Während wir frühstückten, stürzten abermals große Uferbrocken laut aufklatschend ins reißende Wasser, so daß der Sprühregen bis in unsere Bratpfanne spritzte. Indes, während der ganzen Zeit verbreitete sich mein Reisegefährte über die Schwierigkeiten, unter denen bei Hochwasser die Dampfer zwischen Wien und Budapest die richtige Fahrrinne zu finden hätten. Mich aber interessierte seine Gemütsverfassung weit mehr als der Zustand des Stromes samt allen Dampferkalamitäten, denn irgendwie hatte mein Freund sich seit gestern abend verändert. Sein Gehaben war nicht mehr das alte – war um ein geringes zu forciert und doch auch wieder gedrückt, auch haftete seiner Stimme sowie seinen Gesten etwas Argwöhnisches an. Ich weiß nicht, wie ich es jetzt, da ich mit klarem Kopf über diesen Blättern sitze, beschreiben soll – doch entsinne ich mich, daß ich damals in einem Punkte ziemlich sicher war: Mein Gefährte hatte es mit der Angst!

Er sprach dem Frühstück nur mäßig zu, steckte auch ganz unvermittelt seine Pfeife weg, studierte dabei aber beständig die Karte, welche ausgebreitet neben ihm lag.

»Ich glaube, es wäre besser, innerhalb der nächsten Stunde von hier zu verschwinden«, gab ich nunmehr zu bedenken. Ich suchte ja nach einem Anstoß, der ihn wenigstens indirekt dazu bringen mochte, endlich Stellung zu nehmen. Seine Antwort jedoch blieb mir dunkel, ja versetzte mich in Bestürzung.

»Besser?« meinte er. »Ja, schon – wenn sie uns lassen!«

»Lassen? Wer soll uns lassen? Das Wasser, der Wind?« fragte ich schnell und wie nebenbei.

»Die Mächte dieses schrecklichen Orts, wer immer sie sein mögen«, versetzte er, ohne den Blick von der Karte zu wenden. »Wenn irgendwo auf Erden Götter sind, dann hier auf dieser Insel.«

»Die wahren Unsterblichen sind noch immer die Elemente«, gab ich zurück und lachte so ungezwungen wie möglich, obschon ich nur zu wohl wußte, wie sehr mein Aussehen dies Lachen Lügen strafte. Er aber blickte auf, sah mich bedeutsam an und sagte durch den Rauch des Feuers hindurch:

»Wir können froh sein, wenn wir ohne weiteres Unheil von hier wegkommen.«

Das entsprach völlig meinen eigenen Befürchtungen, und so

raffte ich mich endlich zu einer direkten Frage auf. Es war wie beim Zahnziehen: Schließlich und endlich mußte das Ganze ja *doch* heraus, alles andere war die reine Komödie.

»Ohne *weiteres* Unheil?« fragte ich. »Warum? Was ist denn passiert?«

»Zunächst einmal – das Steuerpaddel ist weg«, sagte er ruhig.

»Das Steuerpaddel weg?« wiederholte ich in größter Bestürzung. Steuerlos auf der Hochwasser führenden Donau zu treiben, bedeutete glatten Selbstmord! »Und was ist noch ...«

»Und das Kanu ist leckgeschlagen – hat ein Loch im Boden«, fuhr er fort, und wahrhaftig, seine Stimme zitterte.

Ich starrte ihn weiterhin an, lediglich imstande, die Worte geistesabwesend zu wiederholen. Mir war's, als senkte sich in diesem Augenblick, inmitten der Sonnenhitze und des brennenden Sandes, eine eisige Kälte auf uns herab. Dann erhob ich mich, um ihm zu folgen, denn er hatte nur düster genickt und war dann zu dem mehrere Schritte entfernten Zelt getreten. Das Kanu lag noch immer dort, wo ich es nachts gesehen hatte, kieloben gedreht, und die Paddel, oder besser gesagt, *das* Paddel, neben sich im Sand.

»Das andere ist weg«, sagte er und bückte sich, um das verbliebene aufzuheben. »Und da ist der Riß in der Bootswand.«

Schon lag's mir auf der Zunge, ihm zu sagen, daß ich noch vor wenigen Stunden *zwei* Paddel gezählt hatte, aber irgend etwas hielt mich davon ab, und so verkniff ich mir's und trat wortlos näher, um mich zu überzeugen.

Es war ein langer, ganz schmaler Schnitt im Boden des Kanus, als hätte eine scharfe Felszacke oder ein Baumknorren ihn der Länge nach aufgeschlitzt. Dabei war ein Holzspan herausgeschält worden, und der nähere Augenschein zeigte uns, daß der Schaden durch und durch ging. Hätten wir, ohne ihn zu bemerken, die Weiterfahrt angetreten, so wäre das Boot unweigerlich vollgelaufen und gesunken. Zunächst hätte das Wasser ja das Holz aufquellen lassen und damit den Riß geschlossen, doch draußen in der Hauptströmung wäre es mit größter Gewalt hereingeschossen, und unser Kanu, das ja stets nur zwei Zoll aus dem Wasser ragte, wäre abgesackt wie ein Stein.

»Das ist er – der Versuch, ein Opfer für die Opferung bereitzumachen«, sagte mein Gefährte mehr zu sich selbst. »Oder eigentlich zwei«, fügte er hinzu, während er sich über das Boot beugte und die Finger über die aufgerissene Stelle gleiten ließ.

Ich begann zu pfeifen – so mechanisch, wie ich das immer tat, wenn mich etwas aufs äußerste verwirrte – und bemühte mich, gar nicht auf derlei Worte zu hören. Ich war fest entschlossen, sie als leeres Gerede abzutun.

»Gestern abend war das noch nicht«, sagte er jetzt, während er sich nach erfolgter Prüfung aufrichtete, wobei er geflissentlich vermied, mich anzusehen.

»Das kann uns nur beim Landen passiert sein, kein Zweifel!« Ich hatte zu pfeifen aufgehört. »Die Steine hier sind sehr scharfkantig ...«

Das Wort blieb mir in der Kehle stecken, denn er hatte sich herumgedreht und blickte mir unverhohlen ins Gesicht. Ich wußte so gut wie er, wie absurd meine Erklärung war: Hier gab es ja gar keine Steine.

»Und wie erklärst du dir *dies*?« setzte er in aller Ruhe hinzu und reichte mir das verbliebene Paddel, wobei er auf das Ruderblatt zeigte.

Ein neues, ganz eigenartiges Frösteln überlief mich, als ich das Paddel in der Hand hielt und prüfte. Sein Ruderblatt war viel dünner geworden, war abgeschabt in staunenswert gleichmäßiger Arbeit, ganz als hätte jemand alle Mühe daran gewendet, es mit Glaspapier so dünn zu schmirgeln, daß es beim ersten kräftigen Ruderschlag am Halse abbrechen mußte.

»Das muß einer von uns im Schlaf getan haben«, sagte ich lahm. »Oder – oder vielleicht war's der Wind – der beständige Strom des Flugsands.«

»Hört, hört«, sagte der Schwede auflachend und wandte sich ab. »Wie er nur alles erklären kann!«

»Und von demselben Wind ist unser Steuerpaddel ans Ufer geweht worden und mit dem nächsten Sandbrocken ins Wasser gefallen«, rief ich hinter dem Davongehenden her, fest entschlossen, für alles, was er mir zeigte, eine prompte Erklärung zu finden.

»Aber gewiß doch«, rief er zurück, warf mir noch einen Blick zu und verschwand im Weidengesträuch.

Allein gelassen mit diesen bestürzenden Beweisen eines persönlichen Eingreifens, war mein erster Gedanke, einer von uns beiden müsse dies getan haben, doch könne dieser eine ganz gewiß nicht ich sein. Aber schon die nächste Überlegung zeigte mir, wie unmöglich, wie unter allen Umständen unhaltbar dieser Gedanke war. Die Vermutung, daß mein Gefährte, dieser verläßliche Freund eines ganzen Dutzends ähnlicher Fahrten, wissentlich seine Hand dabei im Spiel haben könnte, schloß sich von vornherein und ganz von selbst aus. Ebenso absurd schien aber die Erklärung, daß ein so unerschütterlicher, dem Praktischen zugewandter Mensch plötzlich den Verstand verloren haben und auf irgendwelche Wahnideen verfallen sein sollte!

Dennoch war die Tatsache nicht abzuleugnen – und dies verstörte mich am allermeisten, ja hielt meine Furcht sogar in der sengenden Sonnenhitze und inmitten all der unberührten Natur wach –, daß ohne allen Zweifel irgendeine merkwürdige Veränderung mit seiner *Gemütsverfassung* vorgegangen war: daß er nervös, furchtsam, argwöhnisch wirkte – irgendwelcher Vorgänge sich bewußt war, über die er nicht sprach, in aller Wachsamkeit eine Reihe von geheimen, noch nicht formulierbaren Ereignissen beobachtend, mit einem Wort, auf eine Krise wartend, die er vorhersah und, wie ich glaubte, für nahe bevorstehend hielt. Ganz intuitiv schoß mir dieser Gedanke durch den Sinn – ich wußte gar nicht wie.

Hastig machte ich mich daran, das Zelt und seine Umgebung zu mustern, aber die Messungen, welche ich während der Nacht vorgenommen hatte, stimmten noch alle. Doch bemerkte ich jetzt erstmals, daß da im Sande tiefe Höhlungen entstanden waren,

Die Weiden

wannenförmig und von der Größe einer Teetasse bis zu der einer Schüssel. Kein Zweifel, auch für diese kleinen Krater mußte der Wind verantwortlich sein, geradeso wie für den Verlust unsres Paddels. Einzig der Riß in dem Boot blieb mir unerklärlich, doch war es auch in seinem Falle durchaus plausibel, daß irgend etwas Scharfkantiges bei unserer Landung ihn verursacht haben konnte. Meine Untersuchung des Strandes stützte diese Annahme zwar in keiner Weise, doch hielt ich dessenungeachtet daran fest mit der immer mehr zusammenschrumpfenden Spitzfindigkeit, welche ich für »gesunden Hausverstand« hielt. Es war unbedingt nötig, eine Erklärung zu finden, ganz wie ja auch das Universum einer solchen bedarf, weil sie – wie absurd sie immer klingen mag – zum Seelenfrieden jedes Menschen beiträgt, der in dieser Welt seine Pflicht erfüllen und den Problemen des Lebens nicht ausweichen will. Dieser Vergleich schien mir damals durchaus zutreffend zu sein.

Unverweilt machte ich mich daran, den Teer zu erhitzen, und der Schwede beteiligte sich an dieser Arbeit, obgleich das Boot auch unter günstigsten Umständen nicht vor dem morgigen Tag fahrbereit sein würde. Nebenher lenkte ich die Aufmerksamkeit meines Freundes auch auf jene Mulden im Sand.

»Ja«, sagte er, »ich weiß. Sie sind über die ganze Insel verteilt. Aber wie ich dich kenne, hast du ja zweifellos eine Erklärung dafür!«

»Der Wind, was denn sonst?« antwortete ich ohne Zögern. »Hast du noch nie diese winzigen Windhosen beobachtet, die in den Straßen alles so spiralenförmig zusammenwirbeln? Und der Sand ist locker genug, um ihnen nachzugeben, weiter nichts.«

Er gab keine Antwort, und so arbeiteten wir eine Zeitlang schweigend dahin. Immer wieder beobachtete ich ihn und hatte das Gefühl, daß auch er mich beobachtete. Auch schien er die ganze Zeit gespannt auf etwas zu lauschen, das ich nicht hören konnte, vielleicht auch auf etwas, das er bloß zu hören erwartete, denn er wandte sich beständig um, spähte ins Gesträuch, blickte zum

Himmel oder auch zwischen den Weidenbüschen aufs Wasser hinaus. Zuweilen hielt er sogar die Hände ans Ohr und verharrte eine Zeitlang in solcher Haltung. Dennoch ließ er mir gegenüber kein diesbezügliches Wort verlauten, und auch ich stellte keinerlei Fragen. Dazwischen aber, sooft er sich mit der Erfahrung und dem Geschick einer echten Rothaut mit der Ausbesserung des schadhaften Bootes beschäftigte, verschaffte mir seine Hingabe an diese Arbeit viel Erleichterung, denn in mir zitterte ja beständig die unbestimmte Angst, er könnte auch noch die veränderte Stellung der Weiden erwähnen. Hätte er das getan, so wäre es all meiner Phantasie nicht mehr möglich gewesen, diesen Umstand auch nur halbwegs vernünftig zu erklären.

Schließlich, nach langem Schweigen, begann der Schwede wieder zu sprechen.

»Komische Sache«, sagte er beiläufig, so als wollte er das Gesagte im Reden schon wieder abtun. »Komische Sache, das mit dem Otter gestern abend.«

Ich hatte etwas ganz anderes erwartet, so daß diese Worte mich verblüfften und ich den Sprecher überrascht ansah.

»Daran kannst du sehen, wie einsam dieser Ort ist«, sagte ich. »Otter sind ja überaus scheue Geschöpfe, und ...«

»Das hab ich nicht gemeint«, unterbrach er mich. »Was ich sagen will, ist – sag einmal, glaubst du eigentlich wirklich, oder hast du gestern abend geglaubt, daß es tatsächlich ein Otter *war*?«

»Ja – was denn sonst, um Gottes willen?«

»Weißt du, ich hab es schon früher als du gesehen, und da schien es viel größer zu sein – *bei weitem* größer als ein Otter.«

»Gegen die untergehende Sonne hat er eben größer ausgesehen, das wird's gewesen sein«, versetzte ich.

Er sah mich geistesabwesend an, so als dächte er schon an ganz anderes.

»Jene gelben Augen waren gar zu sonderbar«, fuhr er, halb zu sich selbst gewendet, fort.

»Auch das war die Sonne«, sagte ich mit forciertem Lachen.

Die Weiden

»Und jetzt fängst du wohl auch noch mit dem Kerl im Boot an und fragst dich …«

»Aber ich ließ den Satz unausgesprochen. Mein Gefährte hatte den Kopf soeben horchend in den Wind gedreht, und etwas in seiner Miene machte mich verstummen. So blieb der Gegenstand unerörtert, und wir widmeten uns weiterhin unserer Ausbesserungsarbeit. Offensichtlich hatte er meinen angefangenen Satz gar nicht beachtet. Dennoch warf er mir einige Minuten danach über das Boot hin einen Blick zu, die rauchende Teermasse noch in der Hand. Sein Ausdruck war tiefernst.«

»Wenn du's genau wissen willst«, sagte er langsam, »ich *habe* mich gefragt, was es mit dem Ding in jenem Boot wohl auf sich hatte. Im ersten Moment hab ich geglaubt, es sei gar kein Mensch, denn für einen solchen schien mir das Ganze viel zu rasch aus dem Wasser aufgetaucht zu sein.«

Abermals lachte ich ihm ein wenig gezwungen ins Gesicht, doch diesmal empfand ich dabei schon Ungeduld, ja sogar Ärger.

»Jetzt hör mir gut zu«, rief ich. »Der Platz hier ist schon sonderbar genug, auch ohne unsere läppischen Einbildungen! Das Boot war ein Boot und sonst nichts, und der Mann war ein ganz gewöhnlicher Mensch, und beide sind den Strom hinuntergetrieben, so schnell sie nur konnten. Und auch dein Otter *war* ein Otter. Und wir beide werden jetzt darüber nicht den Kopf verlieren!«

Er blickte mich weiterhin mit jenem ernsten Ausdruck an, schien auch nicht im mindesten verärgert zu sein. Doch das steigerte nur meinen Mut.

»Und dann, um Himmels willen« fuhr ich fort, »tu doch nicht immer so, als möchtest du was Besonderes hören, sonst fahr ich noch aus der Haut! Und außerdem gibt's hier gar nichts zu hören – nichts als den Fluß und diesen ekelhaften, lästigen, verdammten Scheißwind!«

»Du *Trottel*!« kam's mit leiser, empörter Stimme zurück. »Du Supertrottel! Redest daher, wie alle reden, denen's an den Kragen geht! Als ob du nicht genausogut Bescheid wüßtest wie ich!« Etwas wie höhnische Geringschätzung und auch Resignation schwang in seiner Stimme. »Das einzige, was wir tun können, ist, nicht die Nerven zu verlieren und einen möglichst kühlen Kopf zu bewahren. Dieser ganze lahme Selbstbetrug macht es uns nur noch schwerer, der Wahrheit ins Auge zu sehen, wenn sie erst einmal da ist.«

Damit war ich mit meiner Weisheit am Ende und wußte nicht mehr, was ich sagen sollte. Nur zu sehr war ich mir im klaren, daß er recht hatte und daß *ich* der Idiot war, nicht *er*. Bis zu einem gewissen Punkt dieses Abenteuers behielt *er* die stärkeren Nerven, und vermutlich ärgerte ich mich darüber, nach Punkten geschlagen zu sein, weniger seelische Widerstandskraft, weniger Feinfühligkeit als er bewiesen zu haben angesichts so ungewöhnlichen Geschehens, ja in halber Ahnungslosigkeit den Dingen gegenüberzustehen, die sich vor meiner Nase begaben. Er hingegen schien von Anfang an alles gewußt zu haben. Aber im Moment verstand ich überhaupt nicht, was er mit seinen Worten über die Notwendigkeit eines Opfers gemeint hatte, und schon gar nicht, weshalb wir selbst dieses Opfer sein sollten. Doch gab ich von da an alle Verstellung auf, obschon damit meine Angst nur noch stärker anwuchs und auf ihren Höhepunkt zusteuerte.

»Aber in einem hast du durchaus recht«, sagte er noch, bevor wir das Thema fallenließen. »Nämlich, daß wir besser nicht über das alles sprechen sollten, ja nicht einmal daran denken, denn woran man denkt, darüber spricht man, und ist es erst ausgesprochen, so passiert es auch.«

Den ganzen Nachmittag, während unser Kanu trocknete und die Flickstelle hart wurde, verbrachten wir mit Angeln, probierten wir den Härtegrad unserer Ausbesserung, sammelten Feuerholz und beobachteten die steigenden Fluten. Große Mengen Schwemmholz trieben zuweilen ganz nahe am Ufer vorüber, und wir zogen, wessen wir davon habhaft werden konnten, mit langen Weidenruten an Land. Die Insel wurde jetzt merklich kleiner, Stück um Stück ihres Ufers verschwand mit aufspritzendem Ge-

Die Weiden

gurgel in der reißenden Strömung. Aber das Wetter blieb strahlend schön bis um etwa vier Uhr nachmittags. Dann, zum ersten Mal nach drei Tagen, begann der Wind nachzulassen. Im Südwesten stiegen Wolken auf und breiteten sich langsam am Himmel aus.

Das Nachlassen des Windes war uns eine große Erleichterung, denn das unaufhörliche Heulen und knallende Donnern hatte genugsam an unseren Nerven gezerrt. Doch die Stille, welche sich um etwa fünf Uhr ganz plötzlich herniedersenkte, war auf ihre Weise nicht weniger bedrückend. Jetzt wurde das drohende Grollen des Stromes von nichts mehr übertönt: Es füllte die Luft mit murrendem Rauschen, das zwar melodischer als das Sausen des Winds war, aber weitaus monotoner. Der Wind hatte viele Töne gehabt, hatte steigend und fallend die gewaltige Harfe der Elemente geschlagen, wogegen der Gesang des Stromes zumeist nur auf drei Töne gestimmt war – auf dunkle, gedämpfte Töne, die nach all dem Orgeln des Windes so kummer- und schwermutsvoll klangen, daß sie mich, überreizt wie ich war, nur zu sehr an die Musik des Untergangs, des Verderbens gemahnten.

Ganz ungewöhnlich war es auch, wie das plötzliche Erlöschen des strahlenden Sonnenscheins alles Freundliche, Ermutigende von der Landschaft hinweggenommen hatte. Und da sie in diesem besonderen Fall ohnehin schon düster und drohend genug gewesen war, bestürzte solcher Wandel uns um so mehr. In mir rief diese allgemeine Verdüsterung eine ganz deutliche Unruhe hervor, so daß ich mich mehr als einmal dabei ertappte, wie ich im Geist überschlug, wann wohl nach Sonnenuntergang der Vollmond im Osten aufgehen mochte, und ob die sich zusammenballenden Wolken ihn daran hindern würden, unsere kleine Insel zu erhellen.

Seit der Wind sich nahezu gänzlich gelegt hatte – nur gelegentlich regte er sich noch in kurzen Stößen –, kam es mir vor, als würde der Strom immer düsterer, als rückten die Weiden immer dichter zusammen. Auch verharrte jenes Dickicht in einer Art Eigenleben, schien sich raschelnd und tuschelnd zu unterreden, auch wenn kein Lufthauch sich regte, ja schien weiterhin auf die sonderbarste Weise mit allen Zweigen zu schwanken in einer aus den Wurzeln kommenden Bewegung. Sobald aber auf solche Weise das Unscheinbare, Alltägliche den Charakter des Bedrohlichen annimmt, wühlt es unsere Einbildungskraft viel tiefer auf, als Dinge von ungewöhnlicher Erscheinungsform dies vermögen. So nahm auch das Weidengesträuch, welches sich dichtgedrängt um uns scharte, in der Dunkelheit für mich ein dermaßen bizarres, phantastisches Aussehen an, daß ich vermeinte, mich von lebenden, absichtsvoll handelnden Wesen umzingelt zu sehen. Gerade die Unscheinbarkeit dieser Weiden war es ja, unter der sich – ich spürte es deutlich – all das verbarg, was uns so böswillig und feindselig gegenüberstand. Und mit dem Hereinbrechen der Nacht rückten die Mächte dieses Ortes abermals näher gegen uns heran. Ihr Ziel war diese Insel – und waren auf dieser Insel wir selbst. Jawohl, dies ungefähr waren die Grenzen einer Imagination, innerhalb deren an so wenig geheuerem Ort meine wirklich unbeschreiblichen Empfindungen mir zum Bilde wurden.

Ich hatte den frühen Nachmittag zum größten Teil verschlafen und mich auf diese Weise ein wenig von der Erschöpfung einer ruhelosen Nacht erholt, doch rührte solche Stärkung bloß dazu, daß ich noch anfälliger wurde für den bedrückenden Zauberbann all des gespensterhaften Webens rundum. Ich kämpfte dagegen an, tat meine Gefühle als absurd und kindisch ab, ja lachte darüber und suchte ihnen mit den plansten physiologischen Erklärungen beizukommen. Doch alle Anstrengungen blieben fruchtlos, und der böse Zauber gewann mehr und mehr Macht über mich, so daß ich das Herannahen der Nacht zu fürchten begann, wie ein im Wald verirrtes Kind sich vor all der Finsternis ängstigen mag.

Das Boot hatten wir tagsüber sorgsam mit einer wasserdichten Plane zugedeckt, und der Schwede hatte das verbliebene Paddel an einem Baumstrunk festgemacht, damit uns der Wind nicht auch noch dieses eine raube. Von fünf Uhr nachmittags an machte ich mir am Kochtopf zu schaffen und traf alle Vorbereitungen zum Abendessen, denn die Reihe des Kochens war heute an mir. Wir hatten Kartoffeln und Zwiebeln, gehackten Speck zur Geschmacksverbesserung sowie einen dicken Rückstand früherer Mahlzeiten am Boden des Topfes. Mit eingebröckeltem Schwarzbrot mußte das ein ganz delikates Gericht werden, und hinterher gab's noch gezuckerten Dörrpflaumenabsud und schwärzlich aufgegossenen Tee mit eingerührter Trockenmilch. Ein großer Haufen Feuerholz lag in Reichweite aufgestapelt, und da der Wind sich nun vollends gelegt hatte, wurde mir die Arbeit leicht. Mein Gefährte saß lässig am Feuer und sah mir zu, wobei er seine Aufmerksamkeit einerseits dem Reinigen seiner Pfeife zuwandte, zum andern aber dem Erteilen nutzloser Ratschläge, diesem stillschweigend zugestandenen Privileg des Mannes, der dienstfrei ist. Den ganzen Nachmittag war er äußerst wortkarg gewesen, beständig damit beschäftigt, das Boot zu kalfatern, das Zelt nachzuspannen und, während ich schlief, nach Schwemmholz zu angeln. Kein weiteres Wort über unerwünschte Dinge war zwischen uns laut geworden, und die wenigen Bemerkungen, welche mein Freund von sich gegeben, hatten, soweit ich mich erinnere, lediglich der fortschreitenden Zerstörung unserer Insel gegolten. Er hatte festgestellt, daß die Sandbank nun schon um gut ein Drittel kleiner geworden sei, als sie zum Zeitpunkt unserer Landung gewesen.

Im Topf begann es eben zu sieden, als ich den Schweden vom Strand heraufrufen hörte. Er hatte sich unbemerkt davongemacht, und so stürzte ich ihm nach.

»Komm her und horch«, sagte er, »und dann erklär mir, was das zu bedeuten hat!« Er hielt seine Hände als einen Schalltrichter ans Ohr, wie er's tagsüber schon des öftern getan.

»Nun – hörst du es *jetzt*?« fragte er und blickte mich voll Spannung an.

Wir standen nebeneinander und lauschten aufmerksam. Zunächst vernahm ich nur das dunkle Gemurre des Wassers und das zischende Drüberhinströmen der aufgestörten Wogen. Die Weiden standen plötzlich regungslos und gaben keinen Laut. Dann aber drang ein kaum vernehmbarer, fremdartiger Ton an mein Ohr – am ehesten noch dem vibrierenden Klang eines fernen Gongs vergleichbar. Er schien durch das Dunkel herüberzuschweben von der sumpfigen, weidenbestandenen Einöde des jenseitigen Ufers, kam heran in gleichmäßigen Intervallen, rührte aber gewiß nicht von einer Schiffsglocke her noch von der Dampfpfeife eines fernen Schleppers. Auch heute noch vermag ich keinen bessern Vergleich zu finden als den mit dem Klang eines ungeheuren Gongs, der hoch oben im Himmel hing, seinen gedämpften, metallischen Schlag beständig wiederholend, wohltönend und weich, sooft er in Schwingung versetzt ward. Das Herz begann mir schneller zu schlagen, während ich so dastand und lauschte.

»Ich hör das schon den ganzen Tag«, sagte jetzt mein Gefährte. »Heut nachmittag, während du geschlafen hast, ist es von allen Seiten gekommen. Von einem Ende der Insel zum andern bin ich hinterhergehetzt, kam ihm aber nie nahe genug, um etwas sehen zu können, oder gar, um es genauer zu lokalisieren. Manchmal war's über mir, und dann wieder klang's, als stieg es geradewegs aus dem Wasser. Und ein- oder zweimal hätt ich schwören mögen, daß es gar nicht außerhalb war, sondern *in mir selbst* – verstehst du? So wie man den Klang aus einer vierten Dimension sich vorstellen könnte.«

Ich war viel zu verwirrt, als daß ich sonderlich auf seine Worte hätte achten mögen. Angespannt lauschend, mühte ich mich, irgendwelche Anklänge an mir bekannte Töne herauszuhören – doch ohne Erfolg. Die sonderbaren Laute kamen aus allen möglichen Richtungen, zuweilen auch aus größerer Nähe, um alsbald wieder aus äußerster Ferne zu erklingen. Ich könnte nicht behaupten, daß ihre Schwingungen etwas Bedrohliches an sich hatten, dazu waren sie viel zu melodisch. Dennoch – ich muß es bekennen – lösten sie in mir ein so intensives Gefühl der Bedrückkung aus, daß ich hätte wünschen mögen, sie niemals vernommen zu haben.

Die Weiden

»Es ist der Wind – er verfängt sich in jenen Sandmulden«, sagte ich, gewaltsam nach einer Erklärung suchend. »Oder vielleicht auch das scheuernde Geräusch der Weidenzweige nach dem Sturm.«

»Es klingt, als würde der ganze Sumpf läuten«, versetzte mein Freund. »Es kommt von überall zugleich.« Er hatte meine Erklärung gar nicht beachtet. »Aber irgendwie hat es auch mit den Weiden zu tun ...«

»Wie können es denn die Weiden sein«, fiel ich ihm ins Wort, »jetzt, da sich doch der Wind gelegt hat?«

Seine Antwort machte mich betroffen, denn sie entsprach ganz und gar meinen Befürchtungen, und außerdem erkannte ich intuitiv, daß er die Wahrheit sprach.

»Wir hören es, *weil* der Wind sich gelegt hat. Bis jetzt hat er alles in seinem Heulen ertränkt. Und außerdem glaube ich, daß das, was wir jetzt hören, der Ruf jener ...«

Ich machte kehrt und rannte Hals über Kopf hinauf zur Feuerstelle, denn ein brodelndes Zischen hatte mir angezeigt, daß unser Essen überkochte. Doch war ich nicht nur deshalb so unvermittelt davongestürzt: In Wahrheit scheute ich ja davor zurück, noch weiter zuhören zu müssen. Wenn's auch nur irgendwie zu machen war, wollte ich all diesen Erörterungen aus dem Wege gehen, denn ich fürchtete, er könnte wieder mit seinen Gottheiten anfangen, mit irgendwelchen Elementarkräften oder mit sonst etwas Beängstigendem. Und ich hatte doch nur den einen Wunsch, kaltes Blut zu bewahren für all das, was uns da noch bevorstand. Wir hatten eine zweite, endlose Nacht in dieser bedrückend geisterhaften Umgebung zu überstehen, und kein Mensch konnte wissen, was das Dunkel noch alles für uns bereithielt.

»Komm her da und schneid uns das Brot für die Suppe«, rief ich hinunter, wobei ich voll Eifer in der verlockenden Brühe rührte. Der Kochtopf – es machte mich lachen –, dieser Kochtopf allein hielt jetzt unsere Sinne zusammen.

Langsam schlenderte der Schwede heran, hob den Proviantsack

vom Ast, kramte in dessen unergründlichen Tiefen – und schüttete dann den gesamten Inhalt auf die darunter ausgebreitete Decke.

»So mach doch schon!« rief ich. »Das Essen kocht!«

Aber mit einem Mal brach der Schwede in ein hemmungsloses Gelächter aus. Erschrocken fuhr ich herum: Dieses Lachen, obschon es nicht gespielt war, klang alles andere denn belustigt.

»Es ist nichts da!« prustete er und schien sich nicht fassen zu können.

»Brotschneiden, hab ich gesagt!«

»Weg – alles weg! Sie haben's uns fortgenommen!«

Ich ließ den Kochlöffel fallen und sprang auf, um mich zu überzeugen. Unsere sämtlichen Vorräte lagen auf der Decke verstreut, nur von einem Brotlaib war nichts zu sehen!

Zunächst war's mir, als müßte ich unter der Last der plötzlich mich überstürzenden Angst zusammenbrechen. Dann aber platzte auch ich heraus: Lachen war das einzige, was man hier noch tun konnte! Und sobald ich erst zu lachen angefangen, verstand ich auch, weshalb *er* lachte. Es war die körperliche Spannung unserer Furcht, die den Ausbruch so unnatürlicher Heiterkeit bewirkte – war der Versuch so lange unterdrückt gewesener Kräfte, sich Luft zu machen –, war ein Sicherheitsventil, und sonst nichts! Denn ebenso unvermittelt, wie es eingesetzt hatte, versiegte unser beider Lachen.

»Ich bin doch blöder, als die Polizei erlaubt!« schrie ich auf, nach wie vor in allem Eigensinn darauf bedacht, nur ja nichts Unerklärliches zu dulden. »Da hab ich doch glatt vergessen, in Preßburg den Laib Brot mitzunehmen! Dieses tratschhafte Frauenzimmer hat mich ganz durcheinandergebracht, und so ist unser Brot einfach auf dem Pult liegengeblieben oder ...«

»Auch die Haferflocken sind seit heute morgen weniger geworden«, unterbrach mich der Schwede.

Was muß er auch das noch ausdrücklich feststellen, dachte ich verärgert.

»Fürs Frühstück werden sie reichen«, sagte ich und rührte eifrig in meinem Kochtopf. »Und in Komárom oder Gran haben sie so viel, daß sie's verkaufen müssen. Morgen um diese Zeit sind wir schon kilometerweit von hier fort.«

»Dein Wort in Gottes Ohr«, brummte er, während er alles wieder im Proviantsack verstaute. »Wenn wir nur nicht vorher geopfert werden.« Und mit sonderbarem Auflachen zerrte er den Sack ins Zelt, wohl aus Gründen der Sicherheit. Drinnen hörte ich ihn noch weiter vor sich hin brummen, doch waren seine Worte so undeutlich, daß nichts leichter war, als sie zu überhören.

Unsere Mahlzeit verlief unstreitig in recht düsterer Stimmung. Wir aßen nahezu ohne ein Wort, vermieden auch, einander anzublicken, und waren bloß darauf bedacht, ein hochaufloderndes Feuer zu unterhalten. Dann spülten wir das Eßgeschirr und trafen alle Vorbereitungen für die Nacht. Sobald wir aber rauchend am Feuer saßen, aller Pflichten des Tages ledig, begann die gestaltlose Furcht der vergangenen Stunden sich mehr und mehr um uns zu verdichten. Zwar stand die Bedrohung noch nicht wirklich vor mir, doch war's gerade das Unbestimmte ihres Ursprungs, das mich bedrückte, weit mehr noch, als hätte ich sie mit Namen nennen und ihr entgegentreten können. Der sonderbare Laut, den ich einzig mit dem Klang eines Gongs zu vergleichen vermocht, nun war er fast ohne Unterlaß zu hören und füllte die nächtliche Stille mit einem zarten, unablässigen, nahezu übergangslosen Geläut, das beständig um uns war, bald hinterrücks, bald vor uns ertönte, sich manches Mal aus dem Buschwerk zur Linken erhob, um gleich darauf aus dem Dickicht zur Rechten aufzusteigen. Noch öfter aber zitterte es direkt über uns, gleich dem Schwirren irgendwelcher unsichtbaren Schwingen. Tatsächlich, nun machte sich's schon überall gleichzeitig bemerkbar, hinter uns, vor uns, zu beiden Seiten und auch uns zu Häupten – es umkreiste uns, kreiste uns ein! Noch heute entzieht jener Klang sich meiner Beschreibung. Nichts, das ich jemals vernommen, nichts davon läßt sich dem unaufhörlichen, dunkeltönenden Summen vergleichen, welches sich damals aus der Verlassenheit einer Welt erhob, die nur aus schwankendem Morast bestand und aus sich wiegenden Weiden.

So saßen wir rauchend und wagten kein Wort, und unsere Spannung wuchs an von Minute zu Minute. Das Ärgste an unserer Lage, so wollte mir scheinen, war, daß wir nicht wußten, was da auf uns zukam, und daß wir aus diesem Grund keinerlei Maßnahmen treffen konnten, uns dagegen zur Wehr zu setzen. Nichts war voraussehbar. Darüber hinaus kamen nun all meine Erklärungen, die bei Sonnenlicht so plausibel geklungen, über mich und verfolgten mich mit all ihrer unzulänglichen Dummheit, und so wuchs die Gewißheit um uns beide, daß ein offenes Wort nun unausweichlich war, ob wir's nun wollten oder nicht. Schließlich mußten wir die Nacht gemeinsam überstehen, Seite an Seite liegend im nämlichen Zelt. Jetzt erst begann ich einzusehen, daß ich ohne den Zuspruch des Freundes nicht länger durchhalten würde, und so war eine freimütige Aussprache das Gebot dieser Stunde. Dennoch: Solang ich nur irgend vermochte, zog ich diesen krisenhaften Augenblick hinaus und versuchte, hinwegzuhören oder hinwegzulachen über die gelegentlichen Worte, die da mein Gefährte ins Leere sprach.

Manche dieser Äußerungen beunruhigten mich um so tiefer, als sie ja die Bestätigung dessen waren, was ich selbst seit geraumer Zeit empfand: eine Bestätigung, die um so überzeugender war, als sie mir von einem ganz anderen Standpunkt her zuteil wurde. Mein Gefährte formte ja so sonderbare Sätze, stellte sie so ohne inneren Zusammenhang vor mich hin, als wüßte er selbst nicht recht, was er da redete, ja als wären diese Fragmente nur der unverdauliche Rest eines Denkens, das sich auf unwegsamen Pfaden bewegte. So mochte ihm einzig dies vor sich Hinsprechen Erleichterung bringen, ja so mochte es kommen, daß er seine Worte nicht so sehr sprach als vormierte.

»Es sind da Dinge über uns, die, ich bin ganz sicher, darauf aus sind, alle Ordnung zu stören und aufzulösen, die nichts als Zerstörung im Sinn haben, und zwar *unsere* Zerstörung«, sagte er unter

Die Weiden

anderem, während das Feuer zwischen uns in die Nacht loderte. »Wir sind auf irgendeine Weise auf die andere Seite der uns gezogenen Grenzen geraten.«

Und dann, als jene an einen Gong gemahnenden Töne ganz in der Nähe erklangen, lauter als jemals zuvor, ja unmittelbar über unseren Köpfen, sagte er noch – aber es war, als spräche er zu sich selbst:

»Ich glaube ja nicht, daß man diese Laute phonographisch aufnehmen könnte. Sie gehen gar nicht übers Gehör. Ihre Schwingungen erreichen mich auf ganz andere Weise, scheinen aus mir selbst zu kommen, und das entspricht genau unsern Vorstellungen von Klängen aus einer anderen Dimension.«

Ich vermied es wohlweislich, darauf zu antworten, doch rückte ich ein wenig näher ans Feuer und spähte in die Finsternis rundum. Die schweren Wolken hatten sich über den ganzen Himmel ausgebreitet, und kein Strahl des Mondes vermochte, sie zu durchdringen. Auch herrschte ein so tödliches Schweigen, daß der Strom und die Frösche nur mehr sich selbst überlassen schienen.

»Das Ganze hat etwas an sich«, fuhr er fort, »was sich aller Erfahrung restlos entzieht. Es ist *unerhört* im eigentlichsten Wortsinn. Nur durch *ein* Wort läßt es sich annähernd wiedergeben: Es ist ein außermenschlicher Laut – es kommt aus einer andern Welt.«

Nachdem er diesen unverdaulichen Brocken von sich gegeben hatte, schwieg er eine Weile vor sich hin. Aber er hatte meine eigenen Empfindungen auf so bewundernswerte Weise ausgedrückt, daß es eine wahre Erleichterung war, diesen Gedanken endlich loszusein, ihn eingegrenzt zu wissen in den Schranken dieser Worte, so daß er mit seinem ziellosen Wandern kein Unheil mehr in unseren Köpfen anrichten konnte.

Werde ich die Verlassenheit jenes Nachtlagers an der Donau jemals vergessen können? Dieses Gefühl, ausgesetzt zu sein, mutterseelenallein auf einem unbewohnten Planeten? Ununterbrochen kreisten meine Gedanken um das Leben in den Städten, um das

Treiben der Menschen darin. Ich hätte, wie man so sagt, mein Seelenheil dafür hingegeben, in diesem Augenblick einbezogen zu sein in den Dunstkreis jener bayrischen Dörfer, die wir zu Dutzenden hinter uns gelassen hatten – einbezogen in alle Gewöhnlichkeit solchen Alltags: an Tischen im Schatten der Bäume mit den Bauern Bier zu trinken, hinter der rotgedeckten Kirche und am Fuße des Felsens mit der alten Burgruine. Sogar die Touristen wären mir jetzt willkommen gewesen.

Dennoch, was ich empfand, hatte nichts mit banaler Gespensterfurcht zu tun. Es war unendlich größer, befremdlicher, und schien heraufzusteigen aus einem düstern, vorzeitlichen Angstbereich, dessen profunde Verstörung alles überbot, was ich je erlebt, wovon ich je geträumt hatte. Wir waren, ganz wie der Schwede gesagt, »auf die andere Seite geraten«, in Regionen oder Konstellationen, wo die Gefahren überaus groß, wenngleich für uns nicht zu entschlüsseln waren – wo die Grenzen einer unbekannten Welt schon an unser Dasein streiften. Und es war eine Wohnstatt außerirdischer Wesen, eine Art Periskop aus jenseitigen Bereichen, durch das sie unser irdisches Treiben ausspähen konnten, ohne selbst wahrgenommen zu werden – eine Stelle, an welcher der trennende Schleier schon ein wenig dünn geworden war. In letzter Konsequenz unsres zu langen Verzuges auf dieser Insel zog es uns nun über die Grenze, auf daß wir all dessen beraubt würden, was wir »Leben« nannten, indes nicht auf physische Weise, sondern in einem rein geistigen Vorgang. Dies war's, was mein Gefährte gemeint hatte, als er davon gesprochen, wir seien als die Opfer unseres Wagnisses zur Opferung ausersehen.

Solche Erkenntnis überwältigte jeden von uns auf besondere Weise, ganz nach dem persönlichen Maß seiner Empfänglichkeit und seiner Widerstandskraft. Für mich war dies alles in irgendeiner Form eine Gestaltwerdung der von uns so gröblich aufgestörten Naturkräfte, denen ich nun alle Schrecknisse einer böswillig auf uns gerichteten Absicht zuschrieb und die nun Rache nehmen wollten für unser aberwitziges Eindringen in ihren bislang unbe-

Die Weiden 365

rührt gebliebenen Nährboden. Mein Gefährte hingegen hatte zunächst die herkömmlichere Vorstellung von der Schändung einer vorzeitlichen Kultstätte gehabt, eines Ortes, wo die alten Gottheiten noch hofhielten, eines Weiheplatzes, der noch immer überquoll von der Verehrung früherer Anbeter. Was Wunder, daß des Schweden *vorzeitliches* Teil dem alten, heidnischen Zauber zu erliegen begann?

Indes, wie dem auch immer sein mochte – wir befanden uns hier an einem von Menschen noch nicht besudelten Ort, den die Winde bislang von aller Entweihung reingehalten hatten, an einem Ort, wo das Weben und Wirken geistiger Mächte noch nicht zerstört worden war und sich nun zum Angriff gegen uns anschickte. Niemals, weder vorher noch nachher, hat mir das Wissen um die Existenz einer »Welt jenseits unserer Sinne«, um andere Lebensordnungen, um andere, uns Menschen völlig fremde Entwicklungsstufen so sehr zu schaffen gemacht. Schon stand mir als unabweisliches Ende vor Augen, daß unser Geist dem Gewicht des fürchterlichen Zaubers endgültig erliegen, daß jeder von uns über die Grenze gezogen würde, hinüber in jene *andere* Welt.

Bisher hatten nur kleine Anzeichen auf die bestürzenden Einflüsse hingewiesen, unter denen dieser Ort stand, doch jetzt, in der Stille rings um das Lagerfeuer, machten sie sich unsern Sinnen mehr und mehr bemerkbar. Noch die Atemluft auf dieser Insel, sie schien vergrößernde, ja verzerrende Eigenschaften in sich zu bergen: hatte sie nicht den im Strom sich wälzenden Otter ebenso zum ungeheuerlichen Zerrbild gemacht wie den vorübertreibenden Mann im Boot, der da seine beschwörenden Zeichen in die Leere geschrieben? Sie auch war es, welche die Weiden beständig verwandelte, jedes Ding seiner natürlichen Erscheinung beraubte und auf irgendwelche Weise jenen anderen Aspekt enthüllte – den Aspekt, der da Gültigkeit hat jenseits der Grenzen einer fremden Welt. Und dieser Wandel, ich spürte es, war nicht nur mir selbst etwas völlig Unvertrautes, er war unsrer menschlichen *Natur* unbekannt: so unbekannt wie jede einzelne Erfahrung, die uns jetzt an solcher Schwelle widerfuhr. Wir waren in einen ganz neuen Erfahrungsbereich geraten, im wahrsten Sinn des Wortes in einen Bezirk des *Außerirdischen*.

»Was einem auch noch den letzten Mut nimmt, ist diese vorbedachte, berechnende Zweckmäßigkeit, die hinter allem steckt«, sagte der Schwede plötzlich, als hätte er in meinen Gedanken gelesen. »Andernfalls könnte man's ja noch als bloße Einbildung hinstellen. Aber das Paddel, das Boot – *und* das Abnehmen des Proviants ...«

»Hab ich nicht für all das eine Erklärung gefunden?« fragte ich ein wenig spitz.

»Das hast du«, versetzte er trocken. »Unstreitig, das hast du.«

Er machte noch seine üblichen Bemerkungen über diese, wie er es nannte, »klare Entschlossenheit«, sich eines Opfers zu versichern. Ich aber, nachdem ich mich halbwegs gesammelt hatte, erkannte in diesem Gerede einfach die Auflehnung der angsterfüllten Seele meines Freundes gegen das Wissen, daß man ihn in einem lebenswichtigen Punkte bedrohte, daß er irgendwie umstrickt, ja vernichtet werden sollte. Unsere Lage erforderte ja ein Maß an Courage und kaltblütiger Überlegung, das keiner von uns aufzubringen vermochte, und so war ich mir so intensiv bewußt wie noch nie zuvor, daß da zwei Seelen in meiner Brust wohnten: eine, die jedes Ding zu erklären trachtete, und eine zweite, die bloß lachte über solche Torheit, dabei aber zitterte vor Angst.

Inzwischen war in der pechschwarzen Dunkelheit unser Feuer heruntergebrannt, und auch der Holzvorrat war bis auf einen kleinen Rest zusammengeschrumpft. Allein, keiner von uns traf irgendwelche Anstalten, ihn zu erneuern. So schloß sich denn alsbald die Finsternis recht nahe um unsre Gesichter, und kaum zwei Schritte vom Lagerfeuer herrschte schon Tintenschwärze. Zuweilen durchbebte ein schwacher Windhauch die Zweige der Weiden rundum, doch abgesehen von solchem nicht gerade angenehmen, zischenden Laut, hatte eine tiefe, bedrückende Stille sich über alles gelegt, eine Stille, die einzig vom Gurgeln des Stromes unterbrochen wurde, und auch von jenem summenden Klang in den Lüften.

Ich glaube, wir vermißten jetzt beide recht schmerzlich die heulende Gesellschaft des Winds.

Schließlich, als einer dieser gelegentlichen Stöße etwas länger anhielt, so als wollte der Wind sich von neuem erheben, hatte ich die Nase endgültig voll und empfand nur mehr das dringende Bedürfnis, mir in offener Aussprache die ganze Last von der Seele zu reden, oder aber eine überspannte, hysterische Handlung zu setzen, deren Auswirkungen auf uns beide wohl weit schlimmer gewesen wären. So schürte ich das Feuer zu seiner alten Helle und wandte mich danach unvermittelt an meinen Gefährten. Der schrak zusammen und blickte zu mir auf.

»Ich kann's nicht mehr verhehlen«, sagte ich, »aber ich ertrage diesen Ort nicht länger – weder die Finsternis noch auch all die Geräusche und schon gar nicht dieses entsetzliche Angstgefühl, das mich hier befällt! Mit dieser Insel hat es etwas auf sich, daß mich aufs äußerste beunruhigt. Wenn du's genau wissen willst – ich hab ganz einfach eine Scheißangst! Und wenn ich wüßte, daß es drüben, am anderen Ufer, daß es dort, wie soll ich's nur sagen – geheuerer ist als hier, ich schwör dir, daß ich dann am liebsten hinüberschwimmen würde!«

Unter aller Wind- und Sonnenbräune war das Antlitz des Schweden totenbleich geworden. Er starrte mich an und redete dann merkwürdig ruhig, allein, die unnatürliche Ruhe solcher Stimme verriet mir den Grad seiner Aufgewühltheit nur um so mehr. Trotzdem war *er* im Moment der Stärkere von uns beiden, wohl auch, weil er der Phlegmatischere war.

»Wir haben es hier nicht mit physischen Kräften zu tun, vor denen wir nach Belieben Reißaus nehmen könnten«, versetzte er im Ton eines Arztes, der eine sehr ernste Diagnose stellt. »Vielmehr müssen wir bis zum letzten ausharren und abwarten. In unserer nächsten Nähe sind Kräfte am Werk, die in einer einzigen Sekunde eine Herde von Elefanten ebenso leicht auslöschen könnten, wie du oder ich das mit einer Fliege fertigbringen. Unsre einzige Chance liegt in der Bewahrung absoluter Ruhe. Nur, wenn wir uns möglichst wenig bemerkbar machen – nur dann mag es sein, daß wir vielleicht noch davonkommen.«

Mein Gesicht war eine einzige Frage, doch vermochte ich nicht, sie in Worte zu kleiden. Mir war zumute, als hörte ich der exakten Beschreibung einer Krankheit zu, deren Symptome mich seit langem beunruhigt hatten.

»Was ich damit sagen will«, fuhr mein Gegenüber fort, »ist, daß sie, obschon sie unserer störenden Gegenwart durchaus inne sind, uns noch nicht *gefunden* haben – ›geortet‹, wie es die Amerikaner nennen. Jene Mächte tappen noch im dunkeln, etwa wie Menschen, die ausströmendem Gas nachspüren, auf der Suche nach dem Schaden in der Leitung. Das Paddel, das Boot und unsere Vorräte sind ein Beweis dafür. Ich glaube, daß sie uns zwar *spüren*, uns aber nicht sehen können. Deshalb müssen wir ruhig bleiben bis ins Innerste, denn es ist unser *Geist*, was sie fühlen. Wir müssen unsre Gedanken im Zaume halten, oder es ist um uns geschehen.«

»Du meinst, sie würden uns – töten?« stammelte ich, und ein eisiger Schrecken überkam mich bei dieser Vorstellung.

»Schlimmer – bei weitem schlimmer«, sagte er. »Der Tod, so wie wir ihn sehen, ist ja entweder die radikale Auslöschung unserer Sinne – oder aber die Befreiung von ihren Schranken. Unser Eigentliches bleibt unberührt von ihm. Das Ich ändert sich nicht, bloß weil da der Körper nicht mehr existiert. Was uns aber *jetzt* droht, ist eine radikale Verkehrung, ein vollständiger Wandel, ein Verlust des gesamten Selbst in einem fürchterlichen, aberwitzigen Austausch – und der ist weit schlimmer als der Tod, und bei weitem nicht mit der bloßen Vernichtung vergleichbar. Der Zufall hat's gewollt, daß wir unser Lager an einem Orte aufgeschlagen haben, wo *ihre* Region an die unsre streift, wo der trennende Schleier schon ein wenig dünn geworden ist« – o namenloses Entsetzen!, er gebrauchte meine eigene Wendung, Silbe für Silbe meine eigenen Worte –, »so daß sie unserer Gegenwart in so naher Nachbarschaft gewahr geworden sind.«

»Aber – *wer* ist gewahr geworden?« fragte ich.

Und über solcher Frage vergaß ich des Geschwankes der Weiden inmitten so tödlicher Flaute, vergaß ich des summenden Klanges über uns, ja vergaß ich jedes Dinges in diesem Warten auf eine Antwort, der ich in größerer Angst entgegenbangte, als ich schlechterdings zu beschreiben vermag.

Er aber dämpfte seine Stimme, beugte sich über das Feuer zu mir – beugte sich näher mit einem unwägbar veränderten, jenseitigen Ausdruck, der mich die Augen abwenden und den Blick zu Boden schlagen ließ.

»Solange ich lebe«, sagte er, »war ich mir auf merkwürdig eindringliche Weise der Existenz einer andern Region bewußt – einer Region, gar nicht weit von der unsern in gewissem Sinn, aber völlig anders geartet –, wo unaufhörlich gewaltige Dinge im Gange sind und unermeßliche, fürchterliche Wesen schattengleich vorüberhuschen, in aller Intensität auf unfaßliche Dinge bedacht, gegen die unser irdisches Streben, gegen die der Aufstieg und Fall der Völker, das Schicksal der Weltreiche, das Los von Kriegsheeren und von Kontinenten nichts sind als ein Staubkorn auf der Waagschale solcher Vergleichung. Auf unfaßliche Dinge bedacht, sage ich, auf Dinge, welche einzig die Seele betreffen, mitten in sie hineinzielen, nicht nur auf ihre Regungen, auf ihre ...«

»Weißt du, ich würde vorschlagen ...«, unterbrach ich ihn, bestrebt, seinen Worten Einhalt zu gebieten, da ich mehr und mehr das Gefühl hatte, einem Irrsinnigen gegenüberzusitzen. Er aber schwemmte solchen Einwand hinweg mit einem Redestrom, der nicht mehr aufzuhalten war – der einfach seinen Lauf nehmen *mußte*.

»Du hast geglaubt«, sagte er, »es sei der Geist der Elemente. Und ich – vielleicht, daß ich gedacht habe, es könnten die alten Gottheiten sein. Aber jetzt sage ich dir – es ist *keines von beiden*. Denn *das* wären erklärbare Wesen, weil sie Beziehungen unterhalten zu uns

Menschen, weil sie abhängig sind von unsrer Verehrung und unsern Opfergaben! Die Wesen hingegen, die uns *jetzt* umgeben, haben mit allem, was Mensch heißt, überhaupt nichts zu tun, und es ist der pure Zufall, daß ihre Sphäre gerade an diesem Ort an die unsere streift.«

Schon die bloße Konzeption, die er mit so überzeugenden Worten inmitten all des finsteren Schweigens dieser weltabgeschiedenen Insel vor mich hinstellte, machte mich über und über erschaudern. Ich vermochte nicht, meine innere Bewegung zu bemeistern.

»Und was denkst du, daß wir tun sollten?« versuchte ich einzuwenden.

»Vielleicht, daß eine andere Opferhandlung, ein anderes Opfer sie ablenken könnte und es uns auf diese Weise ermöglichte, von hier zu entkommen«, fuhr er fort. »Ganz so, wie die Wölfe über dem Verschlingen der Hunde alle Verfolgung vergessen und so dem Schlitten die Flucht ermöglichen. Aber ich sehe kein anderes Opfer.«

Ich starrte ihn an, nicht fähig, einen klaren Gedanken zu fassen. Das Glosen in seinen Augen war gar zu beängstigend. Indes, schon sprach er weiter.

»Es sind die Weiden. Nichts als die Weiden. Sie sind die *Maske*, unter der die andern sich verstecken, die andern, welche beständig nach uns tasten. Und wir, sobald wir unserm Denken gestatten, seine Angst preiszugeben, sind verloren – rettungslos verloren.« Er blickte mich mit solcher Ruhe und Entschlossenheit an, mit solchem Ernst, daß alle Zweifel, die ich bezüglich seiner geistigen Gesundheit gehegt hatte, von mir abfielen. Er war so normal, wie nur je ein Mensch normal gewesen ist. »Wenn es uns gelingt, diese Nacht zu überstehen«, fügte er hinzu, »dann mag es sein, daß wir bei Tageslicht unbemerkt von hier fortkommen – oder, besser gesagt, *unentdeckt*.«

»Und du glaubst wirklich, daß irgendein anderes Opfer uns ...«

Doch mit meiner Frage senkte jener gongartig summende Klang sich ganz nahe auf uns herab. Was mich aber in Wahrheit verstummen machte, war der zu Tode erschrockene Ausdruck meines Gegenübers.

»Still!« raunte er und hob die Hand. »Sprich nicht von ihnen, wenn du nicht unbedingt mußt! Nenn sie nicht mit *Namen*! Namen nennen heißt sich entblößen, sich deklarieren – und damit gibst du ihnen den Schlüssel in die Hand, dessen sie bedürfen. Unsre einzige Hoffnung besteht aber darin, daß wir ihrer nicht achten, auf daß auch sie unsrer nicht achten mögen.«

»Auch in Gedanken?« fragte ich ihn, der zutiefst aufgewühlt schien.

»Besonders in Gedanken! Unsere Gedanken werfen Wellenkreise in jener andern Welt. Und so müssen wir um jeden Preis versuchen, uns alles aus dem Sinn zu schlagen, was mit ihr zu tun hat – wir müssen jene Wesen *aus unserem Geist verbannen.*«

Ich scharrte die Glutreste zusammen, damit nicht die Finsternis alle Macht über uns gewänne. Niemals zuvor hatte ich mich stärker nach dem Licht der Sonne gesehnt denn jetzt, in der schrecklichen Düsternis dieser Sommernacht.

»Warst du gestern die ganze Nacht lang wach?« fragte er unvermittelt.

»Kurz nach Einbruch der Dämmerung hab ich ein wenig geschlafen, aber schlecht«, entgegnete ich ausweichend, indem ich seinen Anweisungen, deren Richtigkeit ich instinktiv erkannt hatte, Rechnung zu tragen versuchte. »Du weißt ja, dieser Wind ...«

»Schon gut. Aber die Geräusche kamen nicht alle vom Wind.«

»Du hast sie gehört?«

»Ich habe die ständig sich vermehrenden, zahllosen Schritte gehört«, sagte er und fügte zögernd hinzu: »und dann jenen anderen Laut ...«

»Den über dem Zelt? Das, was sich dann mit solcher Gewalt auf uns gelegt hat – jenes fürchterliche, gigantische Etwas?«

Er nickte voll düsterer Zustimmung.

»Es war, als müßte man von innen her ersticken«, sagte ich.

»Ja, ungefähr. Für mich war's, als hätte das Gewicht der Luft sich verändert – hätte aufs ungeheuerlichste zugenommen, so daß man jeden Moment gewärtig sein mußte, zerquetscht zu werden.«

»Und *das* hier«, fuhr ich fort, fest entschlossen, mir auch noch das Letzte von der Seele zu reden, und wies nach oben, wo ohne Unterlaß jener gongähnliche Klang ertönte, steigend und fallend wie die Stimme des Winds – »und *das,* wie erklärst du dir *das?*«

»Das ist ihre Stimme«, raunte er feierlich. »Es ist der Klang ihrer Welt, das tönende Summen ihres Bereichs. Die trennende Wand ist an diesem Ort so dünn, daß es auch an unsre Ohren dringt, auf irgendwelche Weise. Aber wenn du genau hinhörst, wirst du entdecken, daß dieser Laut nicht so sehr von oben kommt – daß er vielmehr rund um uns ist. Er kommt aus den Weiden. Die Weiden selbst sind es, die so unablässig vor sich hinsummen, denn hier sind sie zum Symbol jener Mächte geworden, welche sich gegen uns gewandt haben.«

Mir war nicht ganz klar, was er damit meinte, aber dennoch stand außer Zweifel, daß jeder von uns das gleiche dachte. Ich erkannte es ebensosehr wie er, nur konnte ich's nicht so gut auseinanderhalten. Schon war ich drauf und dran, ihm auch noch von jener Erscheinung der emporschwebenden Gestalten und des aus eigenem Antrieb schwankenden Weidengesträuchs zu erzählen, als er sich plötzlich noch näher über das Feuer zu mir herüberbeugte und in noch ernsterem Tone auf mich einzuflüstern begann. Sein Ernst und seine Entschlossenheit, dies augenscheinliche Meistern der Situation, erstaunte mich über die Maßen. Und diesen Mann hatte ich durch all die Jahre für phantasielos, für stumpf gehalten!

»Jetzt hör mir gut zu«, sagte er. »Das einzige, was wir tun können, ist, weiterzumachen, als ob gar nichts passiert wäre: unsern alltäglichen Gewohnheiten nachzugehen, nachts ins Zelt zu kriechen, und so weiter. Mit einem Wort, so zu tun, als wär überhaupt nichts geschehen, als hätten wir gar nichts bemerkt. Es ist eine rein geistige Frage, und je weniger wir an jene Wesen denken, desto größer wird die Wahrscheinlichkeit, ihnen doch noch zu entkommen. Und vor allem eines: *denk* nicht! Denn was du denkst, das geschieht auch!«

»Nun gut«, brachte ich eben noch hervor. Seine Worte und das Befremdliche der Situation hatten mir einfach die Sprache geraubt. »Nun gut. Ich will's versuchen. Aber sag mir nur noch eins: Was hältst du von jenen Stapfen im Sand rings um uns, von jenen trichterförmigen Vertiefungen?«

»Hör auf!« rief er in höchster Erregung und uneingedenk seines bisherigen Flüstertons. »Ich *wag* es nicht, ich *wag's* einfach nicht, es in Worte zu fassen! Mir soll es nur recht sein, wenn du selbst es noch nicht erkannt hast! So denk erst gar nicht darüber nach! *Mir* haben sie's schon ins Hirn gegraben – tu du dein äußerstes, daß es ihnen nicht auch bei dir gelinge!«

Seine Stimme war wieder zu einem Flüstern herabgesunken. Ich aber drang nicht weiter in ihn. Mein Entsetzen war schon groß genug – seine Steigerung hätte ich nicht mehr ertragen. So erstarb unser Gespräch, und wir rauchten wortlos vor uns hin.

Dann trat etwas ein – etwas, das an sich ganz bedeutungslos war, wie das in Momenten äußerster Nervenanspannung bisweilen der Fall ist. Und dieser kleine Vorfall zeigte mir unsere Lage für eine kurze Zeitspanne in gänzlich anderem Licht. Rein zufällig hatte ich auf die Strandschuhe an meinen Füßen geblickt – wir benutzten sie meist nur im Boot –, und da rief der Anblick ihrer offenen Kappen mir plötzlich das Schuhgeschäft in London ins Gedächtnis, ließ mich an den geplagten Verkäufer denken und an die Schwierigkeiten des Anprobierens, kurz an all das Drum und Dran solchen zwar langweiligen, aber doch zweckmäßigen Vorgangs. Und diese Erinnerung hatte eine ganze Reihe weiterer zur Folge, die mir insgesamt das Bild jener skeptischen Welt heraufriefen, in der ich daheim zu leben gewohnt war. Unversehens dachte ich wieder an Roastbeef und Ale, an Automobildroschken und Polizisten, an Blaskapellen und an Dutzende anderer Dinge, welche die Seele in den Bann des Alltäglichen und Nützlichen schlagen. Die Wirkung dieses Sicherinnerns war so unmittelbar, daß sie mich in

Staunen versetzte. Psychologisch betrachtet, war's wohl ganz einfach eine heftige Spontanreaktion auf all die Angespanntheit unsres Aufenthalts inmitten von Dingen, die jedem normalen Bewußtsein als unmöglich und unglaublich erscheinen mußten. Indes, was auch immer der Grund gewesen sein mag, der Zauberbann war mit einem Mal von meinem Herzen genommen, und ich fühlte mich minutenlang frei von aller Angst und Bedrückung. Plötzlich konnte ich meinem Freund wieder in die Augen blicken.

»Du verdammter alter Heide!« schrie ich und lachte ihm schallend ins Gesicht. »Du unverbesserlicher Phantast! Du abergläubischer Götzenanbeter! Du ...«

Doch mitten im Satz verschlug's mir die Rede, so sehr war das alte Entsetzen aufs neue über mich hergefallen. Ertappt wie bei einem Sakrileg, war ich darauf bedacht, meine Stimme zu dämpfen. Auch der Schwede mußte ihn gehört haben: den sonderbaren Schrei in der Dunkelheit über uns – und diesen plötzlichen Ruck in der Luft, als hätte mit einem Mal sich etwas ganz nahe an uns herangeschoben!

Er wurde aschfahl unter all seiner Bräune, sprang kerzengerade vom Feuer auf und starrte mich an, so steif wie ein Stock.

»Jetzt ist es genug«, sagte er in einer Art ratloser Gehetztheit. »Jetzt müssen wir fort von hier! Keine Sekunde länger dürfen wir bleiben. Wir müssen unverzüglich das Lager abbrechen und zusehen, daß der Fluß uns möglichst weit von hier fortträgt!«

Was er da redete, war ziemlich verrückt und, wie ich sah, vom erbärmlichsten Schrecken diktiert – von jenem Entsetzen, dem er so lange widerstanden und das ihn nun doch überwältigt hatte.

»Jetzt? Bei Nacht und Nebel?« rief ich aus, selber noch schlotternd vor Angst nach meinem hysterischen Ausbruch, aber dennoch unsere Lage klarer überblickend als er. »Das ist der nackte Wahnsinn! Der Strom führt Hochwasser, und wir haben nur das eine Paddel! Außerdem kämen wir nur noch tiefer in ihren Machtbereich hinein! Auf nahezu hundert Kilometer haben wir nichts vor uns als Weiden, Weiden und wieder Weiden!«

Die Weiden 375

Er setzte sich hin, dem Zusammenbruch nahe. Zufolge einer kaleidoskopartigen Verwandlung, wie die launenhafte Natur sie bisweilen liebt, waren unsere Positionen plötzlich vertauscht, so daß die Kontrolle nun auf *mich* überging. Jetzt war *er* derjenige, dessen Geist zu unterliegen begann.

»Was hat dich nur dazu gebracht, so etwas zu tun?« flüsterte er, und nacktes Entsetzen sprach ihm aus der Stimme wie aus dem Blick.

Ich ging um das Feuer herum, ergriff des Verstörten Hände, ließ mich auf die Knie nieder und blickte ihm in die angstgeweiteten Augen.

»Jetzt schüren wir das Feuer ein letztes Mal auf«, sagte ich mit aller Bestimmtheit, »und dann gehen wir schlafen! Bei Sonnenaufgang sind wir schon mit Volldampf nach Komárom unterwegs. Und nun reiß dich zusammen, und halt dich an das, was du selbst mir geraten hast: *Nicht an die Angst denken!*«

Er sagte nichts mehr und war offensichtlich bemüht, mir zu gehorchen. Irgendwie verschaffte es jedem von uns Erleichterung, jetzt aufzustehen und in aller Finsternis auf Holzsuche zu gehen. Wir hielten uns nahe aneinander, blieben beständig in Tuchfühlung und tasteten uns gemeinsam durchs Buschwerk und am Ufer entlang. Aber das Summen über uns ließ nicht nach, sondern schien mit wachsender Entfernung vom Feuer nur noch stärker zu werden. Zähneklappernd machten wir uns an die Arbeit.

Wir wühlten uns eben durch eine besonders dichte Weidengruppe, in deren Gezweig sich ganz oben einiges Treibholz von früheren Überschwemmungen verfangen hatte, als ich mich plötzlich von einem Griff umklammert fühlte, der mich beinahe zu Fall gebracht hätte. Es war der Schwede. Er hatte sich haltsuchend an mich geklammert und atmete keuchend und stoßweise.

»Alle guten Geister, so schau doch!« flüsterte er, und zum erstenmal im Leben vernahm ich eine vor Entsetzen weinende Stimme.

Der Schwede zeigte auf das kaum zwanzig Schritt entfernte Feuer. Ich folgte der Richtung seiner Hand – und, ich schwör's, mein Herzschlag setzte aus.

Dort drüben, zwischen uns und dem schwachen Glutschein *bewegte sich etwas*!

Ich vermochte nur undeutlich zu sehen, wie durch den Schleiervorhang, den man auf dem Theater verwendet, so sehr schien alles in Nebel gehüllt. Was sich dort regte, war aber weder eine menschliche Gestalt, noch schien es ein Tier zu sein. Auf mich machte es den befremdenden Eindruck einer ganzen Gruppe von Tieren, so als bewegten sich zwei, drei dicht aneinandergedrängte Pferde voran. Auch der Schwede sah es ähnlich, doch drückte er's anders aus: Für ihn hatte jenes Schattenwesen die Form und Größe einer Gruppe von Weidenbüschen mit abgerundeten Wipfeln, die über und über in Bewegung begriffen waren. – »Qualmend und quellend wie Rauch«, sagte er später.

»Ich hab gesehn, wie es sich durchs Gesträuch herabgesenkt hat!« schluchzte er an meinem Ohr. »So schau doch – mein Gott! Es kommt auf uns zu! Oh, oh!« Er gab einen pfeifenden Angstlaut von sich. *»Sie haben uns gefunden!«*

Ich warf einen entsetzten Blick hinüber und konnte eben noch gewahren, wie jenes schattengleiche Etwas sich durchs Gesträuch auf uns zu bewegte. Dann brach ich zusammen und stürzte krachend rücklings in die Zweige. Die konnten mein Gewicht nicht halten, und da sich auch noch der Schwede an mich gehängt hatte, stürzten wir in gemeinsamer Umklammerung auf den sandigen Grund. Ich wußte kaum, wie mir geschah und was da um uns vorging, sondern ward lediglich eines alles einhüllenden, eisigen Angstgefühls inne, das mir die Nerven aus dem Fleisch reißen wollte, indem es nach allen Richtungen daran zerrte und zog, bis ich nur mehr ein zitterndes Bündel Angst war. Die Lider hielt ich krampfhaft zusammengepreßt, schon saß mir das Ersticken in der Kehle, schon gab das Gefühl, daß mein Bewußtsein sich ausdehne, ja hinaufwüchse ins Leere, einer neuen Empfindung Raum, darin

Die Weiden

ich fiel und fiel und mich verlor in eine alles auslöschende Nähe des Todes.

Ein stechender Schmerz durchzuckte mich: Es war der Schwede, der sich in unserm gemeinsamen Sturz auf abscheuliche Weise in mich verkrampft hatte.

Doch gerade dieser Schmerz war meine Rettung: Er sei es gewesen – so beteuerte mein Gefährte später –, der mich *jene Wesen vergessen,* der mich an anderes habe denken lassen, genau in dem Augenblick, da sie im Begriff gestanden, meiner habhaft zu werden. Jener Schmerz habe genau im Moment der Entdeckung meinen Geist vor ihnen verhüllt, gerade noch rechtzeitig für mich, um ihrem fürchterlichen Zugriff zu entrinnen. Ihm selbst, so sagte er, seien in jenem Moment die Sinne geschwunden, und auf diese Weise sei auch er den Verfolgern entgangen.

Indes, fürs erste wußte ich nur, daß ich einige Zeit danach, wie lange oder wie kurz vermag ich nicht zu sagen, mich in verzweifelter Anstrengung aus der schlüpfrigen Umklammerung der Weidenzweige zu befreien suchte und dabei gewahrte, wie mein vor mir stehender Gefährte mir die Hand zur Hilfe entgegenstreckte. Benommen starrte ich ihn an, den Arm reibend, den er mir beinahe ausgerenkt hatte. Noch immer brachte ich kein Wort über die Lippen.

»Ich war vorübergehend bewußtlos«, hörte ich ihn sagen. »Das hat mich gerettet, weil es mich davor bewahrt hat, weiter an sie zu denken.«

»Und vorher hast du mir fast den Arm gebrochen«, versetzte ich. Mehr als diesen einen Satz vermochte ich im Moment nicht zu sagen. Mein Geist war so taub wie mein Körper.

»Das hat *dich* gerettet!« gab er zur Antwort. »Irgendwie ist's uns gelungen, sie gemeinsam in eine falsche Richtung zu locken. Das Summen hat aufgehört. Es ist weg – zumindest im Augenblick!«

Aufs neue überschwemmte mich eine Welle hysterischen Lachens, und diesmal stimmte auch mein Freund mit ein: Es war ein zwerchfellerschütterndes, gesundes Gelächter, das eine ungeheure Erleichterung mit sich brachte. Danach machten wir, daß wir zurück ans Feuer kamen, und warfen alles mitgebrachte Holz hinein, so daß die Flammen hoch emporloderten. Im Scheine solchen Brandes gewahrten wir, daß das Zelt zusammengestürzt war und als zerknülltes Bündel auf dem Boden lag. Wir richteten es wieder auf, strauchelten aber im Verlauf dieser Arbeit zu mehreren Malen, weil unsre Füße immer wieder in dem sandigen Boden einbrachen.

»Das waren diese Löcher«, rief der Schwede, sobald unser Zelt wieder stand und der Feuerschein den Boden auf einige Meter im Umkreis erhellte. »Und schau nur, wie groß sie sind!«

Rings um das Zelt und unsere Feuerstelle, überall dort, wo wir die schleichenden Schatten erspäht hatten, befanden sich nun diese tiefen, schüsselförmigen Höhlungen im Sandgrund. Sie glichen aufs Haar jenen andern, die wir allerorten auf der Insel gefunden hatten, nur waren sie viel größer und tiefer, wunderbar deutlich ausgeprägt und in manchen Fällen groß genug, mein ganzes Bein in sich aufzunehmen.

Keiner von uns sagte ein Wort. Wir wußten beide, daß es für uns am sichersten war, schlafen zu gehen, und das taten wir denn auch, ohne zu zögern. Vorher aber löschten wir noch das Feuer mit Sand und nahmen den Proviantsack wie auch das Paddel mit uns ins Zelt. Auch unser Boot hatten wir so nahe darangerückt, daß wir's mit den Füßen berühren konnten und noch seine geringste Bewegung uns aus dem Schlaf schrecken mußte.

Um für alle Fälle gerüstet zu sein, blieben wir in den Kleidern, so daß wir jederzeit ohne Verzögerung aufbrechen konnten.

Ich war fest entschlossen, die ganze Nacht hindurch wach zu liegen und auf jedes Geräusch zu achten, doch meine nervliche Erschöpfung und körperliche Müdigkeit wollten es anders: So über-

Die Weiden

kam mich denn alsbald der Schlaf und breitete den willkommenen Mantel des Vergessens über mich. Daß mein Gefährte früher als ich eingeschlafen war, beschleunigte diesen Vorgang nur. Zunächst war mein Freund freilich noch unruhig gewesen, hatte sich immer wieder aufgesetzt und mich gefragt, ob nicht auch ich »dies oder jenes gehört« hätte. Beständig hatte er sich auf seiner Korkmatratze herumgewälzt und behauptet, das Zelt bewege sich, und der Fluß sei im Begriff, die Insel zu überfluten. Doch sooft ich auch nach draußen gegangen war, um nachzusehen, stets hatte ich ihn beschwichtigen können mit der Versicherung, alles sei in bester Ordnung. So war er nach und nach ruhiger geworden und nur mehr still dagelegen. Nach einer weiteren Weile waren seine Atemzüge gleichmäßig geworden, und jetzt hörte ich ihn ganz unverkennbar schnarchen. Es war das erste und einzige Mal in meinem Leben, daß Schnarchen mir willkommen, ja, daß es eine Beruhigung für mich war.

Dieser Gedanke, ich weiß es noch, war der letzte, bevor auch ich einschlummerte.

Ich erwachte aus Atemnot: Die Decke lag mir überm Gesicht. Aber nicht nur die Decke – noch etwas zweites hatte sich auf mich gelegt und drückte mich zu Boden. Zunächst dachte ich, mein Gefährte sei im Schlaf von seiner Matratze zu mir herübergerollt. So rief ich ihn an und setzte mich auf – wußte aber im Moment meines Aufsetzens, daß das Zelt *umstellt* war! Wieder war das Geräusch jener unzähligen, leisen Schritte von draußen zu vernehmen und füllte die Nacht aufs neue mit Entsetzen.

Nochmals rief ich den Schläfer an, jetzt schon lauter. Aber keine Antwort erfolgte – nicht einmal sein Schnarchen war zu hören. Auch bemerkte ich jetzt, daß die Zeltklappe heruntergelassen war. Welch unverzeihliche Nachlässigkeit! Sogleich kroch ich ins Dunkel hinaus, um sie wieder festzuhaken. Dabei bemerkte ich, daß der Schwede nicht mehr da war. Er hatte sich in aller Heimlichkeit davongemacht!

Wie von Sinnen stürzte ich aus dem Zelt, von einer fürchterlichen Unruhe erfaßt. Doch kaum im Freien, fand ich mich auch schon eingetaucht in eine Art Wirbelstrom aus raunendem Summen. Von allen Seiten rückte es mir auf den Leib, aus sämtlichen Himmelsrichtungen gleichzeitig schien es zu kommen. Es war das nämliche Summen wie früher – doch jetzt bis zum Aberwitz gesteigert! Rings um mich erdröhnte die Luft, als umkreise mich ein Schwarm riesenhafter, unsichtbarer Bienen! Sogar die Atemluft schien immer zäher, dicker zu werden von diesem Klang, und ich spürte, daß meine Lungen sie kaum mehr bewältigen konnten.

Aber ich wußte den Freund in Gefahr, und so gab's kein Zögern mehr für mich.

Der Tag dämmerte schon herauf, und ein fahles, weißliches Licht vom fernen, klaren Himmelsrand begann die Wolken zu erhellen. Kein Hauch störte die Stille. Ich konnte gerade noch das Buschwerk und den Fluß am anderen Ende der Insel erkennen sowie das bleiche, sandige Ufer. In meiner Aufregung raste ich wie ein Irrer von der einen Seite zur andern, rief den Schweden beim Namen und schrie, so laut ich nur konnte, hinaus, was mir gerade in den Sinn kam. Aber die Weiden dämpften, das Summen erstickte mir die Stimme, so daß mein Geschrei nur wenige Schritte weit zu hören war. Ich stürzte mich ins Gesträuch, fiel der Länge nach hin, stolperte weiter über die Wurzeln, zerkratzte mir das Gesicht – aber ich bahnte mir einen Weg durch das widerspenstige Dikkicht!

Völlig unerwartet fand ich mich auf der Landzunge und erblickte vor mir eine Gestalt, die sich schattenhaft gegen das Wasser und den Himmel abhob. Es war der Gesuchte! Schon stand er mit dem einen Fuß im Strom! In der nächsten Sekunde würde er sich in die Fluten stürzen!

Ich warf mich auf ihn, schlug ihm die Arme um den Leib und zerrte ihn mit aller Kraft zurück aufs trockene Land. Er wehrte sich mit der Kraft der Verzweiflung, und das verdammte Summen schien jetzt schon aus ihm selbst hervorzubrechen, untermischt

Die Weiden

von den ungereimtesten, zornigsten Ausrufen, die ich nur zum Teil verstand, bloß als Fragmente, wie »eingehen zu ihnen« und »den Weg des Wassers und des Windes gehen« und, weiß der Teufel, was sonst noch. Später konnte ich mich ihrer gar nicht mehr entsinnen, obschon sie mich jetzt bis zur Übelkeit mit Aufregung und Entsetzen erfüllten. Aber am Ende hatte ich den Freund doch wieder in der relativen Sicherheit des Zelts, warf ihn atemlos und fluchend auf seine Matratze und hielt ihn am Boden fest, bis der Anfall vorbei war.

Ich glaube, das Merkwürdigste an dem ganzen Geschehen war die Plötzlichkeit, mit der alles vorüberging, die Abruptheit, mit der mein Gefährte wieder zu Sinnen kam, ganz in Entsprechung zu dem ebenso abrupten Verstummen der Schritte und des Gesummes rings um das Zelt. Er schlug die Lider auf, wandte mir sein zu Tode erschöpftes Gesicht zu, so daß durch den Zelteingang das fahle Dämmerlicht darauf fiel, und sagte mit einer Stimme, die aus einem verängstigten Kind zu kommen schien:

»Du hast mir das Leben gerettet – alter Freund – ich verdank dir mein Leben! Aber nun ist alles vorbei. Sie haben ein anderes Opfer gefunden!«

Dann sank er auf sein Lager zurück und schlief mir buchstäblich unter den Händen ein. Die Sinne hatten ihn verlassen, und gleich darauf begann er so gesund zu schnarchen, als wäre überhaupt nichts vorgefallen, ja, als hätte er niemals versucht, durch einen Sprung in den Strom sein eigenes Leben zum Opfer zu bringen. Und als ihn drei Stunden später das Licht der Sonne weckte – es waren Stunden ununterbrochenen Wachens für mich gewesen –, mußte ich erkennen, daß er gar nicht mehr wußte, was er da zu tun versucht hatte. So schien es mir weiser, mit keinem Wort daran zu rühren und keinerlei verfängliche Fragen mehr zu stellen.

Wie ich schon gesagt habe, war er ganz von allein erwacht, ohne jede Einwirkung von außen. Die Sonne stand schon hoch im windstillen, heißen Himmel, und der Schwede erhob sich sofort, um

Feuer zu machen und alles fürs Frühstück vorzubereiten. Mit einiger Besorgnis folgte ich ihm zum morgendlichen Bad, aber er versuchte gar nicht erst, ins Wasser zu springen, sondern tauchte bloß den Kopf in die Fluten, wobei er deren außergewöhnliche Kälte erwähnte.

»Na also, der Strom fällt jetzt wieder«, sagte er noch. »Dem Himmel sei Dank!«

»Auch das Summen hat aufgehört«, bemerkte ich.

Er streifte mich mit einem gelassenen Blick, der ganz wie sonst war. Offenbar erinnerte er sich jeder Einzelheit – bis auf seinen Selbstmordversuch.

»Alles hat aufgehört«, sagte er, »und zwar, weil ...«

Er verstummte. Ich aber spürte, daß er mit den letzten Worten auf jene Bemerkung kurz vor seiner Ohnmacht anspielte, und wollte wissen, was er damit gemeint hatte.

»Du meinst wohl, ›sie haben ein anderes Opfer gerunden‹?« fragte ich mit erzwungenem Lachen.

»So ist es«, versetzte er. »So und nicht anders! Ich spür es so deutlich wie – wie – Mit einem Wort, ich fühle mich wieder völlig in Sicherheit.«

Mit neu erwachter Wißbegier musterte er die Umgebung. Die Sonne brütete über dem sandigen Strand, und es herrschte absolute Windstille. Auch die Weiden standen regungslos. Langsam erhob sich der Schwede.

»Komm«, sagte er, »ich glaube, wir brauchen uns gar nicht viel umzusehen, um ihn zu finden.«

Er begann zu laufen, und ich folgte ihn. Es schien ihn nur das Ufer zu interessieren, denn er stocherte mit einem Ast in all den sandigen Buchten, Unterwaschungen und vom Hochwasser verbliebenen Tümpeln herum. Die ganze Zeit hielt ich mich hinter ihm.

»Aha!« rief er mit einem Mal. »Da haben wir's!«

Irgend etwas in seiner Stimme erweckte in mir aufs neue das Entsetzen der vergangenen zwei Nächte. Eilends trat ich neben ihn. Er wies mit dem Ast auf einen großen, schwärzlichen Gegenstand, der halb im Wasser, halb auf dem sandigen Ufer lag. Das Ding schien sich unter Wasser im Geschlinge der Wurzeln verfangen zu haben, so daß die Strömung es nicht mit sich hatte fortreißen können. Vor ein paar Stunden mußte diese Stelle noch zur Gänze überflutet gewesen sein.

Schau her«, sagte er ruhig, »hier hast du das Opfer, dem wir unsere Rettung verdanken!«

Ich spähte dem Freund über die Schulter und sah, daß er mit seinem improvisierten Stock nach dem Körper eines Mannes stieß. Er wandte den Toten um. Es war die Leiche eines Bauern. Sie lag mit dem Gesicht im Sand. Allem Anschein nach war der Mann erst vor wenigen Stunden ertrunken. Er mußte um die Morgendämmerung hier angetrieben sein – *also genau zu der Zeit, als der Anfall abgeklungen war.*

»Eigentlich müßten wir ihn anständig begraben, meinst du nicht auch?«

»Ich denke, ja«, erwiderte ich. Ein Schauder überlief mich. Irgendwie schien die Kälte des Ertrunkenen in mich herüberzukriechen.

Der Schwede warf mir einen prüfenden Blick zu. Über sein Gesicht huschte ein undeutbarer Ausdruck, und gleich darauf eilte er zum Wasser hinunter. Ich folgte ihm, ließ mir aber mehr Zeit als er. Wie ich sah, hatte die Strömung dem Ertrunkenen zum Teil schon die Kleider vom Körper gespült, so daß Hals und Brust entblößt zutage lagen.

Auf halbem Weg zum Wasser hielt mein Gefährte plötzlich inne und hob warnend die Hand. Doch ob ich nun ausgeglitten war oder schon zuviel Schwung hatte, jedenfalls rannte ich in ihn hinein, so daß er sich nur mehr durch einen Sprung vor dem Sturz ins Wasser retten konnte. Ineinander verkrallt, taumelten wir auf das trockene Ufer, und lediglich unsre Füße tauchten noch ins Wasser. Indes, ehe wir's hätten verhindern können, waren wir ziemlich unsanft gegen den Körper des Toten gestoßen.

Der Schwede schrie auf, und auch ich sprang zurück, als wär ich auf ein giftiges Reptil getreten.

In dem Augenblick nämlich, da wir den Leichnam berührten, hob sich ein gewaltiger, summender Laut von ihm – ein Gesumme von vielen Stimmen, das vor uns auffuhr in den Himmel wie der schwirrende Flügelschlag unzähliger Wesen und, schwächer und schwächer werdend, in den Lüften verklang, ersterbend im Schweigen der Ferne. Es war, als hätten wir irgendwelche lebende, wenngleich unsichtbare Wesen in ihrer Arbeit gestört.

Mein Gefährte klammerte sich an mich, und ich glaube, daß auch ich ihn umklammert hielt. Indes, noch ehe wir uns von dem unerwarteten Schrecken erholt hatten, sahen wir, daß die Strömung mit einem plötzlichen Schwall den Leichnam bewegte, so daß er von dem Griff der Weidenwurzeln freikam. Unmittelbar danach drehte es ihn zur Gänze herum, und sein erloschenes Gesicht starrte blicklos in den Himmel. Schon im nächsten Augenblick mußten die Wellen den Körper erfassen und mit sich davontragen.

Der Schwede setzte zum Sprung an, um den Toten zu retten, stieß dabei etwas Unverständliches von einem »ehrlichen Begräbnis« hervor – und ließ sich unvermittelt auf die Knie fallen, die Augen mit den Händen bedeckend. Sofort stand ich neben ihm.

Ich sah, was er gesehen hatte.

In dem Augenblick nämlich, da die Strömung den Körper herumrollte, wies er uns das Gesicht und die entblößte Brust. Aber die Haut und das Fleisch schienen über und über zernagt, und seine winzigen, wunderbar regelmäßigen Wunden wiesen genau die Form jener Sandmulden auf, die wir über die ganze Insel verstreut gefunden hatten.

»Ihr Zeichen!« murmelte mein Gefährte tonlos. »Ihr fürchterliches Zeichen!«

Und als ich den Blick von seinem geisterbleichen Antlitz wandte und wieder auf den Fluß hinaussah, hatte die Strömung schon ihr Werk getan. Der Körper des Toten war weggeschwemmt worden

Die Weiden

und trieb nun schon draußen inmitten des Stroms, unserem Zugriff entzogen, ja fast schon den Blicken entrückt, weitergerollt von den rollenden Wogen, weiter und weiter stromab – und ward unsern Augen aufs neue zum jagenden Otter.

Evelyn Waugh
Der Mann, der Dickens liebte

Wie Joseph Conrad und andere vor ihm wußte Evelyn Waugh (1903-1966), daß wir in der Wildnis das Böse in uns entdecken können. Waugh stellte gern quälende Fragen. Hier will er wissen, was uns am meisten verletzt: die Grausamkeit der anderen oder unsere eigene Schwäche. Diese Geschichte lieferte einen Teil des beunruhigendsten Stoffes für Waughs stärksten Roman Eine Handvoll Staub.

Obwohl Mr. McMaster seit fast 60 Jahren im Amazonasgebiet lebte, nahm niemand seine Existenz bewußt wahr, außer ein paar wenigen Shiriana-Indianerfamilien. Sein Haus stand in einer kleinen Savanne, einem jener Fleckchen aus Sand und Gras, die gelegentlich in dieser Gegend plötzlich auftauchen. Etwa fünf Quadratkilometer groß, von Urwald umgeben.

Der Fluß, der das Land bewässerte, war auf keiner Landkarte zu finden; er floß durch Stromschnellen, die immer gefährlich und während fast aller Jahreszeiten unpassierbar waren, um schließlich in den oberen Teil des Uraricuera einzumünden. Dieser Fluß ist zwar in jedem Schulatlas genau eingezeichnet, sein genauer Verlauf beruht aber zum großen Teil noch auf Mutmaßungen. Außer Mr. McMaster hatte kein Einwohner dieser Gegend jemals etwas von Kolumbien, Venezuela, Brasilien oder Bolivien gehört. Jedes dieser Länder hatte zum einen oder anderen Zeitpunkt einmal Besitzansprüche auf den Fluß geltend gemacht.

Mr. McMasters Haus war größer als das seiner Nachbarn, aber ähnlich gebaut – palmengedecktes Dach, brusthohe Wände aus

Der Mann, der Dickens liebte

Lehm und Flechtwerk, Lehmboden. Er besaß etwa ein Dutzend kümmerlicher Rinder, die in der Savanne weideten, Maniokpflanzen, ein paar Bananenstauden und Mangobäume, einen Hund und, als einziger in der Nachbarschaft, ein Hinterlader-Gewehr mit einem Lauf. Die wenigen Annehmlichkeiten, die er von der Außenwelt in Anspruch nahm, erreichten ihn über eine lange Kette von Händlern; sie wurden von Hand zu Hand weitergegeben, in einem Dutzend Sprachen am äußersten Ende eines der längsten Fäden des Handelsnetzes gehandelt, das von Manaos bis in die entlegensten Winkel des Urwaldes reichte.

Eines Tages, als Mr. McMaster gerade dabei war, einige Kartuschen zu füllen, kam ein Shiriana-Indianer mit der Nachricht zu ihm, daß ein weißer Mann sich ihnen vom Wald her nähere. Er sei allein und sehr krank. Mr. McMaster schloß die Kartusche und lud sein Gewehr, steckte die leeren Patronen in seine Tasche und machte sich in der angegebenen Richtung auf den Weg.

Der Mann hatte bereits den Wald verlassen, als Mr. McMaster ihn erreichte. Er saß auf dem Boden, und ihm ging es offensichtlich sehr schlecht. Er hatte weder Kopfbedeckung noch Schuhe, und seine Kleidung war so zerrissen, daß sie nur durch die Feuchtigkeit seines Körpers daran kleben blieb; seine Füße waren voller Schnittwunden und dick geschwollen. Jedes Stück sichtbarer Haut war durch Insektenstiche und Fledermausbisse verunstaltet; seine Augen flackerten wild, eine Folge des hohen Fiebers. Er sprach im Delirium mit sich selbst, hörte aber auf, als Mr. McMaster sich ihm näherte und ihn in Englisch ansprach.

»Ich bin müde«, sagte der Mann, »ich kann nicht mehr weitergehen. Mein Name ist Henty, und ich bin müde. Anderson ist tot. Schon lange. Sicher halten Sie mich für sehr sonderbar.«

»Ich glaube, Sie sind krank, mein Freund.«

»Nur müde. Es muß einige Monate her sein, seit ich etwas gegessen habe.«

Mr. McMaster zog ihn hoch und führte ihn, indem er ihn mit einem Arm stützte, über die Grashügel zur Farm.

»Es ist ein ganz kurzer Weg. Wenn wir da sind, gebe ich Ihnen etwas, damit Sie sich besser fühlen.«

»Furchtbar nett von Ihnen.«

Gleich darauf sagte er:

»Ich höre, Sie sprechen Englisch. Ich bin auch Engländer. Mein Name ist Henty.«

»Nun, Mr. Henty, Sie müssen sich jetzt keine Sorgen mehr machen. Sie sind krank, und Sie haben eine schwierige Reise hinter sich. Ich werde mich um Sie kümmern.«

Sie gingen sehr langsam, aber schließlich erreichten sie das Haus.

»Legen Sie sich da in die Hängematte. Ich werde etwas für Sie holen.«

Mr. McMaster ging ins Hinterzimmer seines Hauses und zog unter einem Haufen Felle einen Blechkanister hervor. Er war gefüllt mit einer Mischung aus getrockneten Blättern und Baumrinde. Er nahm eine Handvoll und ging nach draußen zum Feuer. Als er zurückkam, hielt er mit einer Hand Hentys Kopf und gab ihm einen Kräutertrank in einer Kürbisschale zu trinken. Der trank schluckweise, wobei er sich leicht schüttelte, weil der Tee sehr bitter war. Als er ausgetrunken hatte, schüttete Mr. McMaster die Kräuterreste auf den Boden. Henty legte sich in der Hängematte zurück und schluchzte leise vor sich hin. Bald darauf schlief er fest ein.

»Verhängnisvoll« war das Attribut, mit dem die Presse Andersons Expedition ins Parima- und obere Uraricuera-Gebiet in Brasilien bezeichnete. Jedes Stadium der Unternehmung, angefangen mit den Vorbereitungen in London bis hin zum tragischen Ende im Amazonasgebiet war von Unheil verfolgt. Mit einem der frühen Rückschläge hing es zusammen, daß Paul Henty in die Geschichte verwickelt wurde.

Er war eigentlich kein Forscher; er war ein ausgeglichener, gutaussehender junger Mann mit erlesenem Geschmack und benei-

Der Mann, der Dickens liebte

denswerten Besitztümern. Er war kein intellektueller Mensch, schätzte aber anspruchsvolle Architektur und klassisches Ballett. Zahlreiche gut zugängliche Gegenden der Welt hatte er bereist, er war ein Sammler, wenn auch keiner, der sich besonders gut auskannte, beliebt bei Gastgeberinnen, verehrt von seinen Tanten.

Er war mit einer Dame von außergewöhnlichem Charme und besonderer Schönheit verheiratet, und sie war es, die sein wohlgeordnetes Leben durcheinanderbrachte, indem sie ihm – zum zweitenmal in ihrer achtjährigen Ehe – ihre Zuneigung zu einem anderen Mann gestand. Beim erstenmal hatte es sich um eine flüchtige Verliebtheit in einen Tennisspieler gehandelt, beim zweitenmal war es ein Hauptmann der königlichen Leibgarde und ernster.

Hentys erster Gedanke nach dem Schock dieser Enthüllung war, auszugehen und allein zu speisen. Er war Mitglied in vier Clubs, aber in drei davon lief er Gefahr, dem Liebhaber seiner Frau zu begegnen. Also wählte er einen, den er selten besuchte, eine Gesellschaft von Halbintellektuellen, die sich aus Verlegern, Rechtsanwälten und Stipendiaten, die auf die Aufnahme ins Athenaeum warteten, zusammensetzte.

Hier kam er nach dem Abendessen mit Professor Anderson ins Gespräch und hörte zum erstenmal von der Expedition nach Brasilien. Das besondere Mißgeschick, das die Vorbereitungen zu diesem Zeitpunkt verzögerte, bestand darin, daß die Sekretärin zwei Drittel des Expeditionskapitals unterschlagen hatte. Die Teilnehmer waren bereit – Professor Anderson, der Anthropologe Dr. Simmons, der Biologe Mr. Necher, der Sachverständige, Telegraphist und Mechaniker Mr. Brough –, die wissenschaftlichen Geräte sowie die sportliche Ausrüstung waren in Lattenkisten verpackt und fertig zum Verladen, die notwendigen Unterlagen waren abgestempelt und von den zuständigen Behörden unterzeichnet, wenn sich jedoch nicht die Summe von 1200 Pfund auftreiben ließ, würde man das ganze Projekt aufgeben müssen.

Henty war, wie gesagt, ein Mann aus guten Verhältnissen; die Expedition würde etwa neun Monate bis zu einem Jahr dauern; er konnte sein Landhaus schließen – seine Frau, überlegte er, würde in London in der Nähe des jungen Mannes bleiben wollen – und mehr als die erforderliche Summe abdecken können. Über der ganzen Reise lag ein Zauber, der vielleicht sogar, so dachte er, die Sympathien seiner Frau hervorrufen würde. An Ort und Stelle, am Kaminfeuer des Clubs, beschloß er also, Professor Anderson zu begleiten.

Als er an diesem Abend nach Hause kam, teilte er seiner Frau mit: »Ich habe beschlossen, was ich tun werde.«

»Ja, Liebling?«

»Bist du sicher, daß du mich nicht mehr liebst?«

»Liebling, du weißt, ich bete dich an!«

»Aber du bist sicher, daß du diesen Wachposten, Tony oder wie immer er heißen mag, mehr liebst?«

»O ja, sehr viel mehr. Kein Vergleich!«

»Also gut. Ein Jahr lang werde ich nichts unternehmen, um eine Scheidung durchzusetzen. Du sollst Zeit haben, darüber nachzudenken. Ich reise nächste Woche ins Uraricuera-Gebiet.«

»Du lieber Himmel, wo ist das denn?«

»Irgendwo in Brasilien, glaube ich. Es ist ein unerforschtes Gebiet. Ich werde ein Jahr weg sein.«

»Liebling, wie gewöhnlich! Wie Romanfiguren – ich meine Großwildjagd und all das.«

»Du hast offensichtlich bereits herausgefunden, daß ich ein sehr gewöhnlicher Mensch bin.«

»Paul, jetzt sei nicht eklig – oh, Telefon! Das ist sicher Tony. Falls ja, würde es dir sehr viel ausmachen, wenn ich kurz allein mit ihm spreche?«

Aber während der zehn folgenden Tage der Vorbereitung war sie zärtlicher, versetzte sogar ihren Soldaten zweimal, um Henty in die Geschäfte zu begleiten, wo er seine Ausrüstung aussuchte. Sie bestand darauf, daß er sich eine wollene Hose kaufte. An seinem letzten Abend gab sie für ihn ein großes Fest im Botschaftsgebäude, zu dem er alle Freunde einladen durfte, die er wollte; ihm fiel

Der Mann, der Dickens liebte

niemand ein außer Professor Anderson, der merkwürdig gekleidet war, unermüdlich tanzte und irgendwie bei niemandem Anklang fand. Am nächsten Tag kam Mrs. Henty mit ihrem Mann zum Zug, der sie zum Schiff bringen sollte. Sie schenkte ihm eine blaßblaue, extravagante, weiche Decke in einer Hülle aus Wildleder mit Reißverschluß und gleichfarbenem Monogramm. Sie küßte ihn zum Abschied und sagte: »Paß auf dich auf in Dingsda!«

Wäre sie bis Southampton mitgefahren, so hätte sie zwei dramatische Ereignisse miterleben können. Mr. Brough kam nur bis zur Landungsbrücke und wurde dann wegen Schulden verhaftet – es ging um 32 Pfund; die Publicity, die um die Gefahren der Expedition gemacht wurde, war dafür verantwortlich. Henty beglich die Rechnung.

Die zweite Schwierigkeit war nicht so leicht zu bewältigen. Mr. Nechers Mutter war vor ihnen auf dem Schiff; sie hatte eine Missionszeitschrift dabei, in der sie gerade einen Bericht über die brasilianischen Urwälder gelesen hatte. Nichts würde sie veranlassen können, die Abreise ihres Sohnes zu erlauben; sie würde so lange an Bord bleiben, bis er mit ihr an Land käme. Nötigenfalls würde sie mit ihm fahren, aber er sollte nicht allein in diese Urwälder gehen. Jegliche Argumentation war aussichtslos angesichts dieser resoluten alten Dame, die schließlich, fünf Minuten vor der Abfahrt, ihren Sohn triumphierend von Bord führte und somit der Gruppe ihren Biologen nahm.

Auch Mr. Brough blieb nicht lange. Das Schiff, auf dem sie reisten, war ein Linienschiff für Kreuzfahrten, das Passagiere auf Rundreisen mitnahm. Mr. Brough war kaum eine Woche an Bord und hatte sich gerade an die Schiffsbewegungen gewöhnt, als er sich verlobte; er war immer noch verlobt, allerdings mit einer anderen Dame, als sie in Manaos ankamen. Er war nicht dazu zu bewegen, weiterzureisen und borgte sich von Henty das Geld für die Rückfahrt. Als er in Southampton ankam, war er wieder mit der ersten Dame verlobt, die er dann umgehend heiratete.

In Brasilien waren sämtliche Beamte, an die sie ihre Papiere geschickt hatten, mittlerweile nicht mehr im Amt. Während Henty und Professor Anderson mit den neuen Angestellten verhandelten, reiste Dr. Simmons weiter flußaufwärts nach Boa Vista, wo er ein Basislager mit dem größten Teil der Vorräte errichtete. Diese wurden sofort von revolutionären Truppen beschlagnahmt, er selbst kam für einige Tage ins Gefängnis und mußte verschiedene Demütigungen erleiden, die ihn derart erzürnten, daß er sich nach seiner Entlassung umgehend zur Küste begab. In Manaos hielt er sich gerade so lange auf, um seine Kollegen darüber zu informieren, daß er fest entschlossen war, seinen Fall persönlich den obersten Behörden in Rio vorzutragen.

So kam es, daß Henty und Professor Anderson allein und eines großen Teils ihrer Vorräte beraubt zurückblieben, als sie noch eine Monatsreise vom Ausgangspunkt ihrer eigentlichen Forschungsarbeiten entfernt waren. Die Schmach einer sofortigen Rückreise wollten sie sich ersparen. Sie überlegten kurz, ob es nicht ratsam sei, sich sechs Monate auf Madeira oder Teneriffa versteckt zu halten. Aber selbst da bestand die Möglichkeit, daß die Sache herauskam. Es waren zu viele Fotos in Illustrierten erschienen, bevor sie London verlassen hatten. In entsprechend gedrückter Stimmung brachen die beiden Forscher schließlich allein ins Uraricuera-Gebiet auf. Sie hatten nicht viel Hoffnung, daß sie dort irgend etwas erreichen würden, das für irgend jemanden eine Bedeutung hätte.

Sieben Wochen lang paddelten sie durch grüne, feuchte Urwaldtunnel. Sie machten ein paar Schnappschüsse von nackten, menschenfeindlichen Indianern, füllten ein paar Schlangen in Flaschen, verloren sie jedoch später, als ihr Boot in den Stromschnellen kenterte; sie strapazierten ihr Verdauungssystem über die Maßen, indem sie auf Eingeborenenfesten ekelerregende, berauschende Getränke zu sich nahmen und wurden durch einen Goldsucher aus Guyana ihrer letzten Zuckerreserve beraubt. Schließlich erkrankte Professor Anderson an bösartiger Malaria, plapperte einige Tage kläglich in seiner Hängematte vor sich hin, fiel ins Koma, starb und ließ Henty mit einem Dutzend Maku-Ruderern zurück, von denen kein einziger eine ihm bekannte Sprache sprach. Sie änderten den Kurs und fuhren flußabwärts, mit einem Minimum an Proviant und gegenseitigem Mißtrauen.

Eines Tages, etwa eine Woche nach Professor Andersons Tod, wachte Henty auf und stellte fest, daß seine Leute und das Kanu über Nacht verschwunden waren. Sie hatten ihn nur mit seiner Hängematte und seinem Schlafanzug ungefähr 320 bis 480 Kilometer von der nächsten brasilianischen Behausung entfernt zurückgelassen. Die Natur machte es ihm unmöglich, an der Stelle zu bleiben, wo er war, obwohl es wenig Sinn zu haben schien, sich fortzubewegen.

Er nahm sich vor, dem Flußlauf zu folgen, wobei er zunächst noch hoffte, auf ein Kanu zu treffen. Aber bald darauf war der ganze Urwald für ihn mit wilden Erscheinungen bevölkert, für die es keine vernünftige Erklärung gab. Er schleppte sich weiter, indem er abwechselnd durch das Wasser watete und sich durch den Busch kämpfte.

In seinem Hinterkopf hatte er immer die vage Vorstellung gehabt, daß der Urwald ein Ort voller Nahrungsmittel wäre, wo man zwar Schlangen, Wilde und Raubtiere fürchten mußte, nicht jedoch den Hungertod. Aber jetzt beobachtete er, daß das bei weitem nicht der Fall war. Der Urwald bestand ausschließlich aus riesigen Baumstämmen, die in ein Gewirr von Dornen und Kletterpflanzen eingebettet waren. All das weit davon entfernt, als Nahrung zu dienen. Am ersten Tag litt er entsetzlich. Später schien er wie betäubt zu sein und störte sich vor allem am Benehmen der Einwohner, die, angekleidet wie Diener, auf ihn zukamen und sein Abendbrot servierten. Dann verschwanden sie einfach in verantwortungsloser Weise oder hoben die Deckel von den Tellern, auf denen lebendige Schildkröten lagen. Viele Leute, die er aus London kannte, tauchten auf und rannten höhnisch schreiend um ihn herum. Sie stellten ihm Fragen, die er wahrscheinlich nicht beantworten konnte. Seine Frau kam auch, und er freute sich, sie zu sehen, in der Annahme, daß sie ihren Wachposten leid war und ihn zurückholen wollte. Aber sie verschwand bald wieder, wie alle anderen auch.

Zu diesem Zeitpunkt erinnerte er sich daran, daß er unbedingt Manaos erreichen mußte; er verdoppelte seine Anstrengung, stolperte im Wasser über Geröll und verfing sich in den Kletterpflanzen. Ich darf nicht meine Energie verschwenden, überlegte er. Dann vergaß er auch das und nahm nichts mehr wahr, bis er bei Mr. McMaster in der Hängematte lag.

Er erholte sich nur langsam. Anfangs wechselten Tage der Klarheit mit Zeiten des Deliriums ab; dann sank das Fieber, und er war bei Bewußtsein, selbst wenn es ihm sehr schlecht ging. Er hatte nicht mehr so häufig Fieber. Schließlich traten die Fieberschübe nur noch, wie in den Tropen üblich, ab und zu zwischen langen Phasen vergleichsweiser Gesundheit auf. Mr. McMaster behandelte ihn regelmäßig mit Heilkräutern.

»Es schmeckt widerlich«, sagte Henty, »aber es tut tatsächlich gut.«

»Im Urwald gibt es für alles eine Medizin«, erklärte Mr. McMaster. »Sie kann gesund und sie kann krank machen. Meine Mutter war Indianerin, und sie hat mir viel über Heilpflanzen beigebracht. Ab und zu habe ich durch meine Frauen neue Kräuter kennengelernt. Es gibt Pflanzen, die heilen und die Fieber auslösen, solche, die töten und die verrückt machen, die vor Schlangen schützen oder Fische vergiften, so daß man sie mit der Hand aus dem Wasser nehmen kann, wie man Früchte vom Baum pflückt. Es gibt Heilpflanzen, die selbst ich nicht kenne. Angeblich soll es möglich sein, Tote wieder zum Leben zu erwecken, nachdem sie schon angefangen haben zu stinken, das habe ich aber selbst noch nicht erlebt.«

»Stimmt es, daß Sie Engländer sind?«

»Mein Vater war einer – wenigstens stammte er von Barbados. Er kam als Missionar nach British Guyana. Er war mit einer weißen Frau verheiratet, aber er ließ sie in Guyana zurück, um nach

Der Mann, der Dickens liebte

Gold zu suchen. Dann nahm er meine Mutter zur Frau. Die Shiriana-Frauen sind häßlich, aber sehr hingebungsvoll. Ich habe viele gehabt. Die meisten Männer und Frauen, die in dieser Savanne leben, sind meine Kinder. Deshalb gehorchen sie mir – deshalb, und weil ich ein Gewehr habe. Mein Vater ist sehr alt geworden. Es ist keine zwanzig Jahre her, daß er gestorben ist. Er war ein gebildeter Mann. Können Sie lesen?«

»Ja, natürlich.«

»Nicht jeder hat soviel Glück. Ich kann es nicht.«

Henty lachte entschuldigend.

»Ich nehme an, Sie haben hier nicht viel Gelegenheit dazu.«

»O doch, das ist es ja gerade. Ich hab eine Menge Bücher. Ich werde sie Ihnen zeigen, wenn es Ihnen besser geht. Bis vor fünf Jahren gab es hier einen Engländer – einen Schwarzen, er war in Georgetown zur Schule gegangen. Er starb. Bis zu seinem Tod hat er mir jeden Tag vorgelesen. Sie werden mir vorlesen, wenn es Ihnen besser geht.«

»Das werde ich gern tun.«

»Ja, Sie werden mir vorlesen«, wiederholte Mr. McMaster und nickte über seiner Kürbisschale.

Während der ersten Tage seiner Genesung sprach Henty wenig mit seinem Gastgeber; er lag in der Hängematte, starrte auf das Strohdach und dachte an seine Frau. Immer wieder spielte er verschiedene Ereignisse ihres gemeinsamen Lebens durch, einschließlich ihrer Affären mit dem Tennisspieler und dem Soldaten. Die Tage, jeder einzelne von ihnen zwölf Stunden lang, verliefen gleichförmig. Wenn Mr. McMaster sich bei Sonnenuntergang zum Schlafen zurückzog, ließ er eine kleine Lampe brennen – ein handgewebter Docht, der aus einem Topf Rinderfett heraushing –, um die blutsaugenden Fledermäuse fernzuhalten.

Als Henty das Haus zum erstenmal verlassen konnte, nahm Mr. McMaster ihn mit auf einen Spaziergang über die Farm.

»Ich werde Ihnen das Grab des schwarzen Mannes zeigen«, sag

te er und führte ihn zu einem Erdhügel zwischen den Mangobäumen. »Er war sehr nett zu mir. Bis zu seinem Tod las er mir jeden Nachmittag zwei Stunden lang vor. Ich glaube, ich werde ein Kreuz aufstellen – zum Gedenken an seinen Tod und Ihre Ankunft. Eine gute Idee. Glauben Sie an Gott?«

»Ich habe nie wirklich darüber nachgedacht.«

»Sie haben vollkommen recht. Ich habe sehr viel darüber nachgedacht, und ich weiß es noch immer nicht ... Dickens glaubte an ihn.«

»Vermutlich.«

»O ja, das geht aus all seinen Büchern hervor. Sie werden es sehen.«

An diesem Nachmittag begann Mr. McMaster mit der Herstellung eines Kreuzes für das Grab des Schwarzen. Er arbeitete mit einem großen Hobel an einem Stück Holz, das so hart war, daß es quietschte und wie Metall klang.

Als schließlich sechs oder sieben Tage vergangen waren, ohne daß Henty Fieber gehabt hatte, sagte Mr. McMaster: »Ich glaube, jetzt geht es Ihnen gut genug, daß Sie sich die Bücher anschauen können.«

An einem Ende der Hütte war eine Art Speicher, der eine grobe Plattform oben im Dachgesims hatte. Mr. McMaster lehnte eine Leiter dagegen und stieg hinauf. Henty folgte ihm, noch ein bißchen wackelig nach seiner Krankheit. Mr. McMaster setzte sich auf den Boden, und Henty stand oben auf der Leiter und schaute sich um. Es gab eine Menge kleiner Bündel, die mit Lappen, Palmblättern und ungegerbtem Leder zusammengebunden waren.

»Es war schwer, Würmer und Ameisen fernzuhalten. Zwei sind praktisch zerstört. Aber die Indianer können ein Öl herstellen, das hilft.«

Er wickelte das Päckchen aus, das ihm am nächsten lag und reichte ein in Kalbsleder gebundenes Buch hinunter. Es war eine frühe amerikanische Ausgabe von *Bleak House.*

»Es spielt keine Rolle, welches wir zuerst nehmen.«

»Sie mögen Dickens?«

»Warum? Ja, natürlich. Mögen ist gar kein Ausdruck! Sehen Sie, das sind die einzigen Bücher, die ich kenne. Mein Vater hat sie mir immer vorgelesen und später dann der schwarze Mann ... und jetzt Sie. Ich habe sie inzwischen alle mehrere Male gehört, aber ich bekomme nie genug davon; man kann immer wieder etwas Neues daraus lernen oder darin entdecken, so viele Charaktere, so viele Szenenwechsel, so viele Wörter ... Ich besitze alle Bücher von Dickens, außer denen, die die Ameisen gefressen haben. Es dauert lange, sie alle zu lesen – mehr als zwei Jahre.«

»Nun«, sagte Henty fröhlich, »sie werden meinen Besuch überdauern.«

»Oh, das will ich nicht hoffen. Es ist herrlich, wieder anzufangen. Jedesmal habe ich den Eindruck, daß ich mehr finde, über das ich mich freuen und das ich bewundern kann.«

Sie nahmen den ersten Band von *Bleak House* mit hinunter, und an diesem Nachmittag las Henty zum erstenmal vor.

Er hatte immer recht gern laut gelesen, und im ersten Jahr ihrer Ehe hatte er auf diese Weise verschiedene Bücher mit seiner Frau geteilt; bis sie ihm eines Tages in einem ihrer seltenen Augenblicke der Vertraulichkeit gestand, daß es eine Qual für sie sei.

Manchmal hatte er danach noch gedacht, daß es angenehm wäre, Kinder zu haben, denen er vorlesen könnte. Aber Mr. Mc-Master war ein großartiger Zuhörer.

Der alte Mann saß rittlings auf seiner Hängematte, Henty gegenüber, richtete während der ganzen Zeit die Augen auf ihn und folgte den Worten lautlos mit den Lippen. Oft, wenn eine neue Person eingeführt wurde, pflegte er zu sagen: »Wiederholen Sie bitte den Namen, ich habe ihn vergessen«, oder »Ja, ja, ich erinnere mich gut an sie. Sie stirbt, die arme Frau.« Er unterbrach häufig mit Fragen; aber nicht, wie Henty vermutet hätte, bezogen auf die Geschichte – Dinge, wie die Vorgänge am Hof von Lord Chancellor oder die gesellschaftlichen Gepflogenheiten jener Zeit, interessierten ihn nicht, obwohl sie für ihn unverständlich sein mußten –, sondern, was die Personen betraf. »Nun, warum sagt sie das? Meint sie das wirklich? Fühlt sie sich schwach, weil das Feuer so heiß ist oder hängt es mit dem Schriftstück zusammen?« Er lachte laut über alle Witze und einige Passagen, die Henty nicht lustig fand. Er bat ihn dann, diese Stellen zwei- oder dreimal zu wiederholen; und später, als in »Tom ganz alleine« beschrieben wird, wie die Ausgestoßenen leiden müssen, liefen ihm Tränen über die Wangen in seinen Bart. Seine Kommentare zu der Geschichte waren meist einfach. »Ich denke, Dedlock ist ein sehr stolzer Mensch«, oder »Mrs. Jellyby kümmert sich nicht genug um ihre Kinder.« Henty hatte an den Lesungen fast ebensoviel Freude wie er.

Am Ende des ersten Tages sagte der alte Mann: »Sie lesen wunderbar, mit einem viel besseren Akzent als der schwarze Mann. Und Sie erklären besser. Es ist fast so, als ob mein Vater wieder hier wäre.« Und jedes Mal bedankte er sich am Ende eines Kapitels bei seinem Gast. »Das hat mir sehr gefallen. Es war ein äußerst bedrückendes Kapitel. Aber wenn ich mich recht erinnere, geht es gut aus.«

Als sie jedoch ein gutes Stück im zweiten Band vorangekommen waren, begann die Begeisterung über die Freude des alten Mannes nachzulassen, und Henty fühlte sich stark genug, um unruhig zu werden. Mehr als einmal schnitt er das Thema der Abreise an, erkundigte sich nach Kanus, Regenzeiten und der Möglichkeit, Führer zu finden. Aber Mr. McMaster schien begriffsstutzig zu sein und schenkte diesen Andeutungen keine Beachtung.

Eines Tages, als Henty die Seiten von *Bleak House* durchblätterte, die noch zu lesen waren, sagte er: »Wir haben noch eine Menge vor uns. Ich hoffe, ich kann das noch zu Ende lesen, bevor ich gehe.«

»O ja«, sagte Mr. McMaster. »Machen Sie sich darüber keine Sorgen. Sie werden Zeit haben, es zu Ende zu lesen, mein Freund.«

Zum erstenmal fiel Henty etwas leicht Bedrohliches im Verhalten seines Gastgebers auf. An diesem Abend kam Henty beim Es-

Der Mann, der Dickens liebte

sen, einer kleinen Mahlzeit aus Maniokmehl und Trockenfleisch, die sie kurz vor Sonnenuntergang zu sich nahmen, auf das Thema zurück.

»Mr. McMaster, Sie wissen, daß die Zeit gekommen ist, wo ich darüber nachdenken muß, wie ich in die Zivilisation zurückkomme. Ich habe Ihre Gastfreundschaft schon allzulange in Anspruch genommen.«

Mr. McMaster beugte sich über seinen Teller, kaute einen Mundvoll Getreide, gab aber keine Antwort.

»Wie bald, meinen Sie, werde ich ein Boot bekommen können? Ich sagte, wie bald, meinen Sie, werde ich ein Boot bekommen können? Ich schätze Ihre Freundlichkeit mir gegenüber mehr, als ich es auszudrücken vermag, aber ...«

»Mein Freund, jegliche Freundlichkeit, die ich Ihnen gegenüber vielleicht gezeigt habe, machen Sie mehr als wieder gut, indem Sie mir Dickens vorlesen. Sprechen wir nicht mehr über dieses Thema.«

»Nun, es freut mich sehr, daß es Ihnen gefallen hat. Ich habe es auch genossen. Aber ich muß jetzt wirklich an die Rückreise denken ...«

»Ja«, sagte Mr. McMaster. »Genauso war es mit dem schwarzen Mann. Er dachte die ganze Zeit daran. Aber er starb hier ...«

Am nächsten Tag sprach Henty zweimal das Thema an, aber sein Gastgeber wich aus. Schließlich sagte er: »Verzeihen Sie mir, Mr. McMaster, aber ich muß wirklich darauf bestehen. Wann kann ich ein Boot bekommen?«

»Es gibt kein Boot.«

»Nun, die Indianer könnten eins bauen.«

»Sie müssen auf die Regenzeit warten. Jetzt ist nicht genug Wasser im Fluß.«

»Wann wird das sein?«

»In einem Monat ..., in zwei Monaten ...«

Sie hatten *Bleak House* zu Ende gelesen und *Dombey and Son* fast beendet, als der Regen einsetzte.

»Jetzt ist es Zeit, die Abreise vorzubereiten.«

»Oh, das ist unmöglich. Die Indianer werden während der Regenzeit kein Boot bauen – das ist Teil ihres Aberglaubens.«

»Das hätten Sie mir sagen können.«

»Hab ich das nicht getan? Ich hab's vergessen.«

Am nächsten Morgen ging Henty allein aus, während sein Gastgeber beschäftigt war, und spazierte über die Savanne bis zur Häusergruppe der Indianer, wobei er sich so gut wie möglich den Anschein gab, kein besonderes Ziel zu haben. Vier oder fünf Shirianas saßen in einem Hauseingang zusammen. Sie schauten nicht auf, als er näher kam. Er wandte sich an sie mit den wenigen Wörtern in Maku, die er während der Reise gelernt hatte, sie ließen jedoch nicht erkennen, ob sie ihn verstanden oder nicht. Dann zeichnete er die Skizze eines Kanus in den Sand, machte mit entsprechender Gestik die Arbeit eines Zimmermanns nach, zeigte von ihnen auf sich, deutete dann an, daß er ihnen etwas dafür geben würde. Er kratzte die Umrisse eines Gewehrs in den Boden, die eines Hutes und einiger anderer Tauschartikel. Eine der Frauen kicherte, aber keiner gab ihm zu verstehen, daß sie begriffen hatten. So ging Henty unzufrieden weg.

Beim Mittagessen sagte Mr. McMaster: »Mr. Henty, die Indianer haben mir erzählt, daß Sie versucht haben, mit ihnen zu sprechen. Es ist einfacher, wenn Sie ihnen alles, was sie möchten, durch mich mitteilen. Sie wissen ja, nicht wahr, daß sie nichts ohne meine Erlaubnis tun würden. Sie betrachten sich selbst, in den meisten Fällen zu Recht, als meine Kinder.«

»Nun, in der Tat habe ich mich bei ihnen nach einem Kanu erkundigt.«

»Das gaben sie mir zu verstehen ... Und jetzt, wenn Sie zu Ende gegessen haben, können wir vielleicht das nächste Kapitel lesen. Ich bin ziemlich gefesselt von dem Buch.«

Sie lasen *Dombey and Son* zu Ende; fast ein Jahr war vergangen, seit Henty England verlassen hatte, und die düstere Vorahnung, daß er wohl den Rest seines Lebens im Exil verbringen müsse, fand plötzlich eine furchtbare Bestätigung, als er zwischen den Seiten von *Martin Chuzzlewit* ein mit Bleistift in unregelmäßigen Buchstaben geschriebenes Dokument entdeckte:

1919

Ich, James McMaster aus Brasilien, schwöre Barnabas Washington aus Georgetown, daß ich ihn gehen lassen werde, sobald er dieses Buch, »*Martin Chuzzlewit*«*, zu Ende vorgelesen hat.*

Es folgte ein dickes, mit Bleistift gemaltes X und dann: *Mr. McMaster hat dieses Zeichen gemacht, Unterschrift Barnabas Washington.*

»Mr. McMaster«, sagte Henty, »ich muß offen mit Ihnen sprechen. Sie haben mir das Leben gerettet, und wenn ich in die Zivilisation zurückkomme, werde ich Sie dafür so gut belohnen, wie es mir nur möglich ist. Ich werde Ihnen alles geben, innerhalb vernünftiger Grenzen. Aber im Augenblick halten Sie mich hier gegen meinen Willen fest. Ich bitte Sie, mich freizulassen.«

»Aber mein Freund, was hält Sie? Sie unterliegen hier keinerlei Beschränkungen. Gehen Sie, wann immer Sie möchten.«

»Sie wissen sehr gut, daß ich ohne Ihre Hilfe hier nicht wegkomme.«

»In diesem Fall müssen Sie einem alten Mann seinen Willen lassen. Lesen Sie mir ein weiteres Kapitel vor.«

»Mr. McMaster, ich schwöre Ihnen, bei allem, was Sie wollen, daß ich, wenn ich nach Manaos komme, jemanden für Sie finden werde, der meinen Platz einnimmt. Ich werde einen Mann bezahlen, der Ihnen jeden Tag vorliest.«

»Aber ich brauche keinen anderen Mann. Sie lesen so schön vor.«

»Ich habe zum letztenmal vorgelesen.«

»Das will ich nicht hoffen«, sagte Mr. McMaster höflich.

An diesem Abend stand nur ein Teller mit Trockenfleisch und Maniokbrei auf dem Tisch, und Mr. McMaster aß allein. Henty lag da, ohne ein Wort zu sagen, und starrte auf das Strohdach.

Am nächsten Tag zur Mittagszeit wurde ein einziger Teller vor Mr. McMaster hingestellt, außerdem lag ein Gewehr mit gespanntem Hahn auf seinen Knien, während er aß. Henty nahm die Lektüre von *Martin Chuzzlewit* an der Stelle wieder auf, wo sie unterbrochen worden waren.

Wochen ohne Hoffnung vergingen. Sie lasen *Nicholas Nickleby* und *Little Dorrit* und *Oliver Twist*. Dann kam ein Fremder in die Savanne, ein Goldsucher aus der unteren Gesellschaftsklasse, einer jener einsamen Menschentypen, die ihr Leben lang durch den Urwald streifen, die kleinen Flüsse absuchen, den Kies durchsieben, ihr Lederbeutelchen Unze für Unze mit Goldstaub füllen und dann meistens an Entkräftung sterben oder verhungern, während um ihren Hals Gold im Wert von 500 Dollar hängt. Mr. McMaster war verärgert über diesen Besuch, gab ihm Maniokbrei mit *passo* und schickte ihn eine Stunde später wieder seines Weges. Aber in dieser Stunde hatte Henty Zeit, seinen Namen auf ein Stück Papier zu kritzeln und es dem Mann in die Hand zu drücken.

Von jetzt an hatte er wieder Hoffnung. Die Tage verliefen immer nach dem gleichen Rhythmus: Kaffee bei Sonnenaufgang, ein Morgen voller Untätigkeit, während Mr. McMaster auf der Farm herumwerkelte, mittags Maniokbrei und *passo*, nachmittags Dickens, zum Abendessen Maniokbrei und *passo*, manchmal etwas Obst dazu, Stille vom Sonnenuntergang bis zum Morgengrauen, mit einem kleinen Docht, der im Rinderfett glühte, und dem Strohdach aus Palmwedeln, das über ihm kaum zu erkennen war. Aber Henty lebte in ruhigem Vertrauen und stiller Erwartung.

Irgendwann, in diesem Jahr oder im nächsten, würde der Goldsucher in einem brasilianischen Dorf ankommen und von seiner Entdeckung berichten. Die Mißerfolge der Anderson-Expedition würden nicht unbemerkt geblieben sein. Henty sah die Schlagzeilen vor sich, die sicher in der Boulevardpresse erschienen waren; selbst jetzt gab es wahrscheinlich noch Suchtrupps, die das Land

durchforsteten, das er durchquert hatte; jeden Tag könnten engli-
sche Stimmen über der Savanne erklingen und ein Dutzend
freundlicher Abenteurer aus dem Busch stürzen. Sogar wenn er
vorlas, während seine Lippen mechanisch den bedruckten Seiten
folgten, wanderte er im Geist weg von seinem verrückten Gastgeber, der ihm gegenübersaß, und er fing an, sich selbst die Ereignisse
seiner Heimkehr zu erzählen – die allmähliche Wiederbegegnung
mit der Zivilisation: Er rasierte sich und kaufte in Manaos neue
Kleidung, telegraphierte, man solle ihm Geld schicken, erhielt
Glückwunschtelegramme; er genoß die gemütliche Flußreise nach
Belem, das große Linienschiff nach Europa; er kostete guten Bor-
deaux, frisches Fleisch und Frühlingsgemüse; er war schüchtern,
als er seine Frau traf und unsicher, wie er sie ansprechen sollte.
»Liebling, du bist viel länger weggeblieben, als du gesagt hattest.
Ich dachte schon, du wärst verschollen ...«

Und dann unterbrach ihn Mr. McMaster.

»Darf ich Sie damit bemühen, diese Passage noch einmal zu lesen? Sie gefällt mir besonders gut.«

Die Wochen vergingen; es gab keinen Hinweis auf Rettung, aber
Henty ertrug jeden Tag, indem er immer auf das hoffte, was am
nächsten geschehen könnte; er empfand sogar eine leichte Regung
von Herzlichkeit gegenüber seinem Gefängniswärter und war daher gern bereit, ihn zu begleiten, als der ihn nach einer langen Be-
sprechung mit einem Indianer aus der Nachbarschaft zu einer Fei-
er einlud.

»Heute ist einer der lokalen Feiertage«, erklärte er, »und sie haben *piwari* zubereitet. Es wird Ihnen vielleicht nicht schmecken,
aber Sie sollten es probieren. Wir werden heute abend zu diesem
Mann nach Hause gehen.«

Wie vereinbart, begaben sie sich nach dem Abendessen auf ein
Fest, wo Indianer sich in einer der Hütten auf der anderen Seite der
Savanne um ein Feuer versammelt hatten. Sie sangen apathisch
und monoton, dabei reichten sie eine große Kürbisschale mit einer
Flüssigkeit von Mund zu Mund. Für Henty und Mr. McMaster

wurden andere Schalen gebracht, außerdem gab man ihnen Hängematten, in die sie sich setzen konnten.

»Sie müssen austrinken, ohne die Schale abzusetzen. Das ist so üblich.«

Henty schluckte die dunkle Flüssigkeit, wobei er versuchte, nichts zu schmecken. Aber sie schmeckte nicht unangenehm, stark und schlammig am Gaumen, wie die meisten Getränke, die man ihm in Brasilien angeboten hatte, aber mit einem Geschmack von Honig und dunklem Brot. Er lehnte sich in der Hängematte zurück und fühlte sich ungewöhnlich zufrieden. Vielleicht war gerade in diesem Augenblick der Suchtrupp in einem Lager, das nur eine Vier-Tage-Reise entfernt war. Unterdessen fühlte er sich warm und schläfrig. Die Melodie der Gesänge ging unaufhörlich nach oben und nach unten, wie in einer Liturgie. Eine weitere Schale mit »piwari« wurde ihm gereicht, und er gab sie leer zurück. Er lag ausgestreckt und beobachtete das Spiel der Schatten am Strohdach, während die Shirianas zu tanzen anfingen. Dann schloß er die Augen, dachte an England, seine Frau und schlief ein.

Er erwachte, immer noch in der Hütte des Indianers, mit dem Gefühl, seine übliche Aufstehzeit verschlafen zu haben. Am Stand der Sonne erkannte er, daß es später Nachmittag war. Niemand war zu sehen. Er suchte seine Uhr und stellte überrascht fest, daß sie nicht an seinem Handgelenk war. Sicher hatte er sie zu Hause liegengelassen, als er zum Fest gegangen war. »Ich muß voll gewesen sein gestern abend«, überlegte er. »Was für ein tückisches Getränk!« Er hatte Kopfschmerzen und fürchtete, wieder Fieber zu bekommen. Als er seine Füße auf den Boden stellte, fiel ihm auf, daß er Schwierigkeiten hatte zu stehen; sein Gang war unsicher und sein Geist verwirrt, wie während der ersten Wochen seiner Genesung. Auf dem Weg über die Savanne mußte er mehr als einmal anhalten, seine Augen schließen und tief durchatmen. Als er das Haus erreichte, sah er Mr. McMaster dort sitzen.

Der Mann, der Dickens liebte

»Ah, mein Freund, Sie sind spät dran für die Nachmittagslesung. In einer halben Stunde wird es dunkel. Wie fühlen Sie sich?«

»Miserabel. Dieses Getränk hat anscheinend etwas gegen mich.«

»Ich werde Ihnen etwas geben, damit es Ihnen besser geht. Der Urwald hat für alles ein Mittel; etwas zum Wachmachen und etwas zum Einschläfern.«

»Haben Sie vielleicht meine Uhr irgendwo gesehen?«

»Haben Sie sie vermißt?«

»Ja. Ich dachte, ich hätte sie umgebunden. Ehrlich, ich habe noch nie so lange geschlafen.«

»Nur als Sie ein Baby waren. Wissen Sie, wie lange? Zwei Tage.«

»Unsinn! Das kann nicht sein.«

»Doch, wirklich. Das ist eine lange Zeit. Es ist schade, denn Sie haben Ihre Gäste verpaßt.«

»Gäste?«

»Nun ja. Ich war ziemlich guter Dinge, während Sie geschlafen haben. Drei Männer von außerhalb, Engländer. Schade, daß Sie sie verpaßt haben. Für sie ist es auch bedauerlich, denn Sie waren vor allem Ihretwegen gekommen. Aber was konnte ich machen? Sie haben so ungeheuer fest geschlafen. Sie waren den ganzen weiten Weg gekommen, um Sie zu finden, deshalb – ich dachte, Sie hätten sicher nichts dagegen – gab ich Ihnen ein kleines Andenken, Ihre Uhr, da Sie sie schon nicht persönlich begrüßen konnten. Sie wollten etwas, das sie Ihrer Frau mitbringen konnten, die eine große Belohnung für Informationen über Sie ausgesetzt hat. Sie waren sehr erfreut darüber. Und sie haben einige Aufnahmen von dem Kreuz gemacht, das ich zum Gedenken an Ihre Ankunft aufgestellt habe. Auch das hat ihnen sehr gefallen. Sie waren leicht zufriedenzustellen. Aber ich glaube nicht, daß sie uns wieder besuchen werden, wir leben hier so zurückgezogen ... keine Vergnügungen außer Lesen ... Ich glaube nicht, daß wir überhaupt je wieder Besucher haben werden ... ja, ja, ich werde Ihnen etwas Medizin holen, damit Sie sich besser fühlen. Ihr Kopf schmerzt, nicht wahr? Heute werden wir Dickens ausfallen lassen ..., aber morgen, und übermorgen, und den Tag danach ... Lesen wir doch noch einmal *Little Dorrit*. Es gibt Passagen in diesem Buch, die ich nie anhören kann, ohne versucht zu sein zu weinen.«

Danksagung

Viele Menschen haben zum Entstehen dieser Anthologie beigetragen:

Neil Ortenberg und Susan Reich gaben entscheidende Unterstützung und Ratschläge. Dan O'Connor, Ghadah Alrawi und Jeri T. Smith waren ebenfalls unentbehrlich.

Sue Canavan ist eine wahre Künstlerin. Maria Fernandez danke ich für ihre Geduld, Voraussicht und wundervolle Liebenswürdigkeit; Kathryn Daniel für ihre Akribie und Sachkenntnis. Ich danke auch Kristen Couse, Mike Walters und Simon Sullivan.

Die Bibliothekare in der Thomas Memorial Bücherei in Cape Elizabeth, Maine, waren gern bereit, im ganzen Land Bücher ausfindig zu machen und auszuleihen. Ihre Hilfe war von größerer Bedeutung, als sie denken. Shawneric Hachey hat ausgezeichnete Arbeit geleistet, als es darum ging, Bücher, Genehmigungen und Tatsachen zu sammeln. Meghan Murphy hat den Text lektoriert und überprüft. Mark Klimek, Nate Hardcastle, Mike Milliard und Taylor Smith übernahmen freundlicherweise die Arbeit an anderen Projekten, während ich Bücher für dieses las.

Meine Frau Jennifer Schwamm Willis half dabei, Material zu sammeln und auszuwählen. Sie stellte ihr felsenfestes Urteilsvermögen bei zahlreichen wichtigen Entscheidungen zur Verfügung. Mein geschätzter Freund und Kollege Will Balliett sorgte dafür, daß dieses Werk zustande kam und daß es eine Freude wurde. Ich könnte mir keine besseren Mitarbeiter wünschen.

Schließlich danke ich den Schriftstellern, deren Texte in diesem Buch erscheinen.

Quellennachweis

Der Verlag dankt allen Rechteinhabern, die zum Entstehen dieses Buches beigetragen haben. Wir haben uns bemüht, sämtliche Rechteinhaber ausfindig zu machen. Sollte uns dabei ein Fehler unterlaufen sein, bitten wir darum, sich mit dem Verlag in Verbindung zu setzen, damit wir in zukünftigen Auflagen eventuelle Korrekturen vornehmen können. ✳ *We gratefully acknowledge all those who gave permission for written material to appear in this book. We have made every effort to trace and contact copyright holders. If an error or ommission is brought to our notice we will be pleased to remedy the situation in future editions of this book. For further information, please contact the publisher.*

Clint Willis, »Einleitung«. Aus dem Amerikanischen von Jutta Cram. Copyright der deutschen Übersetzung © 2000 by Econ Ullstein List Verlag GmbH & Co. KG, München. Originaltitel: »Introduction«. Copyright © 1999 by Clint Willis.

Auszug aus Redmond O'Hanlon, *Redmonds Dschungelbuch*. Aus dem Englischen von Meinhard Büning. Copyright der deutschen Ausgabe © 1992 by Byblos Verlag Berlin GmbH, Berlin. Originaltitel: *In Trouble Again*. Copyright © 1988 by Robert O'Hanlon.

Auszug aus Joe Kane, *Krieger des Jaguars: Ein Indianerstamm verteidigt den Regenwald*. Aus dem Amerikanischen von Einar Schlereth. Copyright der deutschen Ausgabe © 1998 by Wilhelm Goldmann Verlag, München, in der Verlagsgruppe Bertelsmann GmbH. Originaltitel: *Savages*. Copyright © 1995 by Joe Kane.

Quellennachweis

Edward Abbey, »Den Fluß hinunter«. Aus dem Amerikanischen von Susanne Naumann und Sieglinde Denzel. Copyright der deutschen Übersetzung © 2000 by Econ Ullstein List Verlag GmbH & Co. KG, München. Originaltitel: »Down the River«. Copyright © 1968 by Edward Abbey. Copyright renewed © 1996 by Clarke Abbey.

Auszug aus David Roberts, »Eine Erzählung aus der Wildnis«. Aus dem Amerikanischen von Jutta Deutmarg. Copyright der deutschen Übersetzung © 2000 by Econ Ullstein List Verlag GmbH & Co. KG, München. Originaltitel: »Deborah: A Wilderness Narrative«. Copyright © 1991 by David Roberts.

Barry Lopez, »Pearyland«. Aus dem Amerikanischen von Hans Ulrich Möhring. Copyright der deutschen Übersetzung © 2000 by Hans Ulrich Möhring. Originaltitel: »Pearyland«. Copyright © 1994 by Barry Lopez.

Reinhold Messner, »Allein in der Wüste des Todes«. Copyright © 1994 by Piper Verlag GmbH, München.

Auszug aus Norman MacLean, *Junge Männer im Feuer*. Aus dem Amerikanischen von Bernd Samland. Copyright der deutschen Ausgabe © 1994 by S. Fischer Verlag GmbH, Frankfurt. Originaltitel: *Young Men & Fire*. Copyright © 1992 by The University of Chicago.

Auszug aus Wilfred Thesiger, *Die Brunnen der Wüste: Mit den Beduinen durch das unbekannte Arabien*. Aus dem Englischen von Peter Stadelmayer. Copyright der deutschen Ausgabe © 1959 by Piper Verlag GmbH, München. Originaltitel: *Arabian Sands*. Copyright © 1959 by Sir Wilfred Thesiger.

Auszug aus H. M. Tomlinson, *Im bedrohlichen Dunkel des Dschungels*. Aus dem Englischen von Jutta Cram. Copyright der deutschen Übersetzung © 2000 by Econ Ullstein List Verlag GmbH & Co. KG, München.

Originaltitel: *The Sea and the Jungle*. Copyright © 1964 by Time Life Books, New York.

Auszug aus Bill Bryson, *Picknick mit Bären*. Aus dem Amerikanischen von Thomas Stegers. Copyright der deutschen Ausgabe © 1999 by Wilhelm Goldmann Verlag, München. Originaltitel: *A Walk in the Woods*. Copyright © 1997 by Bill Bryson.

Auszug aus James Dickey, *Flußfahrt*. Aus dem Amerikanischen von Jürgen Abel. Copyright der deutschen Ausgabe © 1971 by Rowohlt Verlag GmbH, Reinbek. Originaltitel: *Deliverance*. Copyright © 1970 by James Dickey. Copyright renewed © 1998 by Christopher Dickey / Kevin Dikkey / Bronwen Dickey.

Jack London, *To Build a Fire / Feuermachen*. Amerikanisch / Deutsch. Übersetzt von Walter Pache. Copyright für die amerikanische Ausgabe © 1902 by Jack London. Copyright für die deutsche Ausgabe © 1975 by Philipp Reclam, jun., Stuttgart.

Algernon Blackwood, »Die Weiden«. Aus dem Englischen von Friedrich Polakovics. Copyright der deutschen Ausgabe © 1969 by Insel Verlag, Frankfurt am Main. Originaltitel: »The Willows«. Copyright © 1907 by E. Nash, London.

Evelyn Waugh, »Der Mann, der Dickens liebte«. Aus dem Englischen von Jutta Deutmarg. Copyright der deutschen Übersetzung © 2000 by Econ Ullstein List Verlag GmbH & Co. KG, München. Originaltitel: »The Man Who Liked Dickens«. Copyright © 1988 by The Estate of Evelyn Waugh.

Clint Willis, »Danksagung«. Aus dem Amerikanischen von Jutta Deutmarg. Copyright der deutschen Übersetzung © 2000 by Econ Ullstein List Verlag GmbH & Co. KG, München. Originaltitel: »Acknowledgments«. Copyright © 1999 by Clint Willis.

Bibliographie

Abbey, Edward. »Down the River«. In: Edward Abbey. *Desert Solitaire.* New York: Simon & Schuster, 1968.

Blackwood, Algernon. »Die Weiden«. In: Ders. *Das leere Haus. Phantastische Geschichten.* Aus dem Englischen von Friedrich Polakovics. Frankfurt am Main: Suhrkamp, 1997.

Bryson, Bill. *Picknick mit Bären.* Aus dem Amerikanischen von Thomas Stegers. München: Goldmann, 1999.

Dickey, James. *Flußfahrt.* Aus dem Amerikanischen von Jürgen Abel. Reinbek: Rowohlt, 1990.

Kane, Joe. *Krieger des Jaguars. Ein Indianerstamm verteidigt den Regenwald.* Aus dem Amerikanischen von Einar Schlereth. München: Goldmann, 1998.

London, Jack. *To Build a Fire / Feuermachen.* Amerikanisch / Deutsch. Aus dem Amerikanischen von Walter Pache. Stuttgart: Reclam, 1975.

Lopez, Barry. »Pearyland«. In: Ders. *Field Notes.* New York: Avon Books, 1990.

MacLean, Norman. *Junge Männer im Feuer.* Aus dem Amerikanischen von Bernd Samland. Frankfurt am Main: Wolfgang Krüger Verlag, 1994.

Messner, Reinhold. »Allein in der Wüste des Todes«. In: Ders. *13 Spiegel meiner Seele*. München: Piper, 1998.

O'Hanlon, Redmond. *Redmond's Dschungelbuch*. Aus dem Englischen von Meinhard Büning. München: Deutscher Taschenbuch Verlag, 1999.

Roberts, David. »Deborah: A Wilderness Narrative«. In: Ders. *The Early Climbs: Deborah and the Mountain of My Fear*. Seattle: The Mountaineers, 1991.

Thesiger, Sir Wilfred. *Die Brunnen der Wüste. Mit den Beduinen durch das unbekannte Arabien*. Aus dem Englischen von Peter Stadelmayer. München: Piper, 1998.

Tomlinson, H. M. *The Sea and the Jungle*. New York: Time Life Books, 1964.

Waugh, Evelyn. »The Man Who Liked Dickens«. In: Jorge Luis Borges (Hrsg.). *The Book of Fantasy*. New York: Viking Press, 1988.

»Der Grund dafür, daß Bergsteiger sich nicht abschrecken lassen, scheint mir darin zu liegen, daß sie aus jeder Tragödie, die sich ereignet, ihre Lehren zu ziehen versuchen. Aber die wirkliche, letztgültige Lehre ist eigentlich, daß die Natur sich eben nicht kontrollieren läßt. Und für diese Erkenntnis, auf welch schmerzliche Art ich sie auch lernen mußte, bin ich dankbar.«
Lene Gammelgaard

Scott Fischers tragische Mount-Everest-Expedition im Frühjahr 1996 sorgte weltweit für riesiges Aufsehen. Sie geriet beim Abstieg in einen wütenden Sturm, in dem insgesamt acht Bergsteiger starben. Die Dänin Lene Gammelgaard erlebte die schreckliche Tragödie am eigenen Leibe. Voller Abenteuergeist war sie aufgebrochen, um ihre Kräfte am höchsten Gipfel der Welt zu testen. Doch hatte sie kaum geahnt, daß sie ganz oben, in der sogenannten Todeszone, tatsächlich alleine stehen würde: Hilflos mußte sie zusehen, wie einige Gefährten starben – darunter auch der Bergführer, ihr Freund Scott Fischer.

Der packende Bericht einer außergewöhnlichen Frau, die durch schiere Willenskraft den Gipfel der Welt bezwang.

Lene Gammelgaard

Die letzte Herausforderung
Wie ich die Tragödie am Mount Everest überlebte

Mit zahlreichen Abbildungen

Deutsche Erstausgabe

List GRANDE

Econ | ULLSTEIN | List

Eine epische Geschichte von Flucht und Überleben

Der 24jährige Slawomir Rawicz, Leutnant der polnischen Armee, wird 1939 in einem Schauprozeß der Sowjets zu 25 Jahren Arbeitslager verurteilt. Nach zwei Jahren im Gulag gelingt ihm mit sechs anderen Häftlingen die Flucht. Auf ihrem langen Weg in die Freiheit legen sie 5.000 Kilometer zurück und durchqueren die äußere Mongolei, die Wüste Gobi, Tibet, den Himalaya und erreichen schließlich das rettende Indien.

»*Eine der beeindruckensten und kühnsten Geschichten unserer Zeit.*«

Chicago Tribune

Slawomir Rawicz

Der lange Weg
Deutsche Erstausgabe

Econ | Ullstein | List

Der Weg ist das Ziel

Grüne Hölle und sengende Wüste, ewiges Eis und tosendes Meer, Mount Everest und K2 – die extremsten Gegenden der Erde haben den Menschen schon immer magisch angezogen. Und umgebracht. Denn die Natur ist nicht nur atemberaubend schön, sondern oft auch unerbittlich und grausam. Lassen Sie sich mitreißen von den waghalsigen Abenteuern der Männer und Frauen, die mit den vier Elementen, ihren Kameraden oder sich selbst ums nackte Überleben ringen. In den packenden Geschichten, die Clint Willis zusammengetragen hat, kämpfen die Helden gegen klirrende Kälte und dünne Luft, gegen tosenden Seegang und drohende Erschöpfung, gegen die Wildnis an sich und die eigene Angst. Erleben Sie Ihr blaues Wunder und genießen Sie ein abgebrühtes, wind- und wettergegerbtes Lesevergnügen.

Clint Willis

Überleben auf dem Wasser
Geschichten von F. A. Worsley, Herman Wouk, Sebastian Junger u.a.

Überleben im Eis
Geschichten von Robert F. Scott, Ernest Shackleton, Richard E. Byrd u.a.

Überleben in Höhen
Geschichten von Chris Bonington, Lene Gammelgaard, F. S. Smythe u.a.

Econ | ULLSTEIN | List